汉译世界学术名著丛书

魏玛共和国史

上卷

从帝制崩溃到兴登堡当选
(1918—1925)

〔瑞士〕埃里希·艾克 著

高年生 高荣生 译

陆世澄 校

商务印书馆
The Commercial Press

Erich Eyck
GESCHICHTE DER WEIMARER REPUBLIK
Erster Band
Vom Zusammenbruch des Kaisertums
bis zur Wahl Hindenburgs 1918 – 1925
根据苏黎世欧根·伦奇出版社 1973 年版翻译

汉译世界学术名著丛书
出版说明

我馆历来重视移译世界各国学术名著。从20世纪50年代起，更致力于翻译出版马克思主义诞生以前的古典学术著作，同时适当介绍当代具有定评的各派代表作品。我们确信只有用人类创造的全部知识财富来丰富自己的头脑，才能够建成现代化的社会主义社会。这些书籍所蕴藏的思想财富和学术价值，为学人所熟悉，毋需赘述。这些译本过去以单行本印行，难见系统，汇编为丛书，才能相得益彰，蔚为大观，既便于研读查考，又利于文化积累。为此，我们从1981年着手分辑刊行，至2020年已先后分十八辑印行名著800种。现继续编印第十九辑，到2021年出版至850种。今后在积累单本著作的基础上仍将陆续以名著版印行。希望海内外读书界、著译界给我们批评、建议，帮助我们把这套丛书出得更好。

商务印书馆编辑部
2020年7月

译者出版说明

本书作者埃里希·艾克原籍德国，曾在弗赖堡大学和柏林大学攻读法律和历史，毕业后从事法律和新闻工作，担任过民主党领导人，并先后任过夏洛滕堡区议会和柏林市议会的议员。在纳粹统治时期，他被驱逐出德国，定居瑞士，此后从事英国史和德国史的研究。在英国史方面，他发表的主要著作有:《格莱斯顿》(苏黎世，1938年)和《皮特父子和福克福父子》(苏黎世，1948年)。关于德国史方面，他先是研究从1848年革命到第一次世界大战爆发的德国史，发表的研究成果有:《俾斯麦的生平和著作》(三卷本，苏黎世，1941—1944年)和《威廉二世及其流亡》(苏黎世，1948年)。接着他研究魏玛共和国时期的德国史，其研究的主要成果就是这本《魏玛共和国史》(上、下两卷，苏黎世，1956年)。中译本上卷根据此书1973年第5版译出，下卷根据此书1972年第4版译出。

本书论述德国历史上第一个实行议会民主制的资产阶级共和国的历史，即从1918年德国在第一次世界大战中失败、魏玛共和国建立到1933年希特勒法西斯上台、魏玛共和国解体这一时期德国的历史。作者根据大量的第一手资料，详细和深入地描述了这一时期德国在政治、外交、经济、社会等方面发生的重大事件，并评述了艾伯特、拉特瑙、施特雷泽曼、兴登堡、泽克特、格勒纳等这一时期的重要人物。因此,这部书出版后获得了西方著作家的好评。有的说:论述魏玛共和国的作品已有很多,但是艾克的这部书将长久地被视作"关于这个时期历史的最好著作"(瑞士卢塞恩《祖国报》);有的说:明确、认真、生动的描述是历史著作的重要支柱,"本书远远超出一般的水平"(维也纳《现代化文献》);有的说:"由于他对事件的全面认识,由于他的追求真实,也由于他的美好的文笔,这部书成了所有人——不论他是赞成还是反对共和国——的一面镜子。"(巴登-巴登《德意志评论》)

作者是资产阶级民主主义者,他主张资产阶级的民主制度,反对军国主义和法西斯主义。因此,他对德帝国主义挑动世界大战持批判态度,对希特勒纳粹党的法西斯主义予以谴责;而对魏玛共和国的解体深表惋惜,作者的意图也在于想从魏玛共和国的存亡中吸取民主制的教训。但是,由于作者资产阶级立场的限制,有些论述在我们看来是不恰当的,例如对代表无产阶级利益的政党德国共产党持反对态度,往往错误地把共产党和纳粹党相提并论。总的说来,本书由于资料丰富,叙述详尽,对我国广大读者和史学工作者来说,是了解和研究德国现代史一个重要时期——魏玛共和国时期——的历史的重要参考读物。像本书那样论述魏玛共和国史的专著,在我国还是第一部。本书的翻译出版,将有利于我国对德国和世界现代史的进一步了解和研究。

本书上卷由高年生、高荣生翻译,陆世澄校订;下卷由王步涛、钱秀文翻译(前言和注释由陆世澄翻译),宋钟璜校订。本书蒙齐世荣教授推荐,并由陆世澄编辑加工,在此一并表示感谢。

1990年6月

目 录

上 卷

前言 ………………………………………………………… 1
第一章　君主政体的崩溃 …………………………………… 3
第二章　从革命到国民议会的召开 ………………………… 53
第三章　魏玛宪法 …………………………………………… 72
第四章　凡尔赛和约 ………………………………………… 90
第五章　从和约至卡普暴动 ………………………………… 147
第六章　内部削弱与外来威胁 ……………………………… 184
第七章　拉特瑙遇害与维尔特下台 ………………………… 224
第八章　鲁尔被占领和分离主义 …………………………… 260
第九章　道威斯报告与伦敦会议 …………………………… 347
第十章　艾伯特去世与兴登堡当选 ………………………… 370
德国历届政府情况（1919—1925）………………………… 389
参考书目 ……………………………………………………… 392
注释 …………………………………………………………… 393
人名索引 ……………………………………………………… 409

前　　言

　　我在关于俾斯麦和威廉二世的几本书中论述了从1848年革命至1914年第一次世界大战爆发的德国政治史之后产生了通过魏玛共和国时期继续研究德国政治史的想法。但魏玛共和国的令人震惊的悲惨结局给它的整个历史投上令人伤感的阴影，回首往事的历史学家要有克制力才能坚持这项工作。如果他还参加过共和国的政治生活，即使所起作用甚微，如果共和国的崩溃对他意味着失去自己的祖国，那么他在深入探讨魏玛共和国的命运时就不能不老是感到"旧创伤的不可名状的痛苦"。但是，两个考虑消除了我的疑虑。知道和理解不久前的往事，对理解和解决德国及其从前的敌国今天所面临的问题是必不可少的。再者我认为，亲身经历过这个时期并且认识或至少见过一大部分有关的政治家的人——例如我曾是讲师黑尔费里希博士的一年级学生，作为见习生在李斯特的刑法讲习班上结识了拉德布鲁赫，作为青年律师与鲁道夫·布赖特沙伊德共同组织过自由党人的集会，作为柏林市议员激怒过威廉·皮克——比只根据档案和书报追述历史的后代历史学家也许能更生动地描绘那个时期的历史画面。

　　当然，这种牵连必然使历史学家只能从特定的立场去观察和叙述事件，即使他极力想要"展示历史的本来面目"。但我认为这并不会有多大妨害，只要历史学家不想隐瞒自己的立场。我相信，读者任何时候都不会怀疑本书作者持有支持共和国的自由主义和民主主义立场。这并非由于共和教条主义——我在英国君主制度下心情很舒畅——而是因为按照历史的发展，共和政体成为德国必然的不可避免的政体。无须指出，在研究史料之后并由于在时间和空间上隔开一段距离，今天我对许多事情的看法不同于我们身临其境的时候。

本书引用的铅印资料，只要看来对核对原文有必要，我都注明出处。通过同曾在魏玛共和国积极活动的人的交谈，我得以补充材料的来源。特别珍贵的是前国防部长奥托·格斯勒博士和前财政部国务秘书汉斯·舍费尔提供的情况，在此谨向他们二位表示衷心的感谢。

埃里希·艾克
1953 年 12 月于伦敦

第一章　君主政体的崩溃

魏玛共和国的历史始于德意志帝国的崩溃,而德意志帝国的崩溃始于1917年7月12日皇帝被迫解除首相贝特曼-霍尔维格的职务。

自从德国军队的胜利进军于1914年9月在马恩河畔受阻以后,首相的地位和任务就月复一月地变得艰难起来。贝特曼-霍尔维格在战争爆发时也曾希望战争不会持久,只要进行几次强有力的打击便可结束战争。这个希望化为泡影后,他比别人更快地认识到延长战争会使德国面临多大的危险。这不仅是因为他对实际情况有更好的了解,而且也由于他个人的气质所致。他绝不会由于军事上的胜利而对这种危险视而不见。即使那些胜利光辉夺目,却从未带来最终的定局。不久以后,他也比别人更清醒地认识到德意志民族精神的弱点。早在1915年3月,他就在给皇帝顾问团首脑冯·瓦伦丁尼的一封密信中写道:"二十五年来浮夸作风毒化了我们民族的心灵,以至于如果禁止他们自吹自擂,他们很可能会变得胆怯起来。"[1]由于他持有这种怀疑态度,那些自以为德国人民和德国军队的巨大成就和努力必然会使德国取得辉煌胜利的人都不喜欢他。要是人们知道,他内心怀疑德国对欧洲遭受这场灾难是否毫无责任,思想斗争是多么激烈,这种反感可能会变本加厉。人们确实特别强烈地谴责他在1914年8月4日就入侵比利时一事所作的讲话是不可原谅的。那些认为德国在这场大搏斗中应当在领土上有明显收获是理所当然的人，恰恰把目光投向比利时。这些人的调门越来越高，而政府反对公开讨论"战争目的"的呼声却愈来愈微弱，愈来愈不起作用。

贝特曼反对公开讨论战争目的，因为他认识到这种讨论一定会在德国人民内部引起严重的，甚至不可调和的对立。即使煤铁工业巨头们认为隆维和布里的矿床是不可缺少的，可它对战壕里的普通人，对盼望丈夫或儿子归来的女人来说又有什么意义呢？贝特曼最关心的是全民族的团结一致。他感到自豪的是，他在战争开始时成功地建立了全民族的一致，就连社会民主党也参加了民族战线并赞成战争拨款。他知道，该党之所以能持这种态度，是因为他们像绝大多数德国人一样当时深信战争是防御性的。一旦战争变成征服战争，他们就不可能再采取这种态度了。尽管头脑简单的人相信，在国家大权独揽的战争时期，这并没有什么关系，但贝特曼认识到，在各民族的战争中道义力量也具有决定性的意义。他很清楚，一个在上次选举中获得400万张选票，拥有数百万作战军人的政党即使在战时也不是可以忽略的因素。他忧心忡忡地看到该党领袖在自己党内遇到愈来愈多的反对，最后导致独立社会民主党的分立。他也明白，一场向每一个人都提出异乎寻常要求的战争必然会产生民主化的作用，不管人们欢迎还是反对。

德国的陆军和海军将领们对这一切持完全不同的看法，是很自然的。他们是抱着德国武力战无不胜的信念成长起来的，在过去的三次战争即1864年、1866年和1870年的战争中，德国武力曾证明无往不胜、坚不可摧。他们虽然按照传统观念和

第一章 君主政体的崩溃

规定"不问政治",但这并不等于他们没有政治见解。这是无法用法律规定和清规戒律加以排除的。帝国陆军和帝国海军军官团"忠于皇帝",是理所当然的。但这一点被人们以特殊的方式做了解释。社会民主党人完全被排斥在军官团之外,对此人们完全可以理解,因为该党主张建立共和政体。但并非只有社会主义者被排斥在军官团之外。归根结底,只有保守党人才被认为是忠于皇帝的。天主教军官虽然一般认为自己是中央党人,但这还可以被接受;西德地区工商业者家庭出身的民族自由主义者至少可望得到容忍。但进步党人则在这个界限之外。无论是预备役军官或现役军官都是如此。汉堡律师卡尔·佩特森曾是最有声望的学生团体的成员,他的家族中有人担任过汉堡市长,他本人后来也担任过汉堡市长。尽管如此,佩特森曾两次被叫到当地军队指挥官面前,要他交代在他家中留宿过弗里德里希·瑙曼*一事。另一位汉堡市长有一次向皇帝介绍他的女婿、律师和预备役军官赛姆勒博士时提到他是国会议员,皇帝就问他属于哪个政党,他答道:"民族自由党。"皇帝说:"唔,这还凑合!"[2]施威特费格上校在国会调查委员会作证时说,德国军官在政治上属于右派,此话一点不错。

---

* 弗里德里希·瑙曼(1860—1919)是德国新教神学家、政论家、热情爱国的自由主义战士,在其著作《民主与帝制》(1900年)及期刊《援助》和《时代》中想把议会制与一个受民众欢迎的君主制以及民族主义和社会主义结合起来,创建过短命的民族社会主义同盟(1896—1903),1907—1912年和1913—1918年任国会议员,他批评威廉二世皇帝,但他的爱国主义和帝国主义思想反映在他的影响很大的著作《中欧》(1915年)中;此书要求德国承担起对巨大的中欧帝国的领导。他在1919年去世前,是民主党创建者之一和魏玛国民议会议员。——英译者

战争期间这种片面性当然不可能完全保持下去。战争需要大量军官,使和平时期的限制不得不有所放宽。德军投入战争的 33 000 名现役军官中,大多数营连指挥官在开战最初几个月中阵亡。[3] 即使没有这些伤亡,对军官的需要也只能满足一小部分。1918 年 3 月攻势开始时,在所有战场上共有军官 176 000 余人。这当然是不顾旧的惯例,把每一个根据其教育程度和表现看来适合担任军官的人都召集在一起才达到的。甚至对犹太人也不再严格排斥。但是传统势力和旧的偏见仍如此强大,以致 1917 年底冯·马肯森军团的一道军令还不得不以责备的口吻谈到候补军官的调查表仍然包括"候补者家庭成员的政治观点"这一问题。[4] 但是就军官团总体立场在政治上起决定作用而言,即使是在战争年代中被吸收的大量持不同观点的青年军官也没有改变军官团的这种总体立场。因为代表军官团发表意见而且经常很响亮明确地发表意见的都是将军们和其他高级军官,他们自然绝大多数是服现役的"旧军人",大多数仍然坚持右派观点。

此外,持右派观点的还有那些想利用战争达到征服和并吞目的之人。主张并吞的人主要是——除了少数例外——保守党人以及至少一部分民族自由党人。在中央党和进步人民党等中派政党中,除了坚信防御战的人,还有许多人心目中的战争目的则受军事形势好坏的影响。社会民主党人全部坚持防御战口号,主要分歧在于以什么手段达到这一目的。由此可见,其领导人持右派观点的军官团接受右派的兼并主义倾向是不言而喻的。这种倾向又为军事上的考虑所增强。将军们认为,为了在未来的战争中更好地守卫德国边界,必须进一步向东西两侧扩张领土。其政治含义即:

比利时仍须处在"德国牢固控制下",俄国须割让大片波兰土地。

如果德意志帝国像西方议会制国家那样牢固地建立政治领导凌驾于军事领导之上的体制,陆海军将领们的这种倾向对战争的政治指导作用就会无足轻重。乔治·克列孟梭尖锐地说过:"战争是一件非常重要的事情,不能把它交给将军们去干。"要是一位德国首相即使只是有类似的想法,就会很快下台。军人占有这种优势,其根源在于德意志帝国完全产生于普鲁士军事国家。俾斯麦诚然也能成功地对付将军们,但这只是因为他是一个具有巨大威力、必要时甚至变得粗暴的出类拔萃和千载难逢的人物,没有一个民族可以期望在一个世纪中能不止一次地出现这样的人物。而且即使是他例如在尼科尔斯堡也不得不为政治家优先于军人而进行拼死的斗争。尽管如此,1871年他不是在并吞梅斯问题上违心地向宁可听从军事顾问意见并得到普遍同意的国王做了让步吗?在以后几年中,俾斯麦不是也依靠与军事顾问团首脑冯·阿尔贝迪尔的联盟来掌权的吗?从此以后,不仅是军人的权力,而且军人的威信也越来越增长。

自从最高统帅部由两位声望空前的将军领导以后,这种平衡必然向不利于政治领导的方向转变。第一次世界大战时第一任总参谋长冯·毛奇因未获任何军事成就而无法对抗政治领导。他的继任者冯·法金汉将军尊重首相的权限。但是,当他犯了发动凡尔登攻势,遭到伤亡惨重的失败这一严重错误之后,正是首相冯·贝特曼-霍尔维格坚持解除他的职务,由唯一的那两位曾赢得不朽军事荣誉因而获得大多数德国人民绝对信任的军事领导人来接替他。这两人就是陆军元帅冯·兴登堡和鲁登道夫将军。

不论任何时代和任何民族，胜利的统帅都受到本国人民尊敬和爱戴，这是不言而喻的。无数德国人曾对敌人的进攻感到忧心忡忡，听到统帅获胜的消息时感到欣慰，不会忘记他带来的这一令人振奋的时刻。谁会感到奇怪，在进行艰苦斗争的德国人民中，每个人或者说几乎每个人当时都说："兴登堡会成功！"如果让军事领导人去决定那些其素养和地位不能胜任的事情，这种感情就会是危险的。但是在德国，人们总是喜欢无视这些考虑。在所有的固定餐桌上和许多编辑部里，人们老是重复老战士布吕歇尔关于笔毁坏了剑所赢得的东西这一句话。头脑简单的人比较容易理解胜利之剑这种明确的语言，而要他们理解笔把要求和反要求、让步和反让步的结果慢慢地归纳出来这样一句受一切考虑包括非军事考虑支配的话就困难得多。而头脑简单的人总是占多数。此外，民众舆论把德国卷入这场战争的责任归咎于德国外交，可是很少有人知道事实真相，几乎无人知道怎样能做得更好一些。大肆发展海军的政策多么破坏外交活动的自由，这是这种政策的提倡者有意视而不见的，而他们在右派中又是最活跃、最嚣张的。

根据德国宪法，皇帝集政治领导和军事领导于一身。他不仅是君主，而且也是"最高军事统帅"。正是这一概念自从普鲁士国王在 60 年代的宪法争执中战胜普鲁士议会以后越来越无限地扩大了。在这方面，皇帝通过其日益摆脱议会任何控制的军事和海军顾问团成为绝对的统治者。1861 年，特韦斯滕[*]还能称军事顾

---

[*] 卡尔·特韦斯滕是一位不出名的市议员。他于 1861 年春写了一本题为《什么还能挽救我们》的小册子。他在书中谴责普鲁士军事内阁及曼陀菲尔将军本人企图统治平民生活和政治。曼陀菲尔随即表示愤慨并要求特韦斯滕收回他的意见，否则就进行一次决斗。特韦斯滕选择了后者，曼陀菲尔射穿了他的手臂。——英译者

问团首脑埃德温·冯·曼陀菲尔将军为"在危险位置上的危险人物",虽然他因此而受到那位将军持枪对待。[5]五十年后,人们对于这一发展听天由命,沉着冷静。

皇帝集可以想到的大权于一身,使德国军事领导具有自己的特点,这是不会使人感到惊异的。威廉二世在战前曾千百次大声宣称他是整个德国的唯一主宰,不仅使德国而且也使全世界均已对此习以为常。在所有这些数不清的讲话中一再地回响着"朕,朕,朕"的声音。"朕率领你们向美好时代迈进。"他一再提到弗里德里希大王是他的榜样并且在评价自己时与他相提并论。但是,当要用实例来检验这一点的时候,他就令人感到羞耻地表明在所有这些大话和狂妄姿态后面没有多少东西。面对世界历史上的重大抉择时刻向他提出的要求,他又是多么无能为力。甚至与威廉一世为他树立的榜样相比,他也差得很远。孙子在智能和思维敏捷方面确实胜过祖父,但是在意志、坚强决心、精神坚强、实事求是,总之在性格方面远远比不上祖父。威廉一世尽管有种种局限,却是一个真正的国王,更为明智和伟大的人物也都向他鞠躬。威廉二世只是起了命运赋予他的作用,他的全部讲话和自我表演只有一种效果,即连他最忠实的部下有时也不把陛下的话当真。将军们知道他不是统帅,大臣们知道他不是政治家。尽管他有足够的智能,在向他陈述的针锋相对的意见中常能做出正确的决定,可是,一旦这一决定遭到某个意志坚强的人坚决反对,即使此人已肆无忌惮地超出宪法规定的职权范围,他就表现软弱而不能坚持。与威廉一世相反,他不明白,如果君主迫使他的每一个顾问都尊重这个范围,君主的权力和影响就会有多么大的增长。这样一来，在应当是权力中心的地方就产生了真空。

在决定进行无限制潜艇战时就已表明，这种职权混乱状态是多么危险。海军国务秘书冯·蒂尔皮茨海军上将有意识地反抗帝国首相，把这个引起争执的金苹果投掷到德国人民中间。蒂尔皮茨背着首相于1914年11月21日接受美国记者卡尔·冯·维冈特的采访，在这次谈话中宣称潜艇战是"迫使英国屈服"的必要手段。[6]他明知贝特曼和皇帝都反对这种手段，因此故意让这篇访问记在美国发表而不让其上司帝国首相知道此事。贝特曼最后还是能成功地对付这位抗命的海军上将。1915年3月15日，蒂尔皮茨被解职。首相帮助兴登堡和鲁登道夫进入了最高统帅部（1916年8月29日），但不久以后首相就发现他给自己设置了对手，他们更加不尊重他的职权，而且比他更有权势。1916年底，首相就不得不抱怨"这些天才的人一再地给合作制造"困难，他们孜孜不倦地谋求使"整个国家生活军事化"。[7]

无限制潜艇战的倡议其实并非由将军们而是由国会中的一个政党提出的。1916年10月2日，中央党议会党团通过一项决议，表示预先赞成宣布进行无限制潜艇战，如果最高统帅部赞同潜艇战的话。[8]这个决议虽然在形式上并未表示反对宪法规定的首相职权，实质上却是中央党想把真正的决定权交给最高统帅部。在当时的实际情况下，这鼓舞了鲁登道夫，削弱了已不再能依仗国会多数的首相的地位。

贝特曼和国务秘书卡尔·黑尔费里希博士竭力反对进行肆无忌惮的潜艇战冒险，因为他们毫不怀疑这会导致美国宣战。虽然海军领导自告奋勇在美国能参战前就通过潜艇战迫使英国媾和，但大臣们不相信海军的估计，黑尔费里希逐点加以驳斥。[9]德国驻华盛顿大使伯恩斯多夫伯爵强烈警告首相不要与美国和威尔逊总统发生冲突。德国的盟国奥匈帝国也反对。哈布斯堡君主国的外交大臣捷尔宁伯爵也没有因为德国海军司令冯·霍尔岑道夫海军上将声称"他担保会成功"而改变看法。[10]

首相的主张起初也能得到皇帝的支持。可是1916年12月，先是鲁登道夫，后是兴登堡向外交部和帝国首相坚决要求尽快宣布进行无限制潜艇战。这位陆军元帅在说明提出这一要求的理由时提到而且在以后也反复指出军队的士气，如果不满足这一要求，军队的战斗精神就会受到影响。[11]贝特曼-霍尔维格在12月23日的电报中向他指出："无限制潜艇战既然也针对中立国船只，就会直接影响我们与中立国的关系，因此是一种外交政策行动，我须单独对之负责，这是宪法规定的责任，不可转让。"兴登堡粗暴地回答说："我遗憾地收到阁下的电报……为了维护最高统帅部的立场，我不得不声明，阁下作为首相虽然单独负责，但我也将理所当然地继续竭尽全力并以充分的责任感使战争胜利结局，为此主张采取我认为正确的军事措施。"[12]

这就是说，军事领导正式向政治领导宣战并且获得了胜利。1917年1月9日上午首相抵达普莱斯皇帝大本营时，正如他在回忆录中指出的，决定"事实上已经做出"[13]。换句话说，在陆海军将领们的联合进攻面前，威廉二世退让了。他又一次变卦了。1月9日他下令"于2月1日全力以赴地开始无限制潜艇战"。灾祸不可遏制了。美国向德国宣战。用贝特曼自己后来所说，潜艇战对于德国犹如从前雅典远征西西里岛*。[14]

贝特曼-霍尔维格此刻犯了他政治生涯中最严重的错误:他没有辞职,而是继续留任。他为此辩护说,他的职责是不去破坏一项已无法更改的决定。如他所写的那样,他不想放弃他在某些人民阶层中还享有的"信任"。他还可以有理由地辩解说到处都找不到合适的继任人,后来的发展表明也是如此。但是这一切并没有改变这一原则,即一位政治家如果在关键时刻执行一项他认为是错误的政策,就无异于掐断自己的脖子:"任何与其本身一致的独立性格都是合理的;只有自相矛盾才是不合理的。"这位负责的政治家过去竭力避免与美国破裂,现在突然转到必然会直接导致这种破裂的政策,难怪一位不偏不倚的观察家只能得出这一结论:要么是德国首相要么是德国制度动摇了,或许两者皆是。新政策——不论是否明智——应由一位新人来执行。贝特曼唯有辞职才能捍卫只有首相才对政治决定负责的原则。

只是在半年以后,贝特曼就不得不为其实际上放弃这一原则付出了辞职的代价。不过这次辞职是德国政体混乱的结果,这种混乱很能说明该政体是多么不完善和不合时宜。

不过贝特曼留任的那几个月在一个方面并非全无价值。几个月来,他明白也必须向广大群众作出政治让步,人民群众已经做出许多牺牲并且随着战争的继续还将被要求做出更多的牺牲。这种必要性在普鲁士选举法方面最为明显,该选举法自从两代人以来就带有不折不扣的富豪统治性质,这和时代的要求发生了尖锐的

---

* 在伯罗奔尼撒战争中,雅典远征西西里,遭惨败。——中译者

冲突。也许贝特曼更加关心这个问题,因为他在内心不能推卸责任,先前有机会时并未努力一抓到底促使其解决。诚然他在这个问题上遭到的反对不能低估。在普鲁士邦议会中占有几乎牢不可破的实力地位的保守派战时仍顽固坚持贵族地主立场,他们的势力很大的领袖冯·海德布兰德在1916年还能公然在众议院声称:"不谈一些美中不足之处,我们普鲁士众议院的形状是几乎理想地符合我邦需要的形状。"[15]贝特曼于1917年3月14日在这个众议院表达了肯定不是革命的认识:"德国的未来取决于广大群众享有政治权利,使他们能在政府中充分合理地愉快地进行合作。"回答他的是右派冷淡的沉默。

可是,就在3月14日当天下午,有关俄国革命的最初消息传到了德国。除了极右派外,至少有许多人如今认识到,德国也不能一切照旧了。威廉二世也认识到这一点。但是这时也存在着巨大的争论,是否要在普鲁士实行普遍、平等、直接和秘密的国会选举权。多年来一直有此要求的不仅是社会民主党人,还有坚定的自由派。贝特曼、黑尔费里希和其他几位大臣赞成这个意见。但当首相4月2日在霍姆堡想要向皇帝提出他关于选举权改革的建议时,皇帝打断了他的话:"可不是国会选举权!"贝特曼没有立即反对这个要点,而是满足于得到威廉二世同意在复活节文告上签字。复活节文告虽然宣布皇帝和国王决心实行彻底的政治改革,还允诺要废除等级选举法,但是在有关新选举法问题上只是提到可望实行众议院的直接秘密选举。文告一字不提平等选举权。这是复活节文告的一大漏洞。

但这一漏洞并没有抹杀这样的印象,即首相此时已公开地和明白无误地站到左派一边。右派因此就更加起劲地想叫他下台。在这方面，右派包括最高统帅部或至少包括鲁登道夫将军。这位将军在副国务秘书瓦恩沙费面前毫不犹豫地称复活节文告是"向俄国革命磕头"[16]。后来他在给普鲁士内政大臣的信中（1917年12月8日）直言不讳地承认，"正因为前首相冯·贝特曼-霍尔维格对左派的退让态度使我认为有理由把他离职当作一种解放来欢迎"[17]。这不会使在鲁登道夫的上述信中读到他的政治信仰的任何人感到奇怪。鲁登道夫这样写道："我认为战争的确没有使我们有理由实行民主化和议会化……相反，我认为向'时代精神'让步的政策是非常危险的，其后果必然会导致衰亡。"

1916年年底和1917年年初，德国人民经历了可怕的冬天，生活困难，食品短缺，濒临饥荒。一想到还要经受这样一个战争的冬天，便令人不寒而栗。今年有没有希望实现和平免受此苦？有一段时间人们把一切希望寄托于海军人士以不容争辩的保证做出的许诺：在六个月之内潜艇会迫使英国屈膝投降。英国也确实非常担忧，船舶损失非常严重，但并无迹象表明英国会屈服。随着夏季日益临近，英国的决心也会经受住这一考验，看来也日益清楚。

在这种形势下，国会于7月初在柏林举行会议。情绪从一开始就很激动，因为大家看到无论在战场上或是国内形势都没有什么进展。当中央党议员马蒂亚斯·埃茨贝格尔在总委员会发表一篇异常尖锐而深入论证的讲话，谴责海军领导，说潜艇战的结果不仅完全没有符合其预言，而且这种预言从一开始就缺乏可靠的根据时，激动情绪达到顶点。他直率声明对接替冯·蒂尔皮茨担任海军部国务秘书的冯·卡佩勒海军上将不再信任。国会的大多数应联合发表一项宣布只进行纯粹防御战、拒绝任何征服目的的声明。[18]

埃茨贝格尔从1903年起就是国会议员。当时他是国会中最年轻的议员。他孜孜不倦的精力和勤奋从一开始就与众不同。该党年岁大得多的领导人如施潘和格勒贝尔并不喜欢他。他在国会讲坛上发表演说时也未给人留下深刻的印象。但是他的勤奋和活力不能不使他具有相当重要的、有时也扩展到他本党议会党团之外的影响。另一方面,政府代表害怕他的批评,想要和他搞好关系。从战争一开始,政府试图利用他的活动能力和良好关系,特别是他同罗马教廷的关系。1915年春,他在罗马进一步认识了前帝国首相比洛侯爵。比洛当时企图劝阻意大利参加协约国而未获成功。尽管他们从前常常发生尖锐的分歧,但埃茨贝格尔如今认为在此关键时刻比洛是德国所需要的人。如果认为这位昔日的施瓦本公立小学教师为侯爵训练有素的动人风度和圆滑世故所迷惑,那并没有完全冤枉他;可以想象,当比洛以轻蔑的同情口吻谈到他的继任人为"可怜的贝特曼"时,这会对埃茨贝格尔产生何种影响。

埃茨贝格尔尽管很积极,但他的活动不是循直线前进。在这方面他过于"灵活",过分受制于自己所受到的变化无常的印象。因此他在战争目的上也动摇了。如今在7月里他坚决主张实现妥协和平,这又是他受到某种影响的缘故。不久前他曾去东线访问过东线参谋长马克斯·霍夫曼。这位头脑清醒的明智的将军不加粉饰地向他介绍了战争形势。他获得的印象是出于军事原因也必须尽快结束战争;他在与鲁登道夫的一次谈话中感到后者对形势的看法也差不多。奥地利盟友的情况给了他很深的印象。年轻皇帝卡尔交给他一份他的大臣捷尔宁伯爵的备忘录，这份备忘录无所顾忌地以极其悲观的语调描述了奥地利的情况并直率地说："我国人民所承受的压力简直不堪忍受；弓已绷紧到每天都有可能断裂的程度。"[19]

所有这些情况使埃茨贝格尔深信德国必须立即为和平铺路，而且他有一定的理由认为正是此时走这一步能够成功。他知道教皇热心斡旋和平以结束可怕的屠杀。估计他也不会不知道，教皇驻德使节帕切利阁下即后来的教皇庇护十二世于6月26日把教皇写给皇帝的一封信交给帝国首相，信中提到教皇愿为调停和平效力。帕切利在与贝特曼会谈时明确指出，梵蒂冈认为恢复比利时的独立和完整是进行和谈的必要前提。贝特曼原则上表示同意，尽管他竭力把问题转过来，指出比利时的独立也包括它不受英国或法国统治。虽然埃茨贝格尔难以得知会谈的细节，但他无须有特别的推理能力就能猜到，会谈必定围绕着比利时问题进行。[20]

早在埃茨贝格尔耸人听闻的讲话之前，国会中不主张实行兼并的中派和左派议会党团透露了用共同的声音说话的希望。进步人民党议会党团通过了一项由弗里德里希·瑙曼提出、经康拉德·豪斯曼修正的关于各议会党团间进行会谈的提案。在埃茨贝格尔讲话后不久，进步人民党议会党团主席弗里德里希·帕耶尔——作为明智、镇静和可信赖的人深受各方面尊敬——在首次党际委员会会议上被推选为主席。除了人民党，委员会成员还有社会民主党代表（艾伯特、谢德曼、达维德）、中央党代表（施潘、埃茨贝格尔、费伦巴赫）和民族自由党代表（施特雷泽曼、席弗尔、里希特霍芬、荣克）。

民族自由党的参加不但不利于澄清,反而导致更加混乱。其他政党最关注的是宣布战争目的,而民族自由党人企图把向议会制过渡置于首位。他们内部对这个问题意见不一。当然,社会民主党人、进步党人,还有绝大多数中央党议员在这个问题上与民族自由党人是意见一致的。连帝国首相也从战争经验中得到足够教训,不会去反对议会制政府。但其他政党正确地向民族自由党人指出,此事须从长计议,而当务之急是对战争目的表态。但是民族自由党人在愿望背后还有别的打算。对许多民族自由党领袖来说,议会制首先意味着更换政府,也就是贝特曼下台。古斯塔夫·施特雷泽曼博士尤其坚持这一观点。不久后他就成为该党议会党团主席。

施特雷泽曼无疑比埃茨贝格尔更有才干。他受过多种教育,学识渊博,并且是一位掌握从辛辣的讽刺直到动人的激昂等各种语调的演说家。但他像埃茨贝格尔一样,在战争的狂风暴雨之中未能保持一条明确的路线。开始时他是个明显的兼并主义者和主张无限制潜艇战的急先锋。此时他倾向于较有节制的看法,这是军事形势的影响。

但是施特雷泽曼认为比对战争目的采取明确态度更重要的事是排除贝特曼-霍尔维格,因为他觉得帝国首相过于软弱,不能有力地执行一项旨在结束战争的政策。他曾在总委员会里用特别尖锐的讲话严厉无情地攻击贝特曼。[21] 施特雷泽曼所中意的首相人选也是比洛。[22] 他也希望比洛能实行议会制。可以相信前帝国首相曾在这方面向他做过广泛的许诺。这位前首相毕竟可以指出,在国会否决了国家财政改革建议以后,他在1909年通过辞职走出了承认这种制度的第一步。

事实上民族自由党人最后躲避签署和平决议,他们的代表之一曾参加起草该决议。之后他们不得不再次退出党际委员会,这显然使议会党团中处于劣势的少数派极为不快。中央党人、进步党人和社会民主党人通过的这个决议——决议措辞还经过反复修改——的中心思想是重申1914年8月4日的声明:"我们没有征服野心。"与这种声明相一致要求达成一种和解性的和平。"强迫割取领土以及政治、经济和财政压迫,是同这样一种和平格格不入的!"这是对吞并政策的明确否定。

贝特曼和黑尔费里希都未能表示赞同这一决议。首相对埃茨贝格尔事先没有向他讲清此事的突然袭击感到不悦,[23] 这是可以理解的。但重要的是,决议提出的政策是贝特曼内心赞同的,他有可能依靠国会中出现的一致的多数派实现这一政策。他和帕耶尔及其他议会党团领袖的会谈能使他确信这一点,但他担心一项"软弱"的决议对外造成的印象。[24]

在与社会民主党领导人的一次秘密谈话中,他明白应马上接受他们关于把国会选举权扩大到普鲁士的要求。于是他便要求当时正在柏林的皇帝发表另一个文告,用平等选举权的许诺去补充复活节文告。威廉召集御前会议。会议于7月9日星期一举行并表示赞成首相的提案,不过只是六票对五票,而且这一多数也仅仅是由于帝国的几位国务秘书如黑尔费里希等参加投票才获得的。皇帝要同他儿子商量后再做最后决定;在对王朝具有如此重要意义的决定上,他要事先使皇太子有机会发表意见。威廉认为重视他儿子的意见是必要的,这还是第一次,而从前他是很少考虑——

很有道理——他儿子的政治判断的。因此人们定会猜测,这是他周围的人暗中授意起了作用,不过并非是忠诚地与首相合作的顾问团首脑冯·瓦伦丁尼,而是皇帝左右的军人。

最高统帅部再次打算攫取政治领导权。关于策划通过和平决议的最早消息刚公诸于众,兴登堡和鲁登道夫就来到柏林,没有通知首相就要求立刻直接向皇帝报告,"为了从军事观点方面对埃茨贝格尔建议表示意见"。但贝特曼先同皇帝谈了话,因此当鲁登道夫想从军事转移到政治上来的时候,皇帝就打断他的话,说统帅部不应干预由首相负责的政治事务。两位将军只得于7月7日晚回到克罗伊茨纳赫大本营。不过这次退却只是表面上的,因为鲁登道夫把一个心腹留在柏林,他利用此工具也能从远处拆首相的台。此人就是总参谋部军官鲍威尔少校,他无论在厌恶贝特曼或在政治上半瓶子醋方面都不亚于其上司。只要读一读这个军官在1917年3月写的关于政治形势的备忘录便可知道。他为这个备忘录自豪,后来在他写的一本书中把它披露给吃惊的公众。[25] 备忘录已经收集了所有那些后来对任何顺利发展有害的词语,包括"犹太自由主义"的提法。只要鲁登道夫在这个拙劣作品中读到这一句话:"首相已成为左派的意志薄弱的工具,因此信仰君主制的护国政党已与他分道扬镳",那么他就知道他可以信赖这个对军官不得干预政治的义务作了如此巧妙解释的人。德国人喜欢说"军人的坦率"。这里再次表明这种坦率并不排除军官们耍弄阴谋诡计。鲍威尔与埃茨贝格尔和施特雷泽曼商讨促使首相倒台的步骤。国会盛传鲁登道夫认为,如贝特曼留任首相则战争就会输掉,这肯定首先得归之于鲍威尔。他自己说:"我已电告皇太子,说他必须前来,同时敦促把他召回。"

皇太子来了。他声称赞同平等选举权,但这并未妨碍他紧接着就去竭力反对它。如同鲍威尔事先向他所灌输的那样,他要求他父亲免去贝特曼的职务,但遭到直截了当的拒绝。但鲍威尔并未技穷力竭。在他的劝告下,皇太子于7月11日召集各党领袖以听取他们对更换首相一事的意见。鲍威尔当然设法邀请各党议会党团中能为其目的效劳的先生们:民族自由党的施特雷泽曼、中央党的埃茨贝格尔、社会民主党的达维德博士(此人比艾伯特和谢德曼对贝特曼更持非难态度)。事实上也只有进步人民党代表帕耶尔一人坚决主张贝特曼留任。能干的鲍威尔躲在幕后用速记记录这些议员的意见。

尽管这种谋划有助于达到鲁登道夫的目的,但它并不能直接达到目的。皇帝不久前还给了贝特曼一个信任的证明,签署了关于平等选举权的诏书。在7月12日下午同贝特曼谈话时,皇帝起初也没有表示要和首相分手。此时突然从克罗伊茨纳赫来了电话通知:兴登堡和鲁登道夫已提出辞职申请,理由是他们无法与贝特曼合作。作为画龙点睛之笔,鲁登道夫还表示他这一次决不让步,无论如何要坚持他的要求。

现在应由威廉二世来表明他如何理解他的职位了。他经常大声宣称他深信他的职位是上帝亲自授予他的。华伦斯坦*是怎样描写他那在吕岑战场上阵亡的伟大对手的?

---

* 华伦斯坦(1583—1634),三十年战争期间德皇军队的统帅。——中译者

> 是什么使古斯达夫*成为了盖世无双？
> 那是因为他是他的大军之王，
> 但是，王是什么？王是
> 除由他的同类而外不能打败。**

但威廉二世从来不是"大军之王"。如果他是这样一位国王，他就会立即向将军们示意：他不能容忍这种抗命行为——如果不是用更尖锐的措辞的话；任何军人，不管职位高低，入伍时都向国王宣誓，不得拒绝服从；最高指挥官不能像普通士兵舒尔茨因为不愿为吞并隆维和布里去死而离开战壕那样，因为不喜欢"最高军事统帅"的政策而放弃指挥。假如弗里德里希大王的一位将军以类似的理由停止效劳，那他会有怎样的反应？汉斯·德尔布吕克不仅是德国第一位军事史学家，而且也是一位德意志和普鲁士爱国者，他对国会调查委员会大声高呼："如果最高军事统帅在1917年7月以哗变罪把鲁登道夫将军送交军事法庭，我们就得救了。"[26]

但威廉二世退缩了。在他统治期间，每当有人对他龇牙咧嘴时他常常会这样。他接受了贝特曼立即向他提出的辞呈。这样，人们过去所熟悉的德意志皇权就寿终正寝了。因为其基本原则就是德意志帝国首相和普鲁士王国大臣取决于皇帝和国王的信任这一思想。只要他得到这种信任，即使通过议会的表决也不能被免

---

* 古斯达夫(1594—1632)，瑞典国王。——中译者

** 译文引自郭沫若译《华伦斯坦》，人民文学出版社1955年版，第138页。——中译者

职。这就是施塔尔*设想出来，实际上由俾斯麦创立的德国立宪制的基本思想。这一特点使之有别于西欧的议会制度。

贝特曼仍受到皇帝信任，这是毫无疑问的。尽管如此，皇帝为了德国或普鲁士成文或不成文宪法所不知道的一种力量牺牲了他的首相。假如推翻贝特曼的力量是德国国会，则政治形势便会全然不同，那就会是走向议会政体的一步。按照一切有识之士——不排除贝特曼——的看法，议会政体迟早必然会来到。但是这样做就得由国会在公开会议上声明反对首相。无论从国家法方面或政治方面来看，由一个像鲍威尔这样的政治半吊子为此目的专门挑选来的几名议员的个人意见都无法取而代之。无论是从迄今的"德国立宪体制"或未来的议会政体的观点来看，这都是反对制度的阴谋。如果国会的多数在公开的议会斗争中推翻首相，他们至少也会就首相的继任人做出某种提示。

但是在首相候选人问题上马上就令人吃惊地明显地表明推翻首相的人的整个做法是多么模糊不清。埃茨贝格尔和施特雷泽曼至少还有一个候选人即比洛。但人们不能向皇帝提出他，因为皇帝自从《每日电讯报》事件**后认为比洛是叛徒。众所周知，威廉曾称他为"混蛋"。此外，奥地利盟友对比洛也怀有最严重的疑虑，因他在 1915 年春曾想随意地占有奥地利的部分领土。鲁登道夫显然根本没有考虑过由谁来当下一任首相的问题。他在回忆录中天真地承认，使他感到惊奇的是，"决策当局并没有随时准备好一

---

* 施塔尔（1802—1861），德国政法学家。——中译者
** 1908 年 10 月 28 日，伦敦《每日电讯报》发表了威廉二世对采访他的英国人沃特莱的一篇谈话。他的不明智的言论受到德英两国公众的一致谴责。——中译者

位首相的继任人"[27]。没有什么能比这更使政治上的半吊子丢丑的了。

这样,德国人民便于1917年7月17日突然获悉,米夏埃利斯先生成了他们的新首相。连消息灵通的政界人士也只知道他是普鲁士某部的副国务秘书,负责维持民众的粮食供应,曾激烈反对过一项关于地租的提案。没有人至少他自己没有说他曾经搞过政治。他只不过是一个能干的、忠于职守的官员,像他这样的人在德国有成千上万。在最严重的暴风雨中把德国这艘船交给这样一个人,会成为一个蹩脚的玩笑,如果这不是千真万确的话。不过米夏埃利斯先生得到了最高统帅部的认可。威廉曾就首相人选征求过兴登堡的意见。他在正式任命米夏埃利斯之前曾问过陆军元帅是否同意此人。威廉自己后来告诉屈尔曼说,兴登堡称赞米夏埃利斯是个"正直的、敬畏上帝的人",因此他"就以上帝的名义接受他"。[28]威廉二世根本没有勇气再去问贝特曼推荐谁做他的继任人或者他认为米夏埃利斯是否合适。这就是"强有力的君主制"!这种制度胜过议会制的优点在德国早已成为统治阶层的信条!

国会议员对首相危机的这一荒谬结果当然深感失望。为贝特曼下台感到惋惜的豪斯曼对埃茨贝格尔说,他担心新首相只是权宜之计,而后者则以施瓦本人的直率回答说:"最多活两个月!"[29]但是,多数派政党在这一点上是一致的:不管是谁担任德国政治领导,都得赞成和平决议并以此为基础。米夏埃利斯也这样答应了。甚至又回到柏林在内政部花园内当着米夏埃利斯和黑尔费里希的面与各党领袖会晤的兴登堡和鲁登道夫也表示同意。但首相和将军们对此均非真心诚意。米夏埃利斯立即以"据我对它的理解"这句臭名昭著的话破坏了和平决议的效果。毫无疑问,他是心怀叵测地有意这样做的。因为他在7月25日写给皇太子的信中提到这个"声名狼藉的决议",并得意洋洋地说,他通过自己的"解释"排除了此决议的最大危险![30]最高统帅部把该决议简直当作一纸空文。在这种情况下,它对德国的敌国所起的作用自然就完全烟消云散了。本来它们早就认为国会只是一件政治摆设,既无权力又无影响。在这种情况下又怎样才能纠正这种看法呢?军方的宣传鼓动却利用这一由他们造成的失败作为国会政策不当的证据。

事实上这是国会第一次试图在重大决策问题上掌握领导权并为此组成稳定的多数。如果不是在人事问题上犯下如此严重的错误,这有可能是向议会政体迈进的一步。迄今的制度极大地妨碍议会造就真正的领袖,现在这产生了痛苦的后果。

从此最高统帅部就成为唯一的真正决策机构。皇帝只不过挂个名。他的自信心大受伤害,以致他按鲁登道夫的吩咐甚至解除了文官顾问团首脑冯·瓦伦丁尼的职务,以这位将军所喜欢的极端保守的冯·贝格先生来接替他(1918年1月)。首相米夏埃利斯的最大愿望就是获得强大的最高统帅部的恩宠。他的后任(从1917年11月2日起)格奥尔格·赫特林伯爵虽是有经验的议员和训练有素的政治家,但他年事已高,面对最高统帅部缺乏形式上维护自己政策所必需的精力。贝特曼辞职后接管外交部的国务秘书冯·屈尔曼简直是被鲁登道夫赶下台的。国会多数派本身既不够一致,又不够坚定和自信去提出和推行统一的政策。

不幸的是最高统帅部利用其突出的地位使任何和解性的和平变得不可能。1917年8月1日罗马教皇贝纳第克特十五世致各交战国首脑的照会有可能为这样一种和平开辟道路。[31]答复照会的任务由米夏埃利斯和屈尔曼负责。正如在帕切利与贝特曼会谈后可以预料的那样,教皇的照会明确地着重强调恢复比利时的独立。这一要求是与国会的和平决议一致的,因为要实现无兼并的和平就必须恢复比利时的独立和完整。因此,使教皇对这一点的询问获得肯定的答复,便是投票赞成和平决议的党派的任务了。一个由七名议员组成的委员会成立了。有一切理由想消除对他的猜疑的米夏埃利斯声明同意在发出复照以前同这个七人委员会商量。七名委员中有五人是属于支持和平决议的党派的。

国务秘书冯·屈尔曼内心持同样的看法。[32]他非常明智,非常了解英国的政治和历史,任何时候都不能想象英国会缔结一项不包括重建比利时的和约,除非是它真的"被迫屈服";而他比别人更明白,自从美国参战以后,要做到这一点希望是多么渺茫。但他不想在谈判开始时而是想在谈判结束时才宣布归还比利时;[33]他提出的理论是,如果德国事先就比利时问题明确表态,就会失去一张对谈判来说不可缺少的王牌。汉斯·德尔布吕克在一次秘密谈话中力图使他相信这种观点是错误的,但未能奏效。于是屈尔曼就施展他的全部雄辩才能和影响劝说议员们不要明确表示归还比利时,只满足于在复照中提到和平决议。除了艾伯特和谢德曼这两名社会民主党人以外,议员们被说服采纳了这个解决办法。

但事情至此并未结束。9月10日,这个七人委员会举行了决定性的会议。次日即9月11日,皇帝在美景宫召开了一次御前会议。兴登堡和鲁登道夫也参加了会议。后者作了一个政治报告,这个报告就其超出军事范围而言,称之为"闲谈政治"并不为太过。[34]在比利时问题上,他的最低要求是:经济上合并、长期占领和占有列日,把比利时分为瓦龙和佛莱芒两个地区。皇帝提出的纲领较为谦逊但模糊不清,他特别声明比利时国王可以复位。但这对以后的发展影响很小,因为米夏埃利斯首相不是以皇帝说的话而是以将军们说的话为准绳。御前会议次日,他写了一封长信给陆军元帅,信中允诺把最高统帅部的要求纳入"我们的谈判计划"。[35]不过他试图把这些要求减少一点,装作好像要求得到"列日只是暂时的安全因素"。这是他至少不得不说的话,即使他只是想保持他是按照国会决议的精神行事的表面现象,因为他在致教皇的复照中已经援引了并摒弃任何兼并的国会决议作为准则。

但最高统帅部就连这一块遮羞布也不想给他。9月15日,兴登堡在一封看来由鲁登道夫起草的信中回答说:"只有我们在列日现在并且永远作为占有人完全控制局势,我们才能采取必要的军事措施和行政措施。"[36]还有另一句话也值得一引,因为它能说明当时实际上统治德国并决定其路线的人的思想方法。他们驳斥了首相的一个论点,声称:"让人们自己负担我们给邻国造成的损失"——也就是敌人放弃赔偿——"很难被任何人理解为值得强调的收获。"兼并主义者的古怪全部表现在这句话里:"以我对我们心理的了解,我认为必须怀疑把敌人想要肢解我们而未能得逞这一事实看成是对我们可能没有达到目的的某种安慰。"这同时也是兴登堡对首相提出的请求的答复;首相以上述论点请求他奉劝那些到大本营来的"单方面吞并路线"的支持者节制,因为这位正直诚实的首相早已不再想去满足各党的要求了,虽然他已正式接受它们的政策。他所关心的只是去博取它们的兼并主义对手的欢心。

第一章 君主政体的崩溃

但是最糟的是这位首相背着负责外交政策的国务秘书与兴登堡通信。屈尔曼后来在调查委员会宣誓作证说,他从报纸上获悉这些信件时深感惊讶和不快。[37] 这样他就不知不觉地帮助米夏埃利斯玩弄他那不诚实的把戏。但他对国会议员也没有开诚布公。他在发出正式复照前就已将其内容秘密通知教皇使节。教皇使节与罗马商量后于8月底明确表示,已草拟的照会"将意味着教皇整个和平行动的完全终结"。[38] 教皇使节还通报了英国驻教廷公使对教皇照会的答复:德国明确声明重建比利时是任何和谈的必要前提。[39] 教皇使节本人在8月30日的附函中特别强调,教皇认为德国发表这样的声明是不可缺少的条件。接着1917年9月24日米夏埃利斯在一封由屈尔曼负责起草的信中作了回答,[40] 信中为拒绝就比利时发表明确声明提出的理由是,德国政府认为在这方面某些必要的先决条件尚未获得足够澄清。这句话的意思收信人可以从紧接着的一句话中加以推断:米夏埃利斯表示希望能"在不久的将来"更详尽地通报帝国政府特别是对比利时问题的意图和要求。如果德语还有什么意思的话,那就是说德国政府对比利时问题还保留要求,换句话说,它不想无条件交出比利时。因此,这不仅是对教皇建议的拒绝,也是对正式复照中提到的国会和平决议的否定。

七人委员会既不知道梵蒂冈已经拒绝与委员会协议的这份照会,认为它完全不足,也不知道首相在照会之后又送去一封信。这封信恰好在委员会特别重视的那一点上同照会存在着实质性的矛盾。这客观上是在蒙蔽国会,这是毫无疑问的。至于主观上,可以肯定米夏埃利斯更倾向于最高统帅部的吞并主义主张而不是多数派政党的和解意图。他尽量掩盖这一对立以免激怒多数派政党反对他的首相地位，这完全是其惯用手法。不久后他在1917年10月9日的国会会议上由于异乎寻常的笨拙而倒台，这至少有利于澄清问题，因此值得欢迎。屈尔曼企图用外交上的考虑为自己的行为作解释。他提出通过一位中立国外交官即西班牙驻布鲁塞尔公使维拉洛巴尔去试探英国政府，这个尝试在心理上起了重大作用，但没有取得结果。然而从历史上看，屈尔曼担心会与最高统帅部发生公开冲突或许更为重要。他对调查委员会直率地说，"我们险乎碰上专制"。[41]"对于像最高统帅部这样强大的力量，而且这种力量又得到很大一部分舆论的支持，一个认真的政治家必须加以考虑！"

无人能断定，像国会多数派所希望的那样接受教皇和平调停是否会更接近于和平。但可以而且必须指出，将军们竭尽全力从一开始就堵塞了这条道路。

国会议员们从任命米夏埃利斯的事件中得到了足够教训，因此在使他下台时采取预防措施，使其后任没有他们的同意不可能被任命。事实上，格奥尔格·赫特林伯爵在接任帝国首相职务前也与他们取得谅解。这毕竟是向议会政体靠近了一步。但是旧制度的不幸后果现在也表现在这一事实上：国会在自己的行列中提不出什么人能担任此职。赫特林已有多年不当议员了，现在是从巴伐利亚内阁总理职位上提升的。通过任命进步人民党主席弗里德里希·冯·帕耶尔为副首相作了一定的弥补。帕耶尔无疑是个明智的人，具有数十年之久的丰富政治经验。他虽然比赫特林年轻一些，但也已年过七十，而这样的年纪已不可能再去学习掌握全新的任务。因此他虽然调解过不少难题并提出过不少明智意见，但他没有能影响大局。无论如何，他比起唯将军们意见是从的赫特林伯爵来至少对最高统帅部还能保持更多的批评和独立地位。继续掌管外交部的冯·屈尔曼也是如此。

在内政方面，新政府要实现贝特曼的最后一个许诺：将国会选举权扩大到普鲁士。这是国会多数派政党与赫特林达成的协议的一个重要组成部分。赫特林也兼任普鲁士首相。他任命有经验的议员弗里德贝格博士做他的助手，后者是普鲁士邦议会民族自由党议会党团领袖。普鲁士内政部交给德莱夫斯博士掌管，他是坚决拥护改革的人。政府也向邦议会提出了一个选举法草案。但邦议会的反动多数派坚持以淡化的富豪统治的多元选举制来代替平等选举制。普鲁士容克一直到最后都表明他们什么也没有学到；历史的步伐声已在每一个较为明智的人的耳中回响，而他们却充耳不闻。这样，他们首先要对革命采取激进形式负责。

最高统帅部也与他们一起负有责任。根据现有的文献资料，最高统帅部不愿改革是毋庸置疑的。但是同样无可怀疑的是，反对改革的保守派完全知道这些情况，这就坚定了他们的反抗意志；他们确信政府是不会采用唯一有效的方法即解散邦议会去粉碎他们的反抗的，因为最高统帅部反对这样做。施特雷泽曼于1918年4月29日致鲁登道夫将军的详尽的信件中明确地提到了这一点。鲁登道夫在仅有六行的回信中拒绝表态，因为他只有"在我认为国内政治问题影响最后胜利时"才对这些问题发表意见。认识不到选举权问题会"影响最后胜利"，是这位将军在政治上半瓶子醋的又一证明。同样值得注意的是，他是在他无法掩饰他的大规模春季攻势在战略上已遭到失败的时刻作此答复的。

在更换首相后的数月中,最重要的外交事件是东部的两项和约:布列斯特-立托夫斯克和约(3月3日)和布加勒斯特和约(1918年5月7日)。这两个和约特别与我们在这里谈到的问题有关,因为它们表明最高统帅部政治影响的进一步扩大。在这方面也必须提醒,俄国布尔什维克革命之所以可能发生,只是因为在瑞士流亡的列宁被许可经过德国回到俄国,而鲁登道夫——即使也许不单单是他——应首先对此事负有责任。[42]指责鲁登道夫对布尔什维克革命的可怕后果缺乏预见似乎有欠公允,虽然这促使他在以后对那些估计到这些后果的人评价比较温和。但肯定会使人感到奇怪的是他也丝毫未考虑到布尔什维主义对德军的瓦解作用。后来在1917年与1918年之交与布尔什维克进行和平谈判时,鲁登道夫坚决要求最高统帅部有权参与,而皇帝也在1917年12月18日批准了这个要求。这无可争议背离了俾斯麦的传统。同样无可争议的是,广大人民,特别是上层人士完全赞成这样做。帝国首相赫特林伯爵当时不得不进行艰苦斗争以维护国家法赋予他一人的职权。[43]皇帝于1918年1月24日发布一项诏书支持他,使他在形式上得到了胜利。但是,威廉在那些日子里听命于得到皇太子和皇后支持的将军们[44]免去顾问团首脑冯·瓦伦丁尼的职务就已表明,真正更强大的是谁。

事实上,鲁登道夫在和谈中在很大的程度上贯彻了他的意志。他没有忘记屈尔曼并非在所有问题上都听命于他。对奥地利大臣与和谈代表捷尔宁的绝望处境他更不谅解。捷尔宁看到随着战争奥匈帝国崩溃的日子日益临近。年迈的兴登堡甚至预言"下一次战争将在我们和奥地利之间"发生。[45] 在使布列斯特-立托夫斯克和约成为吞并和约这方面，军方要比政界更负有责任。这使得战胜德国的对手后来在对其提出任何非难时都可以回敬一句："你们也一样。"

但是国会也不能保持一条明确的路线。头脑清醒的议员们——不仅是社会民主党人——认识到，布列斯特-立托夫斯克和约是与和平决议相矛盾的。康拉德·豪斯曼于3月19日写道："东部和约如从和解方面来看是很脆弱的，使那些持有厚颜无耻的国家观的人恼怒。"两天后他又写道："在我们与俄国的和约中，现在人们看到压服的方式收效甚微。对东方和约的悔恨情绪很大。"[46] 然而国会难以拒绝批准终于达成的第一个和约，不管它作出何种姿态，特别是因为政府通过多数派政党的代言人帕耶尔与这些政党连接在一起；这是议会政体的另一方面。但如果不是只让社会民主党人去抗议大家宣布拥护的原则被违背，情况就会好些。在社会民主党人中，多数派弃权，独立社会民主党人则拒绝批准。但是也不能否认，在其他两个多数派政党即中央党和进步人民党中有不少人发生动摇。人们得悉统帅部已将东部大部兵力调至西线，根据所得到的消息，人们毫不怀疑统帅部如今有足够的兵力在西线发动所计划的攻势。事实上，就在国会投票表决的那一天，人们听到攻势已经开始并获大捷。尽管如此，特别是在进步人民党内，还有整整一批领导人如瑙曼、戈泰恩、豪斯曼等也并不因为取得最大的军事成功而放弃原则。

这场攻势确实起了决定性的作用，但它带来的并不是大多数德国人充满信心地期待的最后胜利，而是军事失败及其后果——

政治崩溃。因此可以理解,有头脑的人从此一再向自己提出这一问题:这场攻势是否必要和不可避免,是否真有必要把德国的整个前途押在铁骰子上?

没有人相信,像鲁登道夫这样的军事家会不了解他的任务的严重性及危险性。他肯定像一位批评他的人一样知道,即使最精心准备的军事行动也有可能失败,因为它总是包含着无法排除的不确定因素。但是失败的后果必然会是什么?马克斯·冯·巴登亲王于1918年2月19月在克罗伊茨纳赫大本营向他提出了这个问题。这位将军的可怕回答是:"那么德国就要毁灭!"难道尽一切可能使德国避免做出这种可怕抉择不是他的不可推卸的责任吗?全世界预料到这次攻势,德国的敌人担心从这次攻势中会发生最坏的情况,这次攻势前的时期肯定是最适宜的谈判时机。此时敌人知道美国军队只有很小一部分才做好战斗准备,比后来他们可以指望有数百万训练有素、装备精良的美国兵时要更愿意做出让步。外加威尔逊总统已于1918年1月8日宣布了他的十四点和平纲领。不管人们对十四点和平纲领有什么看法,但是毫无疑问,它与鲁登道夫所担心的如果失败德国就会毁灭是意义不相同的。

并非只是马克斯亲王向鲁登道夫说明过这些想法。1918年2月11日,弗里德里希·瑙曼和包括最有声望的德国工会领袖在内的其他人士向他提交了一份由阿尔弗雷德·韦贝尔教授和库特·哈恩博士起草的备忘录。他们在备忘录中向他透彻地描述了局势的危险性。[47]他们向他指出,国内阵线已不再完全经受得住震荡,广大受苦受难的群众认为战争的第四个冬季是难以忍受的,即将发生的流血是惊人的,只有当人民"感到敌人使我们别无选择"

第一章 君主政体的崩溃

时他们才会愿意忍受。因此在发动进攻之前必须先发动一场政治攻势，其要点应为"关于将来恢复比利时主权和完整的一项明确声明"。

对这一点作了详尽而明智的论述。鲁登道夫也作了答复。可是他是怎么答复的呢？一些关于军事形势的陈词滥调，却只字不提备忘录的积极的政治建议。[48]如同鲁登道夫通常的一切言论所表明的，这并非表示他谦虚，不得不在非军事问题上采取克制态度，而是他决不同意交出比利时的决心的消极表现。此时最高统帅部已正式采取这一立场，甚至皇帝在御前会议上发表的比较迁就的声明也已失效，因为1917年未能实现和平。外交部驻最高统帅部大本营的代表于1917年12月14日发出的一份电报表明大本营的人们究竟是怎么想的："此刻这里人们十分乐观，一心考虑击溃敌人！"[49]最高统帅部甚至要求首相"公开明确"地放弃1917年7月19日的和平决议。[50]而且不仅是皇太子，连皇帝也附和这一要求。

于是，德国便于1918年3月21日在西线发动了强大攻势。首批战果辉煌，甚至比预料的还要大。当皇帝向兴登堡和鲁登道夫授以最高荣誉勋章并且还明确地与滑铁卢的胜利相比时，[51]德国人民必然相信已胜利在望。但是不管战术上的胜利有多大，它并未带来战略上的胜利。4月初进攻不得不停止，主要目标亚眠并未攻占。4月9日虽然又在另一处发动了新的进攻，但这次进攻也在取得最初的进展以后不得不停止。

这第二次攻势是否能达到所谋求的战略成功，在军事专家中是有争论的，[52]这里姑且不论。但最迟在第二次攻势失败后，最高统帅部必然会认识到已不可能在美军到达前击溃敌方战线,不管人们还在多少地方重新发起进攻。他们知道,已有成千上万美国兵参加战斗,敌人月复一月地在壮大,而德国补充自己的巨大伤亡却月复一月地更加困难。既然认识到这一点,他们也就必然得出必要的结论:必须聚精会神尽快实现和平,也就是实现和解的和平,因为胜利的和平已不可能。为此目的首先是要向政治领导讲明事实真相,不加任何粉饰,明确说明宏伟的计划已失败。

鲁登道夫什么也没有做!受他领导的指挥官、巴伐利亚王储鲁普雷希特早在1918年6月1日就写信给帝国首相说,现在进行和谈的时机已经到来,因为已无希望使敌人遭到决定性的失败,因此他建议声明:德国愿保持比利时的独立不受侵犯。他还说,鲁登道夫自己现在也认为取得决定性的胜利已不可能,只还希望"突然出现转机"。[53]但完全听命于最高统帅部的首相不相信他的话。

整整一个月以后,最高统帅部还能把国务秘书屈尔曼赶下台,因为他竟敢在6月24日对国会说:"从这场结盟战争的巨大规模来看……通过单纯的军事决定而不借助一切外交谈判几乎不能期望结束战争。"鲁登道夫的这一做法尤其令人愤慨,因为他不仅一定知道这话完全正确,而且这句话就引自他本人推荐给首相的一份备忘录。[54]这份备忘录是外交部军事司司长冯·黑夫腾上校起草的,是鲁登道夫自己让他担任这一工作的,他在政治见识上要比将军高明得多。但鲁登道夫看来把这个论点当作公务秘密绝不能让德国人民知道。将军们恰恰因为国务秘书说了这一句话而把他赶下台,这会对德国人民产生何种印象,是可想而知的。他们必然得出这样的结论:这种说法是错误的,也就是相反的说法是正确的,换句话说,一直还受到德国人民信任的兴登堡和鲁登道夫深信他们将单单以军事上的成功把战争胜利地进行到底。鲁登道夫肯定是意识到这种效果的。由于他对鲁普雷希特王储和其他人说过他自己也不再相信有可能取胜,他的行为只能有一个解释,即他认为保持自己个人的荣光比说真话更为重要。

鲁登道夫以后数月的全部表现也与此一致。7月初在斯帕与首相会谈——最高统帅部在这次会谈中迫使屈尔曼被解除职务——时,最高统帅部提出了关于比利时的要求,而这些要求只有完全打败英国才有可能实现。新外交国务秘书冯·欣策海军上将——他经过长时间反抗之后才就任——7月中旬向鲁登道夫提出明确的问题:"他是否能肯定用当前的攻势最终地决定性地战胜敌人。鲁登道夫重复了我的问题并回答说(据我记忆原话是这样的):我的答复是明确的肯定。"[55]但数日后福煦就以在苏瓦松的胜利推进展开反攻,从此德军被迫完全转入守势。至少此时最高统帅部是否把形势已发生根本转变告知政治领导呢?8月1日,副国务秘书冯·拉多维茨从大本营向副首相冯·帕耶尔报告说:"最高统帅部……充满信心……鲁登道夫将军……表示有信心。他希望在不久之后将要采取新的行动。"但"新的行动"却来自另一方。8月8日,澳大利亚兵团在莫纳什将军指挥下突破了德军防线。[56]用鲁登道夫自己后来的话说,这一天是"德国军队的不幸日子"。

此时鲁登道夫至少向皇帝通报了情况,使得皇帝声言:"我们必须得出结论,我们已达到我们能力的极限。战争必须结束。"[57]但鲁登道夫对政治领导继续玩弄他那套老骗局。兴登堡、鲁登道夫、赫特林和欣策于8月13日举行了会谈。将军们虽然承认再也不可能发动巨大攻势,但他们仍坚持今后不需要局限于单纯防御,有时也可以发动进攻。对于他们主要是防御的战略来说,他们首先也需要由此破坏敌人斗志和迫使敌人接受和平。[58]如同欣策所说,他们表示"深信这个目标一定能达到。陆军元帅或鲁登道夫没有片言只字和任何暗示让我们认识或猜到,他们从军事形势的估计中已得出结论,必须采取外交步骤实现和平。他们的话目的是让首相和我对改变战略放心:目的仍是一样而且能够达到"。

将军们在这次会谈中对战争目的的态度证实了欣策的证言。他们坚持从前的要求,毫无缓和迹象。次日他们在御前会议上的态度同样如此。鲁登道夫谈论的是必须把前驻伦敦大使利希诺夫斯基送进监狱和补充兵员等此类问题。据欣策的记录,他要求"更多地吸收尚未入伍的犹太青年",也就是这时就已用他后来大肆运用的鼓动语调讲话。[59]但对御前会议想从他那里听到的军事形势,他竟不置一词!不是将军们,而是欣策从他不同于将军们的对军事形势的悲观主义判断中得出结论:"在制订政策时必须立即考虑这种战争形势",而这句话的意思只能是必须小心试探和平,降低要求。但兴登堡反对他的看法,欣策在记录中把兴登堡的话归纳如下:"兴登堡希望仍能坚持在法国土地上,从而最后能把我们的意志强加于敌人。"这对鲁登道夫来说还太软弱!他删去了"希望"这个词,把它改成"详加说明能够……"他竟然如此处心积虑地甚至对最高负责当局隐瞒局势的严重性。

这一策略最高统帅部还坚持了整整六个星期。在这段时期内,军事和政治形势日益恶化。之后,最高统帅部突然猛地改变方向盘,造成了悲惨结局。

第一章　君主政体的崩溃

9月28日，兴登堡和鲁登道夫认识到他们已难以为继，防线随时有可能被突破和席卷，需要立即停战。[60]他们请首相马上前来。同时他们向他建议让几位有威信的议员领袖参加政府。由于最高统帅部迄今一直顽固反对议会制，[61]还不了解这一变化的军事背景的赫特林伯爵对此深感惊奇，将军们现在所建议的正是他们迄今反对过的。赫特林本人仍然反对议会政体，决定不参与其事。他的首相职位反正结束，因为多数派政党不仅声言赞成议会统治以及社会民主党人参加政府，而且还使赫特林明白，他由于年迈体弱已不能胜任这一异常艰巨的任务。因此他到斯帕去向皇帝递交辞呈。但当他9月29日抵达该地时，等待他的是一件更加令人吃惊的事。

国务秘书冯·欣策已先期来到斯帕。他是自己主动到那里去的，因为他从并非最高统帅部而是其他军人告知他的消息中得出结论：局势非常危急。外交形势也是如此。"保加利亚已背离，奥匈背离指日可待，土耳其已只是累赘，不能帮忙。"9月29日上午，他向最高统帅部谈这些情况时，鲁登道夫对他说，军队的情况需要立即停战以防止灾难。欣策向他阐述"从胜利的号角突然转向失败的挽歌会对军队、人民、王朝和国家产生"的影响。他企图使将军们明白，"在要求停战的同时必须表明和平诚意，甚至需要先这样做！"鲁登道夫如今承认必须媾和，但他首先坚持必须立即停战。这时兴登堡说了一句话，如果欣策没有明确证实的话，人们是不会相信这句话的：国务秘书必须在"缔结和约时力求吞并隆维和布里！"[62]被无数德国人视为祖国救星的人原来是这样想的。

最高统帅部要求立即停战，不仅使首相而且也使皇帝感到吃惊和沮丧。赫特林此时请求辞职并获准,是不言自明的。但威廉在这以前也没有料到情况有这么严重。他也没有过多反对就同意了最高统帅部的要求,也许是他没有充分认识到其影响,也许是他已丧失独立作出决断的能力。任命新首相一事表明他多么缺乏这种能力。威廉完全听之任之,听凭别人采取主动,而他自己则已无能为力了。

马克斯·冯·巴登亲王的名字的确是国会议员们首先提出的。康拉德·豪斯曼早就在为他进行游说,因为他熟知他是个品德高尚、思想开通并具有清醒政治头脑的人。他有理由认为,在国内形势也已完全发生变化的情况下,马克斯·冯·巴登亲王是合适的人选;9月30日皇帝签署的一个命令声称,今后"获得人民信任的人将在更大(由于印刷错误写成:广大)的程度上分担政府的权利和义务"。这样也就为社会民主党人参加政府——这一点此时关系重大——创造了前提。只有在他们的帮助下,政府才有希望控制危险的洪流。社会民主党人有充分理由拒绝在赫特林手下效力,但他们准备襄助马克斯亲王,虽然从党的立场来看分担责任对他们一定是不怎么吸引人的。

亲王于10月1日下午抵达柏林。冯·黑夫滕上校很快就向他通报情况,汇报了统帅部要求立即提出停战的建议。这使亲王完全感到意外。他在宣布接受这一困难重重的职务时曾以为,作为首相他将能提出合情合理的适合形势的战争目的,然后在此基础上开始和谈。他当即认识到,停战要求不仅会破坏这一计划,而且还会使困难的形势变成一场灾难。他拒绝出任首相。[63]

以后几天,马克斯亲王与最高统帅部进行了艰苦的斗争。最高统帅部需要的是一个向威尔逊总统请求在其十四点基础上实现停战和进行和平调停，从而对德国和全世界为之承担责任的人。兴登堡来到柏林谋求实现这一点。亲王竭力向他阐明这一要求的可怕后果，尤其是接受十四点很可能意味着"失去阿尔萨斯-洛林和东部省份的纯波兰地区"。兴登堡书面做出的答复是非常典型的。"最高统帅部考虑放弃微不足道的、说法语的阿尔萨斯-洛林部分地区，不打算割让德国东部地区。"似乎在提出请求停战和请求在威尔逊的十四点基础上媾和之后还需要看最高统帅部在"考虑"什么。人们不免会断定，兴登堡和鲁登道夫对这个请求的含义及影响有完全不切实际的想法。他们一再声称军队需要一个喘息时期，甚至直言不讳，应使军队在停战结束后或许还能在德国边界上重新投入战斗。而对敌人来说，只有在德国全无可能重开战斗的条件下才能考虑停战，这是显而易见的。在四年战争后相信胜利在握——德国请求停战定会使他们深信不疑——的敌人能不这样做吗？鲁登道夫只要问问自己，如果他处于对方地位又会如何处理。这些德国将军是何等拙劣的心理学家呀！

如果他们不明白军队的士气在这种时刻必然会瓦解，他们也是拙劣的心理学家：这时士兵们看到人们向他们许诺的胜利已永远消失，自己队伍中的伤亡已不再能补充，而美国人——卡佩勒海军上将曾称他们干预的作用"等于零"——却有几十万补充敌人的行列。如果他们妄想德国人民在饱经苦难和严重匮乏的四年多战争之后会重新拿起曾一度放下过的武器，那他们也是拙劣的心理学家。关于这一点，下文还会谈到。

我们先得回到马克斯亲王反对停战请求的斗争上来。最高统帅部向他施加了巨大的压力;鲁登道夫打来无数电报和电话,要求立即发出这一请求并威胁说,他再也等不了 24 小时了。面对这种压力,亲王孤立无援,因为无人敢对这两位直到那时被捧上天的将军的军事判断持不同意见。副首相帕耶尔也声称:如果马克斯亲王拒绝签字,他将为军队献出自己的良好声誉,然后马上辞职。威廉二世再次完全不管事。当马克斯亲王在 10 月 3 日御前会议上以"我反对这个建议"开始发言时,皇帝用下面的话打断了他:"最高统帅部要求如此,你来此并非是给最高统帅部制造麻烦!"[64] 这就再一次说明最高军事统帅和政治领导是听命于最高统帅部的!

亲王终于让步并在这种可怕的形势下担任帝国首相职务,这是因为他考虑他个人做出牺牲能对大局和祖国有所裨益。他知道威尔逊总统总是把攻击的矛头对准德国的专制制度和掌握统治权的军阀,把军阀和德国人民分开。他个人和他组成的议会政府会证明德国已彻底摆脱了旧制度。甚至社会民主党也通过新任国务秘书谢德曼为代表参加这个政府。但马克斯亲王不太清楚的是,他这样做也就是为鲁登道夫效劳。这位将军只要相信能够获胜,就想把政治责任和军事责任集于自己手中。现在仗打败了,他就乐于与别人分担责任,从前只受到他厌恶和嘲讽的社会民主党人也来分担责任,这正合乎他的心意。因此,他于 9 月 28 日突如其来地声称他转而信奉议会政体,从他的立场来看是有其目的的。

通过 1918 年 10 月 3 日马克斯亲王的照会开始的与威尔逊总统交换照会的经过不必在此详述。威尔逊 10 月 23 日的照会影响最大。他在照会中说他把迄今交换照会的情况通报给他的盟国,让它们考虑是否停战。但他马上又说,他只能建议它们考虑一种使德国方面不能重启战端的停战。任何有头脑的人都会料到这一要求。最高统帅部却未经首相许可就以一个军令对此作出回答,这个军令断然地把威尔逊的答复说成是不能接受的。[65]兴登堡和鲁登道夫在上述的抗拒之后马上又作了另一次抗命行为:尽管首相要他们留在斯帕,他们仍来到了柏林。首相此时只得要求皇帝解除鲁登道夫的职务,但同时请求皇帝让兴登堡留任。[66]这两点都实现了:鲁登道夫于10月26日被免职,兴登堡与他分手并留任。

马克斯亲王在回忆录中说明他这样做是因为他对鲁登道夫已失去信任。他也完全有理由这样做。前线发生的事件已证明,鲁登道夫9月29日对形势的判断是错误的,亲王曾竭力斗争要求推迟发出停战请求本来是可以接受的,不会有什么害处。但糟糕得多的是,将军又在努力取消他曾经采取的步骤,尽管这一步骤当然是不能取消的,犹如不能收回已发射出去的炮弹一样。"第一步使我们自由,第二步使我们沦为奴隶。"*

10月17日,战时内阁举行会议,鲁登道夫和霍夫曼(东线司令)也被邀参加,以便协助阐明"德国军事形势的要求"。这次会议的速记记录表明,鲁登道夫完全是在暗中摸索。他说,如果他得到补充兵员,他还能守住防线,但他并不知道在什么地方能找到足够的兵员。大家都向他指出,征兵日益困难。迄今依靠乌克兰和东方其他被占领地区养活的数百万大军如果运往西方,他们的给养如何解决,这他不知道。他要求国会议员去提高人民的情绪。"抓住人民的心,鼓舞他们的精神!艾伯特先生不能这样做吗?"但他

---

* 歌德《浮士德》中的诗句,见第一部第三场《书斋》。——中译者

不得不听谢德曼说:"我们已没有肉了。我们不能供应土豆,因为我们每天缺少4000辆车子。油脂我们早就光了。情况非常困难。柏林北区和柏林东区是靠什么生活的,这全然是个谜。只要这个谜得不到解决,就休想去提高人们的情绪。"首相十分明确地问:继续战争是否会使形势改善?明年我们是否能在比现在较好的条件下结束战争?鲁登道夫的回答只是泛泛的一句空话:"我们眼下所作的任何努力都会改善我们的处境。"[67]

其实他这是承认他已放弃自己的整个立场。只有这是要紧的!马克斯亲王说,我们现在所做的一切努力到头来都是得不偿失,都是白费力气,换句话说,整个冬天,甚至可能到春天进行这样的战斗所要求的流血完全是毫无用处和毫无意义的浪费。他说得完全正确。谁也不知道,德军在不断退却的过程中能否保持队伍的团结,避免军事上的崩溃。固然可以认为,福煦在今年不会再要求他的士兵做出进行决战的巨大努力,但决战推后数月肯定会来到。这对德国又有什么好处呢?在这几个月中,有50万或100万美军来到,大炮和坦克大大增加,协约国的每个士兵充满坚定的信心;现在我们得到了它们,这一次我们绝对有把握胜利。在此期间,保加利亚、土耳其和奥匈帝国的投降难道不会产生影响吗?敌人的大批师团难道不会越过东部公路侵入未设防也无法防御的南德吗?首相和新任外交国务秘书佐尔夫博士对鲁登道夫的话深表怀疑,这是完全正确的。此外当时在德国,无论在军队或平民之中,也很少有人对这位曾煊赫一时的将军的下台感到遗憾。他被公认为那种显然已遭失败的大规模吞并和没完没了流血的政策的主角和化身,也是人们经过四年战争和戒严再也不能忍受的肆无忌惮的军国主义的主角和化身；他也被认为是通向军队和祖国现在都迫切要求的和平道路上的最严重障碍。

威尔逊10月23日的照会不仅导致鲁登道夫下台，也威胁了一个职位要高得多的人的地位。照会说："如果合众国政府现在必须与德国军事首领和专制君王进行谈判，或者可能在以后与他们就德国的国际义务进行谈判，那它所要求的就不是和平谈判，而是投降。"德国和其他国家都把这理解成为威尔逊不想与威廉二世谈判，既然威尔逊持这一立场，法国和英国无疑就更加强硬。另一方面，从照会中可以推断，如果德国事先摆脱这个皇帝，条件就不会过于苛刻。当佐尔夫在看照会时面色变得越来越严肃的时候，社会民主党议员诺斯克对他说："照会并不那么坏；如果皇帝下台，我们就会得到一个好的和约。"这位议员还在照会公布之前就在10月24日国会演说中说，国内流行这种看法，"只要君主做出一个高姿态"就可以减除千百万人的压力。诺斯克在整个战争期间表明自己是德国的爱国者，因而这些话的作用就更大了。

威廉二世逊位问题就这样被正式提到议事日程上。马克斯亲王企图摆脱这个当然使他特别为难的窘境，设法尽快通过永远确立新的议会政体和与之相应的限制皇帝特权的法律。他想以此使威尔逊不能再说今后"决定性的主动权仍掌握在那些至今一直统治德国的人们手中"。事实上这些法案很快就被通过并由皇帝签署，但它们已不能改变事件的进程了。

诺斯克所描绘的情绪是完全确实的，而且这种情绪绝不限于社会民主党工人。几年前还是拥护君主制度的德国人民，对他们的君主感到彻底失望。第一份劝皇帝退位的官方文件是普鲁士驻慕尼黑公使10月25日给帝国首相的电报。电报表明,巴伐利亚首相和国防大臣均持这一主张。[68]这不仅是巴伐利亚的小邦分立主义,在整个德国均有这样的呼声。不仅在报纸上可以看到,在街上或电车上的每一次谈话中也可听到;不仅在老朋友之间的谈话中听到,而且在相互吐露心中痛苦的陌生人之间的谈话中也可以听到。像豪斯曼这样一位老民主党人虽然还能对马克斯亲王说,"德国人民不会服从敌人的命令赶走自己的皇帝",但普通老百姓就不会这样想。他们已吃足了苦头,不能也不愿再忍受下去。尽快结束!这就是他们唯一的目标。如果皇帝挡路,那他就必须滚开!普通人的想法通常都是单纯的。他们把皇帝看作是把德国人民引入战争、宣布战争的人——战争既然已经失败,他就得负责。今天我们知道,事情并非如此简单。但是,全世界都认为是他发动了这场战争,这难道能怪别人吗?他确实说得做得够多的,足以使人们相信,德国发生的一切事情均是他的所作所为,德意志利剑已跃跃欲试准备出鞘。假如成功了,他作为胜利者通过勃兰登堡门,难道不是他的荣誉吗?

具有这种想法的不仅是国内人民,而且还有军人,不仅是士兵,还有军官。战争期间将军们一再不容争辩地肯定地说"军队"持有这种或那种观点时,实际上他们只是代表总参谋部军官的小圈子或是那些直接与他们接触的军官说话。他们根本不了解补充给他们各师的数百万年轻和年长的后备军的真正感情,至少不比国内人民多,因为士兵们在间隔很长的探亲假中向国内亲人倾诉衷肠。他们尤其不知道,在悠长的岁月中,与德国军事制度牢不可分的纪律和无条件服从的压力对士兵们来说已变得多么不堪忍受。人们对军队中的社会弊端谈得很多,霍伯姆教授受调查委员会之托在一本四百多页的书册里收集了大量材料,连福克曼少校所作的反证也无法驳倒。[69]

但简单的事实是,德国的制度与一场旷日持久的战争不适应。该制度旨在使青年人能在长官引导下具备所要求的身心素质,对成年人则不起作用,因为他们早已适应市民的生活,每天当他们不得不服从自己上司的意志的时候就会怀念他们留在家乡的事物,每封家信都会使他想起自己的亲人如何遭受苦难以及心爱的一切如何遭到毁灭。这并非是阶级感情,而是各个阶级和阶层的大多数人的共同感情。如果有一个伟大的目标在召唤,如春季攻势开始时官兵们都希望战争胜利结束,总而言之能够结束战争,这种感情就有可能削弱甚至让位于高涨的士气。但当他们看到这种巨大的努力也无济于事,早晚必然会遭到失败的时候,这种感情就会大肆蔓延!请求停战——人人很快就知道这是最高统帅部提出的——对军队来说就是举起白旗,现在没有人愿去白白送命。鲁登道夫自己在10月17日的内阁会议上不得不说:"许多方面,例如加尔维茨军团向我们报告说,停战谈判正在产生极其不良的后果。在比利时,我们的人说:既然我们要撤离,我们为何还要在此地战斗?在凡尔登前他们说:既然法国人得到阿尔萨斯-洛林,我们流血牺牲还有什么用?"能不这样吗?唯一令人惊异的是,鲁登道夫对自己行为所造成的这些结果感到意外,他要求任何人采取任何方式去恢复士气。

有关方面后来企图把这一切归咎于"宣传鼓动"。在激进的左派方面存在宣传鼓动是毋庸置疑的。但如果把军事崩溃归咎于宣传鼓动,那就是因果倒置了。事实上正相反。那种鼓动之所以有效,是因为军队遭到了最终的失败。在大家还相信攻势会取得成功的春季里,柏林郊区一个激进的选区下巴尔尼姆区进行了一次国会补选,一位出色的演说家和优秀的鼓动家、独立社会民主党候选人布赖特沙伊德博士被多数派社会民主党人击败。到了10月,谢德曼和艾伯特不得不眼看着他们的人不仅投向独立社会民主党,甚至还投向斯巴达克派,被赦免出狱的卡尔·李卜克内西"被佩戴着铁十字勋章的士兵举到肩上"。[70]

一个怀有这种情绪的民族一旦认为皇帝是挡住他们达到热切渴望的和平的障碍物,皇帝的命运就注定了。马克斯亲王像其他人一样识时务。甚至曾多年任皇帝侍从副官的冯·克利乌斯将军也专程从布鲁塞尔来到柏林,告诉他说皇帝必须逊位以挽救王朝和国家。[71]但是他该怎么办?说服接近皇帝的人向他提出这一不可避免的劝告的一切努力都未能奏效。于是亲王于10月29日决定亲自去见皇帝。但在他能执行此项计划前,他得悉威廉打算在这一天去前线。马克斯竭尽全力劝阻此行,他亲自打电话向皇帝最迫切地陈述此行会产生严重后果。枉费心机!皇帝走了,他再也未能重见柏林。

皇帝离开柏林的消息便极其自然地立即被普遍认为他是躲到最高统帅部那里去寻求保护,以摆脱政府的影响。这样便一下子使最近的全部政治改革的意义和成果化为乌有,并使威廉可能还享有的最后一点个人声望丧失殆尽。连那些过去因通常的政治原因反对他退位的人士也认为他现在已成为在危急时刻必须甩掉的累赘了。

但是给予他致命打击的却是他自己的海军将领。为了他心爱的海军，他在关键的岁月放弃了与英国和解的想法。舰队自从斯卡格拉克战役以后就被迫无所作为，这使海军军官们深感不满。如今根据威尔逊的要求又停止了无限制潜艇战，这大大地加剧了他们的不满情绪。难道现在不动用舰队力量就能结束战争？海军指挥官们决定出海去与英国进行决战。他们没有把这个决定通知首相，更不必说请求首相批准了，虽然很明显，这种进攻在停战谈判过程中具有重大的政治意义。[72]后来他们为自己辩护说，海军上将舍尔曾对首相说过，潜艇战停止后将使远洋舰队重新获得充分的行动自由。但这种说法当然十分牵强，海军将领们一定也是知道的。

对自己部下的保密工作做得比对首相要差些。水兵们从准备工作中看出计划要做什么，当舰队定于10月29日出海时，司炉们拒不工作。事实上这道命令不得不取消。如今事情就朝着其必然的方向发展；消极抵抗演变为兵变。军官们表明完全无力制止兵变。11月4日，所有舰船上都升起了红旗。成队的革命水兵从港口走向其他城市，到处去点燃革命之火。

兵变就是兵变，没有人会为之辩护。然而如果曾经有一次兵变可以理解的话，那就是这一次。特别是因为有许多军官已公开表示反对和平政策，水兵们能不把策划的进攻看作是企图破坏政府的上述政策吗？他们能相信这次进攻会对战争结局产生良好结果吗？每个德国水兵均知英国舰队的优势，而且不难看到，即使每艘德舰与一艘英舰同归于尽，英国舰队依然是一支强大的力量。更为可信的难道不是军官们按照他们的人生观寻求光荣的牺牲？

但这是否使他们有权让成千上万名英勇的水兵跟着去送死呢？水兵们多年来忍受舰上异常艰苦的生活，如今期待着有朝一日能获得自由和回到家人身边。巡洋舰司令赛德利茨当时对社会民主党国会议员休特古姆博士说："在他的舰上有人到1914年10月1日已结束为期四年的志愿兵服役期，然而如今已在舰上不得不生活了八年或九年。这是可怕的折磨……最糟的是舰队觉得人们极其不幸地缺乏远见，从来没有在合适的时机使用舰队，而现在却打算把它当作最后一张王牌扔到桌上。他本人是个完全忠于国王的人，但他很能体谅革命者的心情。"[73]的确，不用鼓动就可以解释水兵起义。海军将领们在玩火，如今这火不仅烧毁了他们，也烧毁了德意志帝国。

成功的水兵兵变定会使星火燎原，因为国家已无法镇压起义。派去攻打造反分子的士兵被解除武装，宣称"中立"或投降。社会民主党领袖越来越失去对自己党员的控制；他们别无选择，只能要求皇帝退位。马克斯亲王想尽一切办法使皇帝明白，唯有如此他才能挽救王朝。在将军们和周围军事人员的包围下，皇帝仍然听不进一切忠告。继任鲁登道夫职位的格勒纳将军也是个强硬派，但当他于11月5日来到柏林时，也不得不向首相递交一份关于军事形势的完全绝望的报告。11月6日星期三，他甚至对首相说，要是不在11月9日星期六之前实现停战，军队就得向福煦投降。星期三这一天，格勒纳还同社会民主党和工会领袖举行了会谈；他们在这位将军领导国防部时曾充满信任地与他合作。社会民主党人此刻根本没有把德国变成共和国的愿望。他们坦率地对将军说，他们将满足于一个关心社会的议会制君主国，不过这只有通过威廉立即退位和皇太子放弃继任皇位才能做到。他们敦促格勒纳尽快创造上述前提,但将军认为自己受入伍宣誓的约束而断然加以拒绝。最后艾伯特认为无济于事而中止进一步讨论,他再次向格勒纳保证他和他的朋友会始终乐意把他们和他在战争时期的合作牢记在心。"从今以后我们分道扬镳。"后来,在所谓慕尼黑"背后被捅一刀"的调查*中,格勒纳宣誓作证谈到这次重要会谈时说:"我承认自己那一天没有接受艾伯特的建议而完全负有罪责;要不然或许还有可能拯救君主政体。"[74]

那是最后一分钟!同一天收到了威尔逊的照会,照会通知说他的盟国愿在十四点基础上媾和并宣布授权福煦元帅向德国政府代表传达停战条件。这就免使德国将领举着白旗去见福煦。格勒纳劝说首相任命国务秘书埃茨贝格尔作为政府代表参加停战委员会。亲王接受了这一建议,埃茨贝格尔接受了这一委托。这是他的不幸,或许也是事业的不幸,因为随后几天正当柏林局势混乱急需精力充沛的埃茨贝格尔时他却不在场。[75]

11月6日傍晚,马克斯亲王做出困难的决定:亲自去斯帕当面向皇帝说明,除退位外别无选择。为了防止他不在时发生事变,次日上午他将自己的打算告诉艾伯特,艾伯特答应支持他。但艾伯特未能遵守诺言,因为就在当天下午艾伯特和谢德曼向首相递交了他们党的一份最后通牒,声称如果到次日即11月8日星期五

---

* 德国在第一次世界大战中失败后,军人和保守派宣称军队在战场上没有被打败,而是由于背后被社会主义者、战争反对者和革命分子捅了一刀才被打败。这种谬论又称"匕首神话"。1919年11月,国会为查清失败原因成立了一个调查委员会,曾对此进行了调查。——中译者

中午还不接受他们的要求，他们就退出政府。这些要求中最重要的是皇帝和皇太子退位。社会民主党的领袖并不愿意提出这一最后通牒，但有26个党组织已决定当晚召开大会，如果他们不从每个讲坛上公布最后通牒，这些党组织就会投向独立社会民主党人。更使他们感到震惊的是，如谢德曼所说，受到他们充分同情的首相竟以辞职要求来回答最后通牒，其他的大臣则强烈指责他们在此危急存亡之秋毁坏了一切。

正当人们还在通过妥协寻求出路的时候，革命运动在德国蓬勃发展起来。11月8日，慕尼黑宣布成立共和国和声明废除维特斯巴赫王朝；皇帝女婿、不伦瑞克公爵放弃了王位。但威廉还从似乎太平无事的统帅部大本营打电报给首相说，他拒绝首相的建议并一如既往地认为坚守岗位是他的职责。

威廉自以为能统率野战军恢复"国内秩序"。这是他的最后幻想。甚至格勒纳现在也认识到战斗部队也不想去为皇帝战斗："被认为特别可靠的一个师被选派去保卫大本营对付从科隆至亚琛出现的起义者，该师士兵拒绝服从军官的明确命令向家乡进军。"[76]最高统帅部这时感到事态严重。但将军们平静地等到次日上午才去劝告皇帝做已不可避免的事。他们更没有及时向首相通报，虽然他们不可能不知道此时在柏林每个小时，甚至或许每一分钟都具有重要意义。当天夜里，政府不得不电告斯帕：如果次日早晨不在报纸上公布皇帝退位，起义便不再能阻止。但陛下这时已就寝，不得打扰他。

次日早晨他起床时还是皇帝，但晚上上床睡觉时就已不是皇帝，他已成为一名被迫到国外请求避难的逃亡者了。霍亨索伦家族的统治结束了。他自己的将军兴登堡和格勒纳不得不把他从幻梦中唤醒。但当他们这样做的时候,已到了11月9日的早晨,此时所做的一切已为时太晚。社会民主党人已退出政府,工人群众正在向柏林市中心和政府区进军。没有人反对他们。这就是这次奇特革命的真正特征。当时在柏林有数千名军官,在正确的指挥下无疑会有足够力量把革命扼杀于萌芽状态。但是,没有一个军事指挥部门想去领导他们,他们之中没有人愿为履行自己的入伍宣誓而奋不顾身。毁灭德意志帝制的并不是手榴弹或机关枪,而是对帝制的生存权利缺乏信仰。

因此,事情的具体经过是比较次要的。上午11点左右,首相从大本营得悉皇帝已决定退位。具体声明将在半小时后送来。但声明一直也没有送来。为了拯救君主国的公共机构,亲王最后决定在12点宣布皇帝退位和皇太子放弃继位。这也未能阻挡事态的发展。在同一时刻,社会民主党人前来向马克斯亲王声明,他们要接管政府权力。亲王做了他唯一还能做的事情,把帝国首相职务移交给艾伯特。几小时后,当他向艾伯特告别时,他说:"艾伯特先生,我请您细心照管德国!"艾伯特答道:"我已为这个国家失去了两个儿子。"

马克斯亲王刚放弃职务就收到来自大本营的正式通知:威廉虽已作为德意志皇帝宣告退位,但并未放弃普鲁士国王的王位。如果认真看待这一点,这也可以说是一次革命,因为帝国宪法规定德意志和普鲁士君权不可分地结合在一起。但这种国家法方面的胡闹行为已变得毫无意义,因为谢德曼已从德国国会平台上宣布成立共和国,数千人鼓掌欢呼对此表示欢迎。

虽然谢德曼的宣布是即席讲话，既未得到委托又未被授予全权，但迫于形势已不可撤销。当谢德曼受当时形势和党内潮流影响的时候，保持冷静头脑的艾伯特十分不满。他虽然是共和主义者，但他知道，德意志共和国诞生的时刻和环境不可能比当时更不利的了。11月9日《前进报》*还写道："在一个年轻的共和国内也许得与保皇党的堂吉诃德们打三十年交道，看到国内的必然的发展由此受到干扰，这种前景并不引人入胜。"这一预言可能是艾伯特的肺腑之言。此外他知道，德国人民面临着非常严峻的停战，而停战必然是走向同样严峻的媾和的序幕。

11月8日，福煦元帅在贡比涅森林把协约国的停战条件交给德方代表。这是胜利者以最充分的方式在所有方面采取预防措施，使被战胜者不再能举起武器的种种条件。是否应当接受这些条件？向兴登堡提出了这个问题。他在答复中建议德方停战代表设法缓和其中几条。他的电报最后说："倘若做不到这几点，尽管如此还是得接受。"[77]这样他就表明谈不上继续抵抗。在革命爆发后，继续抵抗是毫无希望的。即使德国没有发生革命，任何进一步的流血也都是毫无意义、毫无用处的。

因此，德方全权代表在11月11日清晨签了字。当天时钟敲了十一响时，所有战线全都放下了武器。全世界渴望的时刻来到了——而这一时刻蕴藏着无穷无尽的新问题。

---

* 社会民主党机关报。——中译者

第二章　从革命到国民议会的召开

德国人就这样突然不仅有了一个共和国,而且还有了一个社会民主党政府。谁要是记得战前这些年社会民主党的立场观点,谁就定会认为这一转变几乎是奇迹。不过,不仅是情况有了变化,社会民主党本身也有了变化。在1914年8月4日的表决中,社会民主党通过胡戈·哈泽宣称:"在这危急存亡之秋,我们不会置祖国于不顾。"这次表决是一个永远不能被抹杀并对该党思想感情产生深刻后果的事实,不管后来人们认为它是正确的还是错误的。从这一天起,社会民主党不再是像过去那样的专心致志的反对党了,它在紧急关头为整个国家的命运分担了责任,这是永远无法再改变的。[1]

但是,同样不可避免的是,当该党大概如同所有其他政党一样所期待的速胜并未实现而战争无止境地旷日持久时,上述步骤使它陷于极大的内部困难和冲突。这个党过去不仅不断反对国家预算,而且也要对黑森或巴登邦议会中投票赞成该邦预算的任何议员追究责任。对无数社会民主党人来说,党赞同战争拨款就意味着完全背离他们从小就熟知的传统。每年5月1日,他们高呼"解放和联合各民族的社会民主党"万岁,难道就是为了现在去赞同一场比人们所想象的一切更为可怕的战争?他们曾千百次发誓声称与现存的社会不共戴天,而现在党的领袖却成了"政府社会主义者",毕竟政府毫无疑问是资产阶级的而不是社会主义的政府。在劳工斗争中曾反对过的企业主，难道不会首先成为一场胜利的受益者吗？企业主大力鼓吹大规模吞并政策，从而为增强这种反对情绪起了推波助澜的作用。每个社会民主党人，不管右派或左派，都反对这种政策。但是，党的一派企图发挥他们在议会中的影响促使政府保持纯粹防御战路线，而另一派则拼命抓住这个机会把他们与吞并主义者混为一谈，同他们进行激烈的斗争。所有这些动机在作为"独立派"脱离党的所有反对派成员那里所起的作用并非相同。独立社会民主党的组成情况就已表明这一点。要有一场世界性的大灾难才能把像爱德华·伯恩斯坦和胡戈·哈泽这样思维方法截然不同的人带进一个阵营。

在这些"独立派人士"的左面还有一些更加激进的团体，它们也激昂慷慨地谴责他们背叛社会主义和国际主义原则。最引人注目的是斯巴达克派，他们的领袖是卡尔·李卜克内西和罗莎·卢森堡。帝国军事法庭于1916年曾因李卜克内西参加一次街头示威，野蛮而愚蠢地判处他四年徒刑。马克斯亲王的内阁于1918年10月将他释放。正因为受此磨难，李卜克内西在柏林激进派中自然深孚众望。11月的革命浪潮把他抛至顶峰。但他在才智和政治上均不能胜任一个伟大运动的领导。罗莎·卢森堡在才智上比他强得多，连她的无数对手也不否认她具有卓越的才识并非常高超地掌握了马克思主义辩证法。俄国革命当然给予斯巴达克派以强有力的推动。他们所拥有的武器至少有一部分也来自俄国。他们的口号是向俄国学来的：一切权力也就是一切立法权、行政权和司法权归工农苏维埃！

共和国宣告成立后，这些人全都涌向柏林街道，高呼德意志共和国或俄国革命万岁,挥舞合法或非法弄到的武器,扑向军官们,撕下他们的肩章,向本来被召来柏林维持秩序,却投向了"人民"的吕本步兵部队欢呼。这个不久前还坚如磐石的专制国家的行政机关似乎消失了,安定和秩序似乎仅取决于群众的善意或恶意、明智或不明智。无人知道究竟有多少人支持这个或那个集团。激进分子当然叫得最响。虽然每个明白事理的人都知道这并不是判断他们政治实力的标准,但是人们在俄国看到,即使是人数很少的少数派手持武器也能夺取政权。

在这种情况下,多数派社会民主党的领袖不可能要求由该党单独执政。他们至少须与独立社会民主党人共同执政,以便将政府置于相当坚实的基础上。独立社会民主党人要求主张成立"社会共和国"作为他们参加政府的先决条件,而对"社会共和国"的含义每人均可任意理解。艾伯特及其同事对接受这一点并无困难。真正有争论的是要德意志民主还是俄国式无产阶级专政这个问题。多数派社会民主党人想要让一个尽快由全体德国人民不分性别按民主选举权选出的制宪国民议会来最后决定。独立社会民主党人则想要把全部权力置于"全体劳动人民和士兵选出的代表"手中。[2]虽然这种矛盾没有得到解决,独立社会民主党人仍表示愿意参加政府,但是政府不叫上述名字,而是自称为"人民代表委员会"。它由三名多数派社会民主党人艾伯特、谢德曼、兰茨贝格和三名独立社会民主党人哈泽、迪特曼、巴尔特组成。埃米尔·巴尔特是一名五金工人,只因具有一定的鼓动才能而出众,他已升任柏林工兵委员会的领导人;其他五人都是国会议员,他们的议会实践使他们具备从事新工作的一定能力。兰茨贝格和哈泽的职业是著名的律师，因而具备必要的法律修养及恰当地起草决议的能力。李卜克内西拒绝参加政府。他坚持其苏维埃口号，但在11月10日工兵委员会大会上受到拒绝。

但斗争并未因之而结束。相反，斗争每星期都愈加尖锐。经过四年战争的民族不仅看到自己全部希望的破灭，而且还经历了整个国家制度的崩溃，是不可能在短短几天之内重新平静下来的。数百万从战场归来的士兵又大大地加剧了不稳定的形势。停战责成将军们有责任在一定的短时期内把部队越过莱茵河撤回国内。他们也以久经考验的出色才能完成了。但部队刚一回到国内就脱离领导，分崩离析了。有家的回家，有工作场所的回工作场所；没有归宿的则身穿军服在大城市街头流浪，参加日复一日地举行的各种集会或士兵委员会会议。并非煽动性言论和无用的空话仿佛已在全国各地占上风。马克斯·韦贝尔自己是海德堡"工兵委员会"成员，他很欣赏这个委员会里"普通人、包括许多士兵的实事求是精神"。但是，尤其是聚集在柏林等大城市的人群特别容易成为煽动者——不管他们是理想主义者或自觉的挑唆者——的牺牲品，而且大量武器落到群众手中，使得群众自以为是真正的统治者，这是很自然的事情。特别是柏林政府区的街道上子弹日日夜夜在呼啸。报社被武装集团占领，所谓的人民海军师驻扎在皇宫中，极左派的一名代表指挥着警察局，甚至帝国首相府也受到突然袭击的威胁。

在这种情况下，多数派社会民主党人和独立社会民主党人的讲究实利的婚姻维持不了多久，这是不足为奇的。艾伯特知道，政府——即使它自称"人民代表委员会"——的首要职责就是维持

第二章 从革命到国民议会的召开

"安定、安全和秩序"。这是借用普鲁士通用邦法中关于公安机关的古老定义。他也知道,这不仅是资产阶级的阶级偏见,而且也是每个希望不受干扰地享受自己劳动成果的人(不管他是富人还是穷人,当官的还是老百姓)的需要。此外还有一个简单而迫切的考虑。如果农村拒绝供应粮食和肉类,大城市的食品供应问题如何解决呢?农民和地主肯定不会赞同"无产阶级专政";如果大城市宣布这种专政,他们是准备并且能够从中做出结论的。

不能错误地认为像哈泽那样的人会对这些问题也没有认识,但他的政治地位迫使他去照顾极左派的意见,因为只有极左派才能支持他去反对多数派社会民主党人——和必要时反对资产阶级政党——,而且他感到自己由于信仰社会化的好处和反对私有经济而和他们结合在一起。特别是他和极左派一样痛恨军国主义,任何有组织的军事力量在他看来都会带来军国主义复活的危险。当艾伯特于12月24日召集部队到柏林来,为了从"人民海军师"手中夺回皇宫(起初没有成功)的时候,三个独立社会民主党人便于12月27日声明退出"人民代表委员会"。不过在这之前他们就已看到自己在政治上也处于失败地位。在他们的推动下在柏林召开的德国工人士兵委员会代表大会(12月16日至19日)使他们大失所望。多数派社会民主党人在当选的代表中占压倒多数。李卜克内西和罗莎·卢森堡甚至未能当选为代表。尽管这次委员会代表大会的选举人绝大部分是无产者,但他们对俄国革命的方法和目的很少表示同情。虽然代表大会的辩论常常是混乱的和吵吵嚷嚷的,但是很快就表明,大多数代表要求恢复正常秩序并通过民主方式即通过由全体人民选出的国民议会来达到这一目的。

12月19日，右翼社会民主党人科亨-劳埃斯关于在1919年1月19日举行国民议会选举的提案以400票对50票获得通过。于是，独立社会民主党人恼火地退席并拒绝参加选举中央委员会，因此作为一种政府监督机构的中央委员会便为多数派社会民主党人所独占。当独立社会民主党人一周后也退出人民代表委员会时，他们除了街道之外已别无依靠。

起初战斗不得不在街道上继续进行。为了能站住脚，政府只得完全倚仗剩下的旧军队。人们可能对此表示遗憾——德意志共和国后来的历史使人有足够理由这样做——但人们却不能否认这种发展的必然性。如果政府不得不对其——当前的和潜在的——右派敌人忍让，难道这不正是那些不让其安宁的相邻左派的责任吗？同样清楚的是，天生对诺斯克和谢德曼之流的社会民主党人毫无好感的将领们在这种形势下认识到必须支持他们，才能避免天下大乱。正如弗里德里希·迈纳克所述，[3]说服兴登堡这样做的是格勒纳将军。早在11月10日，他就"通过弗里德里希·瑙曼带口信给艾伯特：最高统帅部愿与他合作"。

但过了六个星期，当柏林形势已变得不堪忍受，流血冲突变得不可避免的时候，最高统帅部也不能向政府提供一支有组织的军事力量了。建立必不可少的国防军这一功劳属于古斯塔夫·诺斯克。[4]这位从前的编筐工人经过工会和报社编辑部的艰苦道路，于1905年发迹成为国会议员，在水兵起义期间作为政府专员在基尔取得了人们在特别困难的形势下所能期望的那么多成就。独立社会民主党人退出后，他进入了人民代表委员会。如今他有勇气让艾伯特任命他为总司令去恢复柏林的安宁。他完全清楚他将会遇到什么情况。当艾伯特请他担任这个棘手的职务时,他说:"总要有一个人去当猎狗;我不怕负责任。"[5]这件事他是不应忘记的,在柏林经历过这可怕的几周的人也不会忘记他的这件事。并不是小人物,正是丘吉尔称赞他是"人民的儿子,在普遍的混乱中为公共利益无所畏惧地采取行动"。[6]最不感谢他的是他的党内同志,他们在报刊上和集会上不断贬低他,在他因卡普暴动而辞职后说他"不称职"而把他从议会除名。

新建部队有的是人力资源。成千上万名战时在军中服役的年轻人志愿重新入伍,直至秩序得到确保之时。但诺斯克不得不依靠旧军队的职业军官去领导这支志愿军。部队本身要求这样,因为它只信任这些军官有必要的经验取得成功并避免不必要的损失。[7]此时这样做在政治上并无危险。国内外形势均不适宜唤醒对复辟君主制的欲望。但对街头骚乱的镇压取得成功,自然又大大地增强了这些军官原先备受压制的自信心,而且在大多来自资产阶级家庭的志愿军中也有不少人把街头骚乱看作是民主政体与共和政体均不适合于德国的证明,他们把任何社会民主党政府都看作祸害。但"形势紧急"迫使任何人抛开这些顾虑。

事实上诺斯克的行动迅速取得完全成功。到了1月19日选举国民议会的那一天,柏林形势安定,无人敢干扰投票活动。在平定起义时并非没有发生不法行为,这是不幸的,但不足为奇。引起最大轰动的是卡尔·李卜克内西和罗莎·卢森堡于1月16日被害。大多数柏林居民把这当作摆脱了一种巨大的危险加以欢迎,而没有去考虑这一切合适不合适。受害者的朋友大叫大嚷,说他们是被反动兵痞杀害的。今天可以肯定,至少罗莎·卢森堡是被异常愤怒的一群人私刑处死的。

人们不原谅这种谋杀，如果想到"举剑之人必死于剑下"这句老话的话。人们已受够了李卜克内西和卢森堡的同志们的血腥暴行，因此不会对他们的命运特别感到愤慨。但这一恶事也有恶报：它摧毁了对罪行的厌恶和对人的生命的尊敬，使人习惯于采取血腥暴行作为国内政治斗争的手段。

在这动荡的数周和数月中，人们悄悄地在为未来国民议会将要着手进行的最重要任务做准备：德意志共和国宪法。1918年11月成立人民代表委员会时，社会民主党两派决定仍应由社会民主党人单独掌握政治责任。但他们不得不认识到须从党外去物色人来担任那些必须要具备专业知识的职务，因为社会民主党两派并没有足够的合格人才。他们试图这样来解决这一难题：规定不让"资产阶级"的国务秘书们参加政治领导，使他们隶属于人民代表委员会。另外还给他们配备社会民主党的副国务秘书或"助理"。如国务秘书佐尔夫博士在马克斯亲王内阁中主持外交部工作，此时暂且留任，由社会民主党议员达维德博士担任他的副国务秘书，独立社会民主党人、作家卡尔·考茨基任他的助理。这种安排尽管是无济于事的，但这表明对于必须使新旧状态相连的延续性的必要性有一定的理解。

此刻最重要的人事问题是任命内政部国务秘书，因为他须负责制定新宪法。11月15日，人民代表委员会任命柏林商学院国家法教授普罗伊斯博士担任这一职务。[8]

胡戈·普罗伊斯生于1860年，青年时代就在柏林大学取得大学授课资格。尽管他教学成绩出色，学术成果累累，但他一直是编外讲师,因为他是犹太人并在政治上参加民主自由主义的极左派活动,部分也由于他常常不懂得及时克制他的冷嘲热讽和柏林人的幽默。直至柏林商业界元老建立的商学院才于战前不久授予他教授职称。他在学术上是奥托·吉尔克的学生,但他赋予吉尔克的合作社学说以老师所拒绝的民主色彩。在日常政治问题上他紧跟他的朋友特奥多尔·巴尔特,他向巴尔特的《民族报》提供了许多言词尖利的稿件。在德意志历史上,施泰因男爵是他心目中的理想人物:关于施泰因在耶拿失败后对普鲁士邦进行的改革的动人描述是普罗伊斯《德意志城市宪法发展史》(1906年)一书的顶点。在战争的第一年,普罗伊斯把他的政治和历史思想的基本结论总结在《德意志民族与政治》一书中,该书通过提出"人民国家反对专制国家"的对照而闻名。该书试图探讨为什么西方各国人民感到德意志国家对它们格格不入这个问题,并从对德意志最近历史的分析中寻找答案,指出在此期间德意志人民从来没有能从自己中间推举一人来领导国家。如果说他在此书中更多是暗示而不是明言他深信世界大战必然会引起变化,那么随着战争的继续,普罗伊斯愈来愈清楚地感到,为了使德国摆脱外交上的孤立,就必须即刻发生彻底的转变。1917年7月(在贝特曼-霍尔维格下台前)完成的一个备忘录就是这些忧虑的结果。它不仅论证了调整立宪政治的必要性(其论点的正确性今天已无人怀疑),而且还在一份起草好的草稿中详述在保留君主政体特性的情况下如何实行这种转变。备忘录虽然没有发表,但看过的人都深信,备忘录的作者是胜任所面临的制宪任务之人。

1918年11月14日普罗伊斯在《柏林日报》上发表的《人民国

家还是颠倒的专制国家?》一文表明他智勇双全,他在文章中警告当时的当权者不要用一个新的"具有相反征兆的专制国家"去代替被推翻的国家。他向他们大声疾呼:"只有当德国资产阶级内部强有力的思潮坚决站在既成事实的基础上而不是俯首帖耳地听从新当权派……只有当他们完全平等负责的合作不遭到拒绝之时,我们才有希望避免赤色恐怖和白色恐怖的可怕交替。"艾伯特理解这一劝告——从长远来看甚于德国资产阶级;因为惊魂初定之后,广大资产阶级就苛刻地责备普罗伊斯这种合作。

任何民主宪法都有这样的任务:分配政治分量要使人民的强烈意志能决定国家的方向,但另一方面国家又要避免受人民的情绪和激情所左右。德国民主宪法此外还要解决第二个任务:正确地摆平德意志国家与其组成部分的分量。这是德意志历史上的永恒难题,1870年那一代人曾幻想俾斯麦宪法已一劳永逸地解决了这个问题,随着德意志皇帝和普鲁士国王的下台,这一幻想也破灭了。俾斯麦曾认为德意志诸侯是德意志人民和德意志国家之间不可缺少的环节。德意志诸侯如今已被扫除,而人民和国家必须继续存在下去。绝大部分都是王朝创立的各邦是否应当原封不动地存在下去?或者现在已是把政治权力比以往更多地集中于统一的国家、相应削弱各邦权力并且不是按照过去的传统而是根据当前和未来的需要调整其边界的时候了?普罗伊斯明确地赞成中央集权;他乐意承认并强调施泰因男爵的话:"我只知道有一个祖国,这就是德国,因此我也只能一心一意献身于整个德国而不是它的一部分。"

1919年1月3日德国宪法总纲就是本着这一精神起草的;他公布总纲时附有一个备忘录,从历史和国家法的角度作了精辟的分析。他勇敢而无所顾忌地指出,德国新体制必须完全有意识地建立在俾斯麦在建国时完全有意加以规避的基础上。对在俾斯麦传统中成长并感到幸运的人而言,这当然是难咽的苦果。普罗伊斯得出的反对"在未来的德意志共和国内继续存在统一的普鲁士邦"的结论,引起特别强烈的骚动。他声称,"一个拥有4000万人口的统一的共和国在一个组织上与其分离的拥有约7000万人口的共和国内继续存在","在国家法上、政治上和经济上是全然不可能的"。因此,他的草案想使德国人民有权"在德国国内不顾从前的邦界而建立新的德意志共和国,只要居民的种族情况、经济关系和历史联系要求成立这种国家"。批评者大声叫嚷说,这意味着摧毁普鲁士,也就是摧毁迄今维系德意志民族的最强大的因素。这样想的不仅有右派人士,而且还有许多民主主义左派分子。

莱茵地区分离倾向所引起的忧虑更增强了这种批评。12月,该地区有些势力蠢蠢欲动,想要成立"独立的莱茵-威斯特伐利亚共和国"。他们的代言人虽然一再宣称这个新共和国仍应留在德国内部,并且还以必须摆脱柏林的混乱情况和革命暴力统治作为其活动的主要理由。但显而易见的是,这样一个特殊共和国迟早会脱离德国,以便为自己取得较好的生存条件,特别是在即将到来的和平谈判中。《科隆报》载文说,"从德意志特殊国家的朱庇特神殿到脱离德国的塔耳珀伊亚岩*只有很小一步";普鲁士社会民主

---

* 罗马神话中罗马城防官塔耳珀伊俄斯的女儿塔耳珀伊亚以敌军臂上佩戴的金环为代价为敌人打开城门。敌军进城后向她头上投掷金环和盾牌,结果把她压死了。塔耳珀伊亚岩位于罗马朱庇特神殿西坡,是古代处死叛国犯的地方。——中译者

党政府(希尔施-施特罗贝尔-布劳恩)发表声明,谴责这种活动危害公众。[9]

反对普罗伊斯草案的严格中央集权倾向的并非只限于普鲁士。许多其他邦也反对。它们的君主虽然已被赶跑,并且被社会民主党领导的共和政府所取代,但新当权者同样心怀妒忌地维护本邦的权利,在巴伐利亚甚至有一种极端的社会主义分离主义在抬头,它远远超过维特尔斯巴赫家族的蓝白色*分离主义。

德意志最古老的王朝维特尔斯巴赫王朝是被革命浪潮吞没的第一个王朝。慕尼黑人平常是德国城市居民中最迟钝冷漠的人,却在柏林人之前举起了红旗。诚然,高举红旗前进的主要不是世代居住在慕尼黑的居民,而是追求刺激和骚动的施瓦宾区的文人和艺术爱好者。《前进报》前编辑库特·艾斯纳被柏林同志们颇为粗鲁地赶出门后就在他们中间安营扎寨。他是个出色的新闻工作者和成功的演说家,但缺乏任何实际锻炼,其实是个理想主义者,对这场可怕的战争十分恼怒,认为自己有责任不仅结束战争,而且也要清算那些他认为对战争负有罪责的人。这样一个同典型的慕尼黑人毫无共同之处并且还作为犹太人容易受人攻击的人,竟能把维特尔斯巴赫王朝推翻,这表明战争也使巴伐利亚人多么严重地脱出常规。国家对食品进行管制激起了农民的不满,与农业毫无关系的巴伐利亚人也越来越认为自己是普鲁士狂妄野心的无辜受害者,战争愈拖长他们的处境就愈不利。[10]国王路德维希三世不孚众望。这有许多原因,其中最重要的原因是他自己与君主制思

---

* 蓝色和白色是巴伐利亚的传统色。——英译者

想有矛盾,他不满足于代表合法国王、有精神病的奥托担任摄政,而是把王冠戴到自己头上,从而自取灭亡。当艾斯纳于11月7日在泰列西亚草地的一次群众大会上宣布成立共和国时,确实没有人为他动一动手指。

艾斯纳作为热情的反战者,属于独立社会民主党的一派。这一派势力在巴伐利亚很弱,不吸收多数派社会民主党人就不可能组成新政府。多数派社会民主党人的领袖艾哈德·奥埃尔成了内政部长,但艾斯纳及其周围的文人和业余艺术家定调子,而他们的调子是激烈反普鲁士的。

当俾斯麦在1866年以后迫使南德意志各邦与北德意志联邦订立"攻守同盟"时,"巴伐利亚爱国者"的教会发言人约尔格博士曾指责这些攻守同盟是"使从前非常幸福的南德意志各邦受到军国主义祸害的根源"。[11]此时独立社会民主党人艾斯纳看来也为同样的情绪所左右。脱离柏林这个军国主义的总部和外交官对爆发世界大战负有罪责的地方,艾斯纳坚信是柏林的外交官引起了这场战争,他贪婪地抓住巴伐利亚外交部档案中任何一份似乎能证实他的这一观点的文件。11月23日,他甚至从这些档案中选出巴伐利亚代办1914年7月的一份报告加以发表,据说这份报告可以证明他的观点。他对这份报告作了窜改,至少使重点有所转移。[12]他略去了报告作者关于德国政府希望把奥地利-塞尔维亚战争局部化的任何提示,造成了它蓄意引起世界大战的印象,而事实上它完全没有这样的打算。他说明作出这种揭露的理由是,"只有说出全部真相才有可能建立各国人民之间的信任关系,这种信任关系是各国人民和解性和平的前提"。但是,不仅他自己由于发表不完全的报告而没有说出全部真相，而且以为通过在报纸上发表报告就能更加接近这样一个远大目标，也是一种典型文人式的幻想；希望协约国会把他当作德国新精神的代表则是过分过高估计自己。看来他想不到，他的泄密正中协约国阵营中最激烈的反德政策的代表的下怀。当柏林外交部对艾斯纳的外行的危险玩火行为提出抗议时，他干脆在11月26日的电报中宣布断绝与外交部的任何交往。在这之前他就在柏林的各邦政府会议上企图把国务秘书佐尔夫和埃茨贝格尔当作"丢丑的、永远完蛋的"人赶下台。

新建的"巴伐利亚人民党"——前身为革命前在巴伐利亚占统治地位的中央党——虽然没有参与这种越轨行为，但该党也在党纲（1918年11月12日）中宣称："巴伐利亚属于巴伐利亚人！巴伐利亚迄今在国家经济和税务上广泛依赖极其强大的北方这一状况无论如何必须终止。我们在所有这些方面反对单方面的、无顾忌的、普鲁士的霸权地位，因为这在过去使我们走向毁灭。"

然而如今一切均取决于德国选民将如何选出制宪国民议会。还不能肯定多数选民是否决定赞成共和政体。这显然首要看德国资产阶级的态度。至于工人阶级，完全可以认为他们会投票赞成共和政体，特别是因为他们一直投社会民主党的票；当还没有人相信共和政体会在德国实现的时候，他们就已主张实行共和政体了。但正如每个明智的社会民主党人都知道的那样，德意志共和国光依靠他们是建立不起来的。在资产阶级政党中，中央党看来最不会制造麻烦。教权主义原则上不依附于某一种政体，实际上能接受任何一种政体。格勒贝尔在中央党向国民议会发表的纲领性演说（1919年2月13日）中说："我们认为任何得到上帝保佑的政权，不论是君主制的还是共和制的，是完全一样的。"大量德国天主教徒在内心也觉得自己与霍亨索伦皇权的关系比相应阶层的新教徒少些。另一方面，可以料到从前的保守派政治家及其追随者仍会忠于君主制。他们中有一部分人认识到他们的时代已经过去，便退出政界，如同他们从前的领袖冯·海德布兰德那样。大多数人组成了德意志民族人民党；他们声称，"在最近的事件之后"只有议会政体才是"唯一可行"的，而不久前议会政体还是被保守派深恶痛绝的，这一事实表明他们本身发生了多么大的变化。一些自由派人士也加入该党，这些人士在战时大力鼓吹吞并主义，与祖国党关系密切，不可能再回到自由主义的立场，如前教士、进步党国会议员特劳普博士。除了这些例外，原来的自由派资产阶层是否会支持共和国还是问题。

对这个问题做出最肯定的答复的是那些在11月16日号召建立民主党的一群男女。[13]这一想法原先采自一小群知识分子，他们在战时就已一致认为以前的政党都已过时，必须以更加广泛的新的组织来取代。他们当中有：当时任柏林一家大银行总裁的雅尔马·沙赫特博士，马克斯·韦贝尔的兄弟、海德堡的阿尔弗雷德·韦贝尔教授，《柏林日报》主编特奥多尔·沃尔夫。在战时最混乱的情况下，沃尔夫也在他的报纸上明确地奉行自由民主路线。尽管这些人中有不少人士更想要一个与旧政党毫无联系的全新政党，但这一幻想很快就让位于注重实际的党派政治考虑了。因为只有把新老组织联合起来而不是在老党之外再建新党，才能克服党派林立的状况。这种状况以前于德国政治生活非常有害，是与正常的议会制度不相容的。因此，在这个号召书上签名的有许多从前参加民族自由党和进步人民党的议员。

乍一看,似乎这一目的能达到,两党能全部并入新的民主党。但这因施特雷泽曼博士的缘故而没有成功。他起先准备参与其事,但他遭到反对,首先是创建新党思想倡议人的反对。不能否认,他在战争时期的政策使这些人难于向他伸出手去。后果严重的一些外交决策如无限制潜艇战,他是最起劲的主张者之一。他支持过鲁登道夫的政治上的侵越行为,而鲁登道夫的声望当时已降到最低点。因此人们可以理解:沙赫特和阿尔弗雷德·韦贝尔转而反对他以及连已加入民主党的他从前的党内同志也要求他在一段时期里不要出头露面。但这是一个严重的政治失误。凡是熟悉施特雷泽曼的人必定知道,他是个非常活跃和自信的人,即使暂时被排除在外他也不会忍受,而且他是由于自己的精力、才智和口才唯一能赋予民族自由党残余部分以政治上单独存在的生命的人。事实上,他于12月15日在民族自由党中央委员会赢得多数通过决议,批准该党用"德意志人民党"的名称继续存在下去。

这样,将所有自由主义世界观的信仰者(不问其细微差别)联合在一个统一的民主政党内的想法也就失败了,而且无可挽回。对施特雷泽曼本人,这也是不幸的。因为他领导的剩下基干的党主要是右翼成员,在如今面临的重大问题上,他与这些人的共同观点比他与那些已参加民主党的人要少得多。后来当他负责德国外交政策时一再克服来自自己党内的巨大困难,不得不继续向左派寻求支持。

根据1918年11月30日人民代表委员会颁布的由国务秘书普罗伊斯博士签署的法令,1919年1月19日举行了国民议会选举。政治形势要求选举法符合社会民主党的爱尔福特纲领。妇女享有与男子同样的选举权。选举年龄定为 20 岁,也就是低于民法规定的成年年龄,这一规定是爱尔福特纲领的作者所根本不知道的。社会民主党在比例选举法上也坚持了自己的纲领,各资产阶级政党此时只能对之表示感谢。因为这在当时增加了它们的当选机会,便于人们认清新建政党的路线。

不同的社会主义政党是否能联合起来取得多数,超过所有其他党派,选举结果对这个大问题做出了否定的回答。在 421 个席位中,社会主义政党只赢得 185 席位,其中独立社会民主党占 22 个议席,远远低于社会民主党的 163 个议席。由此可见,德国人民中只有极少数人赞成无产阶级专政和委员会制度。德国人民同样清楚地反对复辟君主制。唯一明确主张恢复君主制的德意志民族党获得 42 席,对这个问题至少仍悬而未决的德意志人民党仅获 21 席。中央党也几乎安全无恙地度过了这场风暴,就像度过许多次风暴一样。它获得 88 个议席,但其中的巴伐利亚人不久后就离去另外成立巴伐利亚人民党。德意志民主党位居其后,获得 75 席,这无疑是一个巨大胜利。但是把投票选举该党的 560 万选民统统当作坚定的民主派,则是一种幻想。很大一部分人投民主党的票,只是因为他们把该党看成是抵挡社会主义洪水的最后一道坚固的堤防,当他们发现危险并不像当时自己所担心的那样大时,他们就回过头来供奉其他的神明。民主党议会党团包括许多从前的进步党议员和民族自由党议员以及新的男女。但马克斯·韦贝尔不在其中。他曾谋求在法兰克福-黑森-拿骚选区提名为候选人,但未获成功:党的受托人宁可提名在长期合作中自己所熟悉的其他人士，而不是提名他。这位杰出人士如今退出政界，无疑是德国政治生活和议会生活的损失。至于他是否会富有成果地适应议会党团的活动，当然是另一个问题；一位如此独特、热情和有棱角的人士一定难于去服从自己所不同意的多数决定，而且他年事已高，不可能再去学会这些事情了。不幸他只活了很短一个时期。他在慕尼黑接任卢约·勃伦塔诺的教授位置之后，这个年方56岁的人于1920年6月被病魔夺去了生命。

胡戈·普罗伊斯也未能在德国国民议会中赢得一个席位，不得不满足于在普鲁士议会中的一个席位。柏林的民主党人是忠诚的普鲁士人，不会去冒险向选民提出把一个被人怀疑想要毁灭普鲁士的人作为候选人送进国会。

在国民议会选举一周以后，1月26日，举行了普鲁士邦议会的选举。这次选举取得了类似的结果。巴伐利亚早在1月12日就举行了选举。选举结果表明，艾斯纳的亲信只获得很小一部分选民的支持。独立社会民主党人得票不到八万张，不得不满足于获得三个议席。另一方面，如今已改名为巴伐利亚人民党的中央党失去了从前在巴伐利亚所具有的支配地位，不过该党仍是这个邦最强大的政党。反正显而易见，随着巴伐利亚邦议会的召开，艾斯纳政权必然结束。

然而艾斯纳在1月25日还能代表巴伐利亚参加在柏林召开的旨在讨论宪法草案的德国各邦政府代表会议。他想说服会议接受他起草的紧急法令，这个法令的目的是加强各邦地位，确保各邦在立法方面有重大的参与权。虽然这个建议遭到否决，但另一方面普罗伊斯不得不看到，他的中央集权主张遇到了不可逾越的障碍。讨论的最后结果是向国民议会提出的关于"暂时国家权力"的法律草案。草案首先规定国民议会有权独立决定国家宪法,但要求国民议会的其他立法活动必须得到"各邦委员会"的同意。此外它还规定成立全国政府和由国民议会选举的一位国家总统作为国家的机构。普罗伊斯作为全国政府的代表与各邦委员会经过长期谈判对宪法草案本身进行了充分讨论,在大多数问题上达成了妥协。

第三章　魏玛宪法

国民议会这时召开。中央政府规定2月6日不是在柏林而是在魏玛召开国民议会。柏林局势仍然不稳,不能在那里开会;人们不得不估计到那里会有暴乱和群众集会影响议会的决定。选中魏玛具有高度的象征意义。德国的重建应仰仗曾从该地照亮和鼓舞世界的那种精神:人道、自由、各民族和平竞赛的精神。

国民议会立即干劲十足地开始工作。当时情况非常危急,无人能回避尽快至少建立临时政权机构的要求,这个机构能够维持到通过宪法,并使德国能去参加数月后就要与从前的敌国举行的关系重大的谈判。短短数日会议就已组成并通过了成立国家临时政权的法律。然后会议转向选举总统。2月11日,当时的人民代表弗里德里希·艾伯特获得379票中的277票而当选总统。这一选择不仅符合力量对比关系中的多数原则,也表明艾伯特在战时和革命时期所赢得的个人信任。连他的政敌也认识到,这个社会民主党人不仅想到自己的阶级,而且也想到整个民族,他是个不尚高谈阔论而注重深思熟虑行动的爱国者。和他打过交道的人均赞誉他,说他的话是可以信赖的。甚至像《科隆报》这样右翼的报纸也承认他坦率真诚和举止得体。尽管势利小人因一位从前的制鞍工成为德国元首而生气,但没有偏见的人是欢迎工会运动和政治运动为其重要性不能低估的德国无产阶级开辟了一条路,使人民

第三章 魏玛宪法

的才能卓越和性格坚强的儿子有可能在这条路上向上攀登。《柏林日报》在他当选的次日写道:"德国工会运动没有产生强大的人物,却造就了一位干练、清白和有批判精神的人。"

根据法律,总统的首要任务就是召集全国政府。国民议会组成多数的可能有两种:联合所有非社会主义政党,或像人们过去所说的那样联合从民主党至德意志民族党所有资产阶级政党,或者由社会民主党同中央党和民主党这两个共和派政党联合。只有第二种联合在政治上有可能实现。与社会民主党相对抗进行统治,意味着会在国内引起当时没有一个政府能应付的危险。吸收已垮台的旧政权代表德意志民族党人参加内阁,是对协约国尤其是对威尔逊的轻率挑战。这也与表现在这次选举中的民意相矛盾。因此可以说,当第一届立宪内阁由社会民主党、民主党和中央党人组成的时候,各个方面,包括右翼反对派在内,在心里都是十分满意的。这样,反对派甚至得到一个巨大的、按照事态发展而不可避免的好处:他们不必对肯定将是痛苦而苛刻的和约承担正式责任了。

艾伯特任命他迄今的同事菲利普·谢德曼为内阁总理。在人民代表当中,诺斯克为国防部长(如军队当时所称呼的那样),兰茨贝格为司法部长。代表中央党的有埃茨贝格尔、贝尔博士和工会领袖吉斯贝茨。民主党人当中,普罗伊斯继续担任内政部长,前民族自由党人欧根·席弗尔担任棘手的财政部长一职,戈泰恩被任命为不管部长。共和国第一届议会制内阁是个联合内阁,以后的各届内阁也都如此。当时组成的联盟被称为"魏玛联盟",它在议会中拥有四分之三的多数。

2月24日，国民议会开始进行它的主要工作：对宪法进行讨论。普罗伊斯对草案作了说明和解释。全会辩论持续了三天，各政党陈述了自己对中央集权或联邦制、共和制还是君主制的主张。然后草案被提交给由28人组成的委员会，该委员会从3月至7月举行了42次会议，经过两读对宪法草案逐句进行审议。[1]尽管存在着尖锐的对立，但讨论主要是以实事求是的方式进行的，其中左派方面有民主党议员、卡塞尔市长埃里希·科赫，右派方面人民党人卡尔教授和德意志民族党人、前国务秘书克莱门斯·德尔布吕克表现尤为突出。但牢牢地掌握精神领导的则是普罗伊斯。他不仅控制了各党发言人提出讨论的具体问题，也比任何人更关心宪法所要建立的新的议会制度。他完全明白，许多政治家要摆脱在完全不同的前提控制下的迄今政治实践中所形成的观念是多么困难。4月8日，他在听取那些吹毛求疵的讨论时抱怨说[2]："议会制度对德国人民中即使最进步的政治派别来说也是多么陌生。我时常怀着相当惊恐的心情听取这些发言，有时有点不安地望着右派先生们，因为我预料他们会对我说：你以为你能把议会制度带给一个具有这种观点、全部身心都在进行反抗的民族吗？他们根本不了解这个制度是怎么一回事。到处都遇到怀疑，这些先生们常常摆脱不了对专制政府的害怕。他们不明白政府必须与他们血肉相连，政府必须由他们所信任的人组成。他们始终只考虑：我们如何能够尽量使我们的受托人受到束缚，免得他们去做什么事情。"他的这些话既像绝望的呐喊，又像不祥事件的预言。

普罗伊斯的警告完全是有道理的。宪法委员会根据社会民主党人的提议通过了禁止勋章和奖章的决定，这是一个虽小却很典型的例子,可以说明普罗伊斯所指责的德国人不能从专制国家思想转变到人民国家思想上去。在君主专制国家里,社会民主党人不仅始终是反对派,而且也为社会所排斥,他们怀着愤怒和嘲讽看着德意志大大小小的君主赏赐给"忠君报国"者无数勋章。许多并非革命的人们也对这种"名利场"嗤之以鼻,这当然是完全可以理解的。可是在此刻,从前的反对党已掌权,必须依靠文职人员,而他们只有一部分人支持而且经常不是在原则上支持新制度——这时难道是提倡美学和道德上清教主义的合适时机吗?现在,把在君主制度下形成的旧职业文官与新制度紧紧联结起来正是国家的基本需要,这一点由于糟糕透顶的财政状况估计无法通过实行高薪而达到,而且由于政治形势也不可能通过取得辉煌成功来达到,因此就需要采取千百年来统治者用来使公职人员为自己效忠的细小而经过检验的手段。既然法兰西共和国并不因继续保持拿破仑成立的荣誉军团而感到羞愧,那么德意志共和国也无须害怕向有功于共和国的官员或其他人授予共和国勋章。社会民主党的提案也想废除一切尊称头衔但遭到专家们的激烈反对,因此提案在这一点上被大大地削弱了,最后通过的决议基本上只是废除"枢密顾问"的头衔。这样做肯定也有其道理。但是迄今的专制政体的反对者,本应回忆起专制政体通过它的官员们忠于职守就能获得这一具有很高社会声望的头衔,可以弥补许多物质上的不足而发挥了多么大的作用,而且由于嫁给官员的少女可以希望自己寿终正寝时有一个"枢密顾问夫人"的头衔,而或许发挥更大的作用。但在刚刚搞过革命的那些人看来,这样的考虑会是轻率的和庸俗的。

总的说来,宪法委员会通过约 40 次会议完成了宪法的 181 条而没有草率从事，这可以说是了不起的成就。一大部分应归功于委员会主席、民主党议员康拉德·豪斯曼的机智以及必要时强有力的领导，他在从事议会活动三十年后首次有机会表现他的领导能力。[3] 旧制度没有充分利用这些人才，只是因为他们是议员，这是它的不足之处；而对新国家来说，这笔政治议会经验资本年复一年愈来愈少，在那些不祥的年代中新的旗鼓相当的力量没有能够及时充分得到发展，这是一种不幸。

国民议会全体会议在 7 月间进行的二读和三读中对宪法委员会通过的宪法草案进行了充分的讨论。这个草案被参加联盟的三个共和派政党——多数派社会民主党、中央党和民主党——以 262 票通过。只有 75 票反对，其中有站在右边的德意志民族党和德意志人民党，也有站在左边的独立社会民主党。权衡这些数字的人有理由相信，魏玛宪法立足于稳固的基础之上。总统于 8 月 11 日批准了宪法，这一天被定为"宪法节"，每年全国都要庆祝。

普罗伊斯的草案在审议过程中自然已经过许多修改，但他的基本思想即建立一个议会统治的自由民主法治国家则没有改变。这一基本思想是如何实施的，当然从一开始起就引起不少疑虑；在整个事业已成废墟的今天，批评当然就要强烈得多。

当时的政治形势和历史发展都要求德意志共和国必须建立在民主的基础上，这是不言而喻的。自从俾斯麦于 1866 年把普遍、平等的选举权当作是对付奥地利的一张王牌以来，实行这种国会选举已有半个世纪了。尽管俾斯麦本人并不满意他的花招儿所造成的持久后果，但选举权已牢固地植根于德国人民的政治意识之中，即使是最顽固的反动派也不会认真地考虑去废除它。但是时代精神要求有比俾斯麦的选举权更多的东西，而且不仅德国如此。一个或许并不深入而只是大喊大叫的妇女运动要求德国妇女在政治上的平等权利，而青年人服兵役似乎说明有必要降低迄今规定的25岁才有选举权的选举年龄。这两个符合社会民主党纲领的要求受到尽可能多的照顾。凡是年满20岁的人，不论男女，均有选举权。战争是个伟大的平均主义者，四年苦难深重的战争岁月使每一个人都受到最艰苦的磨难，在这种情况下没有人敢于严肃地事先提出疑问，德国人民的政治觉悟和兴趣是否已真正普遍成熟到这种程度，使得如此广泛地扩大选举权看来是合适的和毫无危险的。普罗伊斯至少还提出警告，反对在宪法中规定选举年龄，主张由选举法去规定，因根据已有经验选举法是可以修改的。他反驳一位提议在宪法中规定选举年龄的独立社会民主党人说："科恩博士先生引用了这句智慧的格言：趁热打铁。过些时候铁也许会变得更热——这您不可能知道——也许会冷却。"[4]至少是明智的和有责任感的社会民主党人不久就认识到，他们已被其理论拖走得太远了。1932年底，沃尔夫冈·海涅写信给卡尔·泽韦林说："我们未能创造真正民主的生活。我所理解的民主生活就是人民感到自己是一个由传统的精神生活和经济生活相结合的整体——感到自己就是国家。我知道这个任务很艰巨，因为旧政权已摧毁了这方面的一切前提。但我认为，工人阶级也尚未成熟到具备这种民主观念，而我们在宪法中着手解决这些任务时肯定是过于理论化和刻板了。"泽韦林不仅明确赞同这一看法，还补充说："在一个具有古老民主制度的国家中，给予青年和妇女选举权会进一步充实民主的国家观念。但在1919年，这些改革并未起到教育作用，而是引起混乱。"[5]反正德国妇女并未表明她们把自己的选举权和被选举权看作是值得全力去争取的宝贵财富，更谈不上她们为这一赠品而感谢魏玛共和国了。她们热情地把数百万张选票投给了想要把她们排除出政治生活的希特勒。

现在宪法使这些已大大扩充的选民群众担负起不是把个人而是把政党选进国会的任务。这是比例选举制的必然结果，1920年4月27日的选举法所规定的"政党候选人名单选举法"这一特殊形式尤其表明这一点。其动机是想要公平，每张选票不论在何处投入票箱应有同等分量。这在帝国时间愈久就愈不是这样，因为1869年和1871年划分的选区一直原封未动，虽然在那以后人口情况发生了巨大的变化，虽然1869年的选举法做出过许诺。始终看到并反对这种不公平的政治家们想要防止这种情况重新出现，是完全可以理解的，而根据每六万张选票产生一名议员的原则的选举制度的确是合适的。向同一方向起作用的还有党派政治的动机，较小的党派担心自己会被大党压垮；它们特别担心所有大城市选区会无可挽回地被社会民主党或中央党囊括的危险。

但这一切不能消除弗里德里希·瑙曼在委员会讨论过程中——这一次针对普罗伊斯——就已提出过的严重顾虑。[6]"议会制度与比例代表制是互相排斥的。""比例代表制一般不适于确立政治领导集团。"他完全正确地预见到比例选举制根据其性质必然会导致政党林立，而且在德国确实造成了这种局面。他同样正确地认识到，在议会制中组成政府的前提是要有能交替执政的大党。由于历史的和宗教信仰的原因，德国虽然不能实行英国和美国的两党制，但毕竟在德国也有可能成立少数几个大党，如果人们在经验的逼迫下认识到,参加一个政党并不要求在政治、经济、文化、社会等所有问题上观点完全一致为条件,而是政党必须是那些在当代的重大问题上基本一致的人们内部平衡的工具,或如迈纳克所说的那样,是"混杂在一起的人民愿望的第一个蓄水池和过滤池,互相矛盾的利害关系的第一个综合,其基础是共同的政治理想"[7]。

比例选举制的第二个缺点对实行议会制同样不利:它切断了议员与自己选区的联系。全国共划分35个选区。这样的"选区"当然太大,不能使选民之间或选民与议员之间产生休戚相关的感情。一个选民至少认识他投其一票的名单上的首要候选人,那就算很不错了;对代表自己选区的其他议员,他通常一无所知。他投票选举一张名单;至于这张名单是如何产生的,就不受他影响了。这是由少数特别忠于党的人确定的。谁受到这些人怀疑,谁就没有希望进入国会,不管此人在选民中多么深孚众望。诺斯克在社会民主党人数最多的竞选大会上受到欢呼,但他并未被提名候选,因为选区领导人说他不可靠。这里,弗里德里希·冯·维泽尔阐述的"少数法则"起了作用。这一切必然会大大地削弱选民为其选区代表分担一部分责任的意识。而这种责任感正是选举权所不可缺少的相关物,尤其是因为新宪法使选举权得到如此普遍的推广。此外,选区的扩大增加了钱袋的影响;竞选需要大笔开支,因此通常只有得到财力雄厚的利益集团——不管是工人还是企业主集团——支持的人才敢于参加。一个"独立"的议员在这种制度下绝无可能进入国会,一个年轻而奋发有为的政治家也不可能通过从政治对手那里夺取一个选区而崭露头角。

各方面的情况使议会政体在德国很难立足;令人沮丧的国内

外政治经济形势使人从开始起几乎不可能取得引人注目的成功。而选举法使得这种状况更是变本加厉地恶化,这种选举法必然导致不断更换政府,它并没有缩小而是扩大了议会与人民的距离,似乎故意要去优待那些只能在人云亦云中思考的人的政党。

宪法还规定由这些广大群众选举总统。宪法正确地肯定了设立总统的必要性问题。总统在国际法上代表德国,任命作为全国政府首脑的总理,并拥有国防军的最高指挥权。宪法赋予总统有权解散国会和越过国会向人民发出呼吁,此外在紧急状态下拥有第48条所规定的广泛的独裁权力。总统的全部法令需由总理或有关部长联名签署,人们相信这就使总统充分与议会制度连接在一起了。

选举总统有两种做法:像法国那样由议会选举(由参众两院联合选举)或像美国那样由人民选举。由一位像马克斯·韦贝尔这样坚定的民主派领导的一个十分强大的派别反对由议会选举总统;[8]他在讨论第一个宪法草案时就提出过这种意见。这一派人的主导思想是,议会需要一个充分有效的平衡力量,以免形成议会专制主义。如果总统由议会选举,那他就不可能成为这样的力量;这会导致"虚假的议会制",正如国家法教师雷茨洛伯在不久前发表的评论法国制度的文章中所指出的那样。雷茨洛伯的主要论据是,自从麦克马洪以来,没有一个法国总统敢于使用宪法赋予的解散议会的权利。韦贝尔称"直接选举领袖的权利为民主大宪章",他认为"通过全民选举就能使总统有可靠的基础"。

对法国制度的批评并非毫无道理。由议会选举总统,要想造就一位杰出的领袖,希望并不很大。法国议会通常宁愿选择才能

第三章 魏玛宪法

平庸之人。但即使是这样的平庸之辈至少也具有政治和议会经验，比起全无这类经验，由于完全不同的原因吸引民众注意的人来也较少令人担心。法国人眼前始终摆着这样一个例子：1848年12月，路易·波拿巴当选为总统。这不过是第一个"普选制的惊人结果，从此人们对这种事已有些习以为常，但它们都有一个共同之处，即它们使所谓群众情绪难以捉摸的阴暗想法暴露于光天化日之下，而那些理智行事的政治家往往认为这种想法低劣而不予重视。"曾亲身经历过那次选举的路德维希·巴姆贝格尔五十年后这样写道。[9]可是1919年的宪法制定者却没有这种经验，他们——除了少数例外——更多地想到的是美国的榜样，而没有充分了解，它取决于存在两个强大的全国性政党，它们——即使经过多次改组——的历史像宪法本身一样悠久。

这样就把具有深远意义的公民投票因素纳入了宪法。但人们还不满足于此。按照社会民主党的纲领，还增加了所有其他大国宪法都没有的以公民要求和公民决定为形式的公民投票。这种过多的公民投票因素对议会制的正常运转只能起妨碍作用。

现在谈德国及其成员的根本问题。共和国像过去的帝国一样也是个联邦国家，但增强了中央集权倾向，尽管自从普罗伊斯的第一个草案以来这种倾向已受到种种削弱。德国的联邦成员国在新宪法中不再称为"邦"而不得不满足于中性名词"州"，就是很典型的，即使多数德国国家法学家仍旧赋予它们以邦的性质。中央原则上保持普罗伊斯所要求的可以改变各州边界的权力（第18条），但这种权力受到许多规定和条件的限制，实际上可以说完全不能实施。事实上，除了图林根各小邦合并成图林根州以外，基本上全都原封不动。尤其是普鲁士州保持了从前普鲁士王国的全部地区。德国-普鲁士问题在错过这个或许有助于其解决的唯一的合适时机之后依然是个老大难问题。[10]

中央在立法和行政方面的权力大大加强了。或许后果最深远的是中央和各州的财政关系的新调整。宪法、1919 年 9 月中央财政管理法和同年 12 月的中央税收条例做出了这种调整。中央只征收间接税，各邦征收直接税这个由俾斯麦热心强调的原则，在帝国末期就已无法完全保持。战争不幸失败后，无人再怀疑中央不得不利用能带来大笔税收的一切来源。因而把最重要的直接税，特别是所得税改由中央征收，就成为必要了。但是立法又在这方面采取了另一个非常重要的措施，把这些税的管理工作也由各州转到中央。一大批州的官员随之转为中央官员。这自然意味着大大加强了中央权力。

交通问题的新规定也意味着中央集权的进展。时代的需要迫使过渡到国家的铁路体制。俾斯麦曾谋求这样做而未获成功。正如当年所有的中等邦都竭力为保持自己的铁路而斗争一样，这一次巴伐利亚在宪法委员会里还激烈反对。但议会深信，没有由中央控制和管理的铁路网就不可能重建受到破坏的德国经济，因此不顾巴伐利亚的反对。普鲁士部长厄塞尔在宪法委员会讨论时阐明了这一步骤的政治意义：由此而转向为国家服务的"公务员和职工人数"将超过 100 万并处于政治和经济不安定的状态中。[11]

中央集权主义在军事方面没有完全取得胜利。虽然宪法规定保卫国家是中央的事务（第 29 条），由中央单独负责军事立法工作

(第六条第四款)，但是在为实施这些规定而于1921年3月23日发布的国防法中，中等州的政府可以指定州司令官，他们应"在自己管辖范围内照顾本州利益，尤其要照顾地方部队的特性"(第12条)。这一规定本来是无关紧要的，但由于下面这一句话而获得政治含义，即这些州司令官并非由总统根据独立判断来任命，而仅仅是根据各州政府的提名加以任命。特别有一条特殊规定有利于巴伐利亚，即该州司令官应身兼巴伐利亚地方军司令一职。这样在德国军队事务中又增加了一个联邦主义因素，这个因素后来还起了很大的干扰作用。

留给各州的主要领域包括审判和其他司法工作、警察、教育、宗教事务以及监督地方政府。所有这些都是行政管理工作，本身并非政治领导，或只需要很少的政治领导。但州政府的政治特性不仅来自历史传统，而且也在国家宪法中加以规定，其程度大大超过实际需要。宪法第17条规定，不仅各州要有一部共和制宪法，而且人民代议机构如同地方代表机构一样，都要按照与全国选举法基本一致的选举法进行选举。甚至还规定了尤其完全不适于小州的比例选举制。只有选举年龄由各州宪法自行决定。此外国家宪法规定州政府要取得人民代议机构的信任，这一点对较大的州也许还适用，因为这些州面积大，必定包含一定的政治成分。对于按其性质其实只是行政单位的小州来说，就必然会造成最严重的损害，因为这使它们带上政治的，甚至党派政治的特色，而这是与它们的真正任务相矛盾的。[12]

在一个联邦国家里，各成员邦须以某种方式参与领导整个国家。普罗伊斯本打算通过一个国务委员会实现这一点。委员会成员由各州议会选出,并具有上议院的性质,相当于与众议院并存的美国参议院。各州政府对此坚决反对并获成功。它们要求直接参加规定代表各州的机构,就像过去参加帝国的联邦议会那样。由于国民议会也接受了这一反对意见,便成立了"参议院",由各州政府成员代表本州参加(第60条和第63条)。但参议院的席位应如何分配呢?这里又出现了普鲁士问题。如完全按选民人数分配,普鲁士就会威力无比,使参议院形同虚设。宪法试图用两条附加条款防止出现这种情况:一条规定任何一州的席位不得超过五分之二,一条把普鲁士的席位一分为二,只有一半由普鲁士政府控制,另一半则由普鲁士各地方行政机构指定。这样就消除了有害的普鲁士力量优势的危险。问题只是,钟摆是否过于偏向另一方了。参议院的权力比上议院的权力小得多。最重要的权力是对国会通过的法律行使否决权,但国会能以三分之二的多数推翻它的否决(第74条)。

以上就是宪法的组织条例,这些对了解共和国历史是必要的。宪法第二部分宣布和规定了"德国人的基本权利和基本义务"。这部分多半是宪法委员会讨论政府提出的草案时增添的。普罗伊斯只对少数基本上重复19世纪开明自由主义原则的条款感到满意;根据保罗教堂*的痛苦经验,他担心扩大和详尽讨论这些原则会拖延如此迫切的工作。相反,瑙曼坚决主张德意志人民必须在宪法中明确表示承认将指导其今后政策的基本思

---

* 1848年5月18日,德意志国民议会在法兰克福保罗教堂开幕。后来人们以保罗教堂代表国民议会。——中译者

想。为此重述古老的自由主义要求不能使他满意,他心里想的是"一种资本主义和社会主义的谅解和平"。他想试图用通俗生动的措辞表达这些基本思想,这样做却得不到委员会的赞成,只是因为他过于缺乏法律概念的精确性,而且使用实际上毫无用处的简洁的老生常谈。

相对地说,委员会向另外一个方向走得太远了。所有很有影响的政党和职业集团都想把自己特别关心的东西放到基本权利中去。这样就产生了一种既不统一又不明确的大杂烩。议员科赫在委员会讨论过程中说:"人们永远也搞不清楚,基本权利究竟是成文法还是今后立法的准则,或者只是政治社会观点的反映。"[13]宪法定稿包含所有这三种字句。但是后来德国国家法科学就来"确证"这些基本权利,也即努力从中得出中央和各州立法必须遵守的成文法原则和主体权利。人们建立了一道"妨碍立法活动自由的学究式保证的壁垒",而对国家正处在非常时刻却常常注意得不够。[14]

这些基本权利也开辟了通向一种经济议会即全国经济理事会的道路(第165条第3、4款)。这里旧的俾斯麦思想与新的共产主义学说相汇合,这是宪法史上的奇事。第165条可以被看作是委员会思想转换成德意志民主和政治上变了性的表达方式。此款实际结果之一便是成立全国经济理事会,"所有重要职业集团与其经济与社会的重要地位相适应均有代表参加"(第三款)。理事会的职权范围包括对政府提出的社会政策与经济政策法律草案进行评定,但也包括自己提出这类草案的权利。根据创立"临时全国经济理事会"的1920年5月4日的法令,这种评定工作实际上才能进行。理事会在这方面做了卓有成效的工作,但不同方面对之所抱的更大希望仍然没有能满足。全国经济理事会既没有发展成在政治上进行竞争的行业等级议会,也未成为委员会制度的中心和消除阶级对立的机构。

还要提到一条规定,其政治后果远远超过其实际意义,那就是决定国旗颜色。各方面提议用1848年的黑红金三色取代帝国的黑白红老三色。有些人想以此作为新时代开始的象征,这个时代不再处于黑白色的普鲁士霸权之下。另一些人把黑红金三色看作是也可用以吸收奥地利加入德意志共和国的大德意志的颜色。还有人把这些颜色看作是避免极左派所要求的红旗的最好手段。反对者则声称改换国旗的颜色是一种不敬,是对这种旗子的忘恩负义:德国是在这种旗帜下赢得统一的,德国军队在最后一次战争中在这种旗帜下进行了战斗。[15]

大多数政党内部都出现了这种对立。在民主党议会党团中,黑红金仅以23票对19票获胜。在国会全体会议上,右派关于保留黑白红三色的提案以110票对190票遭到否决。相反,规定商船仍保留黑白红颜色,但有一个限制,即旗子上部须有新国旗的颜色。这是一种妥协的办法,本身就包含新的困难,却并未产生通常妥协应有的效果:反对者并未和解。国旗颜色之争反而愈演愈烈。反对共和国的人有了一个机会,可以用宣传鼓动和高谈阔论煽动人们反对新国家。他们肆无忌惮和毫不犹豫地利用了这一机会。

魏玛宪法的内容就介绍这么多,为的是弄清它在共和国历史上所起的作用。评价这部宪法时不应忘记,对它的审议是在国内,特别是外交事件以及被这些事件所引起的激动情绪的巨大压力下进行的。虽然随着2月10日临时全国政权法的通过,艾伯特当选总统和第一届谢德曼内阁的组成,革命在形式上已经结束。但事实上革命仍激浪滔滔,骚乱和流血暴行此起彼伏。在巴伐利亚发生的事情最令人激动。[16]库特·艾斯纳总理2月21日前往州议会准备宣布会议开幕时,在光天化日之下被一名22岁大学生阿尔科-瓦莱伯爵在街上枪杀。这是一桩荒谬绝顶的罪行。艾斯纳政权在州议会选举中遭到惨败,反正已寿终正寝;人们在他死后获悉,他打算向邦议会宣布辞职。一桩暴行引起了另一桩暴行:同一天在州议会开会时,艾斯纳的支持者、屠夫林德纳向多数派社会民主党领袖艾哈德·奥埃尔部长开枪,使他身受重伤。国防部一名少校想要掩护奥埃尔而被林德纳杀死。此外,巴伐利亚人民党一名议员在骚乱中被枪弹射死。

这时新的革命浪潮不可阻挡地席卷了巴伐利亚。宣布总罢工,占领报社,成立革命中央委员会。虽然州议会于3月中旬还是成功地组成了以多数派社会民主党人、国民学校教师霍夫曼为首的符合宪法的政府,但正是州议会现在成为革命者怀疑的对象,尽管它是按照非常民主的原则组成的。革命中央委员会于4月4日以专制的态度禁止州议会再开会。三天后,"苏维埃共和国"宣布成立并任命了信奉社会主义的"人民代表"。它公开郑重宣布以俄国为榜样,并拒绝"与卑鄙的艾伯特-谢德曼-诺斯克-埃茨贝格尔政府进行任何合作"。慕尼黑和大多数其他城市倒向这个新共和国。霍夫曼政府只好逃到笃信天主教的班贝格,从该地抗议对它施加的暴力。不仅中央政府,还有符腾堡、巴登和黑森等地政府也随即声明只承认班贝格政府。当然光是声明无济于事。现在要由武器来决定胜负。

正规军会取胜，是一刻也不用怀疑的。革命党人竟忘乎所以，挑起这场斗争。事实上他们中的一部分人，尤其是著名作家恩斯特·托勒尔很快认识到，这场斗争不仅毫无希望，而且这个所谓的苏维埃政府完全无力执政，是"劳动人民的不幸"。他们辞去职务。但这就使权力完全落到少数极端分子之手，他们之中有些人是俄国共产党人。他们的事业愈无希望，他们就愈放肆地滥用其不多几天的权力。在他们垮台前夕，4月30日他们未经任何审讯就处决了被他们扣押的十名资产阶级"人质"。5月1日和2日，军队经过激烈的巷战攻占了慕尼黑。不幸的是，这一胜利也被不法行为所玷污。在一所天主教社团活动场所，21名无辜者被当作所谓斯巴达克分子遭枪杀。作家古斯塔夫·兰道尔在狱中被士兵们打死，他写过一部有关莎士比亚的才气横溢的著作，是个共产主义理想家，原先参加过苏维埃政府，但几个星期后就退出不干了。事实再次表明，内战是所有战争中最可怕的战争。

霍夫曼政府现在得以返回慕尼黑。总理认识到，只由社会民主党单独执政的政府是不能再存在下去的。他成功地与民主党人和信奉天主教的巴伐利亚人民党一起把它改组成联合政府。即使如此，它的生存还是十分困难。经历了苏维埃共和国之后，民众的情绪已完全发生变化。1918年11月短暂的革命云烟已完全消散。人们又企图搬出久已行之有效的说法为自己辩护，说革命都是外国煽动者挑起的；这种说法之所以能得逞，因为这一次它确有一点道理。巴伐利亚人虽然不可能再把他们的国王召回，但他们也可以在一个共和国中充当小邦分立主义者,视柏林为万恶渊薮,把他们所不喜欢的一切都当作马克思主义去诅咒。只需要一个诱因就可以使反动势力上台执政。

但是,和谈产生的外交困难对国民议会的压力更甚于这些及另一些内政混乱。

111

第四章　凡尔赛和约[1]

公元前 321 年，萨谟奈人把一支罗马军队围困在考丁*峡谷，迫使他们投降。萨谟奈族酋长问他的父亲赫伦纽斯，应如何处置被俘的敌人。聪明的赫伦纽斯回答说："把他们全都放了！"当儿子说他不能接受这个意见时，父亲劝他把罗马人统统杀掉，一个不留。但儿子认为这样做过于残忍，便问父亲有无折中办法。赫伦纽斯坚决回答道："没有。折中办法既不会使罗马人成为你们的朋友，也不会使你们摆脱你们的敌人。"

赫伦纽斯的意见是明智的，萨谟奈人不久就有理由悔恨他们没有接受他的意见。但是，尽管这个意见是明智的，但要按照它去做却办不到。这不仅是萨谟奈人而且也是无数胜利者的经验。他们在如何能确保胜利果实的问题上失败了。古代意大利酋长就已畏缩不前，不敢把敌人斩尽杀绝，如今在信仰基督教和人道的民族中这样做就变得更加不可思议了。只有像希特勒的民族社会主义那样的野蛮统治才会无视最基本的人道要求。但在放下武器的时刻忘却一切敌意和仇恨，向战败者伸出兄弟之手，这相反的意见可惜也是无法实现的。这一点在战争是由全民族竭尽全力地进行和人民理所当然要求在媾和时有发言权以来，情况尤其如此。战争，

---

* 位于意大利中部。——中译者

尤其是历时多年的战争,是不可能冷静地进行的。战争要求每个人做出的牺牲完全是违背人性的,如果人们能像也许过几百年后坐在书房里研究思考反对和赞成战争的理由的历史学家那样冷静,那么人们就会愤怒或拼死地拒绝做出这种牺牲。因而憎恨敌人就成了自然而不可缺少的作战手段:战争持续愈久,这种憎恨就愈加深,就更加强烈地充塞人心。一度非常激愤的千百万人需要多年的时间才能恢复精神上的平衡。在胜利的时刻,他们觉得完全有理由要求被战胜者补偿他们所失去和忍受的一切,补偿他们的人员和经济损失,补偿他们日日夜夜必须忍受的恐惧和忧虑的痛苦。一位以占压倒优势的力量和智慧领导本国人民的伟大政治家,也许能摆脱这种影响。但世界历史上有多少次媾和是符合这种模式的？人们喜欢——这是有道理的——回忆1866年俾斯麦在尼科尔斯堡的表现。但不应忘记,那次战争仅持续了七个星期,普鲁士贵族在抑制自己对奥地利领土的胃口的同时用汉诺威、黑森、拿骚、法兰克福和石勒苏益格-荷尔斯泰因尽情填饱了自己的肚子。

大战结束时确实有一个人自信能领导人类摆脱狂热和征服欲、暴力和复仇欲的统治,进入理性与和平的王国,他就是现代史上最悲剧性和最复杂的人物之一伍德罗·威尔逊总统。[2]很少有人像他那样不仅在本国人民之中而且也在全人类中获得如此高的评价。很少有人像他那样遭到如此彻底的失败并且——至少在一段时间内——受到如此多的蔑视和攻击。两者并非毫无道理。威尔逊是个品格高尚的理想主义者,他善于用一种能打动世界人民内心深处的热情和语言宣布自己的理想。他在他最佳时刻上升到几乎可与旧约全书中的先知相媲美的高度。他最后相信自己命中注定要为全人类完成一项使命，这是不足为怪的。正如迄今的历史经常表明的那样，这是一种会带来最严重危险的意识。

一切都取决于人的品格。深为威尔逊所敬重的格莱斯顿*也曾有过类似的对自己使命的信念，不过他那十分谦逊的性格使他不至于像威尔逊那样容易过高估计自己。此外他在与出类拔萃的反对派的来回几十年的议会斗争中比威尔逊有更好的机会学会宽容；后者是教授出身，他的职位和本国的宪法把他抬到高于同时期所有政治家的地位。可是在凡尔赛——在那里两大盟国由两位才华出众的政治家作代表——他不能不认识到，谈判意味着双方有取有舍。如果不想承认，他在克服仿佛欧洲人只是由于反动的思想方法和传统的贪婪，才不能像远离欧洲战场数千里的美国人那样易于无动于衷地冷静地观察欧洲的问题这一偏见以后，竭尽全力去熟悉欧洲的问题，那就是冤枉他了。但是他越来越失去不仅与本国公众舆论而且也与他自己的同事和顾问的联系。到头来那些曾最敬仰他的人对他最失望。虽然战胜他的并非是他们——而是他美国同胞中目光短浅的"现实政治家"——但他们却是多年来对他下结论的人。

如果说威尔逊像歌德在《人类的界限》中所描写的那个想把头伸向星空而受到风和云戏弄的人，那么他的两位主要谈判对手克列孟梭[3]和劳合-乔治[4]就更像是"以坚强身骨站在稳固而持久的大

---

* 格莱斯顿(1809—1898)，英国近代史上最有影响的政治家之一，自由党领袖，于1868—1894年四任英国首相。——中译者

地上"的人，但并不巍然耸立，"只是与橡树或葡萄树相比"。两人均有多年议会斗争经验，深知失败的痛苦和胜利的欢欣。两人都惯于细心观察国民的情绪，尽管他们比其他任何人更能按照自己的意志去引导这种情绪，但他们毕竟准确地知道自己的才能和名望也有不能超越的界限。由于劳合-乔治使他的国家在停战后立即陷入选举的混乱之中，他自己特别清楚地明白了这些局限。竞选自然加倍激起人们的热情，也自然使那些高喊要毫无顾忌地利用胜利的人占有上风。他自己对这种情绪的迁就也超过了他后来冷静思考时所喜欢的程度。特别是在赔款问题上，他不得不许诺要德国人为所造成的损失支付赔偿直至最后一分钱，即使他足够小心地加上"在他们力所能及的范围内"，但不言自明的是，人们对这一附加条款，不会像对关于无情索取大家认为完全合理的要求的诺言那样牢牢记住。劳合-乔治在这次竞选中摧毁了他自己参加过的自由党，这对和谈也至关重要。这样他就毁掉了欢迎他实行温和路线的支柱，使自己成为那些在他顶峰时期与他息息相关的人的敌人。他是否曾认真考虑把自由党领袖阿斯奎斯作为他的同事一起带往巴黎，是有疑问的；被竞选激起的党派狂热至少使这样做变得不可能。他如果这样做了，那么不仅这位前首相的明智冷静在和谈中会对他大有裨益，而且英国公众舆论的钟摆也不大可能像在短短几年之后那样完全摆向对立的一边。

克列孟梭的立场决定于对他一生留下烙印的这一事实：1870年，他作为活跃的政治家和热情的爱国者，经历了法国的崩溃和德国的胜利、巴黎的被围和阿尔萨斯-洛林的丢失。命运赐予他78岁高龄，使他能领导法国人民获胜和复仇。他十分清楚，自从战败以来多少年在他的人民心灵深处有着强烈的复仇愿望；他也曾充满这种感情，并且一刻也不怀疑德国人民失败以后同样会有强烈的复仇愿望，不在今天，也许也不在明天，但等到度过和克服这场可怕战争的悲痛和损失之后肯定会有。到了那时又怎么办？德国人口今天已达 6000 万，一代以后肯定会增长到 7000 万以上，而人口停滞在 4000 万的法国又如何能与之抗衡呢？尤其是法国现在又失去了从前依靠的盟国俄国。他吃惊地看到法国在这场胜利的战争中遭受的损失：约 140 万人死亡，375 万人受伤，将近半数 30 岁以下的参战年轻人阵亡，4000 多个村庄被毁坏，20 000 座工厂企业遭破坏。安全！面对将来这一不可避免的危险确保法国的安全，就是克列孟梭向和平谈判提出的最高要求。

威尔逊对此生死攸关的问题的回答是：国际联盟今后将会使一个国家对另一国家的任何进攻成为不可能之事。因为他要把国际联盟锻造成这样：它将联合各国立即援助被攻击国，没有人将敢向这个占有压倒优势的联合力量挑战。威尔逊来到巴黎的主要目的是建立国际联盟。国联应使和平条约带上庄严的色彩。国联应使这次和平完全不同于以往所有的和平，使之成为持久和平，永远结束杀人战争的时代。因此，威尔逊以其全部威望和政治权力竭力使国联与和约不可分割地连结在一起，甚至把成立国联当作和约的第一个主要部分。国联成员国应相互保证独立和领土完整（第 10 条）并对侵略者共同采取经济和财政制裁（第 16 条）。德国曾吃过被封锁的苦头，肯定不敢去冒被全世界放逐的风险。

是否能期望像克列孟梭这样一个经过千百次痛苦经验而变得铁石心肠的怀疑派和现实主义者，会把威尔逊的这一建议看作是

第四章 凡尔赛和约

对法国安全这一生死攸关问题的令人满意和放心的回答？他根据切身经验知道国际同盟的效用，明白当一个盟国遇到危机时要去说服其他盟国相信它们的事业也发生危险是何等困难。俄法同盟的历史提供了足以说明这种困难的例证。是否肯定能期待世界各国——及其政府——只是因为在国际联盟章程上庄严地签过字，就会很愿意为别国的事情而拿自己的安定和切身利益去冒险，也许甚至冒战争风险？每个国家在为与自己无关的事情做出牺牲之前难道不会寻找种种借口和肆意推托解释？德国人口比法国"多两千万"毕竟是事实，而国联成员国的愿意援助只是一个——或多或少有根据的——希望。于是，法国人至少要求国联配备一支国际部队，以便能立即击败侵略者。国际联盟委员会的法国代表莱翁·布尔乔亚一贯维护成立国联的思想，他不断地以各种说法力求国联配备军事力量。但威尔逊一再坚决反对，拒绝了他的种种提议。[5] 总统别无选择。他知道美国宪法把决定战争与和平的权力交给国会，和约需经参议院批准，而参议院是绝不会同意一个侵犯国会这一权力的协定的。因此他更加强调国联章程所规定的义务在关键时刻对有关各国的道义作用。但克列孟梭不能相信美国参议院在具体事件中会比在接受国联章程的一般事件中更加从国际角度思考和行事。他毫不动摇地坚持要使法国得到具体可靠的保障。

法国公众舆论相信，唯一能使他们放心的保障是以莱茵河为界，也就是德国割让莱茵河左岸土地。在讨论中福煦元帅特别强调这一主张，他的军事胜利使他不仅在本国深孚众望，而且也在盟国政府中享有极高权威。不过他并未要求法国吞并莱茵河左岸土地，只想使该地区成为一个中立的、非军事化的缓冲国。他提出要占领莱茵河右岸桥头堡三十年，作为进一步的保证。这两项安排相结合，就会使德国军队不可能再次入侵法国。

但这一主张未能被盎格鲁-撒克逊盟国接受。劳合-乔治坚决反对制造一个新的"阿尔萨斯-洛林问题"，这个问题会像1871年阿尔萨斯-洛林脱离法国那样扰乱欧洲半个世纪。威尔逊自然也不赞成。但克列孟梭毫不退让。他明确表示，如果和约对法国的安全需要不能至少给予部分满足，法国就不会签字。于是最后达成妥协。德国保留莱茵河左岸，但盟国决定对这个地区以及最重要的桥头堡如科隆和美因茨等占领十五年，并规定德国对莱茵河左岸以及右岸50公里地带实行永久非军事化，在这些地区不得设置防御工事，不得招募或布置士兵。只要德国认真履行和约规定的义务，就每隔五年逐步缩小占领区。此外条约还规定把德国和平时期的军队人数减少到十万人。因此，克列孟梭可以把这些看作是法国未来安全的某种保障，尤其是他还争取到另一个许诺，这个许诺具有更重大的原则性意义。威尔逊和劳合-乔治都同意与法国签订保证条约。条约规定，如德国无事生非地进攻法国，美国和英国应向法国提供武装援助。两个条约是分别签订的，但每个条约又通过另一个条约的存在才生效。实现与英国签订条约，也就是英国议会批准这一条约是毫无疑问的，而美国就很难说了。美国总统签订的任何国际条约均须获得参议院三分之二的多数赞成才能批准。能指望得到这种赞成吗？威尔逊的民主党在1918年11月的选举中遭到失败，共和党掌握了参议院的多数，很难指望该党会赞同一个违背美国政治整个传统的步骤。首任总统乔治·华盛顿不是曾郑重地警告美国人民不要参加永久性的同盟么?事实上该条约从来也未曾拿到参议院去表决。它成了一纸空文,英国的保证条约也因之落空。

如同莱茵问题一样,萨尔区问题也是战胜国通过妥协才获得解决的。法国出于历史、经济和战略的理由要求获得具有丰富和重要煤矿资源的萨尔区。萨尔区的一部分在一百多年前已属于德国。萨尔煤矿应用于赔偿德军撤退时对法国煤矿所进行的蓄意破坏。英美两国提出反对意见,认为萨尔区居民无疑是德国人并且希望归属德国。最后达成协议,萨尔区煤矿作为赔偿损失交给法国十五年,在此期间该地区由国联任命的委员会负责管理。这个时期结束后由萨尔区人民自己通过公民投票决定其愿归属哪个国家。

随着德国的失败,阿尔萨斯-洛林的命运就决定了。收复该地区是法国全力以赴争取得到的代价,而威尔逊在他的第八点中曾答应:和约必须纠正1871年普鲁士使法国遭受的不公正行为。盟国对这一点不存在分歧。它们甚至认为在实行停战时该地区就应归还法国,德国负有义务立即撤离过去属于德国的这个地区。(停战条约A第2条,和约第51条)

和约对德国东部地区的影响比西部要深刻得多。这里问题在于取消18世纪最重大的事件之一:瓜分波兰(1772—1795年)。当中欧强国在战争期间在1916年宣布成立波兰王国时,它们自己就在根除这一事件。它们当然想把王国只限于俄属波兰,但这种限制当然随着它们的失败而瓦解了。波兰人及其独立运动一直受到西欧的强烈同情。威尔逊也在他的十四点纲领中的第13点明确要求成立一个独立的波兰国家,拥有所有无疑由波兰居民居住的地区。如果说,这已意味着德国失去从前属于普鲁士的大片土地,那么威尔逊纲领的这一点中的下一句话即新的波兰国必须拥有自由而安全的出海口就影响更大了。因为在整块波兰领土和波罗的海之间有着东普鲁士和但泽,其居民无疑不是波兰人而是德国人。在这整个地区,历史发展使各民族互相混杂,要想找到一条符合威尔逊第13点的原则——所有边界之确定须符合有关地区居民的利益和幸福——的边界是非常困难的。最后决定东普鲁士留给德国,但泽成为国联监督下的自由市,但给予波兰经济特权。在这块地区和德国本土之间建立一条通向大海的"走廊",划给波兰。但协约国宣布也把整个上西里西亚给予波兰,这比威尔逊的纲领所必然引起的担心还有过之而无不及。

关于德国北部边界,协约国要求北石勒苏益格居民举行一次公民投票来表明他们是愿意留在德国还是并入丹麦。这是为了实现普鲁士在1866年的布拉格和约中做出但从未履行的一项诺言。1878年,俾斯麦利用他在柏林会议上对奥地利要求的支持,促使奥地利放弃了这一附加条款。

像领土问题一样重要并且解决起来困难得多的是赔款问题,即战败的德国对战胜的对手赔偿由它造成的损失问题。由于这个问题还要详尽讨论,此处只需要指出,条约草约虽然提到德国的无限赔偿责任(第231条),但当时并未规定具体数目;第253条将此项工作交予未来的赔款委员会。

对于这些问题以及无数其他极其复杂的问题,谈判进行了数月之久,这是不足为奇的;特别是在第二次世界大战后看到过了多

第四章 凡尔赛和约

少年还未签订和约的一代人不会感到惊奇。但刚刚经历过革命并仍受来自东方的布尔什维主义浪潮威胁的德国,因为敌人仍在继续封锁,所以尤其需要迅速缔结和约。[6]这里双方都存在困难。1918年11月11日的停战协定明确表示要保持封锁,但协约国同时声称在情况紧急时将向德国提供食品。到原来规定的36天停战期满时,什么也没有供应。所举出的理由之一是,由于德国潜艇所造成的破坏以及面临战后的其他任务,协约国已无足够船只可运粮至德国。因此它们在1919年1月16日第二次延长停战期时要求德国政府把德国商船队交给它们,"以保证对德国和欧洲其他地区的供应",但这并不影响船只的最后支配权。德国政府接受了这一条件(第8条)。随即协约国答应先提供20万吨谷物和7万吨肉罐头。但德国政府并不打算提供船只。3月5日在斯帕举行的代表会议上,德方代表声称只有当协约国承担义务答应供应德国粮食直至新粮收割到9月1日时,德国才会履行1月16日承担的义务。接着协约国代表中断了谈判并立即返回巴黎。英国代表团财政顾问凯恩斯说,人们之所以决定突然中断谈判,为的是通过这一引起轰动的事件使决策的政治家们注意这一日益迫切的问题。

这一效果确实获得了。3月8日,协约国最高理事会举行会议讨论供应德国食品问题。劳合-乔治、克列孟梭和福煦参加了这次富有戏剧性的会议。克列孟梭虽然原则上同意供应食品,但他以及法国财政部长克洛茨反对德国用国家银行的黄金支付,因为法国人认为这些黄金是向他们支付赔款的担保。福煦不想放下封锁这一武器,因为只有这样才能使德国不会再发展军事力量而被迫接受和平条件。与此相反,劳合-乔治相当热情地赞成向德国人民提供粮食。他引用英国占领军司令普卢默将军的话说,如果他的士兵看到挨饿的儿童在街上流浪,他就不能为他们担保。劳合-乔治为了使其论述能产生最大效果,便让普卢默发给他一份电报。这份电报在会议进行期间及时来到,他在会上加以宣读,产生了极大的影响。多亏他的果断加以高度机灵,最高理事会终于达成一致协议,保证对德国人连续提供粮食,条件是德国人在谈判之前声明恪守交出船只的义务并立即履行。德方代表于3月13日在布鲁塞尔会议上真的发表了这一声明,随后协约国代表团团长韦姆斯海军上将答应在9月1日以前每月向德国人提供30万吨粮食和7万吨肉类:如果德国破坏停战条件或拖延交付船只,这项承诺便失效。据凯恩斯说,这个令人满意的结果应归功于他个人的调停。在这次决定性的会议之前,他和德国代表团副团长、汉堡的马克斯·瓦尔堡银行股东卡尔·梅尔希奥博士进行了一次秘密会谈;他看出梅尔希奥以其才智和敏捷的理解力在德国代表中表现突出。他简明扼要地向他表明,一切都取决于德国立即无条件地发表协约国所要求的声明。梅尔希奥很快就明白了这一点,并促使德国代表团团长、副国务秘书冯·布劳恩发表了这一声明。这样就有可能重新开始向德国居民供应粮食。只过了几天,第一批食品就已运抵汉堡。封锁尽管在许多方面有所放松,但原则上保持到和约缔结为止。把这说成是协约国继续使德国人挨饿,显然是歪曲事实。

125 　4月14日,和平会议的工作已进展到可以邀请德国派代表团到凡尔赛来接受和平条件。只是来接受和平条件,而不是同战胜国进行谈判。威尔逊原来计划由协约国政府只制订一个暂时草案,然后再同德国就此进行谈判。可是将战胜国互相矛盾的利益统一起来是极其困难的任务,连威尔逊总统也确信有必要使如此艰难地取得的一致免遭与他原来计划有关的危险;威尔逊与意大利人之间的分歧,已导致意大利人离开了会议。于是"三巨头"取得一致,把已商定的和平条件看作是不可更改的而只需交给德国人签字。这种态度在德国自然引起巨大愤慨,政府在新任外交国务秘书勃洛克道夫-兰曹伯爵的影响下于 4 月 20 日答复说,它将只派一名外交部枢密顾问去接受文件。作为和会主席的克列孟梭立即回答说不同意这种安排,坚持要求派遣受权签署条约的全权代表。此时德国政府当然只得让步,于 4 月 21 日将德国代表团名单交给协约国。

率领代表团的当然是外交国务秘书。现年 50 岁的乌尔里希·冯·勃洛克道夫-兰曹伯爵[7]生于石勒苏益格,在帝国时期任公使,最后为驻哥本哈根公使。1918 年 12 月佐尔夫辞去外交部长的职务后,谢德曼代表两个社会民主政党向他求助。他同意担任这个职务,不过附有某些明确规定的条件。其中包括:如果和平条件不给德国人民起码的合乎人的尊严的生存可能,他就要求有权加以拒绝。[8]同时他明确表示接受新国家,他还被列入民主党。在这个基础上,1919 年初他担任了德国外交政策的领导工作。担任这一新职,他不仅具备国际关系方面的专业知识,而且具有很高的洞察力和巨大的修辞能力,能够把书面照会写得透彻而中肯。相反,他像许多外交官一样完全缺乏即席演说的才能:面对大量听众,例如在议会,他只能紧张地照本宣科,宣读他事先准备好的讲稿。虽然人们毫不怀疑他的自由民主信念和热心社会福利思想的真诚性，但他不仅给予人们的印象是一位非常自信的贵族，而且在内心深处也是如此。他觉得自己不仅比群众而且也比如今命运使他和他们拴在一起的大多数政治家要高明得多，喜欢在私下谈话中用尖刻的话去挖苦他们的弱点，尤其是当他喝了不少他所喜爱的法国白兰地以后。[9]当然他谈到将军们时也不比这好些。他大概只对艾伯特是真正尊重的，而啰唆粗鲁、勤勉不倦的埃茨贝格尔特别使他心烦。由于勃洛克道夫事必躬亲，他起先把工作上的分歧看作是个人的敌意。事实上这两位部长很快就在这个决定性的问题上针锋相对，因为埃茨贝格尔——他当然比伯爵更了解国内政治及议会情况——越来越怀疑德国在何种情况下能拒绝签署条约。

其他代表是司法部长兰茨贝格博士、邮政部长、基督教工会领袖吉斯贝茨和普鲁士州议会议长、社会民主党人莱纳特。随同代表团一起去的有作为国际法专家的民主党国会议员瓦尔特·许金教授。多年来他在德国讲台上与大多数同行多次大相径庭，维护国际关系中公理与和平调停的主张，因此他可以被认为是从威尔逊所信奉的理想的立场出发反对协约国要求的合适人选，但他归根到底不是个有经验的政治家，不具备外交谈判所必需的心理敏感。代表团的经济专家是卡尔·梅尔希奥博士，他也是一个具有坚定的伦理准则的人，有着广博的经济知识，头脑清醒冷静。

作为具有专门知识和精通法律的顾问协助代表们工作的总特派员、外交部司长瓦尔特·西蒙斯博士也具有像代表们本身一样的重要地位。他是一位杰出的法学家，几年后被任命为德国最高法院院长。他特别是从宗教伦理观点出发找到了通往新时代的道

第四章 凡尔赛和约 103

路。他是个坚定的新教徒,不久就担任新教社会大会主席,但他也特别热情地赞赏胡戈·普罗伊斯,捍卫普罗伊斯对新建德国的贡献,反对贬低他的人。他在凡尔赛的任务主要是使德方几个委员会的工作协调一致,但他的意见也影响了代表团的态度。他从那里写回国内的信件是了解德国人在凡尔赛的活动的宝贵资料。

德国代表团4月底动身去凡尔赛时并未从官方得知将要交给他们的条约的内容。因为协约国的政治家不仅关起门来进行谈判,而且对他们的决议也保密,因为他们担心公布这些决议会影响他们的行动自由。可是当各国最精明的新闻记者在每条走廊和每个门口偷听,渴望搞到新闻的时候,有什么还能保密呢?事实上,特别是法国和美国报界已披露了很多外交秘密及政治上的障碍和分歧,使德国人对面临的形势有了相当确切的了解。由前大使伯恩斯多夫领导的一个委员会几个月来精心收集各种材料并将其交给专家研究答复。一大批各方面——法律、经济、政治和历史——的专家以及数目有限的德国记者陪同德国代表团前去。

代表团途经法国北部和受到战争破坏的地区。西蒙斯写道:"那是一次触目惊心的经历,火车经过这些一度盛产水果,如今被炸弹炸得破败不堪的荒凉土地,经过城市和村庄的废墟时,故意开得很慢,那些地方除了清除瓦砾的人们以外几乎看不到人。我们停在位于被摧毁的房屋、被烧毁的仓库和被炸毁的弹药列车之间的火车站上,直到我们看到了我们所能忍受的一切。"[10] 代表团抵达凡尔赛时首先使他们感到意外不快的是,他们被一道木板围墙与外界隔离了。官方声称这是为了防止感情冲动的法国居民的敌意示威。但真正的原因是显而易见的,那就是想阻止德国人和这一个或另一个敌国的代表进行任何机密的会谈,使他们毫无可能危及协约国的统一战线。"维也纳会议上的塔列兰"*的幽灵在游荡。协约国历史学家已仔细地研究过那次会议,甚至还向代表们提供了这次会议过程的详细报告。如果他们读过特赖奇克**对那次会议及塔列兰"厚颜无耻"的胜利[11]的精彩描写,那他们的担心不会有所减少。

和约定于5月7日交给德国人。这个重大的场面定于离凡尔赛宫不远的特里亚农王宫饭店举行。1871年1月18日,俾斯麦曾在凡尔赛宫宣布成立德意志帝国。对法国人来说,凡尔赛宫是光荣的民族回忆的象征,他们把俾斯麦的做法看作是特别不怀好意的挑衅,已经忍受了四十多年。现在报应的日子来到了。如今主持这一仪式的法国政治家体现着对那些他本人曾参加过战斗和一起忍受过痛苦的失败日子的回忆。因此不足为怪,克列孟梭在宣布庄严的会议开幕时的讲话中以人人都明白的暗示向德国人提到"第二个凡尔赛条约",现在他要将这个条约交给德国人,并且毫无疑问,这一暗示的尖刻性并未因他说话时的语调而有所减轻。他补充说,这场战争使战胜国付出了巨大的牺牲,因此它们不会不采取一切必要的预防措施和保障,以便使这一和平成为持久的和平。

克列孟梭的简短讲话被译成英语和德语时,会议秘书把包括

---

* 塔列兰(1754—1838),法国外交家,在1814—1815年维也纳会议上竭力利用反法联盟诸国间的矛盾以改善法国地位。以权变多诈而闻名于西方外交界。——中译者

** 特赖奇克(1834—1896),德国历史学家。——中译者

条约草案在内的厚厚的一本书交给勃洛克道夫-兰曹伯爵。勃洛克道夫没有打开而将其置于一旁。

此时德国代表能向与会的战胜国政治家发表讲话的时刻到了。也许这是他仅有的一次机会了。他会正确地加以利用吗？

他开始讲话时引起一阵轰动。克列孟梭是站着对德国人发表讲话的,勃洛克道夫伯爵则坐着讲话。

这是否像每个在场者必然会而且已经感觉到得那样是一种故意冒犯呢？劳合-乔治说,几年后德国另一代表团的一位成员向他说明了勃洛克道夫这样做的真正原因:"这个可怜的人非常激动,使他身体不能站起来。他想站起来,但膝盖抖得厉害,未能做到。"这一表示抱歉的解释总是受到勃洛克道夫本人的坚决否认,而西蒙斯确实在5月10日的信[12]中写道,伯爵事先已告诉他要坐着讲话,理由如下:一家法国报纸在一张描绘即将举行的这次会议的漫画中把德国人坐的桌子称为"被告席",因此勃洛克道夫认为,如果他站起来就会像个被告,好像法庭庭长在命令他:被告,站起来！能否相信这真是勃洛克道夫的动机吗？能否想象一位意识到祖国在最困难的时刻将其切身利益托付给自己的有经验的外交家和负责的政治家会让一家报纸的傲慢意见影响自己的态度,而不去考虑如何能给那些掌握其祖国命运的人留下最好的印象？也许最好是把这两种说法结合起来。勃洛克道夫意识到自己的弱点:他一开始就知道当他必须向这一大群他了解其政治上的重要地位及其政治好恶的人讲话时定会严重怯场；他知道如果他站起来讲话定会力不从心,由于他不想让全世界看到这个场面,因此他事先就决定仍旧坐着,并为此提出一种掩饰其真实动机的说法。这个做法使他在德国大受欢迎,他成了有点像是民族英雄,正因为他一直坐着。但此刻最重要的事情无疑是给协约国政治家造成的印象,而这一印象是坏到极点了。威尔逊感到深受侮辱,向劳合-乔治小声说:"这不是真正的德国式作风吗?"伯爵这时发表的讲话也不能说是合适的。在他面前放着的几种草案中,他故意选择了最苛刻的一种大声朗读,使这种苛刻性表现得更加明显。西蒙斯写道:"必须十分赞赏克列孟梭,他竟忍住性子而没有打断勃洛克道夫的讲话:可是他脸气得通红。"劳合-乔治把桌子上的一把小折刀弄断以减轻自己的激愤。威尔逊在会后说:"德国人太愚蠢了,他们总是做错事。这是我所听到过的最不得体的讲话。"[13]

如果人们今天平心静气地读勃洛克道夫的讲话,那么人们找不到什么可以为这种愤慨解释的理由,但也看不出有什么可以引起对手妥协情绪的东西。勃洛克道夫处境确实很困难,因为他对从官方刚刚交给他的条约内容并不了解,但从非官方途径获悉其中一些内容,因此他絮絮不休地争辩,反对把战争的责任完全归咎于德国。但他责难协约国让德国等待停战达六个星期,这样做是否明智?在场的每个人都知道,德国因为没有向全体协约国而只是向威尔逊提出停战的请求,因而大大拖延了实现停战的时间,而且当场他自己在几句话以后也提到,战胜国"在1918年10月5日至11月5日期间曾放弃强权和平"。他提出下述既无法证明又不真实的说法:"自从11月11日以来死于封锁的数十万非战斗人员,是在我们敌国取得并确保胜利之后被蓄意杀死的。"这难道不是(至少可以说)有欠思考吗?这一指控后来成为希特勒宣传的王牌之一。勃洛克道夫以这种方式冒犯了协约国领袖以后才转到那些有理由引起他们注意的问题上去。

正是勃洛克道夫谈到停战期间饥荒的那些话使劳合-乔治特别感动,这也许能说明劳合-乔治的性格特点。但当他次日在四人理事会谈到这一点时,克列孟梭不仅反驳他说这尚有待于证明,而且他还建议威尔逊总统让人把一群14岁至60岁的妇女领到他那儿去,这些妇女全都遭到过德国人的强奸。接着劳合-乔治承认,英国最高级的法官之一欧内斯特·波洛克爵士对他说过,提交给德国人暴行调查委员会的材料极其令人震惊,令人不能卒读。[14]

协约国给德国人15天时间以准备用法文和英文书面提出他们的异议、问题和反建议;这个期限后来又放宽一星期。口头谈判仍然遭到坚决拒绝。即使个别人机智地有时与敌国代表团某一成员建立了私人联系,但这对最后结果也没有什么影响。德国人以最大的干劲儿投入工作,凡是读过他们对个别问题提出的无数照会以及5月29日包罗万象的最后照会的人,都不能不对他们的不倦努力和工作效率感到惊讶。可是在这里少些或许意味着多些。如果他们不是逐项答复,而是集中精力于获胜大国的意见和利益相左的少数几个重大问题上,不至于使妥协从一开始起就毫无希望,那样也许会造成更好的印象。

德国代表团特别关注的是所谓战争责任问题。[15]列于关于赔款的那一章之首的第231条,其中包括协约国政府的声明和德国承认德国及其盟国"作为发动者对协约国及其联盟国政府与国民由于德国及其盟国的进攻而强加于他们的战争所造成的一切伤亡和损失负责"。正如这一提法置于该章开头的地位所表明的,它原来只有一种限定的意义。一次战争后由失败者承担战争费用,这是世界历史上的老规矩。过去每个胜利者都收获这条原则的果实进而毫无道义上的顾忌，没有人绞尽脑汁去考虑胜利者是否真是被攻者还是进攻者。当俾斯麦于1871年迫使法国承担50亿法郎的战争赔款时，他和战败者都没有费心先去探讨在这种情况下世界历史是否是上帝的最后审判。但是1919年时胜利者认为这种纯粹"现实政治"的根据已不够了，必须以更高的法律根据来取而代之。如同民法规定不论是故意或疏忽造成损失的人要进行赔偿一样，向德国及其盟国索取赔偿也是根据它们是侵略者应对这次战争负责这条理由。美国国务卿兰辛曾于1918年11月5日的照会中着重强调德国有义务必须"赔偿协约国平民及其财产由于德国从陆地、海洋和空中进攻所造成之全部损失"，并且德国在停战协定（第19条）中接受了这一义务，因此协约国认为更有必要采取这一态度。

但是德国代表团把第231条视为迫使德国承认对战争独自负责，极力加以反对。他们召来四位第一流的专家汉斯·德尔布吕克、马克斯·韦贝尔、阿尔布雷希特·门德尔松-巴托尔迪和马克斯·蒙特格拉斯伯爵将军前来协助他们，提出了一份由这四人起草的关于战争责任问题的备忘录。这些人确实都是杰出的人士，他们的品格和思想上的独立性连从前的敌国也不得不承认。他们强调战争责任问题不能由一方单方面决定，所有当事国的档案材料必须向想要做出公正判断的人开放。他们这样做无疑是有理由的。今天如果我们觉得他们自己在关于战争责任问题的备忘录中所说的话有点不足，部分有些牵强附会，那么这并不是他们的过错。这是因为写得太匆促了。协约国可以轻而易举地将这个问题

第四章　凡尔赛和约

留给未来的历史学家去讨论,把第231条的预期影响限定在明确的范围之内。它们不是这样,却陷入关于战争责任问题的争论中去,于6月16日以一份洋洋大观的照会答复德国,以最尖锐的方式谴责德国的政策和战争行动。起草照会的是劳合-乔治的私人秘书菲力普·凯尔,后来他成为洛锡安侯爵,是一位主张对德友好的人。照会是一篇文笔出色的作品,却是很拙劣的政治,因为这个照会才使有争论的这一条带上原来所没有的污辱意义,协约国的这种态度使刺激性的、常常带有煽动性的关于战争责任谎言的讨论成为可能,这种讨论对德国民族主义起了极大的煽风点火作用。协约国自然完全有理由认为是德国挑起战争并且也公开这样说。但不管这种看法是对是错,它们都无权要求德国人接受这一观点。它们可以要求德国人的是完全不同的事,即承认他们有赔偿损失的义务。在一场类似性质的民事诉讼中,任何一位比较机灵的律师都能轻而易举地找到一种维护债权人的利益而又避免不必要地伤害债务人感情的说法。

但此时更重要的问题是,条约草案所要求的肢解德国是否会以及在多大程度上使其经济复兴受阻甚或成为不可能。德国代表团对此问题提出了一份由梅尔希奥起草的备忘录,作者自然认为备忘录写得平心静气、实事求是。如果这样一个备忘录得出结论说,和约等于是几百万德国男女和儿童的死刑判决,它一定会造成更深刻的印象。当时几乎每个懂得或自以为懂得一些经济的人无疑都认为梅尔希奥的备忘录绝对正确,协约国的答复——它把备忘录的担心说成是过分的夸大——是轻率的美化。尽管如此,协约国的乐观是有道理的。现代工业的发展能力和德国人民的勤勉与干劲儿,加上外国在此基础上愿意向德国经济提供足够的新贷款,使德国在通货膨胀时期结束后以惊人的速度克服了种种困难。

5月29日,德国代表团提出了对和约的最后"意见"。那是厚厚的一本。它令人信服地证明德国人工作的彻底性和敏捷。放在前面的是一份"综合性照会",清楚透彻地归纳了主要内容,更多地使用的是大众化的语言。勃洛克道夫不是委托一位外交官而是委托一位记者即《法兰克福报》的代表伯恩哈特·古特曼起草了这份文件;他有理由相信古特曼能找到会引起广泛反响的词句。在送出此照会之前,5月23日代表团在斯帕与德国内阁成员举行了一次会谈。[16] 会谈之所以成为必要,因为意见分歧变得很明显,必须加以克服。代表们的一致意见是,除非对方同意做出重大修改,否则德国就拒绝签署和约。德国政府最初也持同样立场。和约草案在凡尔赛递交几天后,5月12日在柏林大学礼堂举行了国民议会会议。谢德曼总理在会上作了措辞十分尖锐而坚决的讲话,在全场暴风雨般的掌声中代表政府宣称条约草案是不能接受的,并慷慨激昂地高呼:"谁使自己和我们受到这种束缚,他的手怎能不烂掉?"所有政党的发言人都持同一立场,只有一人例外。他就是独立社会民主党发言人哈泽。他在对条约提出种种抗议的同时声称:"对我国人民来说,和平简直是必不可少的。"关于和平的沉重负担,他以下述希望来安慰自己:世界革命正在发展,它也会使和约无效。

他的发言在议会中没有很大的意义。但如果想到,只有全体德国人民一致支持,才有可能采取拒绝和约从而有可能重开战争的政策,哈泽的话听来就很不吉利了。这是特别使埃茨贝格尔无论如何要避免与协约国决裂的理由之一。他似乎怀疑勃洛克道夫并不是很反对这样一种决裂。

另一方面,协约国的政治家们或多或少感到不安,担心德国人会拒绝签字。他们掌握必要手段可以在军事和经济上重新开战。已经决定,如果德国拒绝,就立即重新严厉地实行封锁。福煦元帅在几天之内制订了进驻未被占领的德国领土的计划并发出了准备命令。但人人都清楚,这样重开战争是非常不得人心的。士兵们想回家,他们的父母呼喊把自己的儿子还给他们——只要他们尚未复员。在不习惯于普遍义务兵役制的民族如英国人和美国人那里,这种呼声比在德国更加不可抗拒——而大多数德国士兵已回家去了。

最为不安的是劳合-乔治。批评他的人指责他怕得六神无主,因为如果他不带回已签订的和约,就不知如何向议会交代。英国首相当然必须重视议会和人民的情绪。威尔逊在美国最近一次选举中所失去的犹如劳合-乔治在英国最近一次选举中所得到的一样多;倘若他更多重视这一观点,对他是有利的。但这位英国政治家的动机要更深远些。早在3月底的会议谈判过程中,他在枫丹白露度周末时撰写了一个备忘录,平心静气而富有政治家见识地论述了应当指导战胜国政府的目的。[17]它们应尽可能像已摒弃战争狂热的不偏不倚的法官那样行事。和约必须是这样,使德国一个负责的政府能问心无愧地签字,使它有能力履行自己所承担的义务。和约不应含有会引起新战争的诱因,通过作为对欧洲问题的公平解决得到有理智的公众舆论的普遍认可,成为对付布尔什维主义的一种平衡力量。

英国首相起初可能相信谈判产生的草案是符合这些明智原则的,但不久他最赏识的几位同事的批评就使他明白过来。提出最尖锐批评的是斯穆茨将军,这位伟大的南非人在十几年前曾用武器反对过大英帝国,现在是最受尊敬和最得人心的领导人之一。[18]他尤其批评占领莱茵区和划定波兰国界这两点。劳合-乔治企图说服其伙伴修改草案。他不会得到克列孟梭的让步,是可想而知的。但威尔逊也认为,只是为了让德国人在条约上签字而对条约进行修改,并非明智之举;这一点事先就应该考虑。[19]这话听起来很英勇,其实却是完全做不到的,没有政治常识的。但劳合-乔治特意将其内阁召到巴黎,由内阁授权他发表声明:除非向他做出某些让步,否则英国将拒绝派军队占领德国,也不提供船只进行封锁。[20]在这个声明的压力下达成了妥协,在一些问题上满足了德国人的要求。

最大的让步涉及上西里西亚。条约草案直截了当地将这一地区划给波兰。如今最后归属则根据当地居民一次公民投票来决定。关于萨尔区,对进行公民投票和德国为收复煤矿支付赎款的规定作了修改,以便在十五年期满后归还德国。事实上萨尔区后来在1935年举行了公民投票,在绝大多数人赞成回归德国以后也顺利地实现了这一点。在石勒苏益格,德国的要求只在限制表决地区范围这一点上得到了考虑。德国想要立即加入国际联盟的愿望未获满足;而是答应他们当他们用行动证明愿意履行和约条件并最终放弃任何侵略政策时才可以考虑。德国想要立即规定赔款数目的愿望也未能实现,虽然协约国许多专家主张这样做。人们仍然决定由根据条约设立的赔款委员会去确定赔款数目。只要德

第四章　凡尔赛和约

国在四个月内提出合适建议,就可以通过其他方式提前加以确定。占领莱茵区的期限和范围没有什么改变。但劳合-乔治和威尔逊促使克列孟梭签订一个限制占领军人数并保证德国行政管理尽可能顺利继续下去的协议。

但最重要的是照会的结尾。协约国明确表示这是它们的最后决定,要求在五天、后来延长至七天的期限内最终声明德国是否准备签字。如在此期限内得不到德国的肯定答复,则到期时停战也就终止,换句话说,协约国军队就要进驻德国。

这就使德国政府面临在最短的期限内作出极其困难的决定。勃洛克道夫-兰曹很快就做出决定:他力主拒绝,其他代表也赞成他的意见。大多数德国和谈代表在最后通牒到达的当天晚上起程回国,凡尔赛居民把这看作是德国人拒不签字的证明,群情激愤。发生了一次非常恶劣的示威活动,甚至还扔了石块。这完全不符合协约国政府的心意,克列孟梭在一个非常得体的照会中立即向德国人表示赔礼道歉。

6月18日晨勃洛克道夫到达在魏玛的政府所在地时发现5月12日在柏林礼堂中所表现的一致已烟消云散了。不仅是政府,而且各执政党都发生了分裂。在政府中,除了谢德曼以外,反对接受条约的更多的是民主党人,其中包括戈泰恩和普罗伊斯这样肯定绝不会有过分民族主义的人。[21]但有的部长表示反对说,他们虽然也严厉谴责这个条约,但如拒绝接受,后果将严重得多。协约国的军队无疑会进驻德国,它们的封锁会使德国人民面临饿死的危险。这不仅会引起最严重的动乱和布尔什维克化的危险,而且也会使德国分崩离析。已企图把莱茵河左岸分裂出去的分离主义将会到处抬头，特别是在南德。在可怕的瓦解时期之后，德国最后还是得签字；没有什么能证明勃洛克道夫的这一希望是有理由的："世界的进步和和平发展不久就会给我们带来公正的法庭，在这个法庭面前我们能寻求自己的权利。"特别是埃茨贝格尔竭尽全力明确维护这一立场，[22]社会民主党人诺斯克和达维德也支持他。诺斯克显然十分担心独立社会民主党人的危险。他喊道："我国人民在道义上和民族意识上已到了使我们必须签字的糟糕地步。"[23]哪一方也无法说服对方。

在执政党议会党团会议上发生了同样激烈而无结果的争论。不论是民主党人还是社会民主党人或中央党人，都未能保持团结一致；在会议中，辩论逐渐集中到其意义不在于物质领域的两个问题上去。一是承认战争责任问题，一是把受到指控的德国人送交敌人。在协约国内，公众强烈要求由协约国设立一个法庭去惩处那些对战争和战争中所犯下的罪行负有责任的人。在这些"战犯"中为首的是德国皇帝，那儿人人都认为他是战争的罪魁祸首。"绞死皇帝！"曾是英国选举中最为流行的口号。虽然威廉平安无事地住在荷兰，德国人既不用害怕而协约国也不能希望他会被拽来受审，但协约国对"由于违反战争法规和惯例"而想要对其进行审判的那些人的指控就认真多了（第228条）。人们预料许多德国军事领导人将被包括在内。这里存在着人身引渡的可能性，因为他们都在德国，包括在停战后曾乔装打扮逃往瑞典的鲁登道夫。不管这一指控是否正确，德国人的民族感情强烈反对引渡他们。不仅是右派反对党和猛烈攻击此事的军官团，而且还有各执政党均认为这是一个荣誉问题。

此时埃茨贝格尔根据来自对方阵营的消息认为，只要德国同意条约的其余部分，协约国将会在这两个问题上让步。在他的影响下，先是中央党议会党团多数决定有保留地赞成签署条约，即不接受第 231 条承认战争责任和不承担引渡所谓战犯的义务。接着社会民主党议会党团多数基本上同意这样做。[24] 谢德曼政府于是在 6 月 20 日宣布辞职。

在这之前，诺斯克作为国防部长曾向此时驻扎在科尔贝格的最高统帅部询问过，如重开战争，进行军事抵抗的前景如何。兴登堡回答说，东线能顶住，但西线则不能。他这样证实了每个门外汉都能知道的事实。他还说，作为军人他宁愿光荣地毁灭也不要屈辱的和平，这些话可以当作个人观点加以尊重，但不能成为政治行动的准绳。一个政府将信赖它的人民引向必然毁灭的道路，显然是一种犯罪行径。而且这种毫无意义的抵抗实际上当然只意味着稍晚时候仍然必须签署"可耻的和约"。布尔什维主义者在签订布列斯特-立托夫斯克和约时有过同样的经历。于是负责的部长们和反对签字的总统从兴登堡的答复中只能得出这一结论：无论如何要避免军事上的抵抗。

谢德曼内阁的辞职使艾伯特面临一项既艰巨又迫切的任务：立即组成一个准备在上述保留下签署条约的新政府。他自己也情愿辞去职务，但他的朋友们使他相信这是完全办不到的。由于民主党人根据其议会党团的决定拒绝参加，新政府不得不完全由社会民主党人和中央党人组成，而奥托·兰茨贝格则不再任职，因为他坚持拒绝签字。担任内阁首脑的是社会民主党人鲍威尔，他是工会书记、上一届的劳动部长。接替勃洛克道夫出任外交部长的也是一个社会民主党人——党中央领导成员赫尔曼·米勒。重要的是埃茨贝格尔出任财政部长,这个职务在以后几个月中变得日益重要。

在6月22日国民议会会议上,群情激昂,各方面都对协约国所要求的条约表示最强烈的义愤。但人人都知道这并不会改变命运,问题仅仅在于是否授权政府签署附有它提出的那两条保留的条约。右派政党一致反对。代表德意志民族党发言的是一位温和派、前帝国大臣波萨多夫斯基伯爵。他说拒绝签字的后果只是暂时的,如签署条约"就会使我国人民无数代陷于不幸"。另一方面,哈泽声称拒绝签字肯定会导致毁灭。声明国民议会赞成签字的提案以237票对138票获得通过。投赞成票的多数中除了社会民主党和中央党议员外,还有六名民主党人,其中有前副首相、现任党主席弗里德里希·帕耶尔。[25]在社会民主党人中,谢德曼、兰茨贝格和沃尔夫冈·海涅等缺席。

但是,谁要是以为悲剧就此告终,这个幻想很快就破灭了。毫无疑问,德国军国主义者立刻竭尽全力去扼杀协约国个别政治家的任何和解意愿。他们在收到德国公使冯·哈尼尔送来的政府准备在那两点保留下签署条约的通知的当天得悉,被拘留在斯卡帕湾的德国舰队的士兵们凿沉了根据条约应交出的舰船,而且同样应交出的法国旗子在柏林军械库被焚毁。这当然大大激怒了三巨头。威尔逊说他现在认清了在德国人那里并非是与正大光明的人打交道。由于这个原因,他和劳合-乔治都坚决拒绝任何延长停战期。[26]克列孟梭与他们步调一致,立即以一份最后通牒式的声明回答:讨论的时间已过,协约国不会接受任何修改和保留,要求德国

第四章 凡尔赛和约

明确表示对现在形式的整个条约究竟是接受还是拒绝。他们指出规定的期限只剩下不到 24 小时,这是不容误解的。

魏玛对最后通牒感到十分激动。这种情绪由于军官们的威胁态度而变本加厉。军官们几个星期来一直在抗议关于引渡的"可耻条款",现在威胁说,如果政府在这一点上让步,他们将要公开反抗或者至少提出辞职。兴登堡的一份电报对上述军官的行动表示支持,他提到 6 月 16 日举行的一次会议,最高统帅部以一大批军官的名义当面将要向接受"耻辱条款"的政府宣布终止服务。"从那时以来最高统帅部的立场没有丝毫变化。"[27] 应当以国防军部队保护国民议会与政府的冯·梅克尔将军对中央党议会党团主席说,如果政府签署条约,国防军就不再去保卫它,不再保证维持秩序。

压力是如此之大,诺斯克不得不提出辞呈,但艾伯特没有接受。总统现在亲自出马;他打电话给在科尔贝格的最高统帅部,以明确确定其对签署问题和军官们叛乱威胁的态度。格勒纳接了电话,兴登堡则离开了房间。[28] 格勒纳再次说明军事抵抗是毫无希望的。接着他劝告诺斯克不仅留任,而且应领导人民并对缔结和约负责。他应发表一项呼吁书说明这样做的必要性,并要求每个军官为拯救祖国坚守岗位和履行职责;只有这样才有希望使军人支持他,从而防止国内的颠覆活动以及在东线的对外冒险。这就是说,他明确地建议不顾"屈辱条款"在条约上签字。兴登堡无疑是知道这一点的,但他并没有反对,虽然他通过他的——当然立即发表的——电报在居民中造成这种印象,好像他持相反的意见。这就使德意志民族党人有可能搬出这位陆军元帅来支持他们的冒险政策。那些了解内情的人既未向德国人民澄清这一事实,也没有告诉他们劝说皇帝逃亡荷兰的正是兴登堡。无论如何,兴登堡的神话必须加以维护。格勒纳后来说,他在1918年后的年代中为了民族的利益牺牲自己的良好名声去挽救兴登堡的声望,显然就是说的这一点。[29]但要是格勒纳以为这就使他应当得到兴登堡的感谢,那他就像其他那些相信被大肆吹捧的兴登堡的忠贞的人一样犯了错误。

　　德国政府不得不正视这一事实:它为形势所迫已别无选择,只有无条件签字。在接受了一切重要并沉重得多的割地赔款要求之后,却让和约因这些所谓"荣誉问题"而失败,这真可说是"因小失大"。[30]但政府这样做须获得定于6月23日召开会议的国民议会的同意。几乎毋庸置疑,绝大多数代表同政府一样认为必须签字。泽克特将军是一个肯定不会赞成屈服的人,他当时写信给朋友说:"相信我,很多投票反对签字的人这样做,是因为他们知道,即使他们反对签字也会获得通过。"[31]但多数派政党完全有理由担心右派会利用它们的赞成去煽动民众的民族主义狂热,把矛头对准它们。[32]艾伯特要求反对派组织政府,当然没有成功。这时人民党议员海因策为政府找到了一条出路。他建议采取下列办法来避免重新投票表决:把前一天国民议会通过的决议看作是授权政府无保留地签署条约,反对派保证不因此事"攻击"政府。右派政党的代表求之不得,急忙抓住这个主意。曾参加这次讨论的帕耶尔后来写道:"时间紧迫,反对条约的人竭力想避免迫在眉睫的灾难,即使这是与他们的实际立场相矛盾的。"[33]

　　于是各执政党提出这一条件:反对签字的人必须明确公开承

第四章 凡尔赛和约

认,赞成签字的人这样做是出于爱国精神。民主党人和人民党人在议会开会时无条件地发表了这一声明,德意志民族党人的声明则有点转弯抹角。毫无疑问,他们这时也希望避免大祸临门。停战期限只剩下四小时了!接着议会通过简单多数表决授权政府即使在保留条件被拒绝后也签字。在期限到期之前80分钟,向克列孟梭递交了表明德国无条件屈服的电报。五天后即1919年6月28日,又是在凡尔赛宫镜厅举行了签字仪式,使这次世界大战在将近五年之后宣告结束。赫尔曼·米勒和交通部长贝尔(中央党)做出了牺牲,承担了此项签字任务。

从那一天至今已过去三十多年。世界已看到凡尔赛和约部分并未履行,其他部分或迟或早已被取消。世界看到据说被判定要永远衰弱的德国又得到恢复,甚至变得非常强大,并利用其力量向世界提出新的挑战而再次失败。三十年的时间意味着曾在狂热的激动中经历过那一天的人已经变老或者死去。是否可以用黑格尔的话来说,生命之形态现已老化,黄昏已降临,密涅瓦*之枭正在暮色中开始飞翔?现在已应有可能平心静气地去讨论1919年的和约而不囿于某一党派的观点。首先是双方都应当认识到,一场持续好几年的世界大战在任何情况下不问其起因如何都是不可名状的灾难,其后果必然同样沉重地压在胜利者和失败者的身上,只有丧尽天良、肆无忌惮的煽动分子才会把战争所造成的一切归咎

---

* 密涅瓦为罗马神话中的智慧女神,即希腊神话中的雅典娜。她把纺织、缝衣、油漆、雕刻、制作陶器等技术传授给人类。她与海神波塞冬相争,因出示第一棵橄榄枝而获胜,遂成为雅典城的保护神。雅典盛产枭,枭为雅典保护神的标志。——中译者

于和平。

　　这当然不是说,结束世界大战的那些和约都是具有政治家风度的杰作。今天人人都能看到其基本错误:毁灭奥匈帝国。俾斯麦常说,奥匈帝国的完整和存在对欧洲来说是不可缺少的,而历史证明他是对的。今天甚至在布拉格有许多捷克人将会怀念奥匈帝国的时代,那时候德国大学生星期日带着旗子在要塞沟壕上闲逛会引起极大愤慨。但凡尔赛和会的主持者并非是需对这种贻害无穷的事态发展负责的仅有之人。使帝国走向灾难的弗兰茨-约瑟夫的轻率无能的顾问们以及君主国所有民族的民族主义冒失鬼也都负有责任,后者觉得在宣传鼓动上对他们所谓的"民族利益"大做文章比考虑保护他们所有人的国家的利益更富有吸引力。哈布斯堡君主国的解体其实并非和会的结果,而是发生在战争的最后一年,它使想要分离出去的民族有可能制造既成事实,各大战胜国即使未被"民族自决权"的教条所约束,也已无法再去改变这些事实。

　　这个教条也使德国遭受严重损失,这是悲惨的,但由于德国在停战时接受了威尔逊纲领,此事是不可避免的。因为威尔逊提出的第13点不仅要求建立一个独立的波兰国,而且还要求给它"自由而安全的出海口"。可是,确定哪些领土居住着"无可争辩的波兰居民",并不像威尔逊显然想象得那样容易。可以料到的是,和约最后确定的边界也会把许多主要是德国人居住的地区划进去。而且这几乎是不可避免的,因为那些地区德国人和波兰人混杂居住,德国的移民政策更加有意使这种情况变本加厉。德方最感不满的一点是东普鲁士和但泽一边与德国本土另一边之间的波兰

"走廊"。这确实是十分奇怪的形体,在历史上几乎找不到先例。但正是在这方面协约国可以提出威尔逊的要求作为根据。德国代表团提出反建议:"通过在但泽、柯尼斯堡和梅梅尔建立自由港、给予维斯瓦河航运权和缔结专门铁路协定,向波兰人提供有国际保证的自由而安全的出海口。"但协约国却反其道而行之,给予德国通过走廊的通行权(第89条)。劳合-乔治认为,如果德国人说,一条经过外国领土的有保障的通道对波兰人已够好了,那么他们就不能同时认为,东、西普鲁士之间的这样一条通道满足不了这些省份的需要,尤其是因为它们之间的交通主要是通过海路进行的。再者这条走廊的居民主要是波兰人。[34]同时起作用的可能还有如下的考虑:各大国迫使波兰遵守国际保证总要比迫使德国这样做容易得多,因为德国无论如何仍然是个大国,其实力估计又会大大超过波兰。

但是也必须承认,协约国是尽力尊重这一地区德国居民的自决权的。不仅是阿伦施泰因、马林维德,特别是上西里西亚要举行公民投票,而且还要建立但泽自由市就说明了这一点。这里也重新出现不幸的局面。从地理上看,但泽是波兰的天然海港,但它是一座纯粹德意志城市。怎样才能使这两种重大利益得到调和呢?三巨头以为找到了解决办法,即建立一个置于国际联盟监督下的特别的自由市,但由法律规定波兰享有经济特权。这也许是最公正的解决办法,至少没有一方提出更公正的解决办法。但这同时也是一种非常牵强的人为解决办法,如同一切牵强的人为解决办法一样,它不仅持续不断地引起争吵,而且造成临时性的印象,几乎像是要求人们去动摇它。[35]这样它就成为国际上不安定的一个因素。倘若协约国以粗暴的偏袒态度使但泽归属波兰并只限于对少数民族进行有效的、受国际监督的保护，这种情况也许可以避免。倘若如此，但泽也许不会有现在这样的命运，即变成一座波兰城市，德国人被剥夺全部财产，被从这个城市驱逐出去。

让东普鲁士最边远城市梅梅尔脱离德国的想法是不幸的。弗里德里希·威廉三世和露易丝王后曾在该地躲避拿破仑。梅梅尔也是一座位于周围说外国语言即说立陶宛语的地区当中的德国城市。但此地的立陶宛人一直认为自己是普鲁士人，肯定不想与德国分离。使其与德国分离的真正原因是协约国想使新成立的立陶宛共和国有一个通向波罗的海的出海口。爱沙尼亚、拉脱维亚和立陶宛这三个波罗的海国家像芬兰一样脱离了布尔什维主义的俄国，此时受到协约国的特别关注，犹如受到失败之前德国的关注一样。只是西方大国在这些东方国家并未能产生同样大的影响。梅梅尔地区本应由国联管辖。在波兰人用武力夺取了立陶宛的维尔纳而国联对之无可奈何之后，立陶宛人就以武力吞并梅梅尔来补偿自己的损失。国联仍然无可奈何，只好在事后同意这一暴力行为（1923年1月）；国联只限于迫使立陶宛接受一项梅梅尔公约，给予梅梅尔地区自治权以及向德意志少数民族提供一定程度的保护（1924年5月6日）。当然立陶宛仍然太弱，如果重新强大起来的德国向这块地区伸手的话，它是无法捍卫这块用武力夺取来的土地的。

在修改北石勒苏益格边界方面没有很多的东西可说。这不仅符合当地居民的愿望，正如公民投票所表明的，而且也有历史先例可引。

第四章 凡尔赛和约

在西部,萨尔区的暂时国际化被说成是法国吞并该区的准备步骤而遭到特别的反对。但这一指控已为历史的实际发展所驳斥。

失去阿尔萨斯-洛林是更为重要的事情,在一定的程度上使德国人特别感到痛心。在德国接受威尔逊的十四点纲领之后,人们对此本应做好思想准备——尽管兴登堡正如我们看到的那样对此显然并不理解。事实上德国代表团在这个问题上只限于要求举行一次公民投票。但在威尔逊的第八点中并未找到对这个问题的支持。他只是要求"纠正普鲁士于 1871 年在阿尔萨斯-洛林问题上对法国干的不公正行为"。并不把取得阿尔萨斯-洛林看作是不公正行为的德国人也总是很清楚:一旦法国在一场战争中战胜德国,这一地区便会再度丢失。法国人认为拒绝公民投票是理所当然的,因为俾斯麦在 1871 年就拒绝这样做,那时当地居民无可争辩地最坚决反对德国吞并,他们的代表在德国国会中也一致提出抗议吞并。对于与法国重新合并,根本谈不上有什么类似的抗议行动。

在欧洲失去的这些领土还包括上西里西亚的一部分,根据 1921 年 3 月的公民投票,这一部分划给了波兰。这一点下文还要谈到。

德国在欧洲的全部损失估计人口为 600 万,领土 7 万平方公里即战前面积的 13％左右。如果协约国答应德奥合并的要求,这些损失当然就会得到补偿还有余。德国人争辩说,如果你们按威尔逊宣布的民族自决权的观点剥夺了我们的古老国土,那么我们就按同样的观点要求你们允许说德语的奥地利人与我们合并,这样做无疑符合他们在宪法中所表达的愿望。这一论据从逻辑上看是完全合乎道理的，但从政治上看却是完全错误的。能认真期望竭尽全力打败了德国的协约国允许被战胜者利用其失败而变得比以前更为强大？尤其是本来就对德国人口占优势感到惊恐的法国人，岂不肯定会害怕首次联合成为一个民族国家的大德意志发动一场复仇战争？任何一位有政治头脑的人，即使是在德国，能期望法国人对此表示同意，从而宣布他们的一切巨大牺牲都是徒劳和浪费吗？

152　　胜利者确实也企图用大力限制德国军备的规定（第159—213条）来防止一场复仇战争的危险。他们废除了普遍义务兵役制（第173条），将德国军队人数限于10万人。被协约国视为德国军国主义集中体现的大总参谋部被解散并永远禁止（第160条）。海军也被限制为六艘战列舰和几艘小型舰艇，其余的交出（第185条）。潜艇完全被禁止（第188—191条）。飞机只准用于民航（第198条）。权力很大的协约国管制委员会将负责监督这些限制的执行（第203条及以下数条）。

这一切都是对德国主权的严重侵犯，使人们想起1807年提尔西特和约的苛刻规定。但协约国认为这种性质的预防措施是必不可少的。它们有四年之久看到这个德国能够显示何种无与伦比的军事效率，而整个世界竭尽全力才能在战斗中与之抗衡。它们认为这一危险力量的根源在于普遍义务兵役制，至少盎格鲁-撒克逊人认为这种兵役制是不人道的和不文明的。它们摒弃并害怕德国的军事精神，认为这种精神的最主要支柱是庞大的德国职业军官和与他们类似的后备军官。他们此时所面对的德国政府虽然肯定没有军国主义思想,有不少成员甚至一生都在与军国主义作斗争,但谁能向他们担保这个或一个具有同样观念的政府将会永远执政呢?劳合-乔治和威尔逊从他们在德国的代理人那里收到的所有报告都一致认为,这个政府很软弱并且不得人心。但谁会接它的班呢?是独立社会民主党人吗?根据几位观察家的报告,他们正在不断地得势。或者是右派分子?他们正在用大喊大叫反对和约来震撼德国人民的神经。在斯卡帕湾凿沉舰队、在柏林军械库烧毁本应交出的法国旗所获得的掌声,难道不是表明这种感情又已扩展到多么强烈的地步?在和约签署危机期间诺斯克新创建的国防军的军官们难道没有表明他们一直还自以为在做出最重大和最困难的政治决定时也有发言权吗?即使是社会民主党政府想要无视这一要求也感到极端困难。在所谓战争罪行问题上,他们和右派政党赢得了全体国民的支持。德国人反对把他们的官兵引渡到外国法庭受审,这是完全可以理解的而且确实是有道理的。但在这些激烈的反对者中究竟有多少人具有足够的正义感,会要求或只是希望德国法庭去审判那些破坏战争法规或犯有野蛮地滥用暴力的人?这种罪犯受到公正的惩罚,肯定不会有损于经常热情地提到的德国人民的荣誉。表现在这些现象中的概念混乱说明,德国人民大多数在经历了十一月事件的短暂清醒之后又转过头来崇拜老的军国主义偶像。

这一点当然不能证明和约的全部规定,特别是把军队急剧地裁减至10万人是正确的。鉴于德国此起彼伏的动乱,这支军队是不足以在全国各地维持治安的。此外,必须在短短数月中如此大幅度削减军官人数,为此让无数军官(其中包括在最近几个月的困难形势下尽到自己责任的军官)退职,这就向共和政府提出了一个几乎难以解决的难题。被解职的军官和所有同他们关系密切的人自然将其不幸看作是早就受他们鄙视的共和国的不良用心。虽然许多工业企业急忙向这些退职军官提供多少有利的位置,但这不过是使他们有更多的机会向更多的人去传播他们的牢骚和不满而已。这样一来,这项裁军规定在某种程度上助长了军国主义精神的复兴,而这正是胜利者想要根除的。

且不说裁军条款是否过于苛刻,只有认真执行这些条款才有意义。协约国管制委员会应为此目的工作。但我们还会看到,这些委员会并未充分实现这一目的。

这时协约国自己还把德国的裁军与国际普遍裁军计划联系在一起。条约第五部分包括的军事条款是以下述说明性前言开始的:"为了有可能开始实行所有国家普遍限制军备……"条约就这样吸收了威尔逊第四点提出的纲领。这个纲领符合英美两国广大人民的愿望。这两国人民本来就把大量军备视为对更有价值的国家任务的干扰和阻碍,视兵役制为不合时宜的负担,他们普遍认为是军备导致战争,因此国际裁军是通往世界持久和平的最好途径。这一说法在德国很少有人赞同,因此人们十分怀疑普遍裁军的诺言。首先是为了消除这一疑虑,协约国在 1919 年 6 月 18 日的最后照会中声明,它们要求德国裁军,并非只是为了使德国不可能重新推行军事侵略政策。"这同时是实现普遍削减和限制军备的第一步,它们试图这样做是作为最有希望的预防战争手段之一,而且推动此事将是国际联盟首要任务之一。"这虽然没有使国际裁军成为德国裁军的条件,却使之成为协约国明确作为自己的纲领的结论。不幸的是，正是在这个问题上从理论上提出一个纲领比实际去执行它要容易得多，而实施就需要各大国意志一致，可是这种一致很快就消失了。于是这个问题有许多年之久成为政治讨论的中心议题，一直到解决此问题的所有前提消失为止。

裁军规定也与德国要求和战胜国同时加入国联有关联。当时代表德国的那些人对这一点也是十分认真的。至于他们究竟在多大的程度上代表德国公众的意见，德国人对从前德国抱有的对国际和平组织的偏见已消除到何种程度，那就不怎么清楚了。不过可以认为，假如协约国很快就答应德国的要求，那么公众舆论就会向这个方向变化。但这里显示出从战争的怨恨气氛回到和平所需要的平静求实的情绪中去的困难。主要由于这种情绪所致，协约国不能做到让德国人立刻参加讨论持久巩固和平的会议。劳合-乔治原来主张立即吸收德国参加国联。[36]但是在6月1日的内阁会议上，他承认自己改变了看法；在允许德国加入国联之前，协约国先要解决它们相互之间的分歧。于是协约国的答复就特别以各国人民的情绪为理由拒绝德国的申请，劝告德国等到它"用行动证明""它打算履行和平条件"并"成为使人能与其和睦相处的民族"的时候。

这种态度更加剧了夺走德国殖民地所造成的恶劣印象。每个德国人一定早就料到失败后会失去一部分殖民地。例如没有人会以为日本人会让德国于1898年从软弱的中国勒索到的对胶州的九十九年租约继续存在。但人们并没有料到会失去德国的全部殖民地。不过下述情况不会使人感到意外：例如英国在非洲和澳大利亚的自治领反对继续与德国"保护地"为邻，因为一旦将来发生战争,这些地区会构成直接威胁。澳大利亚总理休斯——一名社会党人——竟然当面对威尔逊总统说,澳大利亚即使受到整个文明世界的反对,也不会不去吞并邻近的德国殖民地。布尔人的两位老将军博塔和斯穆茨则说得较为温和,要求让南非联邦吞并西南非洲。新西兰的马赛斯要求吞并萨摩亚群岛。[37]这些自治领都在兵员和财政上做出过重大牺牲,不想交出它们花费这么大的气力而得到的东西。

但威尔逊在演说中已明确声称反对吞并,并在措辞相当含糊的纲领第五点中提出了关于殖民地问题的决定性原则:既考虑当地居民的利益,也考虑各国政府的正当要求。如果德国人以为根据这个纲领至少可以保持一部分殖民地,那他们就完全没有弄清威尔逊的思想方式。据劳合-乔治讲,威尔逊在讨论开始时就断然声称:"我们大家一致拒绝交还德国的殖民地。"[38]当然,只有当人们确认在世界任何地方继续存在德国的殖民统治毫无例外地到处都违背受奴役的人民的利益时,这一激进的立场才能与总统已发表的纲领相一致。事实上协约国在 6 月 16 日的综合性照会中声称:"德国殖民地的土著居民强烈反对重新受德国统治,德国殖民统治历史……使得不可能把这些殖民地归还德国,让德国去负责当地居民的培养和教育。"

这是相当广泛的说法。不过德国对殖民地的管理确实不是德国政策中有光彩的一面。战前它也常常在德国国内引起尖锐的批评,而协约国乐于引用两位现任部长埃茨贝格尔和诺斯克当时作为反对派在国会发表的讲话。可是没有一个不偏不倚的人能够否认,德国对殖民地的管理不仅也有其好的方面和结果,而且与比利

第四章 凡尔赛和约

时和葡萄牙——现在是协约国的成员——相比要好得多。因此，这种单方面针对德国殖民管理的义愤必然会产生伪善的印象并在德国引起极大的愤慨。

当协约国在同一句话里提到德国政府曾利用其殖民地威胁世界贸易时，情况就完全不同了。这句话的意思在另一句话里说出来了：协约国"不得不捍卫自身的安全及世界和平，反对企图建立据点并由此出发对别国推行干涉和威胁政策的军事帝国主义"。德国在非洲和澳大利亚的殖民地的位置确实使它们能构成对世界贸易通道的威胁，而大英帝国特别依赖这些通道的安全。这种威胁在战争中在一定程度上已成为事实，可以预料德国在未来的战争中，特别是在潜艇取得成功之后会更多地加以利用。这个论点在从前缔结和约时无疑足以证明夺走德国殖民地是正确的，如果只是根据这一点做出决定，那就会仅仅是忠实于一个古老的传统。可是威尔逊的纲领和美国对殖民政策的反感要求抛弃古老的传统，因此人们就给这一现实政治的决定披上一件与其面貌不相称的道义外衣。

不过这对以前的实践也作了重大的实质性修改：凡尔赛和约的内容没有公然的吞并。这些殖民地都变成国联的"托管地"，国联委托各大国在它的监督下对这些地区进行管理。国际联盟章程第22条宣告设立托管地的目的是保证土著居民的"安乐与发展"。换言之，托管地不应再被利用为监护国的利益服务，所以例如禁止它们建立防御工事或陆海军基地，禁止对当地居民进行军事训练等。但是这一措辞有可能使德国人感到安慰的地方，由于德国被拒绝立即加入国联、在分配托管地时被置之度外而受到破坏。

这样,"抢劫德国殖民地"就成了德国人的控诉之点,这远远超过他们由此而遭受的物质损失。这些殖民地在德国经济中或作为德国过剩人口移民地区所起的作用始终是微不足道的。

比领土损失和所谓的荣誉问题更使德国人民苦恼的是赔款问题。[39]从长远来说,赔款问题也比凡尔赛条约所有其他规定更使协约国的政治家们感到头疼。这实际上是和约的起草者可能面临的最困难、最棘手的问题之一,因为现在要清理的这场战争,其范围和作用远远超过历史上的所有战争。从前什么地方曾相互动员过数百万人的大军交战?从前什么时候有过规模这样大和时间这样长的激烈战役,把周围过去欣欣向荣的一切毁坏无遗?什么时候被击沉的舰船达到过几百万吨?什么时候最后遭到失败的国家的百万大军占领敌国达数年之久并摧毁了成千上万工业设备和建筑物?1806—1807年拿破仑对普鲁士的战争进行了九个月,1870—1871年的德法战争只进行了六个月。但这场战争则持续了51个月。如果黑格尔所说的数量达到一定程度就转变成质量这句话有什么道理,那么在上述情况中就是这样。要弥补这场战争给人类带来的不幸,即使只是指失败者全部赔偿胜利者的损失,也是根本不可能的。

但是这个问题由于威尔逊在他的纲领中坚决反对过去所谓的赔偿战争费用而进一步复杂化了。从前战胜国的行动方式都是随心所欲地将其全部战争费用往高提出一个整数让战败国赔偿。拿破仑在耶拿之后,俾斯麦在色当之后都是这么做的。胜利者在内心用这一想法为这种做法辩护,即如果光在财政上榨取失败者应付的一大笔款子,那他们想要发动复仇战争就会更加困难。法国

第四章 凡尔赛和约

依靠梯也尔在财政上的高超手法在两年半时间内就偿清了总额50亿的法郎——这在当时来说是一笔巨款,俾斯麦对此感到多么失望是众所周知的。

威尔逊总统原则上拒绝这种做法。早在1917年12月对国会发表的讲话中,他就反对以牙还牙、以恶报恶。1918年2月11日,他用自己所特有的坚持原则的态度宣称:"不应有吞并,不应有军税,不应有惩罚性赔偿。"这和德国还相信能在战争中取胜时所持的官方立场是最鲜明的对照。德国财政部国务秘书黑尔费里希掉以轻心,用发行债券和国库券的办法来筹措战争经费,提出了把这笔经费在战后转嫁给战败的敌人的主张。他说,我们坚持希望在媾和时能向我们的敌人提出这场强加于我们身上的战争的账单。把战争公债和战时发行的国库券加在一起,总数至少要超过1500亿金马克。按照黑尔费里希的思路,这笔数目是由胜利的德国强加于敌人的最低负担。如果协约国如法炮制,就可以向战败国索取战胜国的战争开支近5000亿金马克。[40]

协约国不得不接受威尔逊反对的传统意义上的战争赔偿,赔款问题是否就得到了解决?绝非如此!德国的作战,尤其是占领比利时和法国领土以及潜艇战给协约国平民造成的损失问题仍然存在,对此威尔逊有着完全不同的考虑。他在十四点中就要求重建比利时和法国北部(第七、八点)。停战前不久,美国在11月5日的(兰辛)照会中对他的要求做出明确说明:"德国从陆地、海洋和空中进攻对协约国平民及其财产造成的全部损失,应由德国予以赔偿。"上面已说过,这作为停战的条件及组成部分已为德国接受。可是兴登堡和鲁登道夫在1917年9月15日给首相米夏埃利斯的信中却满不在乎地说:"让人们自己负担由我们给邻国造成的严重损失很难被人理解为值得强调的收获。"然而,德国由于失败而不得不承担赔偿这些"严重损失"的义务,事实上已证明是战后最大、最累赘和最使人头痛的难题。在抱怨这是"进贡"而叫喊得最响的人中间就有鲁登道夫将军。不应忘记,特别是法国人指控德国军队并非由于军事上的必要,而是为了长时期削弱法国工业同德国工业的竞争能力,蓄意破坏法国北部的工矿企业。作为证明,他们援引了1916年2月德军军需总监*的一份详细备忘录,这份备忘录曾在德国各商会及经济协会中传阅。[41]

因此,在巴黎聚会的协约国政治家们首先要确定何种损失属于这一停战条款的范围以及总数有多少,由于不久人们就认识到它几乎是天文数字,因此必须研究德国最大限度能偿付多少。"石头里是榨不出油的。"像劳合-乔治这样的人当然也不会不知道这句老生常谈;他甚至在英国的竞选高潮中表达过这个意思,虽然说得不是那么明显。

要确定这两个数目几乎是不可能的。至于损失,遭受损失的人比应当赔偿损失的人或对此无利害关系但更希望扫除影响整个条约签订的障碍的人估计得当然要高得多。这在任何这种性质的民事诉讼中都是如此。因此任何人都不会感到奇怪,法国人为重建他们受到破坏的北部省份而要求的金额不仅对美国人来说,而且对英国人来说也是难以置信的。直至今日,学者们还在争论:法国最后不得不主要独自完成的这一重建工作的费用如果以当时已

---

* 即鲁登道夫。——中译者

不再使用的金法郎计算究竟是多少。[42]但是在确定实际损失时至少要有一些具体的材料作为依据。相反,在德国能支付多少的问题上却完全心中无数,主要是对将来作估计。在最好的情况下偿付赔款也需要延续几十年的时间,这是毫无疑问的。谁能较有把握地说德国国民经济在二十年或二十五年后会是什么样子？德国偿付赔款的能力会达到何种程度？所谓专家们的估计彼此相差十万八千里,是不足为奇的。英国财政部认为400亿金马克是德国在一代人之内所能偿付的最高极限。而由经济专家组成的一个委员会的估计超过此数20倍;在这些专家中有像英国银行总裁坎利费勋爵这样的人。

这些估计还没有把一个不肯定的因素适当地考虑进去,即偿付者的主观态度。赔款须通过向赔款国的公民征税来筹集。以为赋税能像机器一样自动源源而来则是幻想。税收在一定程度上总是取决于纳税人的合作。如果征税的目的是纳税人内心所反对的,那这种合作精神是微乎其微的,而当纳税人又反对这个政府时,情况尤其如此。德国很多有支付能力的人都是这样的,他们不承认德意志共和国是自己的国家,反对或蔑视他们的政府。

总之,所有这些不肯定的因素是那么多,主要当事国的意向和利益又如此不同,因此在和平会议举行的那几个月里无法就确定总数达成一致意见。特别是美国和英国的财政专家恳切劝告在和约中规定总数,因为唯有如此才能消除会妨碍任何重建工作,尤其是任何国际财政活动的不肯定性。但他们未能成功。美国人所建议的完全不能使法国人满意,而法国人所要求的美国人则认为行不通。由于存在这些分歧,协约国不得不就临时解决办法达成一致意见。确定最后赔款数的任务交给协约国赔款委员会处理，这个委员会要在1921年5月以前提出一个支付计划，规定从1921年5月1日起三十年内付清全部赔款债务（第233条）。

　　对此德国代表团要求立即确定债务，它自己提议总数为1000亿金马克，每年分期支付，不付利息。这时作为民族人民党领袖之一的黑尔费里希博士称此建议为"发疯"、"不负责任"和"破产者政策"，这可以说明在许多德国人士中又占上风的那种情绪。[43]协约国方面却算出，在五十年或六十年内分期支付这笔没有利息的1000亿只相当于现值300亿。[44]尽管如此，正如后来所表明的，如果他们接受这一建议就好了。他们本会得到比后来实际所得更多的钱，而且也许会消除一个使欧洲长期处于不安定状态的争端。但他们坚持草案中提出的主张，只给予德国政府在四个月内提出确定赔款的建议的权利。

　　还有一个有争论的问题需要提一下，这个问题在以后几年著作界和政界的讨论中占据重要的地位。根据附件 I 对第232条的说明，德国要负担的赔偿费也包括"战争的军事受害者……及其家属的全部年金和同类性质的补贴"。德国人强烈否认这类年金属于1918年11月5日美国照会中提到的平民损失，而且并非只有他们持此观点。威尔逊总统原来也是这样认为的。[45]后来他放弃了这一立场，这应归功于斯穆茨将军3月31日提出的备忘录。备忘录作者的人品也许比其论点更有说服力，他的正义感是毋庸置疑的，连美国人也说他在会议的激动气氛中保持了清醒的头脑。[46]如果这样一个人说，把公民所遭受的一切损失——不论在遭受损失时是否穿制服——都应包括在内，这是对11月5日照会的明确解释，是符合常识的，那就不会不起作用。但没有成见的法学家仍然必须说：按照一般的看法，平民与军队是有区别的，如果文件只提到必须赔偿平民损失，那就排除了军队及军人家属的这种赔偿要求。

这一争执的意义可以从不同的角度来看。一方面这种年金的估算总值非常大，大于所有其他的平民损失总数。另一方面协约国领导人一致认为，德国虽然必须偿付在一代人时间内所能偿付的一切，但这笔数目即使在最好的情况下也远远不能符合协约国的要求。如果接受这种观点，那么在账单上再增加年金这一项对债务人德国来说是毫无意义的。[47] 但这对于在债权人即协约国之间分配得到的钱却有重大意义。例如法国在有关物质损失方面比英国要大得多，而在年金方面情况就相反。这也对劳合-乔治的态度起了很大的作用。但如果要问德国在这种年金方面究竟支付过多少钱，那么回答只能是：一分钱也没有付。

除了赔款负担以外，和约规定结清德国和敌国公民战前债务也对德国极为不利。[48] 条约规定债务结清只在有债权人和债务人的国家之间进行。这样，有关国家就有责任向私人债主偿还债务并使债务人补偿自己的损失。但条约进一步规定战前债务须按战前汇率"定值"，这就是说德国人的债款以20马克为1英镑偿付。德国按此汇率偿清债务。但德国债务人则按当时的汇率把债款付给国家，而此汇率在条约签署时已下降至不到原来汇率的三分之一，并且很快又以更大的幅度下跌。结果是国家不得不承担价值数百万英镑的损失。

这里不可能谈到这本厚厚的和约数不清的全部条款。上面的评论只想为对条约的评价提供大致基础。对德国来说，这无疑是一个非常苛刻、非常沉重的和约。至于它是否也"公正"，这一问题之所以难以回答，因为并无为大家所公认的准则，有关各方都是从全然不同的事实根据出发的。即使那些认为协约国关于德国和奥地利应对这场战争负责的说法是不正确的人也无法否认，胜利者相信这一说法，因而认为使失败者承担相应的沉重牺牲是公正的。对未来的估计也是不同的。德国谈判代表可以真心诚意地断言，他们的国家遭此惨败后已失去对军国主义的一切爱好，决不会发动复仇战争。但这一点也改变不了下述情况：法国人非常认真地相信存在这种危险并竭尽全力通过和约来加以防止。今天谁还能断言他们的担心毫无根据呢？有人或许会提出反对意见说，假如和约较为温和，这一复仇战争就不会发生。看看后来的发展情况，特别是协约国后来所作让步的结果，才能判断这种反对意见究竟有多少道理。

就整体而论，德国的领土损失是非常巨大的，德国人对此必然会感到十分痛心。但德国的统一被保住了，这一点比其他一切都更宝贵。即使在损失领土之后，德国仍有超过46万平方公里的领土和6000万人口，因此仍是——除俄国外——欧洲人口最多的国家。对于其军事实力来说，鉴于和约强加的桎梏，这一点也许无足轻重，但对其经济实力来说却具有重要的意义，而对一个像德国人民这样勤劳而具有经济才能的民族来说，尤其如此。人们在关于和约的激动争论中有时忽视这一点是可以理解的，因此当像莱帕尔特这样一位素来平心静气、通情达理的工会领袖到了1920年2月还在大声疾呼"在非洲已被废除的奴隶制要在欧洲实行"时，对此不应感到大惊小怪。但不久,在克服通货膨胀以后,每一个不偏不倚的人都会看到,德国工人并未成为奴隶,他们肯定完全没有这种感觉。

今天也会使人感到惊奇的是德国反建议中的最后一点:"帝国主义和资本主义倾向的垂死世界观"在和约中庆祝"它的最后的可怕胜利"。今天我们知道,"帝国主义"倾向可以和最激烈的反资本主义相结合,一个共产主义国家会比一个"资本主义"国家更无情更强暴地向失败的敌国索取赔款。"资本主义"国家总是意识到有朝一日国际经济生活又会要求自己的权利,昨天的敌人不仅是竞争者,而且也是明天的顾客。可是德国许多人士当时正是不愿承认这一点。有些人在战前鼓吹建立德国战斗舰队,理由是不如此英国就会摧毁其德国竞争者,这些人战后在他们错误预言失败的刺激下断言英国想通过和约排除其最危险的经济对手。相反,凡是了解有关和约的英国文献的人都知道,英国负责的领袖们从来没有放松对尽快重新建设世界经济的关心,他们明白德国未来在世界经济中必然也会起重要作用。无论如何英国都坚持其自由贸易政策,这就使德国经济仍然有最好的机会在国际交往中重新找到自己的位置。

正如我们已经看到的那样,德国人抱怨和约背离了威尔逊纲领,这是更有根据的。和约至少包含有若干内容,如要其与十四点一致,那是需要做出大量迂回曲折的雄辩的。不过德国人在论战中往往也不理会对他们不利的威尔逊纲领内容或任意解释。后来的外交部国务秘书伯恩哈德·冯·比洛在他著的《凡尔赛国际联盟》一书中一开始就直截了当地谈"凡尔赛骗局",[49]这无论如何是

168

一种无限的夸大。比洛诚然不是狂热的民族主义分子，而是民主党人。一位像有他这样经历的人本应一开始就会认识到，在大西洋彼岸宣布的那十几点论纲是不足以完全解决已分崩离析的欧洲的极其困难复杂的问题的，而威尔逊如同每个理想主义者一样面临严酷事实时必然会在他的葡萄酒中掺水。在被千百万不明真相者重复的这种不遗余力的谴责中最严重的却是造成一种错觉，好像德国是被威尔逊的许诺所骗，接受了停战的，否则它是不会这样做的。人们完全不愿正视与此种传说相反的两点事实：德国是在其军事领导人认为已别无其他选择时放下武器的，它在这时才接受了威尔逊纲领，而在这以前它是反对并讥讽这个纲领的。如果既不从这一方也不从另一方的立场出发看一看关于威尔逊纲领的争论，可以概括地说，协约国有过错，因为它们在许多问题上越出了这个纲领。但德国人也有过错，因为他们同样想随心所欲地解释这个纲领并大大地夸大了实际上的偏差的意义。这对他们以后的一段历史造成了悲惨的后果。当时担任海军部长年轻助理的富兰克林·罗斯福总统曾经历了威尔逊的悲剧并从中吸取了教训。他在办公室中在他眼睛总是看得到的地方放着一幅他的前任的肖像作为经常的提醒。他记住提出和平纲领对威尔逊的声望和身后荣誉所带来的不幸后果，决心避免重蹈覆辙。这是促使他走向另一极端，在1943年1月突然宣布第二次世界大战必须以德国无条件屈服结束的原因之一。

1918年这还很难预料。当时对和约的愤慨导致了对历史事实的歪曲，这对国内政治造成了严重后果，因为这样做对打了败仗的将军们及其具有军国主义思想的党羽来说正中下怀。从这里出发走到另一个神话即德国军队实际上根本没有被打败，只不过是小小的一步。

公众对"强加"的和约的愤激情绪转向军国主义轨道，从长远来看是最危险的。它不仅威胁世界安宁，也威胁德意志共和国的生存。已经表明，政治家们代替将军们走上荆棘丛生的道路，到福煦元帅那里去签字停战是一件多么不幸的事。在失败的文书上签上自己名字的埃茨贝格尔承担了全部责任，而聪明地避而不去贡比涅的兴登堡却在人民的心目中很快又赢得了地位。虽然政府公布的关于停战由来的资料的官方白皮书提到这位陆军元帅要求缔结停战协定，即使他所希望的减轻未被接受。但有谁会去阅读官方文献集呢？而那些看到这些文件的人很快就找到了一个借口，即兴登堡不是在失败而是在革命的压力下这样做的。"背后被捅一刀"神话正在形成，只还需要一个适当的机会就可以使它大肆泛滥。能够把那些在11月11日取得空洞胜利的街上放肆的人们而不是把将军们看作是民族灾难的罪魁祸首，这对于民族自尊心来说当然要合意得多，因为那些将军多年来不仅作为统帅而且也作为政治家备受尊敬。在德国，人们常批评说法国人是爱虚荣的民族，把他们在1871年失败以后的复仇叫嚣归因于他们的虚荣心受到了损害。然而俾斯麦曾写道："我们是爱虚荣的民族；如果我们不能自吹自擂，那就会使我们感到难过。"[50]

这种心情当然主要对右派政党有利，它们此时声称早就觉察到"敌人的毁灭意向"，并嘲笑头脑简单的共和派制造的幻想。它们在6月23日恐惧不安的时刻向执政党做出的保证当然很快就被抛在脑后。此时它们大肆进行煽动，谴责执政党是懦夫，应对接受"可耻的和约"负责。民主党人也不能幸免,尽管他们之中的大多数投票反对接受和约。他们在几天前还和中央党人与社会民主党人同坐在一个政府中并且一如既往与这两个党合作制定共和国宪法,而人们非常愿意把一切不幸的责任都推到这个共和国身上。面对这种冲击,共和派处于十分不利的地位。为了争取民心,他们在谴责凡尔赛和约方面不能落后于反对党,他们几乎不可能指出吞并主义者对这一悲惨结果应负责任,更不必说去向德国选民说明他们本应按照威尔逊的纲领对和约的大部分条款不会感到意外。当年迈的伯恩斯坦6月在社会民主党代表大会上企图区分和约中公正和不公正之处时,他遭到了完全的失败,被谢德曼称之为有害的教条主义者。[51]

凯恩斯关于"和约的经济后果"的那本书在此时出版,产生了严重的影响。[52]这是一部出色的第一流的论战著作,就其力量和影响而言可与伯克*反对法国革命的论战著作相媲美。约翰·梅纳德·凯恩斯具备了为撰写这本力作所必需的一切才能。在他同时代人中,像他这样思想清晰锐利是很少见的。他曾长期用心思考许多方面的许多问题,不仅思想活跃,而且也富有独到的见解。他是最早研究国民经济——他在剑桥大学教这门课——和财政经济——战时他在英国财政部从事这方面工作——的专家之一。此外他还掌握出色的文体,使他不仅能明确透彻地说明最复杂最困

---

* 爱德蒙·伯克(Edmund Burke,1729—1797),英国政论家。1766年为国会议员,主张对北美殖民地采取怀柔政策。他反对法国革命,所著《法国革命感想录》代表了当时欧洲复辟主义的思潮。——中译者

难的问题,而且也能为他所批评的人物描绘出令人难忘的肖像画。他认为德国人受到协约国决议的不公正对待,于是就运用自己的全部才能来对这种不公正表示义愤。他在递交协约国最后照会之前辞去了参加和会的英国代表团成员职务,主要由于"三巨头"的决定把应支付给伤员和阵亡将士遗孀的年金包括在德国必须承担的赔款之内。凯恩斯认为这违背了构成停战基础的威尔逊十四点纲领,他在书中谈到威尔逊在"诡辩的杰作"面前认输了,但凯恩斯并未向读者点明,被他这样描写的那份备忘录出自斯穆茨将军之手,他一向认为这位将军是与他一起为公正的和平而斗争的同志并曾鼓励他写出论战著作。当他把对赔偿概念的这一解释在道义上与德国侵犯比利时中立相提并论时,他就更应该提到此人的名字。[53]

愤慨能使文笔插上翅膀,像凯恩斯那样流畅尖锐的文笔更是如此。可是有些时候,尤其是当他的论点如此轻而易举地倾泻而出和对自己的妙语如珠感到其乐无比时,愤慨使这位作者比他在冷静时所能辩护的走得更远。当他不仅谈论自己作为专家所精通的那些事情时,这种危险就会更大。温斯顿·丘吉尔谈到凯恩斯时曾说过:"他判断经济问题的资格是无可怀疑的;但在和平问题重要得多的其他方面,他并不比其他许多人胜任。"[54]今天还可以补充一句:由于带有空谈理论的偏见,他对此更不胜任。他在1919年写道:"未来的危险不在于边界问题和领土问题,而在于粮食、煤炭和交通问题。"当时他博得了赞同,因为这话使人联想起某种普遍的、被认为特别时髦的历史哲学学说。今天经历过最近三十年真正历史的读者对之只能摇头。我们也已看到,建立"新的拿破仑式统治"的企图不仅存在于"胆小者的想象之中",就像凯恩斯想使他同时代人相信的那样。

尤其是凯恩斯没有认识到,他的书在德国自然受到热烈关注和赞许,而那儿的读者与他所熟悉的英国公众完全不同。在英国,政治上的自我批评即对本国政策的批评不仅有其传统,而且也无损于评者作为爱国者的声誉。在德国,这种自我批评则被认为是大逆不道、有失体面的。向凯恩斯欢呼的德国读者不会去问:如果一个德国人即使只是对俾斯麦的法兰克福和约提出尖锐程度只及一半的批评,他的境况会是怎么样。福格尔·冯·法尔肯施泰因将军曾逮捕过约翰·雅可比并把他囚禁在堡垒中,因为他以"民族自决权"的名义表示反对吞并阿尔萨斯-洛林,而吞并阿尔萨斯-洛林当时尚未成为政府的官方政策。他甚至因此而在他民主党的朋友们中非常不受欢迎,终于离开他们而参加社会民主党,这在政治上和社会上当时无异于自我流放至沙漠。凯恩斯的书虽然使他非常不受当时的英国政府欢迎,但英国政府并未在学术上、政治上和社会上损害他,并没有以任何方式阻碍他的光辉生涯,他终其一生仍是自己国家最受尊敬的人士之一,是它的官方代表、上院议员。

这样,凯恩斯的宣言书在德国起到了完全不是他所希望的作用:它有力地支持了那些大喊大叫"可耻的和约"、"凡尔赛的苛刻条件"的人,这些人认为德国政治的最高而且唯一的职责就是摆脱这个条约,把"履行政策"或"谅解政策"诬称为叛国,而且在凯恩斯指责协约国同样违反国际道义后高兴地摆脱了对侵犯比利时中立的任何负疚感。凯恩斯力图把赔款减少到在经济上切实可行的数目,他的透彻的、常常不得不是假设的论据自然只为一部分德国读者所理解，而他对和约中的赔款规定的尖锐指责却给每一个人留下了不可磨灭的印象，而且在实践中被简单化成为下述结论：必须逃避支付任何赔款。凡是想要继续留在德国政界的人甚至不能暗示这一想法，即德国按照法律有义务赔偿至少一部分受其攻击的国家所遭受的损失。如果有人竟然把德国的一切经济损失不归咎于战争失败而完全归咎于赔款，那么对此凯恩斯难辞其咎，因为他没有把这些不同的因果链加以足够的区分。

凯恩斯并未按照书的题目限于探讨和约的经济后果，正是这在德国造成了严重的后果。他所刻画的威尔逊、克列孟梭和劳合-乔治的形象在文学上是绝妙佳作，因为有意强调他们的消极面，所以给德国读者的印象特别深刻。凯恩斯的传记作者哈罗德也承认凯恩斯对这些人物的描写是不公正的。[55]但他仍为凯恩斯辩护说，凯恩斯想通过他的书去影响公众舆论以求缓和和平条件。对英国读者来说，他这样做也许是有道理的，但对德国读者所起的作用就必然迥然不同。把威尔逊总统描绘成一个"又瞎又聋的堂吉诃德"，让一心想复仇的克列孟梭牵着鼻子走，还有什么会比这更受德国民族主义者所欢迎呢？尽管凯恩斯对这位法国政治家提出的最严重的指责就是说他的政治理论与俾斯麦雷同。但这并不会使普通的德国读者不去用凯恩斯的话指责克列孟梭，又不顾凯恩斯的话继续把俾斯麦尊奉为所有政治家中最伟大的一位。既然凯恩斯无动于衷，闭口不谈法国的安全需要，那么德国读者又何必要去考虑呢？

因此不足为怪，一百个德国人中有九十九个深信在签订停战协定时受到欺骗，认为不必费心去检验和约是否以及在何种程度上违反了威尔逊的十四点。这种心理状态也成为滋生"背后被捅一刀"神话的温床。除了革命外又加上了那个"长老会老教友威尔逊"作为第二个主要罪人。正如凯恩斯所出色描绘的那样,威尔逊受到弗洛伊德情结*的折磨,不愿接受合理的妥协,免得承认自己犯了错误和违背上帝赋予自己的使命去行动。像凯恩斯这样的英国人把一切不幸的主要责任都推到美国总统身上,还有什么能比这更使德国人的良心感到安慰呢?

此外,凯恩斯的书正是在这一方面造成了另一后果,对此当时许多德国人虽然感到高兴,但后来情况表明,它不仅对世界和平而且对德国本身也极其有害。[56]美国参议院拒绝凡尔赛和约当然不能首先归因于凯恩斯。威尔逊之所以遭到严重挫折,一方面是由于他自己患病而形成病态的顽固性,另一方面是由于以参议员洛奇为首的反对派缺乏远见,心胸狭窄,他们由于党派政治的私利和对总统的个人怨恨而结合在一起。但凯恩斯的书也对这一挫折起了很大的作用。1919年11月19日参议院首次拒绝该和约,还不能说是受到此书影响。但威尔逊的反对者对这次成功并不满意,便在参议院又提出此事进行讨论。这时凯恩斯的书出版了。该书不仅很快就成为"畅销书",而且有一家自由派杂志还急忙立即转载书中的大量章节。凯恩斯的这些自由派朋友的意向虽然与那些反对派参议员们有天渊之别,他们想要放宽和约的规定。洛奇一

---

* 西格蒙德·弗洛伊德(Sigmund Freud,1856—1939),奥地利心理学家、精神病学家、精神分析学派创始人。情结:精神分析学派的一个概念,指被意识压抑而持续在无意识中活动的、以本能冲动为核心的愿望。——中译者

伙却认为和约过于宽大,使他们感到恼怒的是国际联盟,而自由派正是寄希望于和约的这一部分。但是,当凯恩斯以其锐利的笔锋损害了总统的威望时,这对那些参议员来说当然正中下怀。此时他们的孤立主义活动不会遭到民众的反对,在即将举行的总统选举中尤其如此。于是他们就放心大胆地对和约提出种种"保留",最后在1920年3月19日使条约遭到否决。在表决中,比达到宪法规定的三分之二多数还少七票。在11月的总统选举中,主张"恢复常态"的人、共和党的哈丁当选。无人能说哈丁有一点激励过威尔逊的理想主义的气息。以为这就是凯恩斯所争取实现的结果,那就大大冤枉他了。一位参加过和平会议的美国历史学家说得对:"在论战文献中很难找到一本书就像这本书的情况那样,作者由于它而完全毁灭了自己的事业。"[57]

由于美国不批准凡尔赛和约而造成的缺口一直到1921年通过德美两国缔结条约(8月25日)才得到弥补。直至那时形式上仍然存在的战争状态,美国国会于1921年7月2日通过决议单方面宣布结束。美国在这一决议中为自己及其公民保留了根据凡尔赛和约所产生的一切权利和利益。在这一基础上缔结了8月25日的条约。条约明确表明美国不参加国际联盟,不承担国联章程中包括的义务,并且也没有义务参加赔款委员会。协约国产生分裂使许多德国人感到高兴,但他们看不到美国的这种孤立对他们意味着新的严重打击。因为再也没有比美国积极参加执行凡尔赛和约、特别是参加解决赔款问题更能符合德国的利益了。由于美国在赔偿问题上并无直接利害关系,它如参加就能成为对付法国催逼的有益平衡力量。可以设想英国人曾期望美国参加,劳合-乔治公开抱怨美国打退堂鼓完全改变了赔款委员会的性质。[58]

  同样只有目光短浅的德国人才会对下述情况感到高兴:由于参议院的反对,美国对法国领土完整的保证失效了。英国的保证也因之而失效。法国感到只得依靠自己保障安全。这不可避免地使法国更加感到有必要尽可能充分利用它对战败的德国占优势的这段时间,更加不听取从前的盟国的克制劝告。此时它觉得自己已被这些盟友抛弃了。

第五章 从和约至卡普暴动

此时和约终于签订了,德国人不得不立即着手整顿自己家里的事情。1919年8月11日颁布了新宪法,迈出了第一步。这就按照法律结束了革命,奠定了进一步建设的基础。各州也先后制定了自己的宪法,最重要的普鲁士州至1920年11月才完成其宪法。普鲁士国民议会在讨论中自然面临胡戈·普罗伊斯曾试图按照自己的办法加以解决的根本问题:德国和普鲁士未来并存的关系问题。普鲁士议会的多数人提出了远为激进的解决办法,即德国变成一个中央集权制国家。1919年12月,民主党、社会民主党和中央党等各执政党联合提出一项提案,授权州政府要求德国政府与各州政府谈判建立德国中央集权制国家问题。尽管右派政党激烈反对,该提案仍以压倒多数(210票对32票)通过。然而它并未产生实际效果:阻力太大了。不过对这个问题的谅解以及避免不必要地妨碍中央政府工作的意愿,表现在普鲁士宪法放弃设立普鲁士总统这一点上。如果在柏林有两个总统并行工作,有时相互唱对台戏,这种情况是不堪忍受的。这样,委任领导普鲁士政府的总理就只能由州议会选举产生,而总理则有权组阁。实际上结果自然是那些决定联合组成政府的政党的州议会党团就共同纲领的基本方针、总理人选和内阁席位分配问题达成协议。然后通常由议会选出的总理任命由各议会党团向他提名的各部部长。可是后来，尤其是奥托·布劳恩广泛利用宪法给予他的权力，甚至不考虑他自己党的议会党团的意见。

根据宪法，州议会成了政治生活的中心，但还设立一个第二院，即由各省代表组成的枢密院，以补充州议会。枢密院不是任何法律通过之前必须征求它同意的上议院。它可以对州议会通过的法律提出反对意见，不过州议会可以三分之二多数不顾它的反对，在头十年中常出现这种情况。通常枢密院的职权范围更多在于鉴定和解释法律。枢密院院长具有一种特殊的职能，因为他是有权决定解散州议会的三人委员会成员；另外两个成员是州总理和州议会议长。宪法还包括关于公民投票的规定，这在当时流行的思潮中是不可避免的。

只是在德国的一个地区，小邦合并成了一个较大的、较有效率的实体。1920年1月，七个图林根小邦合并成图林根州，根据德国宪法第18条，此举得到1920年4月30日中央法令的批准。相反，韦尔夫家族企图取消1866年的决定并使汉诺威成为一个独立地区，由于在德国宪法规定举行的公民投票中达不到选民人数三分之一（第18条第4款第2节）的支持而未能成功。

但是宪法只能为真正的重建工作提供法律前提，而经过四年战争与数月革命试验后，重建工作已成燃眉之急，特别是在财政方面。这场战争，特别是筹措战争经费的方式，毁灭了德国的财政和币值。因为德意志帝国主要不是通过征税而是通过借款来支付战争费用的，换句话说，不是让这一代人而是让未来的几代人支付这一费用。如今一场持续多年的现代战争费用确实非常浩大，即使最富的国家也不得不向未来借贷，否则负担不起。但没有一个交战国像德国那样在征税上对当今的一代如此宽厚。只有想起上文援引的黑尔费里希关于由敌人承担战争费用的那些话，注意到德国领导集团的盲目必胜信心，才能理解这种做法。确实也有例外，如首相贝特曼-霍尔维格，但正是这一点使他在那些有权势的阶层中多么不受欢迎，这些人是按照威廉二世的话行事的："我不能容忍悲观主义者。"

这种财政政策使德国在战争结束时负债1440亿马克（890亿长期债券和550亿短期债券）。[1] 可将这一数字与1913年黑尔费里希的估计作一比较：德国国民总收入为400亿马克，国民总资产为2900亿—3200亿马克。[2]

1919年马克固然与1913年有很大差别，已贬值三分之一强，因而战争债务也相应减轻许多。但这里显示了筹措战争经费的错误政策的更加严重后果：它虽然没有引起通货膨胀，却加剧和加快了通货膨胀。一场旷日持久的战争在一定程度上必然会引起通货膨胀，因为战争持续时间越长，货币流通总额就越多，而商品的流通和供应量却在减少，像被封锁的德国这样一个被切断与世界交往的国家尤其如此。废除金本位同样是不可避免的：1914年8月4日颁布了一项法律，取消国家银行必须随时用其纸币兑付黄金的规定。但其他的交战国通过增税不断地吸收了一部分如此形成的新购买力，从而使通货膨胀至少保持在一定的范围内。德国没有发生这种情况，除了作用不大的战争盈利税以外。战争公债只是在最初年代中实现了重新吸收新产生的购买力的任务。从1916年春天起，新的公债落后于此时已发行的国库券，因此国库券的数量不断增加。国家不得不越来越多地印发钞票。到了

1918年9月30日,流通纸币已达340亿纸马克,即每人平均整整500马克。

由此可见,通货膨胀在战争结束时就已存在。但民众尚未觉察而已。人们把物价高涨的原因归之于商品短缺、封锁等。由于与外界隔绝,人们对德国马克在国际上的贬值几乎一无所知。但在停战后,先是商人,然后是越来越多的各界人民发现马克在兑换美元时已贬值约40%。[3]

革命和缔结和约前动荡不安的数月,特别是非常巨大的军队复员费用,当然使得形势更加恶化。钞票印刷机必须更快地开动。国家和各州的财政状况濒于混乱。

在这种情况下,埃茨贝格尔于1919年6月出任德国财政部长,这是具有高度勇气的表现。他在7月8日的国会演说中承认,当总统请他担任这一棘手的职务时他感到害怕。人们可以相信这是真话。但是,充分自信是埃茨贝格尔的最明显特点之一,有时于事有害,但常常也于事有益。他立即向国会提出十项税法草案,这些草案都是财政部在其前任领导下拟就的,他在7月8日发表讲话为这些草案辩护时毫不隐讳那些几乎难以抵挡的困难。他宣布的最大进展就是国家在税务领域的主权——根据尚在讨论中的宪法条款。中央政府不仅有权征收关税和消费品税,而且也有权征收直接税,这首先得归功于他的主动性。(1919年9月10日中央财政管理法,后收入1919年12月13日中央税收条例。)这是不再能够逆转的中央集权主义的一个成就。[4]

新税法想要掌握所有可开辟的财源,这在当时的情况下是不可避免的。同样有必要大大增加财产税和所得税。但这些措施不会使有关人士更加喜爱新的共和国甚或那位大刀阔斧的财政部长。指出税金收入将作为赔款付给从前的敌国，这就很容易使这种反对情绪变本加厉。争议最大的是所谓国家紧急需要税。以后的发展表明这种争议不是没有道理的。人们当然不能反对这条原则：每个有产者都有义务献出其一部分财产以帮助国家渡过难关。但是无人能声称这种税能一下子实行。因此政府提议分三十年征收这种税，不过得立即估定税金。这就是说，假设被征税人的财产状况将持续一代人时间基本不变，而这是违反一切经验的。事实上这个被国民议会大多数通过的法律后来也被毁灭性的通货膨胀浪潮所吞没而付之东流了。

在埃茨贝格尔的财政方案提出和通过期间，中央政府进行了改组。10月初，民主党人决定接受鲍威尔总理的要求重新参加政府，以使政府具有更广泛的基础。4月以前任财政部长的席弗尔现在担任副总理兼司法部长。卡塞尔市长埃利希·科赫成为内政部长。曾担任此职直至谢德曼内阁辞职、后来成为宪法咨询专员的胡戈·普罗伊斯没有再被本党提名入阁。稍后，第三名民主党人、纽伦堡市长奥托·格斯勒博士被任命为重建部长。就党派政治观点来看，在此内外交困时刻民主党参加政府没有多大好处，尤其是他们如今要为从前只由中央党和社会民主党组成的政府提出的法案分担责任。

特别令人烦恼的是企业代表会法，它的草案于8月提出，当时曾受到民主党代表相当尖锐的批评。这个草案的起源同革命时期起过巨大作用的代表会思想有关，广大工人认为这是他们最大的成果之一。它在国家宪法（第165条）中也得到一定的表达，不过已失去其政治与革命性质。宪法答应给职工们建立企业工人代表会作为维护其社会与经济利益的法定代表机构。企业代表会法就是为了这个目的。但是有些建议走得很远,例如雇主每年应向企业代表会报告经营情况,企业代表会派人参加股份公司的监事会。这些建议不仅遭到有关企业家人士的反对,而且也受到不偏不倚的人士(他们认为这是对仍应由对企业负责的企业家主管范围的侵犯)的反对。然而民主党国会党团的多数无视这些疑虑,因此这个法律于1920年1月18日便以大多数(213票对56票)获得通过。

可以说明政治形势混乱的是,右派与极左派即独立社会民主党联合起来反对这个法案。因为独立社会民主党认为该法案旨在谋求社会和平,企图"把工人重新套上资本主义枷锁","使企业代表会成为企业主的马木路克*"。[5]共产党人自然有力地参与了这种鼓动。在该法案进行二读的那一天,独立社会民主党人和共产党人在国会前组织了一次群众示威,结果与警察发生了流血冲突,死了42人。政府不得不在全国绝大部分地区宣布紧急状态并授权国防部长诺斯克恢复国内和平。

左派重新点燃革命火焰对年轻共和国尤为危险,这是因为此时军国主义-民族主义浪潮重又高涨起来。国民议会调查委员会的活动更使其甚嚣尘上。

---

* 马木路克(Mameluk),指中世纪埃及宫廷中由土耳其奴隶组成的雇佣军,1257—1517年成为埃及的统治阶层,建立马木路克王朝。这里意指企业代表会成为企业主的工具。——中译者

设立这个委员会出于容易理解和显而易见的考虑。在灾难性的失败之后，人人都提出这个问题：这是必须发生的事吗？这场战争是不可避免的吗？它不能更早结束吗？是谁使我们遭此不幸？谁应负责和负何种责任？国民议会作为人民代表机构，显然有责任提出这些问题并试图加以澄清和回答。这就是国民议会于1919年8月19日设立调查委员会的目的。许多德国人认为这是议会越权和有损于民族尊严，他们的观点受到支持，这表明德国人多么缺乏议会经验。那些操纵这种鼓动的人当然完全心中有数要干什么：不让旧政权和旧军队的领导人蒙受阴影。事实上这个委员会的工作总的说来是有益的，有助于澄清历史事实。[6]委员会从一流的和持不同观点的专家们处收集了宝贵的和富有启发性的意见。如果委员会的出版物能拥有更多的读者，这对德国人的政治教育只会有益。再者，右派人士先是大吵大闹，后来当国会政治组成的变化增强了他们在委员会里的影响时又起劲地参与委员会的工作。

这当然不是说，这件事本身并不存在巨大困难和人们从一开始就懂得去克服这些困难。委员会的组成掌握在几个议会党团手中，它们根据自己的力量分配委员的名额。同样不可避免的是，特别是那些过激政党指派的人员是一些它们认为将会最有力或最机智地代表本党观点的人。所有的议会调查委员会都是这种情况，只要想到这种情况只说明观点不同和相反的各派的合作，那么这也是没有什么害处的。但是，由于讨论和听证绝大部分都是公开举行的，带有倾向性的报道就能利用个别委员的意见或问题大做文章。第二个附属委员会调查战争期间和平的可能性，它指定社会民主党议员胡戈·辛茨海默尔律师担任发言人。辛茨海默尔是个优秀的法学家,后来成为法兰克福大学教授,他关于劳动法的著作曾获得广泛的称道。辛茨海默尔十分认真钻研文件档案,如同豪斯曼所说那样表现出"超人的记忆力"。但是他提问的方式有点钻牛角尖,态度有点傲慢,这激怒了他的政治对手。不过,非难他的人主要抓住他是犹太人这一点来攻击他。独立社会民主党代表、律师奥斯卡·科恩也遭遇同样情况。但他个人也有负担,因为俄国布尔什维克前驻柏林大使约飞公开声明说他曾向科恩提供过组织柏林十一月革命的经费。

1919年11月15日听取前国务秘书黑尔费里希博士证词时产生了第一个耸人听闻的消息。在战争和崩溃的影响下许多自由派转到右派立场,卡尔·黑尔费里希是其中最著名的一个。青年时代他靠近班贝格和巴尔特的自由派,如今他是德意志民族主义者最激进的代言人之一。不能否认他智力很高,具有杰出的专业知识,特别是在经济问题上。但是他由于在部长岗位上的失败而变得怨天尤人、愤愤不平,乐于发挥他那非凡的辩才来泄私愤。他被取证的题目是无限制潜艇战问题,这个问题特别刺激了他;因为他起初是坚决反对的,后来在最高统帅部催促下决定这样做以后又强烈地为之辩护。即使关于这个题目的听证不会给他带来许多荣誉,他仍决心给他的左派对手以狠狠的打击。当独立社会民主党人科恩向他提问时,他的机会来了。黑尔费里希完全拒绝回答。对此他援引根据宪法第34条可以"适当运用"反对委员会的刑事诉讼法。他在显然事先准备好的讲话中为自己要求被告的权利,担心法官有偏心而要求他回避。这在法律上是完全站不住脚的,因为黑尔费里希并非被告，而是证人。科恩不是法官，而且根据刑事诉讼法应在审判开始前提出回避的要求。但是黑尔费里希显然根本不把这些放在心上。他的目的和所达到的是在大庭广众中当面指责议员科恩利用俄国的钱搞革命，从背后对德国军队搞突然袭击。由于科恩的回答不十分令人信服，黑尔费里希在广大公众中取得了决定性的成功，使他甘心接受无法避免的法律上的失败。委员会多数否定了他拒绝作证的权利，根据刑事诉讼法规定判处他300马克罚款，如果这笔罚款果真支付的话，由于货币贬值也变得微不足道了。附属委员会主席是个德意志民族党的地方法院院长，他没有立即把黑尔费里希拒绝作证当作毫无法律根据加以驳斥，并且以辞去主席职务来进一步向他表示声援。委员会副主席、民主党议员戈泰恩接替他任主席。他很快就面临一个危险得多的暗礁。

附属委员会决定邀请鲁登道夫将军作证，以弄清1917年1月最高统帅部为何反对首相贝特曼-霍尔维格的意志，通过进行无限制潜艇战的问题。鲁登道夫迫不及待地抓住这一机会再一次在公众生活舞台上亮相。在革命爆发后不久他就化装逃往瑞典。但当他看到德国革命者根本不想仿效法国革命者的榜样将失败的统帅送上断头台时，他就回来了，并通过发表战争回忆录为自己辩解。但他并不满足于此。他虽遭失败仍无限自负，野心勃勃，此时想要在政治方面起他在军事方面从此以后不可能再起的领导作用。还有什么能比附属委员会更好的地方让他第一次重新登台吗？他可以在那里向那些受到蔑视的议员们阐述自己的观点并向德国人民宣称自己一贯正确，一切不幸都在于不听从他的意见。当然他认为需要采取预防措施。他不能无视他自己的威望已受损害。但陆军元帅兴登堡的威望还一直是不可动摇的。共和国的政治家和报纸尽量避免攻击兴登堡,部分由于他们认为他只是让鲁登道夫借用他的名义做出决定,部分是因为他在革命最艰难日子里以自己的威望支持政府维持秩序。因此,鲁登道夫向附属委员会声明只有兴登堡在场时他才肯作证,这是他经过深思熟虑的手法。如果委员会拒绝这一无理要求,那是完全有理由的。任何人都无权使履行自己的公民义务即作证要取决于什么条件。也不可能期望在听取这位陆军元帅的证词时会得到什么实质性的启迪。鲁登道夫所不知道的东西,兴登堡肯定也不会知道。尽管如此,委员会仍同意了鲁登道夫的要求。对其原因只能进行猜测。

委员会很快就有理由对此感到后悔。当委员会的成员在兴登堡进来(11月18日)起立表示尊敬时,兴登堡立即用语调和姿态表露了他对这个机构及其成员的鄙视。主席向兴登堡提出了委员会准备的第一个问题,但这位陆军元帅没有回答,而是宣读了一个事先准备好的声明。这个声明与听证的题目毫无关系。不知道是谁起草这个声明的;可以明确地说它不是兴登堡写的。声明显然不像是一个将军的手笔,而是一个善于舞文弄墨的政治家的手笔,人们猜想是黑尔费里希。兴登堡逐字逐句地宣读别人为他写的声明,主席的干扰或劝告也妨碍不了他。他根本不在乎自己作为证人是否超越界限。国内外报纸都有记者在场并且马上就会把他的讲话——更确切地说:他的辩护词——提供给读者。

这是一个说军队及其领导在任何时候和任何地方都尽了最大努力,而德国人民及其政党却背弃军队甚至从背后对它进行突然袭击的辩护词。不值得去详细探讨这种歪曲历史事实的说法。声明的要点是一位英国将军曾说,德国军队被人从背后捅了一刀。兴登堡没有说这位英国将军是谁,可惜委员会也没有去问他。然而,即使也许从来没有一位英国将军说过此话,如今千百万德国人却众口一词地喊叫:我们的军队被人从背后捅了一刀。

就这样产生了背后被捅一刀神话。它是阿道夫·哈纳克曾刻画过的那种神话之一:

"历史谎言是这种神话最令人痛心的形式,因为它歪曲事实,如果我们在各种不同情绪的影响下轻率地判断事实,那我们就会使自己对这种神话负有责任。我们尤其是要防止有倾向性的神话……有偏见的神话证明我们向这一方向(由于一知半解)走得相当远,它利用历史为其服务并竭力删除一切不适合于其目的的东西。"

删除一切不适合于其目的的东西!背后被捅一刀神话的作者确实是精通此道的:将军们专横跋扈、一知半解地干预政治,军事上的失败,阻挠任何与敌人的及时和解,突然匆忙强迫放下武器——这一切均以威严的姿态避而不谈。虽然德国人民经历了这些事情,但此时千百万德国人喜欢忘记这些事情,正如巴黎人1870年9月4日在色当战役失败后推翻了作为战争罪魁祸首的拿破仑三世,他们喜欢忘记曾在1870年7月15日高喊"打到柏林去!"的口号在巴黎街道上游行一样。这两种情况出于同样的心理原因:一切希望完全落空了。有多少德国人在1918年11月9日后摆脱旧偶像转而崇拜新偶像,因为他们把民主和共和视为通向尽可能宽大的和平的最好途径。这种希望没有实现——而对于心理效果来说根本不问人们是受骗还是自己欺骗自己。人们当时越是抱幻想,如今就越是愿意用德国军队从未被战胜的神话来安慰自己。尤其是青年人热衷于信奉这一神话。"Invictis victi victuri"*,这是柏林大学生在他们阵亡的伙伴们的纪念碑上写下的话。虽然按照这种说法,德国人民应当责怪自己造成不幸,但这无关紧要,因为每个说这话的人都把自己排除在外而把责任推到"别人",特别是十一月革命的发起者身上。人们毫不迟疑地也把所有那些在艰难时刻承担责任从事困难而痛苦的重建任务的人与他们混为一谈。

使这一神话对无数德国人发生作用的当然是兴登堡的名字。谁敢反驳坦能堡的英雄?很少有人注意到他在回答构成听证会核心内容的问题时起了完全次要的作用,主要是让鲁登道夫去回答。鲁登道夫也以猛烈的人身攻击和恶意诋毁来代替实事求是的论证。他把攻击的矛头特别指向也作为证人在场的前驻华盛顿大使伯恩斯多夫伯爵。后者十分平静地回答他,因此对广大群众的效果就要差一些。还在别人有可能令人信服地戳穿鲁登道夫的无稽之谈前,这位将军声称因激动而疲惫,不能继续听证。委员会一如既往,关怀备至地宣布延期举行,由于不久之后议会也决定延期,过了数月委员会才重新开始听证。到那时,政治形势发生了很大变化,民族主义者有充分的时间利用陆军元帅传播的这一有倾向性的神话进行宣传鼓动。他们打着"兴登堡对科恩"这一不符合事实却很有效的口号,尽管科恩几乎没有参加这两位将军的听证。

---

* 拉丁语:失败者仍将会胜利,向未被征服者致敬。——中译者

德意志民族党领导集团这时产生了提名兴登堡做共和国总统候选人的想法。[7]

德国军队卷入波罗的海地区的事件,向右派政党及其报刊提供了从事民族主义和军国主义鼓动的又一次机会。爱沙尼亚、拉脱维亚、立陶宛这三个想要脱离俄国的波罗的海国家,一方面是1917年以来德国军队胜利推进的产物,另一方面也是沙皇俄国布尔什维克化的结果。德国的政策主要依据说德语的波罗的海居民在文化和经济上的重要作用,谋求使这些新国家间接与德国合并。战争的失败当然使这一政策遭到破产。但德国部队仍然驻扎在这些国家,特别是拉脱维亚。政治形势极其混乱,因为各个民族虽然在防御俄国布尔什维主义这一点上是一致的,但在其他方面,在内政和民族问题上是尖锐对立的。尽管德国军队的存在可以防止红军入侵,这受到拉脱维亚人和爱沙尼亚人的欢迎,但它作为波罗的海地区德意志族大地主即所谓波罗的海地区贵族的靠山,又受到他们的憎恨。1919年4月,德国军队参加了推翻乌尔曼尼斯的拉脱维亚政权的政变,临时以一个亲德内阁来代替它,使这种矛盾变得尤其尖锐。协约国的政策也摇摆不定。起初它们要求德国军队留驻波罗的海地区以防布尔什维克的入侵。但在凡尔赛和约签订以后,它们采取相反的立场,要求德军立即全部撤离该地区。[8]

此时提出这一要求要比实现它容易得多。因为驻扎在波罗的海地区的德军官兵大部分都有自己的意愿和方针。其实他们之所以尚能被视为德国军队的组成部分,只是因为他们从德国政府那里领取薪饷并有一位普鲁士将军冯·德·戈尔茨作为他们的首领。可是大多数士兵在追求他们个人目的,首先是在波罗的海地区定居。他们援引据说乌尔曼尼斯对他们作过的许诺,即作为他们帮助防御布尔什维克的报答,答应给他们土地作定居之用。这一错觉仍有数月之久吸引新兵前往拉脱维亚,德国的募兵机关把他们派到那里去。人们不理会德国政府发布的禁令。在四年战争之后,许多士兵出于冒险甚或掠夺的念头前往那里,这是不足为怪的。士兵们绝大多数参加了志愿兵团,其中比朔夫少校的铁师最为著名。[9] 志愿兵团的首领和军官们谋求实现自己的政治目标,而在波罗的海地区保持德意志文化只是其中最简单、最无害的一个。

1919 年 6 月 16 日波罗的海国防军司令的一份命令落到了英国专员手中。这份命令谈到德俄之间即将结盟并虚构什么以英国为一方、法国和美国为另一方之间的对立。尽管这个文件只是玩弄政治的军人常常做出毫无希望的蠢举的又一证明,但是与俄国联盟的思想却植根于德国军队的古老传统。这些军官所想到的当然是一个摆脱布尔什维主义、也许甚至恢复沙皇制度的俄国。他们也与保皇派的俄国军队联合行动。在他们中间,一个自称贝尔蒙-阿瓦洛夫侯爵将军的冒险家、志愿兵团领袖贝尔蒙日益起着重大作用。但是德国军官显然不仅想到俄罗斯君主制,他们更关心的是恢复德意志君主制。尤其是铁师军官完全公开地谈出这一点。谣传他们与鲁登道夫有联系,后者曾在米陶访问过他们。虽然这种传闻令人怀疑,但人们没有理由怀疑他们想要进行暴动复辟君主制的意愿。[10] 不管怎样,当政府命令他们撤离波罗的海地区时,他们一点也不想服从受到他们蔑视的政府。8 月 24 日,库尔兰驻军代表在米陶断然拒绝服从命令并表示决心"在任何情况下

第五章　从和约至卡普暴动

维护我们用鲜血赢得并通过条约确认的在拉脱维亚的公民权和定居权",这件事肯定是得到他们的同意的。

波罗的海军队的反叛态度得到了德国民族主义报刊的热烈支持。它们也利用这件事情激烈地指责政府没有以足够的力量关怀德国侨民的正当权利。政府很清楚它为什么没有这样做。它知道,士兵们援引的所谓条约的签订是很成问题的,而且它不能无视它在自己签署的和约中已同意取消德国在波罗的海地区取得的一切权利(第293条)。它更不能无视这一事实:协约国拥有足够的统治手段去贯彻自己的意志。德国民族主义的记者们当然也不会看不到这一点。不过,指控政府缺乏民族尊严,把波罗的海地区的军队吹捧为德军威名的维护者——尽管它们时常犯有对手无寸铁的拉脱维亚人民进行抢劫和其他暴行——这听起来要爱国得多。

不可避免的事情终于发生了。10月初,贝尔蒙-阿瓦洛夫——大多数德国兵这时已在他的军团中找到庇护所——对拉脱维亚政府所在地里加发动进攻并取得局部胜利。[11] 于是协约国禁止德国船只在波罗的海通航并且还威胁要停止输送食品和原料。幸而协约国同时接受了德国政府的建议,派一个联合调查团——德国政府也可以派一名代表参加——去动乱地区。调查团于11月7日抵达柏林,确信德国政府,尤其是国防部长诺斯克诚心诚意地想履行其义务。调查团中的德方代表霍普曼海军上将也证明自己是完全忠诚的合作者。但是,调查团在柯尼斯堡从司令官冯·埃斯多夫将军和仍自称为社会民主党人的省长奥古斯特·温尼希两人那里得到的印象却是令人不安的。调查团的英国团员特纳将军1919年12月9日从提尔西特写来的最后报告由于后来发生的事件是值得注意的:"东普鲁士人还没有意识到德国已输掉这场战争。军方是万能的,军国主义以种种方式在滋长。我个人既不怀疑目前正在阴谋推翻政府,也不怀疑军方有力量这样做。他们只是在等待时机,等到和约被批准后好把全部责任推到政府身上。到处都在进行军国主义的宣传,温尼希省长尤其如此。"[12]这些话今天看来像是卡普暴动的序言。

最重要的是现在终于使德国军队撤离了波罗的海地区。接着协约国重新解除了对波罗的海的封锁,从而避免了持久的损失。但是科赫部长在1919年12月召开的民主党代表大会上正确地指出:"如果德国民族主义方面没有使军队相信它强大得足以不顾战胜国的反对保住波罗的海地区的话,我们所遭受的这种种灾难都是可以避免的。"人们曾预言,随着德军撤离波罗的海地区,布尔什维克会进攻东普鲁士,这并没有发生。但部队和军官们气得咬牙切齿地服从撤退命令时表现得如此敌对,使得人们很难相信他们会甘心按照国家公民的精神接受德国的新制度。

甚至泛德意志协会也重新抬头,这说明人们已多么快地忘记了崩溃的教训。泛德意志派对德国的不幸负有极大的责任。他们在战前的无节制煽动引起了大量敌对情绪,战时又激起吞并主义贪欲的热情,使德国人民脱离了防御战的道路。但是,他们如此坚信公众舆论记忆力差,便于1919年9月重新召开会议。在这次会议上,协会主席、司法顾问克拉斯要求恢复帝制,并指责"今日之当权派"不为民族着想。"打倒"他们、"拒绝与现政权合作"成为这个协会的纲领。不久就表明,这些先生们在谋求达到自己的目的时是不择手段的。

第五章 从和约至卡普暴动

1919年越是接近结束,魏玛联盟的多数派政党日益失去民众支持的情况就越是明显。这从两个方面来看:中产阶级重新涌向右派政党,而独立社会民主党则在工人中取得巨大进展。这两种运动都是互相影响的。独立社会民主党人和共产党人力图进一步掀起革命浪潮,不使人民得到休养生息,这就给反动派煽动的磨盘里注水,而君主主义者日益嚣张的活动使工人们愈来愈担心失去革命成果,增强了他们自己也以暴力对付暴力威胁的决心。两派都一致谋求尽快结束国民议会的生命,举行应给他们带来好处的新选举。1920年3月9日,议会审议了德意志民族党和人民党提出的在5月1日解散议会、立即举行国会选举和全民选举总统的提案。提案人认为,随着宪法被通过,国民议会的任务已经结束。政府在答复中指出在解散前还必须完成法律草案的急迫性以及被占领的边界地区即将举行的公民投票。政府想要在秋收后举行新的选举。议会的多数也赞成这个观点,以176票对60票否决了上述提案。与少数派一起的还有独立社会民主党人。

但是,就在政府取得这一议会胜利时,他们就已得知他们将要失去他们最积极、在政治上最重要的成员财政部长。埃茨贝格尔不得不在对黑尔费里希的侮辱而提出的诉讼中为自己的政治生命而战斗。至少从1917年7月国会通过和平决议起,这两人就已尖锐对立。当埃茨贝格尔在国民议会的讲坛上称黑尔费里希为"所有财政部长中最不负责任的人"时,这种对立自然就变本加厉了。黑尔费里希在保守的《十字报》上发表了一些极为尖锐的文章加以回击,后来他将这些文章结集成为一本题为《埃茨贝格尔滚开》的小册子。[13]他在书中不满足于反对埃茨贝格尔的政策,还对他的廉洁诚实提出最猛烈的人身攻击。他显然想要迫使埃茨贝格尔把此事诉之法庭。他也达到了目的。埃茨贝格尔提出刑事起诉，检察院忠于职守，认为此事涉及公共利益，便提出了起诉。于是，1920年1月19日，帝国财政大臣和共和国财政部长面对面地出现在柏林第一地方法院刑事法庭上，一方是被告，另一方是附带起诉人和证人。审讯一直进行到1920年3月12日，结果是黑尔费里希完全胜诉。[14]虽然他被判处罚金300马克并承担数目很大的诉讼费用，但法庭认为他对埃茨贝格尔的指责几乎全都有事实根据，而正是这一点在政治上关系重大。

　　黑尔费里希得到了柏林最杰出、最能干的律师马克斯·阿尔斯贝格博士作为其辩护人，此人精明能干，口才敏捷，高人一等。但是黑尔费里希的胜诉大部分应归功于他自己。他所掌握的几乎数不清的材料（其中一部分是许多自愿的支持者向他提供的）、他那永不减退的精力、他的机智敏捷和严密的逻辑性，也给政治对手造成深刻印象。不过同样明显的是他那种几乎像恶魔似的仇恨和不可抑制的感情用事，这使他一再走极端。主席不得不威胁要对他采取纪律处分。不过这些威胁如同对不守秩序的听众发出的如果继续这种不合适的态度将要求他们退出会场的警告一样并没有执行。因为听众"义务参加演出"，一有机会就大声表示他们对埃茨贝格尔及其政策的憎恶。听众的政治态度，例如在讨论1917年7月国会和平决议时就已显示出来。当埃茨贝格尔说他为能使该决议得到通过而感到骄傲时，听众发出大声不赞成的表示，以致主席不得不进行叱责。对这些旁听者来说，埃茨贝格尔就是以和平决议给胜利的军队背后刺上一刀、以签字停战招致可耻的投降、对凡尔赛和约负责的人,因为他主张签字。[15]由于他使他的党坚持与社会民主党人和民主党人联合,他们把他看作是受憎恨的共和国的最有力的支持者。许多人憎恨他,也是因为他作为部长企图用严厉的税收法律大掏有产者的腰包。

审讯引起的激动造成了行刺悲剧:1月26日,也就是几乎什么都尚未得到证实的时候,一个20岁的中学生、前候补军官冯·希尔施费尔特企图刺杀埃茨贝格尔。他的左轮枪射伤了埃茨贝格尔的肩膀。但是,埃茨贝格尔几天后又回到法庭,这样就避免了否则审讯将会中断的局面。意味深长的是,那些于2月22日对冯·希尔施费尔特进行审讯的陪审团尽管证据确凿却否定了企图谋杀或杀人罪的问题,只认定他"严重地伤害身体",而且还断定存在可使罪行减轻的情况。他被判刑18个月。

埃茨贝格尔在审讯中的地位从一开始就很困难,因为他作为证人必须对有些是几年前发生的事和在一个非常混乱时刻的混乱事态发展的组成部分宣誓作证。如人们要求他说明他在反对潜艇战——后来发展成和平决议——期间几乎每日每时对贝特曼-霍尔维格的态度。贝特曼——他的诚实是无人能怀疑的——的一次陈述表明,即使是最认真的人也很容易被自己的记忆所欺骗。他说他不可能说过埃茨贝格尔提到的话,因为他在作那次谈话的时候已受参议院决议的约束。法庭接受了贝特曼的说法,断定埃茨贝格尔在这一点上所述不实。后来查阅参议院的档案,发现该决议是在几个星期以后才通过的。通常站在附带起诉人一边的检察院转而反对他,这对埃茨贝格尔十分不利。在司法上这是无懈可击的,但在旧政权下对一位部长采取这种态度是不可想象的。在审讯期间一家右派报纸《汉堡新闻》公布了偷来的埃茨贝格尔的纳税档案并指控他偷税漏税之后，埃茨贝格尔被迫自己要求解除自己的财政部长职务。他随即要求对自己的案件进行调查。这持续了好几个月，调查得出了他是清白无辜的结果。在黑尔费里希案件中作出对他十分不利的判决以后，他最终辞去了他的部长职务。

无可否认，在长达数周的审讯过程中公之于世的许多情况给埃茨贝格尔的行为举止和职业道德蒙上不利的阴影。尽管如此，审判仍远远越出了目的。举例来说，要求法官正确评价他们完全不熟悉的政治生活和议会活动的事情是多么困难。他们以不公平的严厉态度指责他把生意经和政治结合在一起。因为这个问题远比一个生活安定、有条有理的公务员所想象的要复杂得多。一个作为议员的大地主投票赞成提高粮食进口税或减免烧酒税，不仅给农业——他由于政治原因认为值得扶持农业——而且也给自己的钱包带来好处。要求对生铁征收进口税的钢铁工业家也是如此。但是，这两个集团的联盟正是数十年来德国经济政策的标志。任何有影响的和积极的议员自然要争取这些"关系"，当然只有小心谨慎地经过认真考察后才能加以利用。但是利用这种关系其实是不可避免的，正如利用社会关系和宫廷关系一样。如果一位议员是某个股份公司监事会成员，在公开这一事实的情况下在一位官员面前代表其愿望，这位官员可以根据国家利益对他进行审查和拒绝，或者如果一位大臣利用自己对年迈国王的影响用请求赦免的方式免除自己应向国家缴纳的税金，就像俾斯麦和农业大臣冯·卢齐乌斯面对限定继承权税时所做的那样，这难道就更糟糕吗？许多议员曾是一个或数个监事会的成员，这是很自然的，而黑尔费里希曾明确承认对此无可非议。但是他说,那些人是经济界人士,而埃茨贝格尔却并非如此。诚然,他只是小学教师出身,来自施瓦本农村小镇。但每个了解他的人都承认,他在从事议会活动的十七年中极其刻苦地获得了令人极为钦佩的财政经济知识。正是这一点使他在帝国时期政府代表中也有巨大的影响。为什么这样一个人不应当使某一家股份公司的领导者觉得很值得把他拉进该公司监事会,就像国会中的一位律师一样?难道这就能怀疑是腐败吗?当然,一位有经验的法学家是不会去做埃茨贝格尔所做的某些事情的,但这并非是因为他品格更高,而是因为所受教育不同。一个法官在自己的事情上不得不遵奉的严格的公务员标准,无论如何不完全适用于商界和政界生活。但是,在所有那些被刑事法庭认为埃茨贝格尔供述不实的事情上,法官审核了对他提出的周密的伪证诉讼,这在他在黑尔费里希案中的供述之后进行。这次诉讼很快就中止了,因为并不存在蓄意或疏忽大意违背誓言的嫌疑。总检察长宣称,在刑事法庭的判决中提出的违背誓言义务的大多数例证上这种嫌疑已被排除。这给刑事法庭的值得赞许的验证工作并没有带来有利的印象。

对埃茨贝格尔—黑尔费里希官司的评论就到此为止。回顾往事,这项诉讼像是紧紧缠住所有当事者的劫数。埃茨贝格尔于1921年被暗杀,黑尔费里希1924年死于一次可怕的火车事故。阿尔斯贝格不得不在纳粹的迫害狂面前于1933年逃离祖国,在绝望中自杀,而刑事法庭庭长在晋升为高等法院判决委员会主席几年后由于私人事件而辞去司法工作。

审讯的政治影响是巨大的。黑尔费里希的胜利似乎是旧制度的胜利,是民族主义和军国主义的胜利;埃茨贝格尔的失败似乎是共和国的严重失败。此时共和国的威信似乎已受到重大打击,以致它的反对者相信,它一推就倒。3月12日法庭宣布了对埃茨贝格尔的判决,3月13日晨6时,埃尔哈特旅叛军就通过勃兰登堡门,一小时后东普鲁士省行政长官沃尔夫冈·卡普博士就到威廉街总理府去夺取政权和总理的头衔了。

官兵们数月来就酝酿着不满。他们的不安情绪是可以理解的,因为协约国规定要缩减军队。特别是对许多军官来说,这意味着被迫离开他们迄今的职业,而且还不知道斧头会砍中谁。至1920年3月,已有15 000名军官被解职,还有5000人面临这一命运,因为军队从4月至10月1日要从20万人缩减到15万人。尽管这种不安是可以理解的,但有关的人们要求政府拒绝履行凡尔赛和约则是荒谬的。而像帕布斯特上尉那样的被解职军官挑起和组织民族主义鼓动,对政府进行报复,是更加不负责任的。由于志愿兵团,这个问题就变得更加复杂了。这些兵团是在革命的那几个星期以及在对波兰人的战斗中组织起来的,兵团的成员以为他们已在这里找到了终身职业。他们拒绝服从协约国所坚持的解散要求,在这方面前波罗的海地区的官兵起了领导作用。

凡尔赛和约要求引渡战犯的另一规定(第228—230条)使军队更加激动。德国政府正确地指出它根本无法履行这一规定,但表示愿意由德国最高法院来执行对被协约国指控犯有违反战争法规的人起诉。1919年12月国民议会通过的一项法律为此提供了法律依据。幸而协约国具有足够的见识,在1920年2月17日的照会中表示同意——起初是试验性的——,这就使"引渡问题化为乌有"[16]，正如鲁登道夫所说的那样，换句话说，这就使他和他的志同道合者失去了一件鼓动武器。据这位将军在法庭上宣誓作证时所承认的，他已与卡普和吕特维茨将军讨论过这个问题。

卡普在战争期间是最嚣张的民族主义者之一，特别是由于他对贝特曼-霍尔维格的恶毒攻击而闻名。他成立了祖国党，战争失败后成为德意志民族党中央委员会中的东普鲁士代表，不过并不参加其会议。卡普的一生经历也是德国资产阶级政治悲剧的一部分。他出身于一个完全开明的家庭。他的父亲弗里德里希·卡普是1848年的革命家，曾被迫长年流亡美国，后来成为自由派国会议员，撰写过18世纪德意志诸侯贩卖士兵的历史。儿子成为保守的地主和民族主义急先锋。他具有很大的野心，和他的政治才能适成反比。1919年夏当德国接受凡尔赛和约后，他想从东普鲁士发动一场反对波兰的战争，收复波森省。连军人也不得不向他指出这样做是胡来，而且东普鲁士居民也不要新的战争，于是他就开始忙于在国内从事颠覆活动，但即使在右派政治家中也未得到多少同情。他当然把德国民族党人关于解散国民议会和改选总统的要求当作自己的要求。他的这些话受到年事已高的冯·吕特维茨将军的赏识，而这位柏林第一军区司令则是由于其他的原因感到愤愤不满的。

吕特维茨原来是那些信任国防部长诺斯克的军官之一。[17]但诺斯克不得不对他产生怀疑，因为这位在政治上非常幼稚的将军受前上尉巴布斯特和鲁登道夫的诡计多端的代理人、前上校鲍威尔的影响。驻在西里西亚德伯里茨和洛文费尔德的两个装备精良的埃尔哈特海军旅由吕特维茨指挥。根据协约国的要求，诺斯克不得不下令解散这两个旅。吕特维茨在1920年2月29日的会谈中强烈反对此事,当诺斯克仍坚持要在3月10日前执行解散命令时,这位将军怒不可遏,后来他在视察埃尔哈特旅时宣称他不会解散他们。

如今吕特维茨易于接受卡普、巴布斯特和鲍威尔的煽动性影响。在国民议会拒绝了要求解散的提案后,3月9日晚这位将军拜访了德意志民族党主席、前普鲁士财政大臣赫尔格特,向他说明种种暴力计划,但并未得到其赞同。次日,艾伯特总统应他的请求接见了他,接见时诺斯克也在场。[18]他陈述了他的要求:立即选举国会,由全民选举总统,任命所谓专业部长参加政府,以及几项军事措施,如他要求解除忠于宪法的统帅部首脑赖因哈特将军的职务。艾伯特平心静气地试图劝说他放弃这些要求,而事先已得到要提防预谋骚乱警告的诺斯克变得很严厉,提醒他注意自己的职权范围,并且十分清楚地对他讲:人们不会容忍军官们的这些意见。

在以后的几天中,诺斯克收到了进一步但不够具体的告急报告。3月11日,他派警察去逮捕卡普和巴布斯特,但警察没有执行,致使这两人得以及时逃到安全之处。吕特维茨被解除了职务。在埃茨贝格尔审讯判决宣布的那一天即3月12日晚举行了内阁会议,诺斯克在会上作了有关形势的报告,但未能提出有关任何正在策划的行动的确切材料。他派遣冯·特鲁塔海军上将到德伯里茨去调查当地的情况。特鲁塔感到一切正常——这毫不足怪,因为他预先就打电话通知他要去访问。但是到了午夜时分,传来了埃尔哈特旅已开始向柏林进军的消息。两位将军迎上前去,想要使埃尔哈特恢复理智,但他们带回来的只是这位如今对自己拯救国家的使命确信不疑的旅长的政治性的最后通牒。诺斯克拒绝与叛乱者举行任何谈判,要求被召集到他办公室来的将军们对埃尔哈特采取必要的军事防御措施。但这时大祸临头。国防部武装局局长冯·泽克特将军宣称:"国防军不向国防军开火。"[19]他显然把这句话理解为忠于宪法的国防军不会向背叛的国防军开火——反之却并非如此。除赖因哈特外,所有其他将领都声称军事抵抗是毫无希望的,也就是说政府在关键时刻被柏林国防军背弃了。

在这种严重的形势下政府该怎么办?留在柏林就意味着要成为叛乱者的人质。于是一次在夜间举行的内阁会议决定立即离开柏林,先到德累斯顿去。只有副总理兼司法部长席弗尔留在柏林。

这样埃尔哈特就能在次日清晨胜利通过勃兰登堡门。有一小群知情者聚集在该处,其中有像鲁登道夫将军这样的要人。当后来法庭问他如何到那儿去时,这位将军回答说:"对我来说最要紧的是:部队会不会彼此开火或是不开火?如果开火,我会感到遗憾。"[20]每个人都可以从此得出自己的结论。他是否与叛乱者串通一气?这些人指望得到他的支持,看来是毫无疑问的。但他自己或许还没有拿定主意,不知参加这一活动是否可取;而在他拿定主意之前,整个骚乱已经成为过眼云烟。

卡普暴动从第一天起就只不过是一次罪恶的胡闹行为。那些军官老爷们对自己的所作所为一窍不通,这毕竟并不十分令人感到吃惊。诺斯克在作证时把他们的政治老练程度描述为还没有超过一个18岁的军校学生。[21]就连自以为拥有一切政治智慧的新"总理"卡普博士——他看不起议会的部长们,因为他们不是"专家"——也不知道怎样行使他突然到手的权力,只不过是逮捕了几个人,发表几个愚蠢的通告,再就是让他的士兵们头戴钢盔、手拿手榴弹在柏林街道上游行,有时也让他们放几枪。有一个公告禁止柏林大学进行一切考试,另一个公告得意地宣布已没收了用作即将来临的犹太逾越节薄饼的面粉:这些也许能说明这些救国者的水平。卡普的一名心腹从前是律师,因为有严重违法行为而被取消律师资格。更有甚者,他选中的新闻秘书是一个国际冒险家特莱比奇-林科尔姆,此人出身于匈牙利犹太人,曾涉足英国政界,最后因盗用公款而被捕下狱。在叛乱者中流传的英国政府欢迎这次暴动的荒唐无稽的"机密情报",也许就是他制造的。

支持叛乱的证人后来在法庭上对卡普统治时期的总理府的混乱局面[22]作了极其露骨的描述。无人领导,无人知道发生了什么事情,谁也没有一个计划。只有无数来到威廉大街追求一官半职的人知道自己想要什么。反叛者之一用他们特有的行话把这几天的总理府形容为"一所犹太人学校"。早晨他们逮捕了全部普鲁士部长,中午又把他们释放,因为铁路员工威胁说,如不释放他们的部长厄塞尔,他们就要举行罢工,而厄塞尔则声明只有与他的全体同僚一起释放,他才离开这个地方。

这些先生们曾以为柏林人民会欢欣鼓舞地对他们表示欢迎,但他们严重失望了。他们自然也有志同道合者,但连柏林中产阶级的大多数也不愿与他们站在一起。有一个金色胡子的煽动者站在波茨坦桥头上诽谤"艾伯特国王"不愿进行选举,但听众的唯一反应是冷冰冰的沉默。右派政党想要脚踏两只船,一方面说什么"新政府"——这就等于承认叛逆分子,另一方面又要求尽快恢复符合宪法的状况——这是对宪法的奉承。

暴动主要由于两种反抗而遭到失败：一是工人的总罢工，二是上层公务人员拒绝与叛乱者合作。[23]不仅打仗需要钱，搞革命也需要钱，因此卡普要求国家银行提供1000万马克。但银行只有在合法长官的要求下才肯付款，而这样一种签字是搞不到的，因为各部副国务秘书均拒绝签字。在国家银行的出纳员看来，"卡普总理"的签字并不能提供必需的金融担保。

总罢工掀起的浪潮当然要强烈得多。暴动第一天，社会民主党就在一份也有艾伯特及社会民主党部长们签字——但未经其授权——的呼吁书中号召总罢工。所有的工会——不分政治倾向——全部立即接受了这一号召并普遍执行。柏林的所有公用事业从这时起均停止营业，电车停驶，电灯不亮，报纸不出版。柏林人过了极不愉快的几天，但多数人并无牢骚。

四天后卡普认识到大势已去。他企图与政府谈判，以求得外表上体面的撤退。但是无论是留在柏林的席弗尔部长还是在斯图加特的政府都拒绝任何调解，因此卡普只得于3月17日晨宣布"辞职"。埃尔哈特旅于当天傍晚开拔，但并非没有对在暴动的日子里犯下的血腥暴行再添加一笔。当聚集在勃兰登堡门的人群用怪声叫喊表达他们对撤退的欢乐时，军官们下令用机枪对准他们开火。[24]这就是"解放者"的最后业绩。

暴动在四天后消逝了，但它所造成的不幸却没有消逝。它不仅使数百人丧生，而且还撒下不信任和仇恨的新种子，并且重又打断了刚刚开始的重建过程。

在柏林遭到失败的事情起初在慕尼黑获得成功。在军队、尤其是得到慕尼黑警察局珀纳和弗利克之流怂恿的志愿军的压力下，霍夫曼内阁辞职了。[25]组成了新的联盟政府，社会民主党人不再参加。苏维埃政府的心理和政治影响现已显露无遗。对巴伐利亚社会民主党人来说，这次脱离政府是无可挽回的；他们永远没有再回到政府之中。真正执政的政党过去和现在仍是巴伐利亚人民党；该党已脱离中央党，以便能更加不受干扰地推行其小邦分立主义，也即他们专有的巴伐利亚爱国主义。几年后该党通讯的态度当时就适用于它："巴伐利亚人民党在所有的决定上保持这一观点，即这对巴伐利亚的事业有利还是有害。党的政策只能是为巴伐利亚的观念服务。"根据这一观点，该党选定冯·卡尔为总理，此人自己承认"迄今完全脱离政治生活"，但在他的心灵深处则是一个巴伐利亚君主主义者，渴望恢复维特尔斯巴赫王朝。这种变化与在巴伐利亚占上风的情绪是一致的。但这不仅是共和国的失败，也是德意志国家统一的失败。从此各届中央政府不得不经受任何统一的行动都遭到慕尼黑政府的破坏。善良的巴伐利亚人对柏林和柏林人几乎像对从前的敌国一样憎恶。谁要是攻击柏林人，例如某个希特勒，就会受到慕尼黑当权派的保护和宠爱。看来几乎像是慕尼黑人以此来惩罚柏林人：他们先是驱逐了他们的国王，后又屈从赤色分子的桎梏。

军事叛乱不可避免地引起共和派，特别是信仰社会主义的德国人对整个国防军的怀疑。不幸的是，自从19世纪60年代的宪法冲突以来普鲁士和德国的国内政治历史已造成这样的结果：无论是右派或左派均不能带着同政治无关的客观性来看待军队和军事问题。社会民主党工人的反军成见影响他们参加国防军，只有通过缓慢的和平发展才能克服这种成见,这种发展使他们相信军官团的思想也已发生变化,已摆脱老的普鲁士军官团的容克-君主主义的保守传统。一个叛乱旅打着老的黑白红旗帜通过勃兰登堡门,把符合宪法的政府赶出首都,这一事件使这样一种发展在可以预见的将来成为不可能。虽然只有驻在易北河以东的普鲁士省份的少数几支部队参加这次暴动,但西部和南部地区的部队则仍然忠于政府或企图保持"中立"。就是在柏林,吕特维茨将军充其量也只能指望得到一部分部队的支持。他在回忆录[26]中愤愤不平地说,警卫军工兵营在3月16日至17日的夜间"哗变"了,这只不过是埋怨革命的格拉古兄弟[*]的狗急跳墙而已。德累斯顿的梅克尔将军企图在叛乱者和政府之间进行调停,由于诺斯克和艾伯特的反对而未获成功并不久导致这位将军的免职。但是,即使军队的背叛确实不像共和派所认为的那样严重,可无可争议的是,军队并没有证明是人民和政府可以信赖的起保卫宪法和国家作用的盾牌。泽克特的明确声明"国防军不向国防军开火"也许防止了在勃兰登堡门发生一场流血战斗,但也令人震惊地暴露了中央政府和总统的无依无靠并摧毁了人民对国防军的信任。

普鲁士的某些警察部门和地方行政机关同样使人怀疑。最值得注意的是,在那些没有履行自己职责的省长中有两名社会民主党人:布雷斯劳的菲利普和柯尼斯堡的温尼希,此外还可以加上柏

---

[*] 格拉古兄弟(Gracchen),即提比留·格拉古(公元前162—前133)和盖约·格拉古(公元前153—前121),古罗马政治家,作为保民官试图进行改革,把私人强占的多余的国家土地分给农民,以提高罗马的军事实力。——中译者

林警察局长欧根·恩斯特。[27]温尼希的情况最为严重,在这件事情上暴露了他在内心与社会民主党整个政策的背离。[28]这位有才干但不坚定的人后来越来越滑向民族主义的泥沼。

另一方面,总罢工是使即使新国家的坚定支持者也不无疑虑的做法。卡普及其一伙的政变在短短四天后就宣告结束,首先归功于总罢工。因为国家的常规统治手段暂时失灵,只有人民群众的直接介入才能如此迅速地拯救它。德意志民主党中央委员会也认识到这一点,在卡普暴动的日子里发表了支持总罢工的号召。但总罢工就其性质而言却是人民中的一个团体可以借以把自己的意志强加于所有其他人民的一项革命措施,许多人担心这一部分人将会经常采用这一手段,如果它有一次被承认是合法的和正当的话。往常稳重负责的工人领袖确实起初也为他们迅速的成功所陶醉。柏林罢工领导机构在与执政党代表的谈判中想要这些政党接受其政治要求作为停止总罢工的条件。虽然他们最后不得不满足于实现一半要求,由宪法规定的机构即议会去最后作决定,但许多工人和劳工领袖仍然很长时期对罢工武器的作用抱有幻想。他们忘记了他们这一次能取得成功,只是因为职员和官员们同他们并肩战斗以及他们得到大多数柏林人民的同情。这使他们后来的失望就更加痛苦。

更糟的是,共产党想要利用卡普暴动在工人阶级中引起的巨大激动来达到自己的目的。他们在德国的工业中心鲁尔地区这样做。此外,运动原先也具有反对政变企图的防卫性质。当地的国防军司令瓦特尔将军在最初的那些日子里不肯采取明确的忠于宪法的立场,而且一些志愿团的领袖表现十分可疑,因此工人们认为很有必要采取行动。幸而鲁尔区政府中有一位既深思熟虑又有魄力的代表：中央特派员、国务委员卡尔·泽韦林。他是社会民主党议员，富有工会活动的经验。主要由于他的努力才使那些真正关心保卫国家的分子镇静下来。但另外一些人则别有用心并且手中有着武器。泽韦林在他的回忆录中写道："在一次向多特蒙德的进军——有一支军分队想阻止而未成功——中就已表明，共产党分子的目的在于消灭所有的国家权力手段。他们对军队、警察或保安队不加区别。谁要是在履行职责时反对冲击而来的人群，谁就会被清除、驱逐或杀死。埃森个别的保安警察部队顽强地守卫该市受到特别威胁的地方，被以特别野蛮的方式杀害了。这……不再是抵抗叛乱，这是对忠于职守的公务人员的残忍屠杀。"居民不得不经历了恐惧、掠夺和虐待的令人恐怖的几周。最后不得不派出一支强大的军事力量去恢复秩序，而此时又出现在镇压慕尼黑委员会统治时曾经有过的同样的可怕经历。泽韦林叹道："报道部队进驻后对和平居民采取的恐怖措施，未经审判便专横地枪毙人，根据单方面的告密就进行大规模逮捕，虐待俘虏，等等——这一切不幸并不亚于赤卫队的暴行。"[29]

德国部队进驻动乱地区还引起了国际纠纷，因为该地区部分属于根据凡尔赛和约不得驻有德国兵的非军事区。卡普暴动瓦解后，协约国代表于3月19日在柏林对迅速结束叛乱表示祝贺；法国代办甚至抢在第一个提出祝贺。此外，协约国最高理事会还决定，如果君主派或苏维埃政府在德国上台，就停止运送粮食和原料。同这种态度截然相反的是，此时由前社会党人米尔朗领导的法国政府以占领法兰克福、达姆施塔特、霍姆堡和哈瑙等德国城市来回答德国部队进驻中立区。这样做就使法国与其最重要的盟国分道扬镳。[30]特别是英国政府公开明确地与法国政府分离。它不仅公然宣称没有一个英国兵会参加法国的武力行为,而且也在一份照会中对巴黎政府断然声明,如果它事先不与盟国协商一致就对德国采取军事措施,就会破坏协约国的统一战线。这一分歧不仅表现了两个民族的性格差异;英国人倾向于宽恕和忘怀已过去的战争,而法国人多年来未能消除战时积累的仇恨。英国政府认识到而法国政府没有理解的是,任何暴力措施都必然会增强渴望复仇的德国民族主义者的力量,从而正是在最脆弱的地方打击了旨在逐渐安定欧洲局势的政策。这一点很快就变得明显。

卡普暴动后,在共和国的损失清单上也有古斯塔夫·诺斯克的名字。在暴动的日子里,中央政府耽在斯图加特,并且也在该地召集了国民议会。在3月18日的会议上,谢德曼针对国防军作了一次措辞十分尖锐的发言,尽管他没有指名道姓,但人人都感到这个发言特别是针对诺斯克的。诺斯克立即向总统提出辞呈。艾伯特对形势和人事无疑更了解,即使在最混乱的情况下也能"镇定自若",而不像谢德曼那样沉不住气。他坚持不接受诺斯克的辞呈并得到社会民主党议会党团一大部分人的支持。但谢德曼不肯让步,他提到柏林总罢工的领导,尤其是社会民主党工会主席列金要求诺斯克辞职,因为他对将军们没有像对共产党叛乱分子那样坚决。艾伯特心情沉重地让步了,但他在接受诺斯克辞职的信中表示了他对这些事情的想法。他在信中不仅承认诺斯克的"目标明确的、艰苦的工作",而且还赞扬他对德国恢复秩序的贡献是"在我们祖国的历史上不会被遗忘的业绩"。社会民主党的报刊并没有因此而不去欢呼诺斯克的下台。但党内有识之士很快就对他们的英雄举动是否明智产生了怀疑，因为他们发现根本提不出一个人能继任诺斯克的职务，不得不眼看着新国家的这一要职落到资产阶级手中。

但是"每个人只学到他所能学到的东西"。党组织并不满足于将诺斯克排除出政府，还取消了他的国会议员资格，并处心积虑使他永远不能再进入议会。如今他已成为"累赘"，换句话说，人们不敢再提名一个每天被独立社会民主党人和共产党人高声斥责的人当候选人。如果有人以为通过这一牺牲可以重新取得被激进的鼓动所煽动的工人选民的支持，那么以后的选举表明这种考虑是错误的。社会民主党自己剥夺了寥寥无几的有领导和治理能力的人才之一。而且诺斯克在党的会议上的每次发言都表明他一直还能给听众以深刻的印象，善于激动人心。如果还实行战前那种注重候选人个人品格的个人选区制度，就会有不止一个选区争夺他，他会胜利地返回国会。但在机械地只按党派计算选票的比例选举制下可以不需要强有力的人物，以此方式确保其议员地位的庸碌之辈一心一意地不让这个地位被一个更加重要的人夺走。只是由于普鲁士政府，特别是由于新任内政部长泽韦林，诺斯克才未完全从公众生活中消失。泽韦林让他担任汉诺威省长之职，此职的前任是人民党的冯·里希特，他在卡普暴动期间没有采取正确的态度。诺斯克卓有成效地担任此职务，一直到纳粹统治开始；新的当权派立即将他撤职，连几个月都不能等待，因为再过几个月他就到退休年龄了。

在国防军中，诺斯克尤其享有那些已接受共和国存在的将领们的个人信任。对创建国防军作出巨大贡献,在3月12日至13日夜间的后果严重的会谈中作为将领中唯一主张进行军事抵抗的统帅部首脑赖因哈特将军对诺斯克表示支持,宣布辞职。在柏林代表内阁的席弗尔部长任命冯·泽克特继任他的职务,这位将军曾在那天夜里说过这句名言:"国防军不向国防军开火!"而诺斯克是不会这样做的,他正是因为这句话而对此人强烈不满。[31]

领导国防军的泽克特无疑是一位具有卓越军事才能的重要人物,他为国防军的建设和扩充进行了孜孜不倦的明智的工作。但他是否也是领导共和国军队的合适人选呢?他的心当然是向着旧政权的,因为他是在旧政权下成长起来并开始飞黄腾达的。但他——至少在他冷静的时刻——认识到,任何东西和任何人都不能恢复旧的制度,尽力为新国家制度效劳乃是爱国者的责任,即使这个制度不合乎他的口味。1919年2月他写信给妻子说:"我的世界看来不同于今日之世界,但我愿尽我的责任,使我们俩以及另外一些德国人能生活在未来的世界中……我认为这一点与我的基本政治信念毫无矛盾,我完全确信我是在履行自己的职责。"泽克特是个现实主义者,完全能看清军官团中流行的民族主义的侈谈和煽动的空洞,甚至还认清德意志民族党政治家们的弄虚作假,这些人吵吵嚷嚷要求拒绝凡尔赛和约,内心却为多数人赞成签字而感到高兴。他对鲁登道夫持怀疑态度,这也是一个优点。此外,从他的自信以及他竭力维护自己公认的权威,使人们可以相信他不会容忍下级的越轨行为和他会维护严格的纪律。另一方面,泽克特不是一个仅仅局限于军事方面的人,特别是在对外政策上他有自己的主张,而且绝非毫无政治野心。国家的形势会不会有一天

第五章　从和约至卡普暴动

如此危急,以致会召唤他去担任领导,出任总理或者甚至成为总统?这些都是他或他周围的人,特别是他那野心勃勃的妻子所考虑的问题,如果有人认为在这种情况下起用他,按他的见解就会意味着泽克特的个人专政,那么人们并非冤枉他。[32]

在鼓励这个人从事军事工作的同时监视他的政治活动,这是新任国防部长的困难任务。按照艾伯特的意见,这一职务由迄今的重建部长奥托·格斯勒博士担任。艾伯特是在斯图加特时进一步认识格斯勒的,对他十分赏识。与泽克特的关系不是他的唯一困难。格斯勒属于民主党,但他不断受到左派的批评攻击,批评不仅来自独立社会民主党和社会民主党的报纸,还来自部分民主党的报纸。尽管如此,他保持这一职务达八年之久,直至1928年1月,虽然政府及组成政府的政党不断变化。这不仅证明了他那无人否认的非凡的精明能干,也证明了他的政治才能。他确实是个具有多方面天赋的人。在国会中,人们钦佩他能言善辩,他常常以此来捍卫自己十分困难的地位,而且大规模群众集会也为他的人品和出色的论证所感动。他具有非凡的本领,能够争取对他怀有反感的听众。他的政治判断力的可靠性得到完全不同的人的承认,如两位总统艾伯特和兴登堡都乐意与他商讨问题。关于他的许多做法诚然可以有很不同的看法,但不应忘记,他的职务大概是德意志共和国中最棘手的。

国防部并非是需要重新任命部长的唯一部门。整个中央政府从斯图加特归来后必须进行改组。总理鲍威尔辞职了。他的职务由前外交部长赫尔曼·米勒担任。工会反对单独留在柏林的副总理兼司法部长席弗尔,因为他曾与卡普分子进行谈判。虽然民主党有正当理由驳斥了这一无理要求,但席弗尔却自动辞职了。

普鲁士政府也作为暴动的受害者倒台了。内政部长沃尔夫冈·海涅最先去职。前社会民主党议会党团主席保罗·希尔施总理也被该党认为不能胜任而被迄今的农业部长奥托·布劳恩所代替。布劳恩是一位更坚强、意志更坚定的人。他任命卡尔·泽韦林取代海涅的职位,他是在鲁尔区斗争期间熟识泽韦林的才能的。政府由社会民主党与中央党及民主党联合组成。

对这次暴动的法律清算用了相当长的时间。正常的司法程序由于1920年8月4日的免予惩处法而中断。这个法律是许许多多所谓大赦法中的第一个,这些法律归根到底对使德国法律意识变得迟钝起了不小的作用。这种情况首先是鲁尔区暴动和为早日结束这次暴动而达成的所谓1920年3月比勒费尔德协定[33]的结果。由于那里承诺对那些在反抗暴乱中破坏了法律的人不予惩罚,之后在6月选举中取得胜利而实力大大增强的右派政党要求也对参与暴动的人免予惩罚。该法律准许对他们免予惩罚,"只要他们不是叛国行动的策划者或领导者"。很典型的是,巴伐利亚成功地反对把大赦扩大到在巴伐利亚进行的"叛国行动"也就是红色委员会革命上。卡普暴动的领导人大部分逃脱了法律制裁。卡普逃往瑞典,其他人大多销声匿迹。他们有一些好朋友将他们藏在自己的庄园里或者别的合适地方,直至他们找到良机逃离自己的国家。

最后只有三名叛乱分子在最高法庭上受到叛国罪的指控。他们是前柏林警察局长特劳戈特·冯·雅戈,他在卡普手下曾任内政部长;长期担任农民联合会领导人的康拉德·冯·万根海姆男爵和医学博士格奥尔格·威廉·席勒。鲁登道夫用不着坐在被告席上。虽然首席检察长认为这位将军总的说是了解叛乱分子的观点和主张的,而且显然很关心这次行动,但他说不存在足够的嫌疑可以起诉,而社会民主党的司法部长拉德布鲁赫教授也同意他的意见。[34]最高法院于1921年12月21日宣布判决,它只判决雅戈五年"堡垒监禁",罪名是伙同叛国,而对万根海姆和席勒二人则停止起诉,因为他们不能被视为"首要分子"。

雅戈只服了部分刑。1924年12月他获得赦免。随后他控告普鲁士,要求补发年金。由于死抠条文——这是和已有七十年历史的实践相矛盾的——他在最高法院打赢了这场官司。

卡普直到1922年春才返回德国投案自首。此时他已病入膏肓,于1922年6月12日死亡,从而逃脱了人间的审判。这样,他的严重罪行就未得到清算。但在希特勒时期,有个种族狂热分子[35]向这个失败了的叛国者奉献了一篇他称之为"赎罪词"的颂词。他认为不是卡普应对德国人民赎罪,而是德国人民应向这个值得纪念的所谓被误解了的政治家赎罪。道德概念如此颠倒,麦克白的女巫对此定会感到高兴!*

---

* 麦克白是莎士比亚剧本《麦克白》的主人公,由于女巫的诱惑而谋杀国王,最后被复仇者所杀。——中译者

第六章　内部削弱与外来威胁

叛乱分子在一个重要问题上取得了胜利。国会选举确实不得不提前举行。米勒总理在国民议会第一次会议（3月29日）上代表新政府声称，人民要求"在卡普之流的胡闹之后尽快举行选举"。执政党也许以为暴动对选民起了使其清醒的作用，使他们认识到必须加强和集中那些愿意为和平有机地发展新国家而进行合作的力量。但是，1920年6月6日的选举结果使这一希望完全落空了。在这次选举中，右翼和左翼反对党获得巨大胜利，政府联盟遭到惨重失败。执政党的选票从1900万减少到1100万，右翼政党的选票从560万增加到910万，左翼政党选票从210万增加到530万。无论是在选民中或是在国会中，迄今的政府都已不再占有多数。

遭受损失最大的是德意志民主党。该党在国民议会选举中获得选票560万张，如今只剩下230万张，失去将近一半的议席，只剩下45席（以前是75席）。相反，施特雷泽曼的德意志人民党（该党在竞选中提出"只有德意志人民党能使你们挣脱赤色锁链"口号）赢得250万以上的选票，如今拥有62席（以前是22席）。1919年那些把民主党视为抵挡社会主义洪流最后防波堤的选民，在该党与社会民主党结盟并同他们和中央党一起制定了紧急需要法和企业代表会法等这些不受资产阶级人士欢迎的法律之后，重又离开了它。这一潮流大概由于该党对总罢工的态度而加强，群众对埃茨贝格尔的普遍不满可能也对此起了作用。许多人在1919年投民主党的票，因为他们曾希望，一个民主的德国会得到一个宽容的和约。这一希望破灭后，他们对民主制度和民主党都已不感兴趣。该党也失去了好几位深孚众望的领导人。弗里德里希·瑙曼于1919年8月过早地去世，弗里德里希·帕耶尔因年迈而引退。但是起决定性作用的肯定是那些经常性的原因；该党在这次选举中失败后再也没有恢复元气，继续走下坡路。这给德意志共和国的命运带来了不幸。因为民主党是共和制德国在非社会主义和非天主教居民中唯一可靠的支柱。

这一特征另一方面表现在明确反对共和制的德意志民族党赢得一百多万张新选票，议席从42席增加到66席。德意志人民党虽然不能说是明显拥护君主制的，但它肯定不是拥护共和政体的，对新国家只是采取走着瞧的态度。可是，任何一个国家如果不是至少受到一大部分在精神上、经济上或社会上举足轻重的阶层的衷心支持，是不可能长久地健全地存在的。但对这些阶层的绝大多数人来说，共和国是失败和对胜利的外国缺乏民族反抗的国家。民族主义和军国主义精神在这里重又扎下强大的根子。

建设的思想在社会主义的工人中也遭到严重的挫折。虽然社会民主党在国会中拥有113名议员，仍然是最强大的政党，但它失去了50多个议席，而在国民议会中只有22个议席的独立社会民主党如今增加到81个议席。它的选民人数增加了270万；在它们左面还有将近60万张选票投给共产党。第一次有两名共产党人进入国会，他们是保罗·列维博士和克拉拉·蔡特金。卡普分子的胡闹及其后果对于工人的激进化自然起了推动作用。但令人沮丧的经济形势、战争后果、通货膨胀、物价上涨以及经济彻底社会化希望的落空也是造成这种情况的原因。所有这些使人们有充分理由感到不满,为进行煽动性宣传提供了材料。不过独立社会民主党的胜利很快就表明只不过是昙花一现,可是当时却给人(特别是给受到沉重打击的社会民主党)留下深刻的印象。

社会民主党因而从选举中得出教训:选民们背离它,正是因为他们认为该党要对政府的失败负责。因此它只有在独立社会民主党人也参加的情况下才愿意参加组织根据选举结果必不可免的新内阁。但独立社会民主党人宁可选择舒适的反对党角色,用他们的教条语言来说就是:"继续执行以消灭资本主义-军国主义阶级统治为目的的无情的无产阶级阶级斗争的政策。"他们充其量只愿参加一个"纯粹社会主义的政府",而他们当然知道,在议会现有组成情况下这样一个政府是完全不可能的。这并没有阻止他们的许多领导人后来去参加主要由资产阶级组成的内阁。

这样,社会民主党人就退出了政府,而德意志人民党经过长时间的谈判后参加了政府。德意志人民党与中央党和民主党组成了新的政府联盟。由于民主党人拒绝参加也有部分德意志民族党人参加的政府,阻止了其进一步向右转。旧国会的最后一任议长、巴登州中央党议员费伦巴赫博士成为总理,出席凡尔赛和会的德国和谈代表团前总特派员瓦尔特·西蒙斯博士出任外交部长。人民党议员海因策博士成为副总理兼司法部长。财政部长仍同上届内阁一样由中央党维尔特博士担任。担任交通部长的是格勒纳将军,他与西蒙斯一样没有参加任何政党。在共有466个议员的国会中，联盟党一共只拥有 176 票。也就是说，政府是个少数派政府，它甚至不能请求国会进行通常的形式上的信任投票。只有当社会民主党至少保持善意中立多久，它才能存在多久。考虑到即将同协约国举行谈判，社会民主党起初答应保持善意中立。

不久在斯帕举行一次国际会议，德国首次被协约国邀请坐在一张桌子上与它们进行谈判。协约国内部在这之前已举行过多次会议，在会上越来越难于定下一条对待德国的一致方针路线。劳合-乔治一直还在英国执政。他逐渐回到他在巴黎谈判期间于 1919 年 3 月底的备忘录中提出的观点上去，即他主张从形式上的和平进入真正的和平，这种和平也为德国的重建确保必要的前提。相反，在法国，克列孟梭下台了。害怕他滥用暴力的多数参议员和众议员在总统选举中宁愿要德夏内尔而不要"老虎"*。但法国的对德政策与其说是由领导人制订的，不如说是由公众舆论决定的，而公众舆论主要是仇恨和恐惧的结果。换句话说，对德国人要以其人之道还治其人之身，而且要尽可能防止又有一个德国兵踏上法国土地。因此要严格执行凡尔赛和约的所有部分。这也完全是新总理米尔朗的立场。

德国外交的任务必须是巧妙地、尽量不引人注目地利用这一矛盾。谁也不能说这种做法是否会成功。但是可以说，德国代表在斯帕没有采取这种做法。如果把责任完全推到他们身上，那会是不公平的。他们处在德国公众舆论的压力之下，而公众舆论在最后一次选举中表达得如此明显。他们的口号是：唯有不让步！

---

* 克列孟梭的外号。——中译者

魏玛联盟的迁就给我们带来了这个"屈辱的和平",因此我们把它赶走了;现在必须表现态度坚定才能取得成功。

斯帕会议(7月5日—16日)议事日程的第一项议题就可以被看作是一次实例检验。它涉及凡尔赛和约关于解除德国武装的军事条款的执行情况。德国国防军的领导人认为一支10万人的军队是完全不够的,今天大概不会有人否认这一点。他们有了最近几年的痛苦经验。同样,今天很少还会有人相信规定德国这支10万人军队必须由服役期为十二年的职业兵组成是明智的。这不仅关系到德国的内政,归根结蒂还关系到协约国,因为根据德国当时的情况,职业兵主要来自右派营垒,而左倾的城市工人几乎完全不愿参军。

可是协约国认为应当注意德国人从一开始就在致力于在正式军队之外建立其他的武装团体,这种武装团体在合适的时候可以立刻使正式军队增加一倍和二倍。它们以怀疑的目光注视着配备武器并按军事方式编制的公安警察,特别是在许多地方,尤其在南德建立的武装民团。它们怀疑这些民团是军国主义精神的支柱,卡普暴动已向它们充分证明了这种精神的强大和顽固性。

事实上民团不能简单地一言以蔽之。在莫斯科的追随者鼓吹世界革命和武装匪徒以放火和抢劫威胁爱好和平的公民——1920年4月一个共产党团伙首领马克斯·赫尔茨曾对萨克森的福格特兰实行恐怖统治达数周之久——的时期,受威胁者也拿起武器和联合起来保卫自己的生命财产,这是不可避免的。像泽韦林这样一个内行的、不偏向民团的证人可以证明,民团在这方面特别是在农村地区起了有益的作用。但有许多民团也想搞政治。在巴伐利

第六章　内部削弱与外来威胁

亚,在林务官埃舍里希领导下的民团对3月的政府更迭起了作用。右派政党把民团看作是自己的盟友,当中央内政部长科赫依从协约国的要求于4月8日要求各邦政府解散民团的时候,这一点就表现得很明显。接受这一要求的普鲁士政府在邦议会中和报纸上受到右派的猛烈攻击[1],而拒不执行的巴伐利亚政府却受到它们的欢呼。在这种情况下可以理解,为什么许多共和主义者把民团看作是反革命的工具,协约国把民团看作是召之即来的国防军后备力量。

格斯勒和泽克特在斯帕阐明了德国在军事问题上的立场。[2]他们提出把军队人数——不同于和约——长时期地规定为20万人的要求在当时的情况下尤其行不通,因为他们同时不得不承认,关于解除武装和交出武器的条款执行得很不充分。劳合-乔治反驳说,数百万不受控制的武器的存在不仅是对德国政府而且也是对邻国的经常性威胁。泽克特建议把缩减军队人数至10万人的期限放宽到15个月,也遭到断然拒绝。协约国的印象是,进一步谈判是毫无用处的,于是它们又回到采用强迫命令的办法。它们提出一份议定书让德国人签字,在议定书中它们虽然在这个问题上作了让步,同意把裁减军队至条约规定人数的期限延长到1921年1月1日,但同时也威胁说,它们会占领德国领土的另一部分,也许是鲁尔区,如果规定的期限未被遵守的话。德国认为这一威胁已超越协约国的条约规定的权利,因此代表团拒绝通过签字来承认这一点。但它别无他法,只好在规定解除民团武装和完全上交武器的议定书上签字。虽然事实本身并非是对和约规定的加重,但形式上却是德国的一次新的失败,而且进一步占领领土的威胁势必会引起对未来的严重忧虑。

接着讨论的是德国按照凡尔赛和约的规定提供煤炭的问题。这是一个技术上非常复杂的问题，而且——必须特别小心谨慎——是协约国方面法国最关心、最直接有关的一个问题。不可否认，法国需要德国的煤，因为法国本国的煤矿遭到德国军队的摧毁或是被破坏得无法开采，同样无可否认的是，供应煤的职责对德国经济来说是极其沉重的负担，国内动乱，尤其是鲁尔区的动乱所造成的破坏还大大妨碍了这一职责的履行。此外，德国方面由于难于取得上西里西亚的煤，错误地擅自削减了每月的供应量。因此，在这里对德国代表团来说需要特别谨慎。它的官方发言人西蒙斯部长和赔款委员会德国代表、考虑问题实事求是的国务秘书贝格曼在发言中也是这么做的。但接着是专家施廷内斯发言。

胡戈·施廷内斯——他自命不凡地简称自己为"米尔海姆的商人"——当时是最成功的德国工业家。他在形势好的时候经营得法，在形势不好的时候也是如此。他的经营范围越来越大，在煤炭交易和采矿业、航运业、旅馆业和新闻事业中，在他合营的任何企业中，他都是举足轻重的领导人。他善于谈判，不知疲倦。他是个特殊人物，使他不同于他的大工业家同事的不仅是由于他的脸型和胡子（这使他几乎具有一个古亚述国王的外貌），而且也因为他的不合身的衣服和看不起富人通常用以美化生活的种种享受。不幸的是，他以为自己既然在经济上大获成功，也一定能获得政治上的桂冠——不是在他作为人民党议员参加的国会讲坛上，而是在做出真正决定的会议桌上的谈判中。人们没有理由怀疑他希望以自己的方式为德国办好事。但他以许多成就显赫的人所免不了的那种天真,把德国的兴旺与他的企业的兴旺等同起来。由于他的生意是在使德国陷入不幸的通货膨胀中欣欣向荣的,后果就更加严重了。尽管他很聪明,但在政治问题上只不过是个半瓶子醋,他受到他的圈子里流行的民族主义感情影响的程度要大于他自己所意识到的。由于他比坐在他周围的那些政治家对采煤和煤炭生意更加在行,他就认为自己可以像在全体大会上教训不听话的股东那样对待他们。

他事先准备好的、照本宣科的讲话的第一句话就是一个挑战。"我站起来,为的是能正视敌国代表。"接着他就按这种格调讲下去,谈什么"胜利者的疯狂",并且还用生硬和不妥协的语调来强调他不屈不挠的办事态度。[3] 作为英国大使怀着最良好的谅解愿望来到柏林的达伯农勋爵写道:"协约国的代表又气又惊,脸色煞白……比利时外交大臣海曼斯说:'如果这样一个人作为战胜我们的胜利者,我们的境况会怎么样?'"[4] 那完全是灾难——可是在德国,施廷内斯俨然成了民族英雄。"他狠狠地教训了他们一顿。"人们在酒馆的餐桌旁和"民族主义"报纸的编辑部里这样欢呼。"谁要是反驳胜利者,谁就反驳得有欠思考。"普拉滕的哈莫桑曾这样说过;俾斯麦也曾徒然地警告过德国人,每一个民族都要为自己报刊故意掷出的铁饼付款。并非总是需要报刊进行这种代价高昂的运动。进行这种运动的有时也是受到大肆吹捧的"工业巨头"之一。

西蒙斯和德国代表团有责任感的成员竭尽全力去挽回施廷内斯所造成的损失。施廷内斯威胁协约国说,如果它们占领鲁尔区,那它们就更不会得到煤。但协约国看来没有被这种威胁所吓退。

229 它们宣称：如继续千方百计拖延不交付煤炭，不仅要占领鲁尔区，而且还要让福煦元帅和英军总司令威尔逊将军到斯帕来从事进驻的准备。西蒙斯在作为总理在赔款问题上的顾问陪同代表团的波恩教授[5]的帮助下，还在采取军事措施之前，与劳合-乔治重新建立联系。经过热烈的谈判，费伦巴赫和西蒙斯签署了协约国提出的规定在今后六个月内交付煤的议定书。在数量上，协约国贯彻了自己的大部分意志，但也向德国人做出了一个十分重要的让步，即规定供应每一吨煤支付现金五个金马克，这笔钱专门用来为德国矿工购买食品。施廷内斯直至最后反对签署，但他的意见没有被接受。

这一结果自然不为德国民族主义者所喜欢。还可以说，大多数居民既吃惊又气愤。情况正如西蒙斯在国会中所说的那样："我国人民直至最近数月还常常流行这一错误看法，认为和约用不着认真对待，而且对方也不会认真看待。现在居民才逐渐认识到德国人民肩上担子的重量。"在国会中，德意志民族党发言人指责代表团没有维护民族尊严；而这一次提出指责的是历史学家奥托·赫茨施教授这样一位在许多事情上十分通情达理的人。连作为一个执政党领袖有义务支持协定的施特雷泽曼竟也对施廷内斯的表现表示感谢。在法国驻柏林大使馆发生的一件事表明民族主义的
230 激情产生了何种荒谬的后果。那儿在7月14日法国国庆日升起的法国国旗被一个年轻人取了下来。德国政府自然得赔礼道歉，国防军的一个连队不得不在法国国旗重新升起时向它致敬。履行这一国际义务的方式又在巴黎引起新的抗议。当西蒙斯在国会中委婉地提出责备的时候，他受到纷纷指责，以致不得不几乎收回他

的责备。柏林的法官判处这次愚蠢的胡闹的肇事者罚款 500 纸马克，当时相当于 50 金马克。[6] 在这种气氛下，康拉德·豪斯曼在国会辩论中把凿沉斯卡帕湾的船队说成是德国海军当局对德国做出的极其错误的行为，这是需要很大的勇气的。在社会民主党人的支持下，国会大多数通过一项决议，批准政府的做法。政府根据斯帕议定书提出的解除武装法令也以大多数赞同而获得通过，连德意志民族党的多数都投票赞成。

德国问题不是使在斯帕聚会的协约国政治家们大伤脑筋的唯一难题。俄国和波兰之间的紧张关系在 1920 年春发展成一场真正的战争，这场战争在 7 月间发生了对俄国有利的重大转折。华沙受到严重威胁，波兰总理格拉布斯基匆忙赶到斯帕，谋求协约国的援助。协约国派遣一个法英使团前往华沙，使团的最重要成员是福煦元帅的参谋长魏刚将军。魏刚对军事上和士气上一蹶不振的波兰军队进行了整顿，组织了一次反攻，大获全胜。此时是红军以快得出奇的速度崩溃，到了 10 月苏俄被迫停战，结果导致了对波兰人十分有利的和平。波兰获得了完全符合自己愿望的东部边界。

德国人民当然对这些戏剧性的事件十分关注。他们感到与法国结盟的波兰的最后失败将会大大削弱协约国在欧洲的地位。政府于 7 月 20 日正式声明在波俄冲突中德国保持中立。这实际上意味着不允许协约国通过德国领土运送部队或武器去支持波兰。独立社会民主党人和共产党人同情俄国，独立社会民主党的国会发言人布赖特沙伊德博士大声向俄国表示"在捍卫革命果实的神圣斗争中德国兄弟的敬礼"，这是不足为奇的。但是，外交部长西蒙斯博士在同一次国会会议(7月26日)上以经过郑重斟酌的方式谈到苏维埃政府,对其成就大加赞扬,并且明确否认"苏维埃共和国对德国进行烧杀掠夺",这就不能不引人注目了。事实上当时在威廉街*存在着一股强大的潮流,主张与俄国谅解以增强德国对付协约国的地位。这种主张的最重要、最坚决的代表就是处长阿戈·冯·马尔藏男爵。

就连对布尔什维主义自然十分敌视的泽克特,也很倾向于按照德国的利益来利用俄国在军事上的胜利。一方面他想向协约国表明应允许德国拥有更强大的武装,由此加强作为"抵挡布尔什维主义的堤防"的德国;另一方面他拒绝"对波兰提供任何支持,即使冒波兰被吞灭的危险……如果我们不能帮助俄国恢复其旧有的疆界,那我们也不应阻碍它这样做"。8月初,当他估计俄国将要彻底战胜波兰的时候,他建议"争取使1914年的边界得到保证,此外在谋求共同的对外政策中消除内部分歧"。[7]后来俄国的失败使这种考虑成为无的放矢。

赔款问题在斯帕没有讨论。从德国人立场出发,也许这并不使人遗憾。因为德国人能提出什么主张呢?真诚希望和解的赔款委员会协约国代表在一次秘密会谈中向国务秘书贝格曼和梅尔希奥博士指出,德国代表团正面临暂时无法摆脱的进退两难处境。[8]如果它说由于当前的政治和经济困境当时不可能提供赔款,那就会在法国和英国引起愤怒的浪潮。如果它根据当前形势提出赔款

---

* 总理府所在地。——中译者

第六章 内部削弱与外来威胁

意见,数目一定会大大少于债权国的期望和要求,肯定会遭到断然拒绝,这也会使形势尖锐化。不过,所谓"好转证"[*]的主意倒是一个出路,这就是说,先提出最低的数目,同时答应等到德国形势好转时再相应增加赔款数目。

但是,德国人总有一天必须明确说出他们愿付多少赔款以及怎样清偿其债务。根据凡尔赛和约,德国至1921年5月1日要支付200亿金马克,赔款委员会到这个时候应根据第233条确定德国赔款总额。在此期间协约国方面也已看到,这个问题比它们1919年在巴黎时所想象的要困难得多。确定赔款总数的规定日期也许是太早了,先只提出今后五年的临时支付计划,然后在赢得的这个期限内再着手最后解决,这不是对双方都有利吗?难道不能希望在此期间不仅双方的情绪会平静下来,幻想会消失,而且客观的经济因素也会得到巩固和表现得更明显?支持这种观点的尤其是最明智、最有影响的法国专家之一、外交部贸易司司长塞杜克斯。1921年1月,塞杜克斯在一次国际会议上——以后数月曾举行过多次国际会议——提出具体建议:今后五年德国每年支付30亿金马克。

这个建议虽然不是官方的,但经过适当讨论有可能成为官方的建议。贝格曼把此建议带到柏林。德国政府于是面临一个暂时解决或最后解决的问题。这是一个很困难的问题。在这个令人大伤脑筋的问题解决之前先有几年的安静,暂时当然可以松一口气。

---

* "好转证"(Besserungsschein)是德国法律用语,指的是破产的债务人发表一项书面声明,答应在以后经济状况好转时向债权人逐步增加偿还欠款。——英译者

但只要这个涉及未来的大问题不解决,人们究竟能否指望形势安定和经济稳定?政府同工业界领袖进行了磋商。工业界在施廷内斯的决定性影响下声称,他们需要尽快最后解决这个问题,以便对此做出安排。不过如果认为工业家也许主要出自另一种考虑,那看来不会是委屈他们。他们害怕如果几年后德国经济在消除战争和革命后果后生产重又得到更大的发展,到那时赔款数目就会定得更高。特别是如果在这个临时间歇时期德国货币重又稳定和通货膨胀结束的话,情况就会完全是这样。

通货膨胀的一个恶劣特点就是它的有害方面只是渐渐地显露出来。开始时它的害处被更令人注目的好处所掩盖,对于这种好处,在歌德的《浮士德》中,皇帝的宫内大臣在靡菲斯特的恶魔般的影响下作了如下的描写:

> 钱庄银号都大大地敞开着大门,
> ……………………
> 从这儿又流到面包店、肉店和酒店;
> 世间的一半好像在专开酒宴,
> 另一半呢又在讲究服装的新鲜。
> 成衣店在缝,衣料铺在剪。*

但这种福气只对那些商界、经济界、政治界的佼佼者有利。根据一

---

* 译文引自郭沫若译《浮士德》第二部,人民文学出版社 1978 年版,第 72 页。——中译者

定的资本领取数目固定的收入的靠剪息票过活的人当然很快就发现，资本和收入每星期都在进一步减值。但他们是无足轻重的。他们是不受欢迎的，而且只要他们的收入来自房地产，立法还会通过种种保护承租人的规定使他们的收入不能或不完全能跟上货币贬值的步伐。可是工商业者，在某种程度上还有工人和职员的处境，在通货膨胀中起初还不错。大量货币流通促进了销售，在国际市场上货币贬值起了促进出口的作用。与币值下跌相比，股票行市自然也上涨，证券交易极其活跃，谁要是干得不是太糟，就可以用交易所的赢利来补充自己其他方面的不足收入。处境最好的当然是出口工业，因为它的商品可以得到人人渴望的东西：外汇。相反，它用纸马克支付工资、银行利息和税金，即使它对于支付工资往往并不吝啬，愿意提高工资，但在税金上很可能指望在确定税额和支付税金之间货币进一步贬值，在偿还银行借款方面也是如此。因此，它远远不像国家那么急于停止钞票印制机的转动，而且——这正是关键的一点——把滥发纸币和通货膨胀看作是妨碍敌国专家认清德国真实情况的面纱。

在工业界这种消极态度的压力下，政府迟迟没有接受塞杜克斯的计划。但当英国和法国代办拜见西蒙斯，以本国政府的名义劝说他接受这一折中办法时，他认识到采取完全拒绝的态度是十分危险的，因为没有人能够提出一个能有一线希望为协约国接受的主张最终解决的建议。因此他责成贝格曼在塞杜克斯计划的基础上进一步谈判。他想通过谈判降低每年缴纳的数额并且另一方面限制不停猛升的占领费用，这是顺理成章的事。比较可虑的是，德国的建议有一个条件，即让上西里西亚留在德国。因为该处还要举行条约规定的表决（1921年3月），而这一公民表决是劳合-乔治为了德国的利益尽最大努力在最后时刻向克列孟梭争取来的。显而易见，正想和波兰结盟（1921年2月18日）的法国人决不会放弃公民表决，而劳合-乔治单是为了自己的政治声誉也完全不可能强求法国人放弃这一点。

尽管存在这些困难，是否有可能通过谈判达成暂时解决？这不得而知，因为协约国1月24日在巴黎举行的一次会议上突然改变主意，放弃了这整个建议。不久前，白里安在法国上了台，但在这次会议上由他的财政部长杜梅任主要发言人。劳合-乔治极力反对杜梅提出的极端要求，但他最后也同意让德国分四十二年支付赔款，数目每年由20亿金马克增至60亿金马克，此外在这同一时期还要把德国出口额的12%交给协约国。

这些决定（诚然只是作为"建议"提出）在德国激起了极其强烈的愤怒和抗议。2月2日召开的国会会议也强烈地表示了这种情绪。但这并没有使德国政府可以不必提出自己的反建议，因为它已被邀请于3月1日在伦敦与协约国举行一次会议。西蒙斯十分清楚，他在会上不能光是强调德国无力支付。他认识到只是采取否定的态度会使自己在道义上处于不利地位，在这一点上他也看得比德国公众舆论要远。当他在一次讲话（2月13日在斯图加特）中说，德国政府深信德国人民通过决定签署凡尔赛和约，他们就必定尽力而为补偿战争损失的时候，他是真心实意这样想的——与其他许多人不同。西蒙斯完全清楚，德国公众舆论非常喜欢幻想和空谈而不愿做出他认为不可避免的清醒的让步。他知道他得依靠这一舆论，试图在南德一次巡回演说中争取舆论的支

第六章 内部削弱与外来威胁

持。只不过他并没有采取坚定地抵制它的做法,而是通过尖锐批评巴黎决议和重新提出战争责任问题来谋求它的赞许。当他对战争责任提出疑问的时候,德国人自然向他发出欢呼。但巴黎和伦敦也看到他的讲话,而它们对德国负有战争责任这一点是确信不疑的,并把这种不合时宜的讨论完全看作是一种挑战。这样一来,参加伦敦会议的协约国从一开始就对西蒙斯抱有看法,这种看法比他用伦理观念和政治主张进行辩护所造成的印象要不利得多。

即使是最有天才的外交家大概也不能向会议提出这样一个计划,这个计划一方面既保持德国人所认为能够提供的最大限度,另一方面也能勉强符合协约国认为即使只是修复最严重的损害而迫切需要的数额。战胜国在这以前开列的损失清单至少有2000亿金马克,现在这一建议一共才只有300亿,而且还拖延很长时期分期支付和没有提出"好转证",这必然会使他们感到气愤和恼怒,以致他们也听不进德国建议中那些合理的、经过深思熟虑的因素。

这个建议的出发点是完全值得考虑的。德国方面是从所要确定的赔款的当前价值出发的,这笔应支付四十多年的当前价值的赔款当然比全部赔款的总和要少得多,因为后者总得包括巨额利息在内。假定利率为8%,巴黎决议规定的2260亿年金只相当于当前价值530亿。这样就得出了更加方便的数字,更好商量。从这530亿出发,四舍五入,取整数500亿。可怎样把这个数目降至西蒙斯所建议的300亿呢?根据凡尔赛和约(第235条),德国到1921年5月1日之前——也就是确定赔款总数之前——须预付200亿,主要是以实物支付。如今德国政府声称德国预付数额已达到这个数目,如果不是超过这个数目的话;它提出了一张总数为

210亿的清单。但赔款委员会最多只承认其中的80亿。对于实物支付的评价和估计，人们当然可以完全正大光明地进行争论。但是，德国账单上有几项使人不得不对其作者的真诚产生严重怀疑，或是因为这些项目显然与账单毫无关系，或是因为估计与实际价值完全不符。如割让给法国的萨尔矿山在账单上为10亿以上，而黑尔费里希在1913年估价为3亿。事实上德国在1935年收回萨尔矿山时只为此支付了1亿4000万金马克。内河和远洋航行船舶的价值据黑尔费里希1913年估计为10亿多马克。德国被迫交出半数以上的远洋船。政府通过造船信托银行付给因此而遭受损失的船主总共5亿5000万金马克，这笔款子确实能够以快得惊人的速度重新建立商船队。但在德国赔款账单上，德国把已交出的船只估价为34亿2600万金马克。更恼火的是企图把受到破坏的战争物资、包括在斯卡帕湾凿沉的战船的价值也纳入赔款支付中。[9]总之，德国账单上种种谬误和夸大如此引人注目，以致不能责怪协约国把这只看作是德国人根本不愿履行条约——尽管他们做出相反的保证——的恶意的表示。

遗憾的是，这不是使他们得出这一看法的唯一原因。另一点不满意见是对受指控的战犯的审理没有进展。最高法院一直还没有进行审讯；事实上直至5月23日才开始进行审讯。比这严重得多的是协约国指责德国没有按照在斯帕签署的议定书的规定解除武装。

这一指责有其合理的核心，但这件事的责任不在于德国政府。如上所述，政府在国会中使解除武装法获得了通过，但由于巴伐利亚的反对使这个法律的执行受阻。在巴伐利亚，相信民团必不可少已成为任何人都不能怀疑的信条，只要他们不想使自己有支持赤色委员会共和国的嫌疑的话，而卡尔政府把捍卫这一信条看作是自己有权存在的证明。至于它是否会拖正在谋求防止德国遭受新的损害的中央政府的后腿，是否会最严重地危害——它同时也口口声声承认的——国家统一，是无所谓的。就在西蒙斯不得已在斯帕签署解除武装议定书的同一天，卡尔宣布了他的政府"坚定不移的立场"，即"在任何情况下也不能放弃巴伐利亚的民团"。1920年8月11日解除武装法生效时，巴伐利亚政府也持同样态度。它拒绝在巴伐利亚执行这个法律，甚至允许巴伐利亚民团在大庭广众之中举行"射击大会"并耀武扬威地宣布这将继续组织下去。卡尔专程前往柏林，在同中央政府举行的会谈中虽然并不否认中央制订解除武装法的必要性，但要求让他的政府有权自行决定何时在巴伐利亚实行这个法律。此外，巴伐利亚还保持着戒严状态以及与中央法律相抵触的"人民法院"。

一个邦敢于拒绝服从中央政府，这在统一的德国的历史上还是第一次。可是概念的混乱竟达到如此地步：当涉及军国主义问题的时候，德意志民族人民党的发言人在1921年1月19日的国会辩论中竟为这种不服从辩护，理由是巴伐利亚邦只有在不触动该邦切身利益情况下才须重视中央政府的法令。这位发言人是巴伐利亚埃朗根大学一位新教神学教授。中央内政部长埃里希·科赫驳斥他说，他的话是公然煽动人们违反宪法。冯·卡尔先生和巴伐利亚人民党不为所动。甚至在1921年1月协约国巴黎会议的决议也使目光最短浅的民族主义者明白形势的严重之后和德国政府准备参加伦敦会议之时，巴伐利亚政府仍然顽固不化，公开宣称即使是新的形势也不能使其改变立场。

关于"奥尔格施"*的争执只是德国国内斗争中的一件小事。巴伐利亚民团领袖埃舍里希林务官成立了一个遍布全德的组织，把德国所有的"自卫团体"都联合在一起。这个组织的纲领是无可非议的，它公开承认的联合一切"愿真心诚意反对布尔什维主义"的人这个目标也是无可非议的。但这个组织及其成员的实际作为并非如此无害。他们大都拥有武器；泽韦林写道[10]，几乎每周都破获一个由"奥尔格施"成员管理的武器暗藏处。因此，普鲁士内政部长在普鲁士取缔了这个组织，这只不过是履行他的职责。这件事自然引起大吵大嚷，不仅在巴伐利亚，而且德意志民族人民党的全部报纸都毫无顾忌地称他为"党徒、普鲁士的毁坏者、国家统一的损害者"。中央政府起先持克制态度，但后来也不得不在全国禁止"奥尔格施"。

协约国当然十分密切地注视着全德政府与巴伐利亚的冲突。法国人甚至从1920年7月起就派遣一名特别公使驻在慕尼黑，尽管魏玛宪法已取消了以前俾斯麦仍让各邦保留的派遣和接受公使馆的权利。但法国使用一个假造的法律论点避开这一条。它显然希望巴伐利亚地方分立主义有朝一日会发展成为分离主义。协约国其他成员国都没有照此办理。但它们对德国政府对付不了不顺从的巴伐利亚感到十分惊奇。究竟是不能这样做还是不愿这样做？据劳合-乔治在伦敦会议上所说，协约国"深信德国政府要么

---

* "奥尔格施"，原文为 Orgesch，为 Organisation（组织）和 Escherich（巴伐利亚民团领袖的姓氏）两词前部合成，意指"埃舍里希的组织"。——中译者

第六章 内部削弱与外来威胁

是不想履行条约义务,要么是在自私自利、目光短浅的反对下没有力量坚持做出必要的牺牲"。

这个讲话是英国首相以全体协约国名义于3月3日交给德国外交部长的答复。劳合-乔治是抱着达成谅解的愿望赴会的。正如达伯农勋爵与此同时作的记录[11]所清楚表明的那样,劳合-乔治对法国人很有意见;他指责法国人自己也不知道究竟是要赔款还是喜欢以践踏德国人作乐。但西蒙斯的讲话使他深感失望。贝格曼[12]也证实,西蒙斯的"表达方式像是把被唾弃的300亿硬灌进与会者的脑袋中去,而赔款似乎越来越少",这给协约国听众留下了不利的印象。迄今坚决反对采取任何"军事冒险"的英国首相,这时也相信已无法再反对法国人提出的制裁要求了。于是他在讲话中宣布协约国的决定:(一)占领杜塞尔多夫、杜伊斯堡和鲁洛尔特这三座城市;(二)扣留德国向协约国输出的货物的一部分货款;(三)没收占领区德国关税,并在占领区和德国非占领区之间建立关税边界。

如果德国在3月7日以前不接受1月巴黎决议或提出合适的反建议,就要执行这些制裁。英国首相显然一直还希望德国代表团在上述通告的压力下会向他提出什么建议,使他能避免采取这些制裁。在达伯农勋爵和菲利普·克尔的协助下,他一方面积极地同西蒙斯进行幕后交易,另一方面同法国全权代表商讨出路。一度似乎有可能就一种暂时措施达成协议,但这一希望很快又破灭了。谈判没有结果,于是3月8日占领了这三个莱茵河港口城市。德国代表团对协约国的做法提出抗议并动身回国。

达伯农勋爵——他的真诚的谅解愿望是无人能怀疑的,他本人根据多次推心置腹的交谈对西蒙斯非常尊重——把伦敦会议的失败归结于两个原因：一是西蒙斯谋求达成合理妥协的努力没有得到德国舆论的支持，二是法国代表团任务明确、授权有限。最后，由于德国人不愿放弃只有在上西里西亚仍然归属德国的条件下才缴付赔款而使一切终告失败。[13]

德国代表团回到柏林时的情况说明达伯农对德国舆论的评价是正确的。西蒙斯以及陪同他的泽克特的车站上像凯旋的统帅一样受到欢呼人群的欢迎。为什么？因为他说了"不"。看来没有人问一问，他这样做是否使德国免遭损失，或是这个"不"会对事件的进展产生何种影响。人们对这种姿态鼓掌欢迎——肯定并不使西蒙斯高兴。

这个"不"字是否能长久坚持，是很成问题的。德国国会于3月12日经过辩论以压倒的多数批准了它。但辩论的情况表明，对在伦敦采取的方法以及将要进一步采取的方针，看法是大有分歧的。其实谈不上什么德国人民面对高度紧张的国际局势保持团结一致。共产党人不仅对柏林凯旋柱进行了一次幼稚可笑的袭击，而且在中德地区策动了一次相当危险的武装起义，并且还明确提到"西方的制裁和上西里西亚的表决给德国政府造成的危急形势"[14]；从法律上讲，这是一种叛国行为，在政治上是通过梅泽堡和比特费尔德把世界革命从俄国移植到德国的一次尝试。由于一部分独立社会民主党人在季诺维也夫等俄国密使的影响下于1920年10月投向共产党人，提高了共产党人的政治地位，捣乱分子同莫斯科的关系，尤为清楚。德国总统3月24日不得不对普鲁士的萨克森省实行非军事的紧急状态。之后，泽韦林坚决动用了得到国防军支援的普鲁士警察,在短短数日内把起义镇压下去。泽韦林为此在普鲁士邦议会不仅受到共产党人而且还受到德意志民族党人的猛烈攻击,这是很能说明德国政治状况的。

更糟的是,在火快要烧到屋顶的时候,巴伐利亚人在解除武装问题上顽固地拒不向中央政府让步。当中央政府派遣副总理兼司法部长海因策博士去慕尼黑,以求通过个人会谈谋求在最后时刻让步时,巴伐利亚政府举行内阁会议后竟然拒绝了他的要求。与此同时,巴伐利亚政府在巴伐利亚州议会承认民团拥有32万人、24万支步枪、2780挺机枪、44门轻型火炮和34门迫击炮。

在此期间,西蒙斯竭力以各种可能的方式重新建立在伦敦会议上中断的联系。他甚至想出这个奇怪的主意,想请美国总统——3月4日哈丁已继威尔逊出任总统——担任仲裁人并事先声明德国将无条件服从他的裁决。哈丁拒绝了,只愿向协约国转达德国提出的合适建议,这是不会令人惊奇的。西蒙斯于是又提出建议,但这些建议其实只是老建议的翻版。他没有别的办法,因为国会的多数认为这些建议已经走得太远了。这样当然就无法取得进展。5月3日,美国声称德国的建议是不能令人满意的,拒绝转交。在这之前,它已正式表示在赔款问题上仍然同意协约国的立场。

这时,1921年5月1日这个规定日期来到了。这一天按照凡尔赛条约具有双重的意义。到5月1日,德国应缴纳第一批200亿赔款(第235条)。按赔款委员会的账单,德国最多只缴付了其中的80亿,至少还拖欠120亿;虽然德国方面声称应对已做出的支付作更高的估价,但西蒙斯在4月26日对国会的讲话中明确地放弃了已付清200亿的原先说法。这就是说,德国毫无疑问拖延付款,不管数目大小。更重要的是,赔款委员会到这一天应确定德国赔款的总数(第233条第3款)。4月27日,这个数目被确定为1320亿金马克。由六个不同国家成员组成的委员会值得注意地对这个数目达成一致意见。尽管这个数目很大,但仍然大大低于协约国的迄今为止的估计,同凯恩斯所估计的1370亿大体相符。

按照协约国的看法,这就为重新对德国采取行动创造了前提。最高理事会在巴黎举行会议,赔款委员会也被召到那里。会议结果是劳合-乔治于5月5日向德国驻伦敦大使施塔梅尔提出新的最后通牒。但当这份最后通牒送到柏林时,那儿已没有政府了。西蒙斯在华盛顿碰壁后认识到自己已不能再起作用。德意志人民党不愿为现在必然会发生的事情承担责任,至少不愿作为一个如此软弱的少数派政府的成员。年迈的费伦巴赫反正为他可以卸下早就对他变得过于沉重的担子而高兴。于是内阁于5月4日宣布辞职。

在继续记述协约国最后通牒和内阁辞职所引起的事态发展之前,必须先回顾一下在上西里西亚发生的事情。最终确定的凡尔赛和约规定举行公民投票,使波兰人深感失望;他们早就期望得到整个上西里西亚,如同原先的草案所规定的那样。他们企图用粗暴的暴力来取得他们担心按照法律会失去的东西。1919年8月爆发了一次经过精心准备的波兰人起义,起初取得了巨大胜利,但很快就被德国部队镇压下去。但德国部队在凡尔赛和约于1920年1月10日生效后不得不撤离这个公民投票地区,由协约国派部队占领。在协约国军队中人数最多的是法国人,他们公然同情波兰人。不过这次表决于1921年3月21日在十分平静的情况下举行，结果使波兰人再次深感失望。只有479 000票赞成与波兰合并，却有707 000票赞成与德国合并。"热爱家乡的上西里西亚人"，也就是在那儿出生其后迁至德国其他地区的男男女女，成千上万地响应了他们处于困境的家乡的号召，促成了这个有利的结果。只是考虑到后来发生的事情，才应附带提一笔，在他们当中犹太人起了重要作用。

此时德国政府坚持应根据多数人的这一决定把整个上西里西亚完整地归还德国。这毫无疑问并不符合凡尔赛和约；和约规定根据各个地区投票的情况进行划分（第88条附件第5款和第6款）。但正如英国的国联史作者所指出的那样，德国人民"很快就以其典型方式深信，无论从法律、道义或经济的观点来看，他们的要求都是正当的，任何割让、即使只是一部分地区的割让都是对天理和人间法律的专横违反"[15]。可是协约国显然把划界线想得过于简单了，事实上根据表决结果情况要复杂得多。因为即使在上西里西亚，投票主张归德国的常常主要集中在城市，而周围的农村投票主张归波兰。德国人企图通过外交照会得到的东西，波兰人却想用武力得到它。5月1日，协约国公民投票委员会宣布它将着手调查边界线。两天后，波兰义勇军在德国国会前议员科尔凡蒂率领下入侵表决区。[16]这又是一次精心策划的行动，得到波兰政府私下的全力支持，而且起初又取得了巨大成功。在协约国士兵中，只有意大利人开始战斗，法国人则以消极态度包庇这次暴乱。德国政府处境十分困难。它不能动用国防军，否则法国人威胁要占领鲁尔区。于是它只得满足于让德国志愿兵团同波兰人作战。

泽克特尽可能通过非官方途径帮助德国志愿兵团,通过官方途径他什么也不能干,否则就会违反德国政府在协约国最后通牒的再次压力下勉强同意的解除武装政策。[17]上西里西亚人因此得感谢冯·卡尔先生,因为在5月5日最后通牒指责德国违反条约的事情中解除武装又位列首位。第二点是到5月1日还拖欠120亿,再加上迟迟不对战犯进行判决。同时递交了赔款委员会提出的支付它所确定的1320亿的计划。计划的最主要要求是每年偿付20亿,外加出口的25%。要求德国政府明确表示保证绝对毫无保留地履行四项要求,其中包括履行支付计划、解除武装和判决战犯。期限为六天,也就是到5月12日。到期后如不接受上述要求,就占领鲁尔区。

尽管几个星期以来人们就已清楚地看到了这一步,但既成事实仍使人晕头转向。仍然激昂慷慨地声称不可能接受这些要求或把威胁要进行的占领说成在国际法上是不许可的,现在又有何用呢?另一方面,人们有意夸大了伦敦最后通牒对德国的苛求,而德国权威专家、国务秘书贝格曼在他的最后鉴定中总括为这并不比德国不久前向美国提出的建议更糟糕。[18]形势又同1919年6月一样。必须做出一项无比困难的决定,可是没有一个愿为此承担责任的政府,虽然不仅在激动的广大群众中而且在国会各政党中有许多人要求加以拒绝。没有一个头脑清醒的人会看不清占领鲁尔的灾难后果,可反对派认为占领迟早会发生,因此不值得用新的让步来推迟它的发生。但大多数有责任感的政治家都认为这是一种绝望的论点,一个关心德国幸福的政府必须竭尽全力防止这一灾难,即使只是把它推迟也好。俾斯麦反对进行先发制人的战争,因为任何人都无法预见未来的事情。这个论点在这里也适用。

在那些由于近几年惨痛经验而取得这一认识的人们中有一位政党领袖，开始时曾特别坚决要求不要退让。他就是古斯塔夫·施特雷泽曼。5月9日，达伯农大使从伦敦返回柏林。他的副手基尔马诺克勋爵告诉他，施特雷泽曼刚刚拜访过他并通过他向英国政府转交了四个问题。第三个问题涉及3月8日发生的占领三个莱茵港口之事；他想知道，如果德国接受最后通牒，是否会取消占领。第四个问题最重要，涉及上西里西亚。施特雷泽曼痛心地承认这个地区的一部分对德国来说已经失去。但是，如果大部分工业区仍归德国所有，那么他表示愿承担责任，成立一个愿意履行要求的内阁。大使直至5月12日才把本国政府的答复通知施特雷泽曼。对前三个问题的答复是绝对有利的。至于上西里西亚，劳合-乔治只能说，德国政府可以放心，"英国政府在同盟国的谈判中将愿意适当地考虑德国的重大利益并努力在严格公正地执行凡尔赛和约的基础上谋求公平的调处"。大使在向这位德国议员转达伦敦这个在语气上也十分迁就的电报时有这种印象：施特雷泽曼头脑里闪过这个想法：如果这个答复早到48小时，我现在就会是德国总理了。[19]

因为在此期间，前财政部长维尔特博士于5月10日组成了新政府。这个政府采取履行政策。国会各党团的谈判表明，国会中多数赞成接受最后通牒，尽管各中间政党分歧很大。人民党多数反对接受最后通牒和反对参加政府。施特雷泽曼在一次讲话中表示了反对，可以看得出他这一次的决定是多么的困难。民主党人除了格斯勒外，还有欧根·席弗尔作为司法部长参加了内阁。这届内阁主要由中央党人和社会民主党人组成。除了他们以外,独立社会民主党人也一致投票赞成接受。投票结果,220票赞成,172票反对。5月11日即最后通牒期满前一天,将这一结果通知了协约国。

约瑟夫·维尔特当时正当壮年。1879年他出生在他的前任费伦巴赫曾进行过多年政治活动和职业工作的巴登州弗赖堡。两人都代表天主教政治家中的南德民主派,只不过维尔特思想中的民主因素更加浓厚。他和埃茨贝格尔一样是教师出身,是一名受过高等教育的中学数学教师。他的勇敢果断是他最大的政治财富。埃茨贝格尔下台后他继任财政部长一职时就表明了这些特点。如今他又显示出这些特点,在成立新政府时明确认识到该政府必须推行高度要求德国人民准备牺牲和清醒理智的政策,它会承受民族主义鼓动的全部压力。他还具有非凡的辩才,有时他的讲话不胫而走,传诵全国。他身上散发出一种青春活力,为人坦率。他给非常赏识他的达伯农勋爵留下的印象是一个经常在室外活动,身上没有一点足不出户者或官僚主义者气味的人。[20] 维尔特认识到,德国没完没了的抗议只会使国外舆论对德国更加反感,相反地如今德国必须认真努力尽自己可能去履行协约国的要求;只有这样才能向协约国表明德国履行要求的能力的限度在何处。不能认为他已掌握与此有关的那些问题的全部细节。在这方面,他倚靠那些在专业知识和出谋划策上胜过他、但在目的上与他一致的人的意见。在这些人中引人注目的是瓦尔特·拉特瑙。1921年5月28日,拉特瑙作为重建部长参加维尔特内阁引起了轰动。

瓦尔特·拉特瑙[21] 对于德国公众来说是作为大工业家和作家

而著名的。作为大工业家,他是他父亲埃米尔·拉特瑙——举世闻名的通用电气公司有创业精神和远见卓识的创办人——的继承人。但他不仅仅是继承人。他在战争头一年表明,他作为经济领导人也有独创性,他第一个认识到为官方所忽视的德国原料供应的潜在危险,通过组织和领导"战争原料处"成功地防止了这种危险。在创作活动中,拉特瑙想把他那想象力丰富并从各种渠道汲取营养的头脑所不断思索并且随着时间的推移,而不止一次发生变化的关于经济和社会学、政治和宗教的许多想法写下来。他在写作时并非总是表达明确简洁。他口头掌握的语言十分熟练、令人惊叹,而在写作时常常啰啰唆唆、矫揉造作,但他总能说出一些令人深思或促使别人反驳的话来。可悲的是,有些愚昧无知而不能理解他的著作的人断章取义,从他的作品中摘引一些自己也并不理解的句子,并用这几句话向头脑发热的群众进行宣传,说拉特瑙不爱德国而且也不希望它胜利。这一无稽之谈为他1918年10月7日在《福斯报》上号召全民入伍的那些热情洋溢,尽管实际上并不合适的话所驳斥。事实上他不仅以每一个有正常感情的人对自己祖国怀有的热爱去爱德国人民,甚至把德国人民描绘得十全十美,十分崇拜金发碧眼的德意志人种。因为拉特瑙是犹太人,为自己是犹太人而苦恼。他因为太高傲而没有像在犹太大资产阶级中常有的那样改信基督教,但他无法忘掉如改信基督教就不会受到的怠慢,由于他常常意识到自己胜过那些比自己更受重用的人,因此这种怠慢使他加倍感到痛心。与此同时,他是自己的教友无情而并不总是公平的批评者。这样一个人不会到处受到爱戴。大量有见解的话,对有些人富有吸引力,对另外一些人却如冷水浇头。但是颇能说明拉特瑙人品吸引力的是,在他的朋友和崇拜者中也有在德国学者中首屈一指的伟大宗教研究家、哲学家和历史学家恩斯特·特勒尔奇。但尽管有这些朋友和关系,拉特瑙实质上是一个孤独的人。

革命后他热切渴望担任政治领导工作,他的非凡的才能和学识确实使他有理由这样做。但对他这样一个多少年从未参加过现实政治活动的人来说,要想在一个政党中取得一个位置谈何容易,特别是他以喜欢自行其是著称。他参加的民主党从未帮他取得过议员席位,争论这一情况更多在于该党还是在于他本人是毫无用处的。因此,当维尔特表示愿意在他的内阁中向拉特瑙提供一个职位时,他一定会觉得这是一次机缘。尽管他的亲人如他的母亲等提出警告,而且他自己冷静思考时不禁产生种种疑虑,他仍为这一引诱所吸引,这是符合他的天性的。一下子脱离他的广泛业务活动和岗位,这并不使他感到困难。但他也是最后一位,由于过于乐观,看不到任务的艰巨性和反潮流的必要性的人。当时他写给一个朋友的信看上去是真实的:"这是我一生中最困难的决定……需要人们一个接着一个跳进壕沟一直到可以越过它。可是,如果没有一个人开个头,就永远不会越过它。"[22] 他不能预料到这个预言多么糟糕地竟在他身上得到应验。但他从第一天起就怀有忘我牺牲的精神。

拉特瑙参加政府是抱着这样的坚定信念的,即必须真诚地尽力去履行条约,尽管正是他对面临的困难和障碍十分清楚。他用一种他特有的在国会中罕见的用语即贝多芬F大调四重奏最后一个乐章《困难的决定》来说明这一点。"开始时用弱音,结束时用

第六章 内部削弱与外来威胁

坚定有力的'必须如此'。谁要是不以这种'必须如此'去从事他的任务，就总只会得出半音的答案。"他和总理都持有这一基本观点。同这两人在内阁中共事的古斯塔夫·拉德布鲁赫在他的回忆录中描写了维尔特和拉特瑙的相互关系："从拉特瑙对总理体贴入微的态度可以得出这样的印象，即他完全意识到这个看来像个健壮的庄稼汉，远比其外表叫人捉摸不透的人的价值和脆弱，并赏识在他身上具备而自己所缺乏的东西。拉特瑙是个深思熟虑的人。而维尔特考虑问题容易犯错误。维尔特完全是一个凭直觉的人，他那强烈的政治直觉在我们中间是罕见的。这样，两人彼此都从对方身上看到自己所缺少而需要补充的东西。"[23]

拉特瑙为解决赔款问题采取的第一个具体步骤就是在同法国部长卢舍尔的会谈中达成协议，由德国特别给法国的重建提供实物赔偿。他们的主导思想是更多用德法两国当事人之间的商务谈判和协议来代替政府与赔款委员会之间政治性的和官僚主义的谈判和协议。拉特瑙和卢舍尔于10月6日和7日签订的维斯巴登协定本着这一精神规定设立一个德国民间团体负责向法国战争受害者提供赔偿并直接同他们联系，也就是不经过双方政府。如果直接谈判不能达成协议，就由一个对等的仲裁法庭来决定。详尽规定了这些支付根据什么原则记入赔款清单。这个协定遭到过许多批评，引起旷日持久的商谈，只产生了有限的支付。尽管如此，但它的主导思想是对头的，因为它试图尽量使赔款问题摆脱狂热的政治气氛，特别是向态度最激烈的债权国法国具体表明德国履行支付赔款义务的良好愿望，并通过重新发展商业关系促进彼此谅解，从而减少仇恨、猜疑和敌视。[24]不管人们从国民经济观点出发对现金支付和实物支付的好处有多少争论，后来实际实行的实物赔偿无论如何比在实践中行不通的现金支付要好得多。

在这方面，维尔特的履行政策由于伦敦支付计划规定在三个月内付清第一批10亿金马克而做出了实例检验。这笔款项确实按规定的期限在1921年8月31日以前付清了，但以德国货币再次受到损害为代价。德国政府所需外汇一周比一周更少更贵。一直到整个过程在9月结束止，7月汇价比较稳定保持在60马克左右的美元上涨到100以上，而且从此以后越来越高。

关于最后通牒提到的审判战犯问题，通过最高法院于5月23日开庭审判而得到解决。起初有四人因虐待英国战俘和击沉一艘英国医疗船而受到控告。对三人进行了判决，对第四人最高法院依法宣布无罪释放，尽管事实本身是无可争辩的。无论是英国派来旁听的官方人士还是《泰晤士报》特派记者都没有对审判的方式提出意见，但他们批评量刑过宽。鉴于第二次世界大战期间德国人在这一方面犯下的罪行，必须承认这些批评是正确的。最高法院宣判的几个月徒刑其实不可能具有足够的威慑效果，特别是因为出庭作证的专家冯·法兰泽基将军几乎给每桩罪行都找出军事上的辩护理由。后来还对受害人为法国人的多起案件进行了审判，大多数都被宣告无罪。只对两名潜艇军官判处较高的惩罚，他们在击沉一艘英国医疗船以后又把载满想死里逃生的护士和伤病员的救生艇击沉。他们被判处四年徒刑，但几周后他们就越狱逃跑，永远没有再被捕获。这样的"战争英雄"不幸总有人相助。

总共有12件案子得到判决，到此审理结束。协约国认为把新的案件交给最高法院审判是无济于事的，但并没有使用它们正式保留的由协约国法庭进行审判的权利。[25]它们大概都认为如今已为时太晚。可以认为,这一经验促使第二次世界大战后胜利者在谈判缔结和约之前自己着手对战犯进行惩罚。

在解除武装问题上,巴伐利亚此时终于屈服了。6月初向巴伐利亚民团发出了上交武器的官方要求。这使中央政府与其第二大成员邦的冲突暂时可以认为已经消除。但一次悲惨的事件不久又重新引起冲突。

马蒂亚斯·埃茨贝格尔在黑尔费里希诉讼中遭到惨败后完全退出了政治舞台。虽然他在1920年6月国会新选举中被他的忠诚的符腾堡选民重新选为议员,但在对他进行的作伪证诉讼正在进行期间,他没有在国会露面。1921年春,这个诉讼停止了,理由是刑事法庭判决中说他作伪证这一点不真实,为他恢复名誉。偷税漏税案也进展顺利,可望于不久后结束。在这种情况下,埃茨贝格尔自以为有理由在6月29日中央党中央委员会会议上声明说他恢复政治活动取决于整个政治形势。但是有些人无论如何想要阻止埃茨贝格尔从事政治活动。8月26日,他被埃尔哈特旅两名前军官舒尔茨和蒂尔埃森暗杀。他们是在正在黑森林一个疗养地休养的受害者外出散步时埋伏在路旁,用左轮手枪把他打死的。两个杀人凶手持假护照逃到匈牙利;匈牙利拒不引渡他们,使他们逃避了德国的法律。一个前海军上尉,卡普暴动的参加者,有帮助凶手的嫌疑,被奥芬堡刑事陪审法庭宣告无罪。

几乎比暗杀埃茨贝格尔本身更令人震惊的是,许多德国人厚颜无耻地对这次暗杀发出欢呼。证据多得使人对此不可能有丝毫怀疑。一位福音派新教神学家马丁·拉德教授在《基督教世界报》

上义愤填膺地写道:"无数福音派新教徒欢欣鼓舞地欢迎这个消息,这真是令人愤慨的。他们在街道上,在火车上,在家庭中毫不隐讳地表露这种感情。"[26]许多人的这种仇恨出自他们对埃茨贝格尔的真诚义愤,因为他们相信他犯了错误。但更多人的这种仇恨出自政治原因,因为它针对的是由于其干劲和专门知识而成为共和国一个强大台柱子的政治家。像达伯农勋爵这样一个人甚至相信他是一位政治天才。但埃茨贝格尔的敌人最不能宽恕他的是,他在贡比涅签署了停战协定。因此,他们听到他被害的消息时雀跃欢呼。但是,这些德国人却把兴登堡陆军元帅——当年埃茨贝格尔甘愿替他忍辱负重在停战协定上签字——选为总统。

当然,对这一罪行感到高兴的人只是德国人民中的少数。另一方面,共和国的支持者十分愤慨,因为他们把这次行刺当作是对新国家的攻击,要求制止那些公然以各种手段企图推翻新国家的人的活动。刺杀埃茨贝格尔并不是第一次这种暗杀事件。6月,巴伐利亚独立社会民主党领袖、邦议会议员加雷斯在慕尼黑大街上被左轮枪的子弹射死。反对共和制的报刊是闻所未闻的肆无忌惮,就像埃茨贝格尔被暗杀时所表现的那样。此外还有许多右翼秘密组织也不怕采取恐怖行为,例如那两个谋杀埃茨贝格尔的凶手参加的"康祖尔"* 组织。

中央政府也深信必须对共和国的敌人采取更加强烈的行动。特别是总理维尔特博士支持这一行动。他在那些日子里异常忙碌,他那些充满真正激情的讲话给人民留下了深刻的印象。他在

---

* 康祖尔(Consul),原文意思为古罗马的执政官。——中译者

随同1921年8月29日总统关于恢复公共安全与秩序的命令发布的号召中说："祖国危急，使我们有双倍的义务坚决制止部分是丧尽天良、部分是受蒙蔽的分子的这种活动。"这个命令根据宪法第48条授权当局暂时禁止煽动以暴力修改宪法或犯有类似违法行为的报纸以及在同样的前提下限制结社和集会自由。

右派政党认为他们的组织和报刊受到这个命令的威胁而提出抗议，这是可以料想的，虽然对"紧急立法"的愤激出自某些德意志民族党人之口显得很奇怪。更为重要的是，巴伐利亚政府拒不执行命令，据说因为它未得允许地干预"本邦的内部事务"。巴伐利亚政府的动机诚然不是原则上反对紧急状态；它一直还保持在苏维埃革命失败后宣布的单方面针对左派的紧急状态，并对中央政府要求取消紧急状态感到特别愤慨。当时正巧德意志民族党人在慕尼黑举行党代表大会。他们竭力火上浇油。在他们举行的一次纪念色当大捷（9月2日）的庆祝会上，一个发言人（而且还是一位贵族出身的前将军）称中央政府为"世界大战赚钱生意执行委员会、财神的执行官"。他使用贵族老爷的骂人话煽动人们反对共和国国旗，说它含有"犹太人的黄色条纹"。[27]

幸而在巴伐利亚人民党的领袖们中间有些人不想把事做绝，谋求妥协。卡尔直到最后时刻仍顽固不化从中作梗，于是巴伐利亚州议会委员会拒绝服从他，因此他决定辞职。州议会选举胡戈·冯·莱兴费尔德伯爵代替他。莱兴费尔德深信有必要与中央政府和解，并且作为前外交官也更善于社交礼节。他通过和维尔特的私人会谈达成了双方都能接受的妥协。对总统命令中的几点加以缓和，而莱兴费尔德则保证在短期内取消巴伐利亚的紧急状态。

双方都忠实地执行了协议。这就至少暂时消除了威胁国家统一的危险。但德意志民族党人的发言人、前普鲁士部长赫尔格特竟于9月30日国会辩论中以所谓的总理退却而对他进行嘲笑。总理接着给他以相应的回击。

在卡尔政府统治时期巴伐利亚局势恶化到何种程度，普鲁士政府公共秩序专员魏斯曼博士的一份报告可以说明。他指责巴伐利亚当局庇护被控告的卡普暴动分子；被通缉的暴动首领埃尔哈特是慕尼黑警察局长珀纳家的常客。尽管巴伐利亚政府坚决否认这种说法，但至少就珀纳而言，这种否认是无法令人相信的。因为珀纳在1923年是希特勒暴动的领导人之一，而且在他与之商量"向柏林进军"的助手中就有埃尔哈特。

这时，上西里西亚悬而未决的命运的阴影一直还笼罩着德国。在协约国向德国发出最后通牒的5月那些日子里，德国人和波兰人正手持武器在西里西亚的土地上对峙着。当赫费尔将军率领的德国自卫组织变得足够强大，转向进攻的时候，科尔凡蒂无法保持自己通过非法袭击所取得的有利地位。在争夺安娜贝格的胜利战斗（5月21日至6月6日）中，德国自卫组织证明了它们在军事上的优越性。德国人民当然对此以及对从波兰一帮人手中解放这个饱经风霜的地区的几个部分感到高兴。但是既清楚又不幸的是，军事上的反复不会对最后的边界线有任何影响。参加战斗的士兵们、特别是独立的自由军团的士兵们是不会理解这种观点的。因此，当德国政府在协约国日益加强的压力下试图施加影响进行遏制的时候，上西里西亚的战士们感到愤怒，以致在这里重又形成国内政治动乱的一个新策源地。

如果占领国从开始起就履行其职责,那么这整个军事插曲是可以防止的。这显然也是劳合-乔治的看法。5月13日他对英国下院声称他主张"公平的比赛",称禁止德国人动用部队恢复秩序是不公平的。对此法国当然十分气愤,白里安预言,如果允许德国直接干预上西里西亚,将会产生最严重的不幸。这样,英法两国政策的矛盾就又一次暴露出来。虽然最后于6月底,协约国间的一个委员会通过与上西里西亚人和赫费尔将军的谈判,实现了和平的临时解决办法,在双方军队阵线之间建立一个中立区。但英法两国未能就最终的分界线取得一致。8月中旬在巴黎开会的协约国最高理事会未能做出决定,最后不得不把这整个问题提交国际联盟。[28] 它所根据的是国际联盟章程第11条第2款所规定的国联理事会应研究"有可能破坏和平或国家之间融洽关系的问题"。国联理事会设立了一个由与这个争端无关的四个成员国(比利时、巴西、中国和西班牙)组成的委员会,由该委员会提出建议。委员会的建议先是为国联理事会通过,然后于10月20日为协约国最高理事会通过。

委员会划定的界线比德国所预期或担心的要不利得多。这条线是否也比与根据条约所要照顾的地理和经济考虑结合起来的公民投票得出的结果更加不利,是否有可能找到一条更公平的界线,这些都是更难回答而且连不偏不倚的人也没有一致看法的问题。无疑,德国由于这次新划界失去了包括主要是德国人居住的城市如卡托维兹和柯尼斯许特*在内的这个具有重要经济意义的工业

---

* 柯尼斯许特(Königshütte),现名霍茹夫(Chorzów)。——中译者

区的绝大部分。四国委员会也承认新界线把经济上紧密相连的地区分割开来，因此它建议在实行分割以前由德波两国缔结一项关于在一段过渡时期内保障经济交流和保护少数民族的协定。这个协定应由一个德波委员会在一个中立的主席领导下制订。后来国联理事会指定前瑞士联邦主席卡隆德博士担任主席。法国起初反对这个协定，但白里安最后相信它客观上和政治上是分割的必要补充。

虽然德国人对上西里西亚的这种肢解感到震惊是可以理解的，但他们用一次新的政府危机作为回答却是毫无意义的。欧根·席弗尔夸耀说，他事先曾要求维尔特答应，如果对上西里西亚做出不利的决定他就和他的整个政府一起辞职；[29]很难理解，这样一个聪明人想要通过这样一种被达伯农勋爵在日记中称为"自杀狂"的示威造成何种效果。[30]事实上维尔特是个很讲求实际的人，不会为了故作姿态而进行政治自杀：他辞职四天后又组成了一个新内阁。他和艾伯特一样曾谋求扩大政府，把从社会民主党人到人民党人都吸收进来。这没有成功。不仅人民党，而且民主党人也拒绝参加新政府。格斯勒虽然留任，但不再代表他的党，而是作为"专家部长"。这样，除了席弗尔以外，拉特瑙也不得不辞职，但为时不长。维尔特利用组阁的机会甩掉了前外交部长罗森博士。总理起初自己兼管外交部，但很可能从一开始就把这看作是暂时措施。他为这一职位准备的候选人是拉特瑙。拉特瑙的足智多谋已是他所不可缺少的。但是还过了几个月，他才得以实现这个计划。

人民党将其示威政策向前推进一步，声明反对德国派遣一位特派员去参加关于四国委员会所建议的上西里西亚过渡条约的谈判,因为这有可能被看作是德国对分裂的承认。该党国会发言人卡尔教授声称:"我们要用一种感官上感觉得到的行动向世界历史论坛一劳永逸地清楚无误地表示我们的不承认。"民主党人至少没有参加这种既空洞又有害的示威,因此席弗尔在该党同意下作为德国的代表参加了负责制订既重要又棘手的协定的三人委员会。他作为杰出的法学家和机智的辩论和谈判能手,在那里做了出色的工作,可以同主席卡隆德分享这一功劳,即搞成了一个在国际法方面取得进展的条约。1922年5月15日,德波协定在日内瓦签字。协定共有六百多条,试图确定和实现这一想法:在十五年过渡时期内,当地所有居民不问其民族或语言、宗教或种族都可得到应有的权利。即使这或许并未在每个方面都做到了,但下列事实比所有细节都具有更重大的意义:当希特勒时期德国大大下降到欧洲文化共同体迄今水平之下的时候,上西里西亚这一角是日内瓦协定生效期间在法律面前人人平等原则始终保持不变的德国唯一地区。

为处理在执行这个相当复杂的条约过程中必然会产生的许多争端成立了两个国际机构:又是以卡隆德为首的混合委员会和由国际联盟指定荷兰法官格·卡埃肯贝克为庭长的仲裁法庭。后来卡埃肯贝克在一本认真透彻的书中探讨了"上西里西亚的国际试验"。[31]他的书说明了由于分割上西里西亚而产生的种种问题的全部复杂性,这些问题有一些即使存在最良好的愿望也不可能彻底解决。但权衡利弊,他认为试验总的说还是成功的。尤其是在这十五年期间,协定在这个引起激烈民族争吵的地区维持了法治。协定期满后,1937年它所有有利的和和解性的结果重又受到粗暴践踏,这既不能归罪于制订日内瓦协定的那些人,也不能归罪于那些治理这个地区的人。

在10月内阁危机期间,施特雷泽曼的态度受到了达伯农勋爵的称赞;他在日记中赞扬他没有自私自利地利用政府的困境。事实上他越来越坚信政府必须加以充实和扩大才能更好地经受时代的狂风暴雨。但"大联合"思想即由社会民主党、民主党、中央党和人民党联合组成多数派政府的想法还无法在德国实现。在上西里西亚的决定之后时机不合适。在格尔利茨举行的社会民主党代表大会(9月17日至24日)通过了一项决议,为同人民党的合作铺平了道路,这已是一个很大的进步。做到这一点,当然也并非毫无斗争。那些"老牌"社会主义者不愿放弃长期鼓吹的阶级斗争。泽韦林极其明确地回答他们说:"我常有这种感觉,正是那些在集会和街道上如此英勇地发表演说的人,在谈判桌上,在议会和政府中正是缺乏一点人们称之为公民勇气的东西……不得不把捍卫自己的任务交给或是君主主义者和军国主义者或只是半心半意地支持共和国的人,这究竟是什么民主制度和共和国?"[32]

普鲁士的形势使这一呼吁变得特别具有现实意义。在普鲁士,如同1920年夏的国会选举一样,1921年2月的选举摧毁了魏玛联盟的多数,使以此为基础的布劳恩政府下台。由于所有其他的组合都不能成功,就试行由中央党和民主党成员组成的,也就是说议会基础很脆弱的施特格瓦德(中央党)内阁。这一过渡解决办法只能维持到10月底。特别是民主党人要求扩大政府以便胜任时代的重任;于是在这时实现了"大联合"。人民党参加了内阁,担任财政部长(冯·里希特)和教育部长(伯利茨)这两个重要职务。

担任总理的又是社会民主党人奥托·布劳恩,泽韦林再次出任内政部长。中央党获得了两个部长职位,民主党人得到了一个部长职位。

一个不得不包含像泽韦林和冯·里希特这样观点如此不同的人的政府不是一次容易的试验,但结果超出了人们的预料。实际工作和取得肯定结果的必要性迫使他们超越传统的障碍和党派政治偏见彼此接近。泽韦林本人对财政部长冯·里希特表示,"在这三年共事中……产生了一种合作",这种合作是他"最大胆的考虑所未曾预料到的"。[33]

第七章　拉特瑙遇害与维尔特下台

马克不断贬值始终是最严重的问题。在10月和11月这两个月，马克一直不断下跌，到1921年11月8日，一美元已上升到二百多马克。人们认为即将支付赔款——德国政府为此不得不日益困难地筹集外汇——是造成这种情况的最重要原因。这件事情本身固有的困难当然由于投机活动而变本加厉。因为在德国持久需要外汇的情况下可以确有把握地把今天搞到的外汇几周后转卖获利，因此人们企图通过合法或非法途径搞到外汇。通过向德国工业界或美国银行家借款来制止货币贬值的计划没有能成功。

德国人在国际谈判中当然以这种困难情况为理由谋求延期支付或减少赔款。但是债主们，特别是法国人也理所当然地反驳说，德国经济生活很活跃，失业人数很少，他们能承受最沉重的负担。他们也声称德国纳税人的负担太轻了。事实上德国政府于11月和12月经过艰苦的议会斗争提出了一项严格得多的全面税收改革。但只要货币不断贬值而物价必然相应上涨，任何税收改革都不可能真有什么用处。德国对所需要的一切都必须付出更高的价钱。工资和薪金比税收上升得更快。当一位部长谈到要对贵重物品征税时，黑尔费里希气愤地回答道，执行伦敦最后通牒"再过几年就会把德国的财产交到协约国手中"。

11月，赔款委员会全体来到柏林就地亲自进行调查。[1]即使他

第七章 拉特瑙遇害与维尔特下台

们同德国政府的谈判没有取得肯定的结果，但这次访问却表明，在胜利国中人们也越来越认为在原来的道路上已无法前进，而且不仅是德国将会身受其害。马克从 11 月底有所回升，在以后数周中对美元的比价徘徊在 200 左右，这也许和这次访问有关。

无人比英国首相劳合-乔治更热心地在寻找出路。在制定凡尔赛和约的人们中，如今他是唯一仍然没有离开自己多年的显赫职位的人。尽管在细节问题上有过摇摆，他仍然坚持他的目标：会给欧洲带来真正安宁的和平。他在这样做的时候首先采用国际会议的方法，这也是因为他意识到自己具有进行这种谈判的特殊才能，他非常善于觉察他周围的思潮，头脑灵活，常常在毫无指望的情况下也能找到出路。毋庸置疑，他真诚地为受苦受难的人类谋求幸福，即使我们不会忘记，他迫切想要取得外交上的成功来巩固自己的国内政治地位。他是一个联盟的自由党领袖，这个联盟的议会重心无疑在保守党人一边，而一部分他从前的自由党朋友有充分理由对他不满，极力反对他。在这种情况下他要保持权力绝非易事。但这是当时的普遍情况。身居高位的政治家的地位到处都不稳。没有一位政治家能放心大胆推行和解政策而不忧心忡忡地回头看看自己的随从是否离他而去，议会是否会反对他，民意会不会谴责他软弱和出卖民族利益。战时情绪是不会在短短几年中消失的。无论是相信自己的胜利果实被骗取的人还是不能融化失败痛苦和觉得自己的负担过于沉重和无法负担的人都仍然激动地存在着这种情绪。谁要是不受这种情绪影响，试图推行一种实事求是的政策，不管是在莱茵河此岸或彼岸，都会被怀疑不爱国。

这种不稳定情况特别威胁着法国总理白里安。他虽然不熟悉经济问题和财政问题,但内心深处却深信欧洲最需要的是真正的和平,法国也只有在其基础上才能繁荣发展。但面对本国议会,他时时刻刻都能感到,议会所担心的就是失去法国在凡尔赛和约中书面确认的权利,根本不愿为了即使是如此美好的未来理想而放弃这些权利。虽然他的出色口才一再地压倒他的批评者,但每次辩论都使他认识到必须十分谨慎。他和劳合-乔治都希望在新的会议上从日益加剧的困境中寻找一条出路。当德国声明无力支付于1922年1月15日和2月15日到期的赔款时,他们在1921年12月伦敦会谈中一致同意于1922年1月6日在戛纳召开协约国最高理事会会议并建议它召开欧洲经济会议,也邀请德国和俄国参加。

德国代表团参加了戛纳会议。代表团团长和发言人是瓦尔特·拉特瑙。他先前在伦敦就已受德国总理的委托参加过关于赔款问题的谈判。他尤其努力使劳合-乔治个人深信延期支付和减免赔款债务的必要性,而英国首相首次有这种感觉,他的德国谈判对手不仅仅是重复旧的诉苦和说法,而是有着自己的想法并且善于巧妙地表达出来。劳合-乔治并非是这样想的唯一的人,国外人们普遍感到德国这样一位领导人的话值得一听。虽然拉特瑙的批评者声称他对自己雄辩的效果过于自信,喜欢国际会议,正因为他在这些会议上可以引人注目。但如果他这样做对事情有好处,德国肯定不会抱怨。1月12日他在戛纳对最高理事会发表的长篇讲话的效果,却由于正当他还在讲话时从巴黎传来白里安已被赶下台的消息而消失殆尽。[2]

白里安在戛纳同劳合-乔治就英法同盟条约进行的谈判是导

第七章　拉特瑙遇害与维尔特下台

致他下台的起因。但真正的原因是法国人怀疑他会被英国首相说服做出以牺牲法国赔偿要求为代价的让步。这种怀疑由于一件本来完全无关紧要的小事而爆发出来，这再也典型不过。原来白里安利用会议间歇让劳合-乔治传授打高尔夫球的诀窍，而法国报纸立即刊登的关于这次高尔夫球游戏的照片就足以使读者确信，他不是一个能坚定捍卫他们权利的先锋，而是这位诡计多端的威尔士人的听话的牺牲品。于是他们就转向那个没有任何迁就和软弱性的人。雷蒙·普恩加来这位逻辑性严密的铁面无私者是法国情绪的恰当化身。他在大战期间曾担任共和国总统，大家知道他从一开始就认为和约没有充分维护法国利益。后来他曾担任赔款委员会主席，毫无疑问他掌握这个棘手问题的全部情况直至细节。他不会忽视和放弃和约给予法国的任何权利。他会以坚强的意志使议会服从，并且也会在国际谈判中以卓越的雄辩术制伏任何对手。

　　劳合-乔治的警句"普恩加来什么都知道但什么也不懂；白里安什么都懂但什么也不知道"是很能反映他所感到的自己和法国新总理之间的对立的。对于一贯努力避免走极端的劳合-乔治来说，没有一个谈判伙伴会比这个人更不讨他喜欢了，这个人以严密的逻辑性从凡尔赛和约的每一条款中得出最极端的结论并以坚强的毅力坚持这些结论，此人无论如何把他心目中的法国利益置于显著地位，坚决拒绝使之服从所谓共同利益或任何遥远的希望。当然这种对立来自他们对这个根本问题的不同看法：应如何对待德国人，以尽可能长久地保障和平。可以用维吉尔*的一句名言

---

　　*　维吉尔（Vergil，公元前 70—前 19），古罗马叙事文学作家。——中译者

来说明他们：parcere subjectis et debellare superbos（宽容卑贱者，贬抑高傲者）。这一个说，德国人今天是战败者、被征服者，因此现在对他们要宽容，而那一个反驳道：他们今天仍然像从前一贯那样狂妄和苛求，尽管他们想用对自己不幸的大声诉苦来掩盖这一点。维尔特和拉特瑙今天谈论履行政策可能是真心诚意的，但他们不是真正德国的代言人，今天德国所以忍受他们，只是因为形势和策略需要这样。德国的真正声音来自施廷内斯和黑尔费里希之流之口，后者把履行政策说成是"自杀狂"。一旦德国消除1918年的灾难，这些人又会上台，德国就会再次威胁欧洲和平。因此，只要胜利者还有力量，就必须迫使德国人备尝失败的苦果。普恩加来深信，法国占优势的时间只限于几年，因此必须竭尽全力利用这几年时间，如果想要取得成功的话。

起初普恩加来不得不承认他上台时（1月15日）所面临的形势。他不得不同意赔款委员会1月13日批准德国政府延期支付1月15日和2月15日到期的债款，也无法阻止白里安与最高理事会其他成员在他下台前不久一致同意召开并邀请德俄两国参加的热那亚欧洲经济会议。但他立即明确表示，如果会议被误引到触动赔款问题甚或已缔结的和约，他就要全力加以反对。劳合-乔治再次试图同普恩加来就会议达成谅解，2月25日在布洛涅与他会晤。但这次会晤只是表明他们之间确实没有共同语言而已。

拉特瑙从戛纳回国后不久就被任命为外交部长。从10月起暂时兼管外交部的维尔特迫切希望他担任这个工作，特别是在普恩加来上台使德国处境变得危急困难得多之后。拉特瑙自己一点也没有把握，接受这一任命是否正确。他在一封密信中承认自己

"怀着重重疑虑……面临这一任务","一个人背后有敌人,怎么能对付得了这个僵化的世界"。[3]"背后的敌人"使他片刻也不会忘记他将要在两条战线上作战。右派报纸对他的任命感到十分不满,把它们精心搜集的能加以曲解的拉特瑙的话全都翻腾出来。也有许多了解德国反犹太主义的强大力量和穷凶极恶的友人,首先是从来不为表面光泽所迷惑的拉特瑙的母亲,感到忧虑。他可以正当地回答他们说,"他们找不到别人",但那些谴责履行政策为"卖国"、看到一个犹太人在推行这一政策时怒火中烧的人是不管这一切的。

没有人比拉特瑙知道得更清楚,要想使履行政策取得成功,会有多么大的困难,如果说他一度曾倾向于低估困难,那么赔款委员会的一封信在3月就已使他丢掉任何幻想。这个委员会在戛纳同意延期偿付赔款的同时不仅要求每隔十天付清3100万金马克,而且还要求德国政府提出一个改革预算、控制纸币流通以及当年即1922年偿付赔款的计划。德国政府接受了这些要求,在照会中指出它当时正在国会争取的并且最后成功地得到通过的实行种种新税的纲领。但委员会对此并不感到满足。它虽然把1922年偿付的现金减为7.2亿金马克,把偿付的实物减为14.5亿——正如维尔特在国会讲话中所说的那样,人们曾指望得到这一重大让步。但这个让步只是暂时的。它最后取决于德国按照委员会的建议扩大税收。委员会认为迄今所计划和决定的税收不足以履行和约规定的义务。为此目的必须再筹措10亿金马克即600亿纸马克。德国应在1922年5月31日以前制订能提供这些收入的新税法。赔款委员会保证委员会要对德国财政实行有效的监督。再者，照会的语调十分尖锐，显然是普恩加来对委员会的法国委员施加压力的结果。

这份照会在德国引起了巨大的敌意；人们由于新的无理要求而忽略了所做出的让步，这是完全可以理解的。但重要的是，维尔特和拉特瑙3月29日在他们的国会讲话中也迎合了这种感情，用一种肯定会获得国会和人民热烈掌声和引起赔款委员会激烈反对的愤怒语调讲话。"履行政策的两位支持者变成了向委员会公开进行争论的人。"赔款问题最优秀、最实事求是的德国专家贝格曼这样写道。拉特瑙还说普恩加来是罪魁祸首，从而进一步加剧了争论，而且还暗示劳合－乔治向普恩加来退让而犯了一个策略上的错误。[4]在热内亚会议几天前用这些话使英国首相与自己疏远，这是特别不幸的，因为拉特瑙在这次会议上必须努力通过个人对他施加影响来增进德国的利益。他自己在讲话中提到了显然影响他的情绪和态度的情况。这就是协约国军事委员会因为所谓的或真正的违反和约中解除武装条款的行为向他提出的无数指责和质问。早在3月中旬他就对达伯农勋爵抱怨过，那些在职务上日日夜夜困扰着他的没完没了的怨言使他快要疯了。[5]当然，他也把这看作是普恩加来有意耍弄的花招。也许他是对的，但这并不等于说所有这些怨言都是毫无根据的。

贝格曼在赔款问题上达成和解的努力没有取得什么结果。德国政府在一份照会中拒绝了委员会所要求的税收和对德国财政管理的任何监督。在这份照会送到巴黎的那一天（4月10日），欧洲经济会议在热那亚开幕。

热那亚会议是世界大战的胜利者和失败者作为形式上平等的

谈判伙伴讨论解决其经济问题途径的第一次会议。特别有意义的是苏俄被邀参加并且接受了这一邀请。因而受到《泰晤士报》和其他国内政敌攻击的劳合-乔治渴望达成谅解，因为他深信，没有俄国参加，欧洲的经济复兴是不可能的，因此也得抛弃对布尔什维克的血腥暴行的憎恶。这种谅解当然不应是单方面的。苏联人应对此做出贡献，至少承认一部分俄国在沙皇时期向外国特别是向法国借的贷款，并对由于布尔什维克的破坏和没收而受到损害的外国人进行即使是有限的补偿。这是在戛纳达成协议的议程的一部分。德国方面希望，尽管有正式议程的限制，各国政治家的聚会将提供机会至少在私下个人的交谈中澄清那些被排除在正式讨论之外的最棘手问题，也许比在公开讨论的政治上危险的气氛中更能取得成功。

德国派遣不少于四名部长参加，表明它对这次会议多么重视。总理维尔特博士亲自率领代表团。代表团成员中当然有外交部长拉特瑙。在他们的随行人员中有外交部东方司司长阿戈·冯·马尔藏男爵和总理赔款问题顾问尤利乌斯·波恩教授。俄国代表团由外交人民委员、机敏老练的契切林率领。劳合-乔治自然在场，正如大多数其他国家的居于领导地位的部长一样。但普恩加来却由于缺席而引人注目。尽管其他国家通过代表团的规模和组成情况强调会议的重要性，他丝毫也不想对此做出贡献。俾斯麦在他最严重的斗争时期曾避免亲自参加这种国际会议，普恩加来也是出于同样的考虑：一位居于领导地位的部长由一个受指示约束的下级或同事去代表自己，就可以有更大的灵活性。在这种情况下，缺席者就不会犯错误。内阁副总理路易·巴尔图被委派代表法国出席会议。

会议设立了四个委员会,德国都有代表参加。但是,在正式谈判的同时也在进行秘密谈判,如主要协约国和俄国之间,另一方面各国经济专家对赔款问题进行谈判。这时突然宣布,德国和苏俄于4月16日复活节星期日在热那亚附近的疗养地拉巴洛签订了一个单独条约。

拉巴洛条约并非一瞬间的结果,而是多年来并非一帆风顺的发展的结果。世界大战的两个战败国联合起来对战胜国过分大的压力施加反压力,这本来是比较容易理解的事;本来会阻碍这样一种接近的布列斯特-立托夫斯克和约已由于协约国的命令(凡尔赛和约第116条第2款)而被废除。德国经济界希望恢复同战前德国产品最大买主之一俄国的贸易关系,这是更加可以理解的。但妨碍接近的倒不是俄国苏维埃制度本身,而是它对"世界革命"的追求。这意味着正是德国在它最困难的年代里通过许多次共产党骚动所经历的事情,人人都认为这些骚动是莫斯科煽动、组织、资助和武装起来的。鉴于这种现象,德国人难于遵循俾斯麦的榜样;因为正如读过他的《思考与回忆》第29章的每个读者都知道,用"以君主制为基础的体制"去反对"社会共和政体"的想法在他的亲俄思想中起了决定性作用。但俾斯麦的另一倾向即反波兰倾向重又抬头。军方领袖冯·泽克特将军最明确地赞成这种主张。后来他在1922年秋的一份备忘录中写道:"波兰是我们的东方问题的核心。波兰的存在是不能容忍的,是与德国生存条件不相容的……波兰必须消失,它将会由于自身内在的软弱和俄国——在我们的帮助下——而消失。波兰对俄国来说比对我们更加不可容忍；俄国不会容忍波兰。波兰绝不可能给德国带来任何好处，在经济上不能，因为它没有发展可能，在政治上不能，因为它是法国的附庸。"[6]

鉴于这种矛盾的倾向和利益，俄国和德国在相互关系上的政策带有探索和不肯定的性质，这是不足为奇的。也许能说明这种混乱现象的是，重新试图与德国建立联系的第一个俄国人是普鲁士警察局于1919年以颠覆嫌疑逮捕的犹太革命家拉狄克。他当时在莫阿比特监狱中接见的来访者中有一些将军和瓦尔特·拉特瑙。更为重要的是列宁在俄国在波兰战争中失败后改弦易辙。在1920年12月的苏维埃代表大会上，他宣称受凡尔赛和约压迫的德国"自然会被迫与俄国结盟"。[7]对此当时的德国外交部长西蒙斯1921年1月21日在国会关于德俄关系的长篇讲话中答道："共产主义本身并不是一个资产阶级政府不与苏维埃政府合作的理由。"他表示"衷心希望"尽快实现与俄国的合作。但他同时也详尽地说明在实践中有多少困难妨碍这种合作。事实上官方的接近进展十分缓慢。1921年5月6日签订了一个贸易协定，但这一协定更多地具有预备的性质而不是最终的性质。但在政治上具有重要意义的是，德国承认苏维埃政府是俄国唯一合法代表，也就是最终拒绝所有反革命"白俄"组织。这是苏俄感到满意的一次成功，不管贸易关系事实上会怎样发展。

但是，比关于经济问题的这些官方谈判重要得多的是十分秘密进行的军事谈判。德国方面的目的是通过在俄国境内生产凡尔赛和约明确禁止的军事设备和进行军事训练如特别是空军武器（第198条）来破坏这个和约的解除武装条款。这件事的主持人当然是泽克特将军,尽管他在谈判中尽量退居幕后。冯·施莱歇尔少校提供他的住宅供谈判之用。[8]将军们毫无顾虑地破坏有德国政府签字的和约,凡是熟悉他们精神气质的人都不会感到奇怪。但更引人注目的是总理维尔特博士同意这样做。军人们本来也想背着德国政府进行谈判。但当他们发现这样做需要大笔经费的时候,泽克特便不得不向总理通报。他发现维尔特完全同意这样做。他说:"当我们的政策在西方陷入僵局的时候,在东方开展活动总是正确的。"[9]

在外交部,持同样主张的是主管司司长冯·马尔藏男爵。他是一个智力超群的人;达伯农勋爵对他不信任,却喜欢他,认为他是战后在威廉街[*]工作的最聪明的人。虽然他在本质上是个富有的、喜欢享受的贵族,但在政治上却谋求和左派政党搞好关系。他在外交上主张接近俄国,不仅是出于理性的考虑;这样做也是符合他玩世不恭、玩弄阴谋诡计的爱好的。他感到高兴的是,他能向这些俄国密谋者——他犹如对其他任何人一样对他们毫不信任——表明他比他们高明。当俄国人科普用一支有弹性的钢尺向他表明,布尔什维克可以和一位右派职业外交家比和一个政治上相近的社会民主党人能更容易合作的时候,他心花怒放。[10]按照马尔藏的想法,德国在热那亚会议之前就应同莫斯科签订一项政治条约。俄国谈判代表在柏林竭力想要签订这一条约,以契切林为首的苏俄代表团在前往热那亚途中在柏林逗留,以便签订这个几乎在所有问题上都已达成协议的条约。[10a]但拉特瑙不愿和西方分道扬镳,

---

[*] 德国外交部所在地。——中译者

免得德国在热那亚会议上的地位从一开始就受到损害。

但是会议进行的情况起初与拉特瑙设想的不同。他原先认为协约国的领导人、特别是劳合-乔治在最初几天就会给他机会进行秘密会谈。这种情况没有发生。相反,他觉得他们有意回避他。他听说他们在劳合-乔治的别墅里同契切林秘密地谈判,他越来越担心协约国和俄国正在准备一个矛头针对德国的协定。沉着稳重不属于瓦尔特·拉特瑙的长处。他日益焦躁不安,担心他会受到一次足以毁灭他的全部外交计划以及他的全部政治生涯的打击。在复活节星期日前一天晚上,他在旅馆的房间里心神不定地走来走去;在1点到2点之间,马尔藏突然前来找他。激动的部长向他喊道:"你带来了我的死刑判决吗?"马尔藏带来的是完全不同的消息。马尔藏刚刚接到契切林打来的电话,契切林告诉他,如果德国不立即接受俄国伸出的手,那俄国就要和协约国签订一个协定。契切林邀请德国代表团于星期日在拉巴洛举行秘密会谈,缔结和签署已准备就绪的协议。接着就请来了维尔特,三位先生身穿睡衣在宁静的夜晚商量是否要做出这个后果重大的步骤,接受俄国的邀请。

拉特瑙的第一个反应是先通知劳合-乔治,他准备同俄国进行谈判。马尔藏以其辩才竭力加以反对。他认为这样做是对契切林失信。马尔藏的主要论点是凡尔赛和约第116条第3款提到,战胜国明确地保留"俄国从德国得到符合本和约原则的任何重建和赔偿的权利"。按照契切林的通知,协约国的领导人准备宣布把这些被保留的权利给予俄国,从而给德国迄今的负担增添新的无力承受的负担。只有立即接受俄国建议才能消除这一巨大危险。

很难想象这一论点会打动像拉特瑙这样一个聪明人。因为这个论点站不住脚,不仅今天十分清楚,就是在当时冷静地考虑时也可以看出。赔款委员会已把德国的最大支付能力限定为1320亿金马克,这笔数目甚至不足以满足迄今的债权国的要求。这时人们已普遍确信德国十有八九无法提供即使是上述的1320亿。用不着是不负责任的乐观主义者就可以肯定地设想,其中一大部分必须取消。实际上绝对不可能在1320亿的债款上再加上一笔新的数十亿负担;这从一开始就会是无法兑现的空话。这对于国家来说也无异于对一个负债累累的个人一样。如果真把俄国接纳到德国的债权人圈子中来,那这只会损害迄今的债权人的利益。从民法上讲:在破产的情况下,每个债权人只能得到少于他的要求的一部分,这就意味着,为了俄国人的利益就要损害法国人的利益。任何一个有头脑的人会相信他们肯这样干吗?

但拉特瑙屈服了。维尔特完全支持马尔藏,肯定起了决定性的作用。马尔藏无疑知道自己对他的部长做了什么。后来他对友人谈到这次夜间斗争时自豪地说:"当时我把拉特瑙强奸了。"[11]

德国代表团就这样在复活节星期日前往拉巴洛。星期一下午,人们在热那亚获悉德俄两国在那儿缔结并签署了一个协定。人们极其激动。有一度看来整个会议要告吹。

协定的内容其实并不是那么令人激动。双方互相放弃赔款和补偿战争费用。此外德国放弃对本国公民由于俄国国有化和剥夺而遭受的损失的赔偿,不过其前提是苏维埃政府也不同意对别国公民进行赔偿。在贸易关系和经济关系方面,双方互相给予最惠国待遇。在政治上更为重要的是,规定立即恢复外交和领事关系。

第七章　拉特瑙遇害与维尔特下台

这样就冲破了对苏维埃共和国的外交封锁。俄国人是在德国驻莫斯科大使米尔巴赫伯爵被暗杀后并未给德国以满意补偿的情况下取得这一成就的。

但是，即使拉巴洛条约的条文是情有可原的，条约缔结方式却是很成问题的。席勒笔下的泽尼说，"世间任何事情最首要的是讲究地点和时间"，而地点和时间再也没有比上述情况更不合适的了。胜利国首次邀请德国和俄国参加一次欧洲会议，这从安定被世界大战毁坏的欧洲的角度说是个巨大的进步；这两个国家背着其他的会议参加者秘密勾结在一起，很难被他们看作是对他们的姿态的适当回报。因此，在热那亚不仅仅是协约国代表，连德国代表团的许多团员也都有这种感觉。他们也像协约国代表一样对复活节星期日的戏剧性事件完全感到意外；他们刚刚还本着友好谅解的精神同协约国代表进行谈判，如今被人怀疑耍弄了模棱两可的两面三刀手法。[12]正如贝格曼所证实的那样，人们小心翼翼地在赔款问题上建立起来的联系马上被扯断了。德高望重、对德国怀有好感的瑞典银行家马尔库斯·瓦伦贝格曾参加这些秘密谈判，他抱怨说谈判受到拉巴洛条约的干扰并称这个条约是德国政府自从战争结束以来所干的最大的蠢事。[13]

劳合-乔治必然把德国和苏俄达成的谅解看作是一个特别沉重的打击。在这之前，他试图通过非社会主义国家的联合行动迫使俄国人做出让步，承认沙皇时代的债务并向由于共产党的侵犯而遭受损失的外国国民提供赔偿，因为在这方面受到损害的国家存在着共同的利益。但是，契切林从他的口袋里装着德国的结账单之时起当然就不再考虑什么让步了，而是毫无顾忌地向会议表示，俄国参加欧洲经济复兴必须取决于"资本主义"国家向俄国人提供新的借款。劳合-乔治的政策的另一目的是尽可能孤立普恩加来，使他的不妥协立场不能为害。这一打算如今落空了。现在普恩加来可以在本国同胞的热烈支持下对德国人的阴险狡诈大张挞伐，声称如果不及时牢牢抓住他们不放，他们就会把所有的条约义务丢在脑后。现在他可以把德俄联盟的恐怖幽灵画在墙上。还在热那亚会议举行期间，4月24日他在他的故乡巴勒迪克发表了一次纲领性讲话，不仅重申了他的全部履行凡尔赛和约的毫不容情立场，而且也提出这一不祥的论点，即如果协约国不能达成一致意见，每个战胜国都可以单独对德国采取为实现其权利所必需的步骤。

不仅仅是在法国，舆论变得对德国十分不利，人们普遍认为和声称拉巴洛条约附有秘密军事条款。维尔特和契切林都在照会中断然加以否认。他们的辟谣从形式上讲是完全有根据的。拉巴洛条约确实不附带秘密条款，而且立即全文公布。但是，泽克特的代理人和俄国人的秘密谈判仍在继续进行，由于拉巴洛条约而获得新的推动。不久前，1922年2月，泽克特甚至亲自和拉狄克进行了一次秘密会谈。1922年7月，他接见了苏俄的一名代理人罗森布拉特；1922年7月29日签署了一项秘密条约，这个条约名为"临时贸易协定"，从一切迹象看包含军事内容。[14]

在德国国内，意见十分分歧。总统对维尔特和拉特瑙不经他同意，甚至在他不知情的情况下订立这样具有重要政治意义的条约感到恼火。[15]他的反应不仅具有十分充足的宪法上规定的理由，而且首先有政治上的理由。他在外交政策上采取亲西方路线，拉

第七章 拉特瑙遇害与维尔特下台

特瑙在热那亚旅馆房间里那次夜间会谈之前也是如此；但他不准备只是因为迄今的路线暂时遇到困难而改变方向。他认识到共产主义俄国同德意志共和国之间也存在着深刻矛盾。他了解受到俄国人支持的共产主义鼓动和颠覆活动对德国安定和复兴的危险，十分怀疑苏俄会因为像拉巴洛条约这样的一个条约而放弃他们的鼓动，即使他们暂时装作这种样子。他认为，在德国如此需要西方盟国好意的时刻去惹恼它们是十分危险的，即使人们对这种好意心存疑虑。持同样反对态度的不仅有许多反对同苏俄进行任何妥协的右派政治家，并且还有左翼政党中许多认为德国是西欧文化共同体一部分的人。

可以说明形势错综复杂的是维尔特谋求泽克特的支持。他希望这位将军通过其对右翼政党的影响对他进行帮助。泽克特自然从完全不同的观点去看待这个条约。5月中旬，他写信给也出席热那亚会议的哈塞将军说[16]："我看到的不是条约的内容，而是它道义上的影响。这是德国在世界上的威望第一次但却是极大的加强。这是因为人们猜测条约背后的内容要超过有根据的实际情况。不存在任何政治军事协议；但人们相信可能会有……破坏这层薄薄的灵光难道符合我们的利益吗？"他对这位代理人责备那种"无论如何要装和事佬的简直可以说是病态的欲望"，我们不会感到意外。更不会令人感到意外的是，他的传记作者非常高兴把这封信介绍给纳粹德国公众，因为这本传记是在1940年发表的，也就是在1939年8月纳粹和苏联条约缔结之后和1941年6月希特勒进军俄国撕毁这个条约之前。

热那亚会议没有立即成为拉巴洛条约的牺牲品，主要归功于劳合-乔治。起初他强烈地表示愤怒,甚至要求取消这个条约,后来他改变了态度,声称此一意外事已结束。他诚心诚意地希望会议成功,不仅是出于很好的实际的理由,而且也因为他需要这一成功来巩固他在英国的地位。他没有取得这一成功。虽然人们没有明显地声称会议失败,但人人都知道会议实际上没有达到目的。在全体会议的闭幕会上,拉特瑙再一次给人们留下了深刻的印象。他的讲话试图通过出色地阐明所有问题尽量突出会议的收获并为新的和解尝试开辟道路。当他用彼特拉克*的话"Io vò gridando Pace, Pace, Pace!"("我要继续呼喊:和平,和平,和平!")结束讲话时,与会者以持久不息的热烈掌声感谢他提醒受苦受难的人类的这一深切憧憬。这样,会议至少是以德国外交部长的胜利而告终,尽管这次会议根本不是德国外交政策的胜利。

但是,瓦尔特·拉特瑙自己并没有得到他为了人类的幸福而呼唤的和平。他或许没有理由抱怨,实际上与其说是他倡导还不如说为他所接受的这一政策在德国引起了不同的反响。对于拉巴洛条约,人们可以有很不同的看法——正如今天仍然如此一样。拉特瑙自己明白,他这样做一定也会受到平时靠近他的人士的批评和反对;他从热那亚回来后对他的朋友马克斯·瓦尔堡说,他估计瓦尔堡现在会把他看作是"畜牲"。[17]像贝格曼这样一个没有偏见的人在他1926年出版的《赔款的道路》一书中简明扼要地写道:"今天我们仍在等待拉巴洛条约的果实。"[18]但是,引起人们对拉特瑙强烈不满的与其说是可以讨论的对这个条约的疑虑,倒不如说

---

* 彼特拉克(Petrarca,1304—1374),意大利诗人。——中译者

第七章 拉特瑙遇害与维尔特下台

是这一事实:他是德国在全世界面前的发言人,在某种程度上取得成功的发言人。因为他是犹太人,而种族狂热分子的教条是:犹太人同其他德国人之间存在着不可逾越的鸿沟,他谈爱国是在撒谎,即使脱胎换骨完全等同德国人的思想感情也不能改变这一缺陷。这一教条在战败的德国愈来愈广为传布,成为无数未受充分教育和未受教育的人的一种代用宗教,更不用说那些利用这一点来为自己政治目的服务的受过教育的人了。叫别人去承担责任,一切不幸就可以更易于忍受;可以蔑视别的什么人,对一种屈辱的痛心感就会减少。

打死瓦尔特·拉特瑙
这个该死的犹太佬!

坐在啤酒杯后面的民族主义狂热分子高唱这一首歌,歌词的审美感与它所表现的道德感处于同一水平。

这个犹太人也是履行政策的主张者,因而成为那些想使德国人民相信可以用不断地大声说"不"来逃避输掉了的战争的沉重后果的政治家们的合适的攻击对象。这位被看成是"履行政治家"的部长即使反对从前敌人的无理要求,在他们的心目中也得不到宽宥。1922年6月21日,拉特瑙要在国会回答有关法国在莱茵兰的分割计划和政府委员会在萨尔区的违反条约行为的质问。正如舒尔特海斯历史年表所概括的那样,拉特瑙在他的讲话中"尖锐地抨击协约国的政策是异族统治的典型例子"。今天来读这个讲话,[19]人们确实会断定,它通篇都坚定地维护德国的立场,最后还

"自豪地指出，萨尔区居民在异族统治的最艰苦岁月中……更加紧密地团结起来，以维护他们视为自己最高财富的东西：他们的德意志民族特性"。但是两天后卡尔·黑尔费里希作为德意志民族党人的发言人却以一篇真正的激昂的煽动性讲话来回答。由于他对部长的实事求是态度提不出什么反对意见，于是便更加起劲儿地抱怨他讲话的语气，众所周知对于这种语气是不能够审判的。当然，拉特瑙不像一个啤酒馆鼓动家而是像一位意识到自己职责的外交部长那样讲话。但这并未使威廉二世的前国务秘书有权诉苦："老天爷在上，汽水太淡了"，或是怒气冲冲地谴责"那些几乎听不出愤慨和愤怒的无精打采的话"，并牵强附会地做出不负责任的解释，说这些话造成的印象仿佛是更多地担心"法国皱眉头而不是关心萨尔区人民的疾苦"。[20] 事实上更糟糕的而且完全颠倒黑白的是，他把"德国货币的可怕贬值"和"我国中产阶级的毁灭"的责任归咎于履行政策。这是向受通货膨胀之害者情绪进行煽动性的呼吁，因为黑尔费里希是个应该更好地了解这一问题的内行，所以尤其蛊惑人心。国会也是这样理解的，在那里左派不断地用呼喊声打断黑尔费里希的讲话。

卡尔·黑尔费里希诚然不是反犹太主义者；他既聪明又有教养，受思想开明的环境影响极深，他是在这种环境中成长并取得初步成就的。但他越来越失去克制自己感情的能力，他在很大的程度上成为党派政治家。在他看来，摧毁对手——当然不是采用暴力——是最高目的，为此不惜采用最尖锐、最不公道的言词。这一攻击使拉特瑙非常激动。美国大使豪顿先生证明了这一点。拉特瑙直接从国会会议前往美国大使官邸参加一次官方宴会。[21] 在那

第七章　拉特瑙遇害与维尔特下台

里开始了一场关于德国供应煤的讨论。在拉特瑙的特别请求下，为此邀请施廷内斯参加，后来他也来了。看来拉特瑙谋求同他进行对话，此人长期以来是他的激烈反对者，他想使他相信自己政策的正确和必要。两人进行了深入的讨论，以致拉特瑙还陪这位工业巨头到他住的旅馆去，继续会谈到清晨4点。看来谈话并非毫无成效。一直到那时他才返回到格鲁奈瓦尔德的别墅去。

次日上午11点左右，他坐着敞篷车前往外交部。有一辆大旅游车尾随着他，车上坐着两个男人。到了科尼希大街，部长的汽车不得不放慢速度，那辆大汽车超过它，这时车上的一个人用冲锋枪从极近处连续向拉特瑙射击，另一人向他投了一枚手榴弹，几乎把他炸成碎片。暗杀进行得非常成功。司机只能把一具血肉模糊的尸体送回住宅。

拉特瑙对惨遭非命是有思想准备的。他了解对他的攻讦。他坚决地、不幸成功地拒绝了警方为了保护他而提供的密探监护。他怀着宿命论的想法——这给这个复杂的人物的形象又增添一层特别奇异的特色——听天由命，接受非人力所能挽回的命运。这就使刺客们能够自由行动。

刺杀拉特瑙的凶手是两个25岁的青年：前海军军官克尔恩和技术员费舍尔。他们都属于受到他赞赏的金发碧眼人种。柏林刑事警察在魏斯博士的有力领导下很快就找到了线索，但他们未能将这两人捕获。7月17日，他们在克森附近萨莱克堡一个叫作施坦因的人的住宅里把这两人包围的时候，发生了一场枪战。克尔恩被击毙，费舍尔开枪自杀。希特勒德国给他们在该地建立了一个纪念碑。为刺客开车的是21岁的恩斯特·特肖夫，他和他的

16岁弟弟汉斯·盖尔德都被捕受审。特肖夫的名字令人对德国资产阶级政治上的堕落进行忧郁的思考。属于这一家族的炮兵少尉特肖夫曾于1848年参加过对柏林军械库的进攻,后来不得不流亡到澳大利亚;当他四十年后想要重见如今已变得强盛的祖国时,俾斯麦的一句决定性的话阻止了皇帝弗里德里希三世满足73岁老翁的这一请求。幼稚的刺客已去世的父亲曾是有名望的柏林市政委员,在自由思想的党内起过作用。

除了特肖夫兄弟外,还有许多同犯受到莱比锡保卫共和国国家法院的审判。[22]审理于1922年10月进行,出色的最高检察官埃贝迈尔博士提出控告。虽然未能证明存在一个公然以暗杀政治对手为目的的组织,但审理惊人清楚地说明存在着发生这种暴行的暗杀气氛。除拉特瑙外,这一年还有谢德曼和马克西米利昂·哈尔登成为类似暗杀的对象,虽然他们幸免于难。同样清楚地表明,许多德国人没有丝毫内疚地怂恿这种犯罪行为或是协助罪犯逃亡。所有这些杀人犯都有钱,毫无疑问,这些钱并不是他们自己的。

这些人的政治水平如同他们的道德水平一样令人吃惊。被告及其证人在审理中发表的胡言乱语令人可叹。这些自以为能用血腥暴行干预政治事件的年轻人并不了解事实真相,人云亦云,重复那些最荒诞不经的说法。特肖夫供认,刺客克尔恩对他说,拉特瑙是"正在不知不觉地滋长的布尔什维主义的支持者"并把他的妹妹嫁给了布尔什维克拉狄克。他们把履行政策说成是德国不幸的根源,其实这只是重述黑尔费里希之流政治家向他们灌输的那一套。他们对拉巴洛条约提出的责难,一定会使冯·泽克特将军喜笑颜开。特肖夫认为这是"已被证实的事实,即协约国总是猜测这个条约背后有一个俄德秘密军事条约,因此老是找德国麻烦"。人们可以用它来对比泽克特正是对这个条约的这种效果的得意心情。这些年轻人和男孩不言而喻的反犹太主义思想也以怪诞的方式表现出来。他们引用《锡安贤人之谜》这部当时以数十万册在德国广为流传的反犹太主义的伪作。特肖夫甚至跟着克尔恩说,拉特瑙曾标榜自己是锡安三百贤人之一,正在为德国谋求"犹太人列宁"在俄国已实现的事情。特肖夫自己声称,犹太报纸,特别是《法兰克福报》在评论《锡安贤人》时写道,这一揭露可惜来得太晚,"事情已进展到不再能对之施加影响的程度"。

就是这种年轻人的子弹杀害了德国最明智、最有教养和具有远见卓识的人之一。一个傻瓜手里的一挺冲锋枪比一个贤人的全部论点更强有力。瓦尔特·拉特瑙担任德国外交部长还不到六个月。无论如何,这个时间太短了,不能表明他在这个职位上能做出何种成就。人们也很难说,他实际上做出的成绩能保证他在政治家中取得很高的地位。但是毫无疑问,他是一个具有高度才智的人,心甘情愿地和忘我地用自己的才智为祖国服务,在最危急的时刻帮助自己的祖国。他得到的报酬是枪弹和手榴弹,还有即使在他被害后也未停息的流言蜚语。就连冯·拉本瑙将军也在他写的泽克特传记中说,"任命这个异种人是对有正常感觉的人民的强烈挑战"。而拉本瑙并不是最坏的人,否则他也就不会被希特勒的刽子手杀害了。

让我们从这种政治谋杀领域转向拉特瑙的母亲写给凶手的母亲特肖夫夫人的信。这封信发出如此高尚纯正的人道声音,只有一个野蛮人读时才会不深受感动:"我怀着无比巨大的悲痛向所有女人中最不幸的您伸出手来。请告诉您的儿子,我以被害者的名义和精神宽恕他,也希望上帝会宽恕他,只要他在人间正义面前做出充分的交代,在上帝面前表示悔恨。如果他认识我的儿子——人世间最高尚的人,那他就会把杀人武器对准自己而不是对准他。愿这些话使您的灵魂得到安宁。"

拉特瑙被暗杀所引起的轰动比埃茨贝格尔被杀后所引起的轰动更大、更普遍。这一次没有一个正常的人可以为这一可怕的暴行辩护说,受害者是罪有应得。最愤激的是具有共和思想的居民,因为他们认为这一罪行矛头是针对共和国的。拉特瑙被杀害,因为他为共和国服务,因为他凭借自己非凡的才能使新国家获得一定的声誉。愤怒的矛头指向那些日复一日竭力使共和国不得安宁、不断向它提出指责和咒骂并对它的代表表示敌意或蔑视的人。这样做也是有道理的,即使并不能证明某些自称为"具有民族意识的"右派组织直接对这次暗杀负责。因为这种持续不断的鼓动为产生这种凶杀制造了情绪、气氛。在国会中,群情激愤,对议员黑尔费里希大张挞伐,使他被迫离开会场。人们认为他在暗杀前夕反对拉特瑙的激烈而不公正的讲话对挑动反对他的情绪难辞其咎。虽然这并非事实,正如法院调查所表明的那样,因为暗杀计划在黑尔费里希的讲话公布之前就已制订好。但是,一个如此肆无忌惮地反对一个政治对手的人是不能抱怨别人明确提醒他说恶有恶报的。

在街上举行了盛大的群众示威活动。工人们以 24 小时的罢

第七章 拉特瑙遇害与维尔特下台

工表示抗议。发生了一些令人遗憾的骚乱,这在群情激愤的情况下是难以避免的。但总的说来,保持了纪律和镇静。到处都明确表示,必须采取有力的措施以保卫共和国和共和国的忠实支持者。

这也完全是政府的看法。维尔特立即召开内阁会议,建议根据宪法第 48 条由总统颁布一项保护共和国法令。法令包括对那些公开赞颂或赞同对共和政体或共和政府成员采取暴力行动、煽动采取这类行动、侮辱国旗诸如此类的人进行惩处的规定。它限制集会自由,授权各邦政府禁止有理由使人担心会发生骚乱的集会。它规定在最高法院设立一个特别的"保卫共和国国家法院"审判反共和国的罪行。这一专门法院除了包括最高法院的三名法官外,还应包括由总统任命的三名陪审员。由司法部长火速召来柏林鉴定这个法案的最高检察官埃贝迈尔博士提出疑虑,因为他担心这会使"最高法院政治化"。司法部长是古斯塔夫·拉德布鲁赫教授,他是现代刑法学派富有才智的、有很大争论的奠基人弗兰茨·冯·李斯特的学生和崇拜者。他是个理想主义者,参加了社会民主党,因为他希望在该党范围内能最快地实现自己的理想。在卡普暴动的日子里,他竭尽全力,经受住考验,被缺少著名法学家的这个党于 1920 年送进国会,在组成第二届维尔特内阁时被派进政府。他绝不是个激进分子,但他估计形势十分严重,深信共和国必须坚决运用其权力手段来捍卫自己,而根据迄今的经验,不可能期望主要由君主制时期的法官组成的正规法院会采取这种有力措施。因此,他便坚持设立国家法院的主张,想要通过国家法院同最高法院的结合避免使它发展成为"革命法庭"的危险。

总统的这个法令于 6 月 26 日颁布。在颁布以前,6 月 25 日国会进行了一次辩论,清楚地表明这个法令矛头是针对右派的。辩论中心是总理关于瓦尔特·拉特瑙极其可怕下场的一次激动人心的长篇讲话。维尔特内心十分激动,他的话打动了每一个事先没有紧闭心扉的人。他当然完全有理由呼吁大家"最终在德国摧毁这种谋杀、愤恨、放毒的气氛"。但使他的讲话具有政治要点的是紧接着的结束语:"敌人就在那里,是靡菲斯特* 把毒药滴到一个民族的伤口里,敌人就在那里,毫无疑问,敌人就在右边。"

这些话不仅表达了千百万人的心声,在这种情况下使用这种措辞也是确切的。事实上随后一段时间表明,这些话比人们当时所了解的还要确切得多。在总理之后,司法部长拉德布鲁赫博士站起来解释总统法令,说这个法令是"由于右派激进分子的不法行为和游行集会而引起的",并明确补充说:"工人们担心这个目的在于反对右派激进主义的法令以后也会被用来对付左派,这是毫无根据的。"这一点在法令中说得清清楚楚,法令所禁止的是"针对共和政体"的活动。

拉德布鲁赫的这一解释自然遭到极为激烈的攻击,这种攻击不仅完全来自右派政治家。它的产生也不是没有困难的。[23] 在内阁里,坚决反对的不仅有隶属中央党的财政部长赫尔梅斯,还有司法部国务秘书约尔博士,此人是个不问政治的法学家。只是依靠总理的个人威信才使它得以通过。拉德布鲁赫不是一个文过饰非的人,他在很久以后写的回忆录中还说他仍然认为他的解释是正确的。他所根据的是保卫共和国法的经验。在这项法律中,总统

---

* 歌德《浮士德》中的魔鬼。——中译者

法令中使用的提法被"宪法规定的共和政体"所取代。后来这项法律被用来"主要对付左派激进主义",这是他始料未及的。

即使人们承认是这样,人们对这样一种解释仍抱有疑虑。法官应当只是按照法律条文行事,而立法者的任务就是制定法律条文,使之不可能被以他所不希望的方式来解释。如果立法者认为需要保护的公共权益受到两方面的攻击,那就很难说他只反对这一个攻击者而对另一个攻击者却假装看不见是有理由的。事实上拉德布鲁赫的说明是共和制国家致命弱点的标志:它不能信赖司法机关。有多少法官是真心诚意的共和主义者?这并不是说他们大多数都是新国家的坚定反对者,更不是说他们在法官工作中为他们对共和国的厌恶情绪所左右。但他们并不是全心全意地干,只要有可能,他们宁可帮助共和国反对来自左边而不是来自右边的共和国敌人,因为他们同后者心心相连,即都具有所谓"民族思想"。

共和国的另一弱点也立即暴露出来。在总统法令颁布几天之后,巴伐利亚政府发表了措辞尖锐的声明表示反对。它在声明中指责这项法令的作用"由于其政治观点而具有阶级性"。巴伐利亚人是如何理解这句话的,这在他们的前总理、如今作为一个行政区主席成为巴伐利亚官员的冯·卡尔的一次公开讲话中变得很清楚。他在这次讲话中希望有朝一日能把前王储鲁普雷希特作为国王来欢迎,而他的上级、内政部长在邦议会保护他对付左派的攻击。更严重的是巴伐利亚政府在声明中事先反对计划用来代替保卫共和国法令的国家法。尽管如此,这一法律仍获得通过。这在很大程度上归功于施特雷泽曼。他对拉特瑙被暗害感到由衷的愤怒，认识到种族主义和反犹太主义的鼓动对国家前途和民族团结的全部危险性。这一认识也导致德意志民族党的一些优秀人士如议员迪林格尔和西格弗里德·冯·卡尔多夫脱离该党，因为他们看到，即使是最近这一段时期的可怕经验也不能促使该党放弃一种在群众中无疑会产生很大影响的鼓动手段。

政府提出的法案在国会及其委员会的讨论中在一些细节上作了修改。施特雷泽曼在三读时可以确定："这个法律的紧急性质已不复存在。"但它无疑具有修改宪法的性质，因此需要三分之二的多数（宪法第76条）。由于从人民党一直到独立社会民主党等党派的合作，实现了这一多数。只有个别人民党人同德意志民族党人和巴伐利亚人民党投票反对（7月18日）。投票结果是303票赞成，102票反对。还通过了一项大赦法案和一项公务员保卫共和国义务法。拉德布鲁赫曾说过，由于"针对左派政治家的未受制裁的罪行罄竹难书"，有必要实行大赦。

这些法令刚于7月21日公布，巴伐利亚政府又采取针锋相对的行动。7月24日，它颁布了自己的"保卫共和国法令"，这个法令要在巴伐利亚州"取代国家法"。换句话说，它企图以州立法措施使国家法失效，这显然是公然违反国家宪法（第13条）的。德意志共和国成立后首次发生这种情况。它的理由在国家法上站不住脚是同样显而易见的。硬说国家法与国家宪法相抵触简直荒唐透顶，因为这个法律作为修改宪法的法律在颁布时遵守了修改宪法所要求的手续。

促使巴伐利亚政府违反宪法的主要是——来自经过一些修改的总统法令——在最高法院设立国家法院审理这项法律严禁的行

第七章 拉特瑙遇害与维尔特下台

为以及叛国罪和政治谋杀。因为这样中央政府就冲破了巴伐利亚人民法院的垄断。这种法院是在赤色委员会共和国垮台后于1919年7月12日据称"暂时"设立的,事实上却年复一年无所顾忌地继续活动。它们的组成完全着眼于政治;它们的审理程序缺乏德国刑事诉讼条例规定的对被告人提供的保证。最糟糕的是,没有任何法律手段对付它们的判决,既无上诉又无复审。也就是说,它们是一种用以发展巴伐利亚政治特种刑法的手段,其矛头专门对准左派。1922年10月20日慕尼黑人民法院对被暗杀的库特·艾斯纳从前的秘书费利克斯·费申巴赫的可耻判决表明了这些法院的精神实质。[24] 他因所谓叛国罪、其实是一个早就失效的新闻违法行为而被判处有期徒刑十一年。这宗案子的种种情况使人有理由认为,这个判决是一个政治报复行为,同司法风马牛不相及。经过历时数载的斗争,1926年12月最高法院才做出决定,纠正了这一严重的不可宽恕的司法错误。但是,巴伐利亚政府的法令肆无忌惮地用这种"人民法院"来代替国家法院。

中央政府自然宣布巴伐利亚法令无效。但在当时的实际权力关系下,这样做不起任何作用。艾伯特作了自我克制,在写给巴伐利亚总理莱兴费尔德伯爵的一封友好的信中谋求和解,同时毫不含混地表示,否则他"作为国家宪法和国家利益的维护者"将不得不采取更为有效的措施。但是还需要经过数周艰苦的谈判,才使巴伐利亚政府终于在8月24日取消了它的非法法令。中央政府为此对它做出了一个重要让步。巴伐利亚人要求在国家法院中设立一个巴伐利亚判决委员会。这遭到了拒绝,但同意设立一个南德判决委员会,有三名巴伐利亚陪审员参加。达成这一和解是艾伯特个人的功劳。他深切地感到德国的统一在危险中,何况当时正处在外来的危险之中。他认为为维护国家统一不惜分解国家法院,尽管这是违背原则的,遭到拉德布鲁赫的长期反对。实际经验后来表明,专家和局外人对国家法院的担心是没有根据的。埃贝迈尔以令人赞赏的坦率承认了这一点。他证明两个判决委员会"始终避免任何带有政治性的判决"。[25]他认为,一个正规法院对右派刺客也不会做出不同的判决,但就拉特瑙一案来说还是可以打问号的,因为国家法院以伙同谋杀罪只判处恩斯特·特肖夫有期徒刑十五年。而一个正规法院会把驾驶杀人汽车的人当作同犯而判处死刑。* 此外,保卫共和国国家法院只存在了短短几年。到了1926年,它的刑事裁判权就又转交给正规法院了。

拉特瑙被杀所引起的激动的另一后果是两个社会民主党的合并。合并的主张早就存在。在独立社会民主党阵营内,政治上老练的领袖们很快就认识到,1920年6月选举中的巨大胜利并不能真正反映该党的实力。许多人对老是充当或多或少徒劳无功的反对派角色感到不快。因为显而易见的是,一个纯粹由社会主义者组成的政府的可能性不是变得更大,而是越来越小了。拉特瑙被杀前前后后的情况表明,反动的危险,特别是共和国被颠覆的危险有多么大。因此,越来越多的人认为,社会民主运动无法忍受两个党及其报刊不断自相残杀的奢侈现象。9月,两派在奥格斯堡和格拉分别举行党代表大会,表示赞成联合。接着,9月24日在纽

---

* 据可信的消息,恩斯特·特肖夫对自己的行为感到真诚后悔,内心发生彻底的转变。作为法国外籍兵团成员,他竭力帮助受到纳粹迫害的犹太人受害者。——作者

伦堡举行联合党代表大会，决定实行合并。多数党的韦尔斯和独立社会民主党的迪特曼当选为主席。在独立社会民主党代表大会上，只有一小批代表反对合并，拒绝参加。但该党选民的情况就不同了。一大部分拒绝返回老社会民主党阵营，而转向共产党人。这在以后几次选举中表现得很清楚。

但是比一切国内政治后果更为严重的是经济后果。这时马克的猛跌变得势不可挡。在拉特瑙被暗杀的那一天，1美元的价值还在350马克以下，到7月底上升到670，8月达到将近2000，10月底升到4500。因此，像黑尔费里希所说的那样，造成德国货币贬值的也许不仅是履行政策。事实上，外交部长被杀害清楚地表明德国破坏力量的存在和危险性，以致大大地摧毁了国内外本来就很微弱的对德国恢复元气和复兴的能力的信心。最高法院的一项判决后来也说，"拉特瑙被谋杀的后果""使得广大阶层对我国货币今后好转的信心受到彻底动摇，以致纸马克失去了普遍有效的价值标准的性质"。[26]

这次谋杀当然不是货币加速贬值的唯一原因。对于差强人意地解决赔款问题，特别是对于国际上向德国提供贷款的希望日益消失。5月和6月，赔款委员会借贷委员会在巴黎举行会议。这个委员会的成员有美国大银行家摩根等人。在普恩加来公开声称不允许减少赔款后，委员会于6月中旬一无所获地宣告休会。对于德国谋求延期偿付的努力，法国总理提出如下要求作为回答：德国必须向协约国提供"生产抵押品"，也就是那些其产品能作为赔款归协约国所有的工业设备或其他设备。这普遍被理解为普恩加来想染指鲁尔区，至少是其国有矿井。

法国人的反德情绪特别由于拉巴洛条约而大大加剧。如果他们看到冯·泽克特将军于1922年9月递交给总理维尔特博士的秘密备忘录,他们又会说什么呢?拉巴洛条约的一个结果是恢复德俄外交关系,也就是委派驻柏林和莫斯科的大使。德国方面打算派自从1919年7月辞职后无所事事的前部长勃洛克道夫-兰曹伯爵当驻莫斯科大使。他也准备接受这一职务,但只是在他自己的条件下。其中一个条件涉及与拉特瑙的合作,由于他被杀而不复存在。这就使他的上述要求变得更加重要,也即军界,首先是泽克特不得擅自干预他的事务。自从凡尔赛的日子以来,他与泽克特的关系就不好,而对于那些曾经妨碍过他的人,他是什么尖刻的话都说得出来。据说他曾威胁说,如果泽克特想要打乱他的外交活动,他就要用手枪和他决斗。[27]

当然,这种对立的原因在于重大的意见分歧。勃洛克道夫在1922年7月15日的备忘录中写道:"德国奉行只面向东方的政策在目前不仅仅是为时过早和危险,而且不会有成功希望,因此是不合适的。"[28] 这种政策使德国不仅会同本来就持敌对态度的法国发生冲突,而且会同英国发生冲突。维尔特于9月把这份备忘录交给冯·泽克特将军,后者于9月11日以一份重要的备忘录作了答复。这份备忘录——上文已引用其中有关波兰的语句——是以泽克特最好最有力的风格写成的,充满了他对于解决即使最困难的政治问题的绝对信心。虽然这个备忘录给人留下深刻印象,但它只是军人在政治领域一知半解的又一证明。

泽克特表明他不仅仅是显然视而不见俄国共产主义对德国的危险。他首先是对法英关系也做出完全错误的判断,因为他无限夸大了"无疑存在的、当时特别在近东显得很危险的紧张关系"。他一本正经地相信,这种紧张关系有可能导致公开破裂,在这种公开破裂情况下"英国希望法国紧邻(即德国)增强军事力量",并且"不得不容忍它也从东方取得实力"。他认为美国"希望德国在经济上壮大,并且根本不是俄国的反对者"。不足为奇,此人估计会发生新的战争纠纷,甚至声称战争纠纷"今天已迫在眉睫",并且用下面的话表达了一位普鲁士将军毫不动摇的优越感:"赞成还是反对战争在军人的头脑中是权衡得最清楚不过的,但搞政治就是领导。不管怎么样,德国人民都会跟随领导人为他们的生存而斗争。"使德国人民遭到极大灾难的是这个预言应验了。

泽克特的具体计划是在德国私人公司的帮助下发展俄国军火工业并且满足"俄国在军事技术领域得到进一步支持的愿望,只要看来合适和有利"。这一切当然都要秘密进行——不仅对外国,而且也对德国政府保密。这位将军干巴巴地对总理说:"完全不让德国政府参与,甚至不让它正式了解。"只有"对国家有约束力的协定"才"不能不通知政治领导部门"。

维尔特显然对泽克特分配给他的独特地位勉强接受。他不顾泽克特反对任命勃洛克道夫,勃洛克道夫于 1922 年 10 月去莫斯科担任大使。但另一方面他又放手让泽克特去干。维尔特对泽克特同布尔什维克在军事上的暗中勾结睁一眼闭一眼,而且还向他提供为此所需要的经费。为隐蔽起见,成立了一个协会,起了一个没有危险的名字:"工商业促进会"(GEFU)。领导这一协会的是泽克特的一名心腹琼克少校。它的真正计划不仅包括制造炮弹和容克斯飞机,而且还包括在俄国境内生产毒气。这个计划的很大一部分也被执行了。琼克本人在1939年写的报告中就这件事的军事方面写道:"在当时我们的军火制造受到限制的情况下不能低估在俄国制造后被送到德国的大量优质榴弹,也不能低估俄国在参与重建我国空军和坦克部队方面的积极作用。"这样,琼克实质上就证实了谢德曼于1926年12月在国会所作的揭露是正确的。

普恩加来对这些幕后活动一无所知,但从军事管制委员会那里收到的报告却足以使他确信,德国军方正在竭力回避和约的解除武装规定,正如伟大的沙恩霍斯特*在提尔西特和约后所做的那样。普恩加来一个星期日接着一个星期日在全国各地发表演说,激起法国人民对德国的不满,不仅在法国而且也在英国引起极其不愉快的感情。再加上协约国的联盟由于土耳其战胜受到劳合-乔治保护的希腊——伦敦和巴黎对此看法截然不同——而岌岌可危。这一分歧的最重要后果就是英国保守党人与劳合-乔治分手,导致劳合-乔治于10月19日辞职。

普恩加来对这种发展大概可以感到满意。他同劳合-乔治相处不好。他也从未隐瞒过,由于劳合-乔治的灵活多变和富于奇想,他是法国政治必须考虑的一个因素。他的后任博纳·劳是个聪明的苏格兰人,但由于疾病缠身已精力不济,普恩加来并不把他放在心上。即使预料他会反对法国人的鲁莽行为,但也用不着担心他会采取针锋相对的挫败行动。劳合-乔治下台两周后,罗马也

---

* 沙恩霍斯特(Scharnhorst,1755—1813),普鲁士将军。1807—1810年任陆军部主任,1810年起任总参谋长,推行普鲁士军事改革,准备对拿破仑的斗争。1813年任布吕歇尔的总参谋长。——中译者

第七章 拉特瑙遇害与维尔特下台

换了政府。这不止是政府更迭,而是整个制度的改换。议会制度在法西斯分子的冲击下崩溃了。1922年10月30日,墨索里尼组成他的第一届政府。法西斯统治开始了,它一直延续到1943年7月24日。不能期望新当权派会比他的前任对德国宽容些。

赔款问题面临危机。虽然在实物偿付问题上看来取得进展,胡戈·施廷内斯于8月和9月与法国重建-合作社联合会主席德·吕贝尔萨克侯爵签订了一个协定,规定供应总额达15亿金马克的实物。这个协定在德国方面比在法国方面受到更多的批评。人们指责施廷内斯说,他由于维斯巴登协定而对拉特瑙大肆攻击,而现在却步其后尘,因为他这样做大为有利可图。[29] 但是,如果不制止马克下跌和德国预算的崩溃,货币偿付又会产生什么呢?赔款委员会也在暗中摸索。11月初,这个委员会在新任主席巴尔图的领导下来到柏林。应德国政府邀请同时到达柏林的还有许多最有声望的独立的金融问题专家,以对形势,特别是对稳定马克问题提供意见。在他们当中有凯恩斯和瑞典人卡塞尔,他们两人绝不会被说成是反德派。

同赔款委员会的谈判没有取得什么结果,因为各方都要求对方提出建议。专家们首先建议德国政府立即着手稳定马克。有凯恩斯、卡塞尔、英国人罗伯特·H.布伦德(后来是布伦德勋爵)等人签名的多数人的报告主张德国自力更生,不要首先依靠外国援助。如按当时的汇价1美元为3500马克计算,德国国家银行黄金储备价值是纸币流通总数的一倍。[30] 具有这么大的没有充分利用的潜在承受力的货币是不会崩溃的。这些专家也认为必须对赔款进行调整,但并不认为这是稳定马克之前的先决条件。但先得同意延期偿付。大体上同意这个报告的达伯农勋爵称它为赔款问题争论中出现的最重要的文献。但是无论是债权人还是债务人都没有把它付诸实施。不过德国政府把它附入11月13日的照会。它在这份照会中再次请求赔款委员会同意延期偿付并在取得这一同意的条件下作出了稳定德国货币的建议。如达伯农勋爵所写的那样,这份照会是由财政部处长、枢密顾问卡斯特尔博士起草的,获得了从人民党到社会民主党等所有政党的同意。维尔特松了一口气。可是24小时后他就下台了。

这次推翻内阁的是社会民主党人。对国际形势的危险一目了然的艾伯特希望在更广泛的基础上成立政府,以便更好地应付这种危险。10月,国会大多数同意把他的任期延长到1925年6月。这虽然并不完全符合他自己的心意,因为他宁可马上进行改选,但他对这一次从社会民主党到人民党的各党派可能进行合作表示欢迎(施特雷泽曼对促成这次合作做出了特殊贡献)。艾伯特委托维尔特同各党商讨改组和扩大政府问题,维尔特接受了这一委托。人民党也准备参加谈判,中央党和民主党都支持这一计划。但社会民主党拒绝同在社会政策上它所不信任的人民党进行合作。经过数日谈判达不成协议后,维尔特辞职了,社会民主党部长最终退出了政府。关于社会民主党人的策略,只要引用拉德布鲁赫回忆录中的话就足够了。他谴责维尔特的做法是"多此一举",但又说:"在别人犯了这些错误之后,社会民主党议会党团所犯的一个严重错误是考虑到所谓群众情绪和从前的独立派议会党团同事而拒绝同人民党合作,而人民党曾有三次在重要问题(保护法、总统选举、11月13日的照会)上站在我们一边。"[31]

人们可以怀疑维尔特在过去几年的激动和操劳过度之后是否还有力量继续执政。不管怎么说,对于这时具有突出意义的外交政策来说,尽管他同社会民主党的主张有分歧,但他会是一个好的总理,比接替他的职务的那个人即汉堡美洲航运公司总经理古诺博士无疑要好得多。

第八章　鲁尔被占领和分离主义

政府高级枢密顾问威廉·古诺博士在帝国时期曾卓有成效地担任高级官职，特别是在财政部。战争期间，他作为粮食局局长立了功。他的威望和能力很高，因此汉堡美洲航运公司著名领导人阿尔贝特·巴林聘请他到公司经理处任职。他在那儿一定也表现出色，因为当巴林在1918年11月去世——人们普遍认为他由于对德国的不幸感到哀伤而自杀——后，古诺就成了他的继承人。他被认为是德国权威经济专家之一，曾以这个身份多次参加国际会议。他很有风度，仪表堂堂，传说他因此给在这一方面不太讲究的艾伯特总统留下很深的印象。拉特瑙早在热那亚就对亲近的人预言古诺会当总理："这支雪茄由于其精美的外包烟叶，终有一天也得抽一抽。"

但是，在由维尔特的辞职所表明的危机中使人们把注意力转向古诺的原因要更深刻一些。许多人对党派政治感到厌倦，认为它对政府频繁更迭负有责任，并期望更加稳定的发展，如果"经济界人士"执掌政务的话；他们甚至相信，一个以"签名具有贴现能力"的人物来领导政府会给外国留下特别好的印象。古诺看来非常适合担任这一角色，因为他受过德国高级文官的训练，了解政府机关内部的运行情况。此外他通过商业活动在美国有良好的关系。民主党国会党团主席、汉堡律师卡尔·佩特森博士对他很熟

第八章 鲁尔被占领和分离主义

悉,看来特别热心支持他。[1]古诺无疑不是一个符合党派观念的民主主义者。他先支持德意志人民党,后来支持中央党;作为天主教徒,他在该党一定受欢迎。但他从来没有在党派政治中显露头角,正是这一点在政党的威信一落千丈的时刻使他受到青睐。身为总统一贯努力尽量少带党派色彩的艾伯特授权古诺组阁。

经过多日艰苦谈判,古诺组成了他的内阁。它被称为"事务内阁",事实上有多名阁员是和议会不相干的人士,如格勒纳将军任交通部长,前国务秘书阿尔贝尔特任国务部长,前驻哥本哈根公使冯·罗森贝格博士任外交部长,埃森市市长汉斯·路德博士任粮食部长。古诺当然也不能不和国会各政党取得谅解,从它们中挑选他的多数部长。但他不得不限于从资产阶级中派政党——人民党、中央党和民主党——中挑选,因为社会民主党拒绝参加。于是新政府从开始起就比被社会民主党人推翻的维尔特政府具有更加右倾的色彩。

开始时似乎这一点无关紧要,因为古诺努力强调他和他前任的一致。他不仅接过前任的口号"先面包,后赔款",而且也接受11月13日的照会,正如他在11月24日对国会发表的就职演说中所声明的那样,他决心站在这一照会基础上执行照会中所包含的纲领。国会绝大多数批准了这一点。只有共产党人和从德意志民族党分裂出来的种族主义者投票反对。在中央政府于12月初同各州代表举行的一次会议上,各州代表也采取同样的立场。在11月初巴伐利亚发生了一次预示不祥的内阁更迭之后,这一点特别令人感到满意。受到民族主义集团和秘密会社激烈反对的总理莱兴费尔德伯爵不得不辞职,因为巴伐利亚人民党认为他对中央政府的态度不够强硬,特别是在共和国保护法上对中央政府过于迁就。该党任命该党党员、比较受民族主义者欢迎的前国务部长欧根·冯·克尼林接替他的职位。

在民族主义者中起最重要作用的是民族社会主义者,他们具有鼓动天才的领袖、奥地利人阿道夫·希特勒提出的口号"反对马克思主义者和犹太人"产生了极大的效果。普鲁士政府取缔了民社党;泽韦林下令禁止希特勒发表演说,如有违犯就威胁要将他作为不受欢迎的外国人驱逐出境。这使希特勒在巴伐利亚的活动更不受阻碍,他正在策划一场暴动的流言不胫而走。但当社会民主党人在巴伐利亚州议会对此提出质问时,内政部长施威耶尔冷淡地回答说,共和国保护法对民族社会主义者不适用,巴伐利亚政府认为自己有足够力量对付来自他们或来自左派社会主义者的暴力计划。11月30日,希特勒用在慕尼黑举行五次群众大会来回答官方的这一漫不经心的证明,在会上大肆攻击任何履行政策,竭力攻击所有其他的政党都受革命影响,吹嘘他的运动是德国唯一的救星。当时墨索里尼"向罗马进军"才过去几个月。因此,当希特勒的一名亲信称颂他是"德国的墨索里尼"时,慕尼黑人知道这意味着什么。[2]

柏林当时更担心的不是希特勒的进军而是普恩加来的入侵。11月13日的德国照会没有取得预期的结果。古诺于12月9日提出的建议也没有成功,这个建议又前进一步,因为德国政府声明,如果不可能得到国际贷款援助,它决心自力更生,设法稳定货币。在赔款问题上,这个建议提出通过在德国和外国发行黄金债券来偿付。今后两年应免除德国一切实物支付。此外,照会还包含一项后来在发生变化的情况下变得意义重大的建议：德国声明准备同法国和其他关心莱茵河的大国一起，向一个没有利害关系的大国即美国提出相互保证，不经公民投票特别授权彼此不进行战争。

这个建议被递交给英国新首相博纳·劳，使他能在12月9日至11日在伦敦同法国、意大利和比利时总理举行的会议上进行讨论。这次会议要把赔款问题结合同样极其复杂迫切的协约国之间的战争债务问题即它们对英国和美国的义务进行讨论。法国由于战争而对这两个盎格鲁-撒克逊国家负债数十亿，这一事实使普恩加来更有理由坚持要求德国支付赔款，只要法国的债权国不免除它的债务的话。1922年8月1日贝尔福勋爵给华盛顿的照会就是从这一认识出发的，但并未得到所希望的结果。普恩加来此时反对向德国做出任何让步，在会议上不仅设法使德国的建议而且还使意大利和英国的调停建议遭到拒绝。他坚持他提出的"生产抵押品"的主张。会议延期到1923年1月2日在巴黎举行。但是，谁也不敢对这次新的会议抱有任何希望。事实上普恩加来利用短暂的休会期间采取了一个使他大大接近于他的目标的措施。

数月来法国总理就明确表示，如果没有其他办法索取赔款，他将不惜采取强制性措施。他不接受由于德国币制崩溃而不可能履行赔款义务的论点，因为他认为德国"有意使马克贬值和走向破产"，正如他于11月17日在众议院所说的那样。但是他认为，破产的只是德意志国家，而不是德国经济。相反，德国工业正在欣欣向荣，大工业的赢利简直高得惊人，失业人数极少。他不无理由地指出德国工业由于其繁荣的出口而在外国拥有的外汇，他提出德国政府是否有办法迫使工业界和财界至少把一部分外汇送回德国的问题。普恩加来也强调他决心在万不得已时单独行动，如果他的盟友不支持他的话。尽管如此，可以认为他还是宁可避免采取这一极端步骤的。但当他从没有结果的伦敦会议归来后，12月15日他对众议院说，法国即使孤立也要行动。尽管他强调他不想进行"带有军事性质的军事出征"，但这又一次证明靡菲斯特的话："我们走第一步时自由自在，走第二步时却成了奴才。"* 法国如向未被占领的德国进军，那么这种出征是否带有军事性质，就不光是取决于它了。

为了能够进行"制裁"，事先必须由赔款委员会确定德国的"过错"。在现金偿付方面做不到这一点，因为德国被准许延期支付。于是就只剩下实物支付了，在这方面法国人声称可以证明德国无故拖延支付。这事涉及德国在1922年应交付的木材，包括应向法国交付的20万根电线杆。其中大约有半数没有按期交付。德国政府为自己辩护说，作为提供木材的森林的所有者不是它，而是各州；由于货币贬值，各州拒绝按商定价格交售木材，等等。法国人不接受这个解释，向12月26日在巴尔图主持下在巴黎举行会议的赔款委员会提出拖延交货的控告。拖延交货的客观事实是毫无疑问的，委员会一致确定了这一点。但对于巴尔图进一步提出的把这种拖延交货说成是有罪的违约行为的提案，他和英国代表约翰·布拉德伯里爵士发生了严重分歧，后者坚决反对这一提案。他高声说道，自从希腊人使用木马计入侵特洛亚以来，历史上没有

---

* 见《浮士德》第一部第三场。——中译者

第八章 鲁尔被占领和分离主义

记录过类似的木材用法，现在不是特洛亚而是埃森成为攻击的目标。但布拉德伯里势孤力单，比利时和意大利都赞成法国的提案。委员会根据凡尔赛和约第八部分附件2第17条以三票对一票确定了德国的过错，从而为对德国采取"措施"开辟了道路。

约翰爵士指出，同整个赔偿物资相比，拖欠交付的木材是微不足道的，这当然完全言之有理。但这一论点可以用来对付双方，不仅针对普恩加来，也可以针对德国政府。德国政府早就知道法国总理坚持要它的一磅肉*，他在等待机会动刀。难道德国政府不该以一切手段，设法不给他这种机会，不发生任何拖欠？既然此事关系如此重大，难道一个大国的政府真的无法做到按时交付几十万根电线杆？如果一位德国将军在战争中要求这些电线杆，它们肯定能及时搞到。即使政府为此多开销数十万金马克终身年金基金，但比起这种拖欠使德国付出的代价，这又算得了什么呢？

此外，普恩加来还由于他在1923年1月9日通过赔款委员会确定德国还拖延交付1922年的煤炭而加强了他的地位。在这里，英国代表也投票反对其他三位代表。

1923年1月2日至4日举行的巴黎会议处在赔款委员会的这两个决定之间。在这次会议上，法国和英国最终分道扬镳了。普恩加来提出了法国关于赔款和盟国间债务的建议，博纳·劳提出了英国的建议，意大利代表德拉托雷塔提出了意大利的建议。各人都声称别人的建议是无法接受的。没有人花费力气谋求使自

---

* 这个典故出自莎士比亚喜剧《威尼斯商人》中犹太高利贷者夏洛克坚持要割借钱不还的安东尼奥身上一磅肉的故事。——中译者

己和别人的建议接近和协调。普恩加来显然对谈判感到厌倦,博纳·劳既不灵活又不够积极,因而未能使大家的观点接近。此时国务秘书贝格曼正在巴黎,可说是等在会议厅门口,以便提出德国的新计划。[3]对他的意见甚至听都没有听。谈判的时间已过。会议显然已经失败,甚至没有人想掩盖这一点。相反,普恩加来和博纳·劳都谈到他们的分歧无法调和。但是,当他们如此不加掩饰地指出如今他们得分道扬镳之后,英国首相在他的结束语中向法国总理保证英国政府和英国人民对法国的友好感情没有改变,普恩加来以同样的精神作了回答。

这一结果无论从哪方面讲都是极其不幸的。毫无疑问,如今普恩加来要向鲁尔伸手了,不管他愿不愿意。比利时和意大利会跟着干,英国不会。这样英国当然就放弃了对鲁尔军事行动进程的任何直接影响。如果英国跟着干,那普恩加来就不得不经常考虑它的愿望。另一方面,英国公开不赞成这次行动一定会增强德国的反抗。但是想获得英国有效援助的一切希望从开始起就注定要落空,因为英国尽管与法国产生分歧,仍然坚持与法国的协约。英国已使自己处于这样一种地位,它可以做很多事来加剧争执,却无法做什么去缓和或缩小争执。

1923年1月11日是法国和比利时开始在鲁尔区采取行动的灾难性的日子。这次行动起初看来似乎并不太令人忧虑。法比两国在这一天的照会中向德国政府声明,它们只是派遣一个工程师监督委员会去监视德国煤炭辛迪加的活动,保证赔款计划的严格执行和采取为支付赔款所必需的措施。随同派往的人数很少的部队只是用于保护进行监督的工程师。除此而外,有关盟国——意大利只是象征性地参加——不打算采取军事行动或进行政治占领。

打算对煤炭辛迪加进行监督早在入侵时刻就已受到挫折,因为它已在几天前将办事处从埃森迁往汉堡并把全部档案送往那里。在所有其他方面,法比计划也落了空。

全德国以愤怒的呼声回答对鲁尔区的入侵。可以毫不夸张地说,自从1914年8月以来,整个德国的情绪从来不曾像那些日子里那样一致。这种统一战线要留待希特勒去冲破。1月12日,即入侵的次日,他在慕尼黑贝格勃劳凯勒啤酒馆向他的追随者喊道:"我们不该喊打倒法国,而是喊打倒卖国贼,打倒十一月罪犯!"[4]他的机关报《人民观察家报》说,"关于统一战线的胡言乱语"是"欺骗",声称只有先消灭"德国的刺客"才能对抗法国。难怪德国政界人士把民族社会主义者看作是一伙傻瓜,他们疯狂的煽动面对"德国人民健全的理智"不可能得逞。

德国政府该怎么办呢?总理古诺博士突然发现自己面临一个需要一位伟大而强有力的政治家的任务,而他从来没有认为自己是这样一个政治家。这样一种形势所需要的才能,无论是在政府各部办公室或是在航运公司的理事会都是学不到的。外交部长冯·罗森贝格本来就微不足道,不能弥补总理所缺乏的品质,被他任命为他的国务秘书的阿戈·冯·马尔藏这一次也没有表明他能胜任这样一个特别艰巨的任务。如果政府决定不是平静地接受法国和比利时的暴力行为,而是用所谓"消极抵抗"来对付它,那对它诚然无可指责。德国在当时的情绪中不会容忍一个默默地屈服的政府,外国对这种态度也只会报以蔑视甚或引起采取进一步暴力行动的欲望。但是应该从开始就认识到可以从消极抵抗中期望获得成功的界限，如果想起马克思在1848年的失败后对科隆陪审员说的话就好了。他说，消极反抗好比是牛犊反抗把它拉去屠宰的屠夫。* 由于许多有说服力的理由，从事积极抵抗是不可能的。但这不是把消极抵抗做绝，期望得到根据其性质和当时的实际情况不可能取得的结果的理由。

德国政府发表声明回答法国的照会，称占领是对和约的非法违犯，这不仅正确，而且也符合绝大多数德国人的法律观念。许多外国人也持有这种观念。由此得出合乎逻辑的结论：不把占领当局的命令看作是有约束力的。也可以说，从这一占领使德国国民经济失去了它最重要的部分这一事实得出德国无力继续偿付赔款的理由，而且也可以用这个理由停止支付实物。但是，如果政府明确禁止德国工业向法比两国供应煤炭，即使是支付现金，那么它事先应考虑到这种禁令的后果。不仅要估计到法国会采取更加激烈的措施作为回答，而且也要考虑到这样做会使矿井停产，造成数十万人失业。这究竟意味着什么呢？这就意味着其财政情况本来就不佳的德国必须自己掏钱养活鲁尔区居民。如果命令德国铁路员工不执行法国的命令，虽然起初可以给法国人制造巨大的困难，但长此以往必然会导致法国人强夺鲁尔区的整个生命攸关的铁路网，且完全不谈许多英勇的铁路员工被开除的不幸。如果指示德国公务人员拒绝服从法国的命令，那也会使他们被驱逐，从而使全区失去正常的、正是在这种情况下特别不可缺少的行政管理机构。

---

* 参看《马克思恩格斯全集》中文版，第6卷，第38页。——中译者

第八章　鲁尔被占领和分离主义

柏林对普恩加来应有足够的了解，要知道他不会因为遭到这种消极抵抗而放弃他的既定方针。他在决定采取这一方针时估计心情并不轻松，这一方针得到法国人民以及议会压倒多数的支持。1月11日，众议院以452票对72票对他投了信任票。应当事前预料到，他会毫不手软地用越来越强硬的强制措施来回答任何反抗，德国人在战争期间在被占领的法国的经验定会使他们毫不怀疑谁会在这种斗争中获胜。普恩加来既不怕把占领地区扩大到原先打算的边界之外，也不怕在占领区和非占领区之间建立关税边界，更不怕大大地增加占领军，尽管这样做从国内政治和财政的观点来看是他所不乐意的。这些部队的将军们的行动就像在外国占领区总是那么做的一样，只知道两个词："命令"和"服从"，对任何不服从的现象都进行残暴镇压。他们最恶劣的武器就是他们的军事法庭，即使具体情况很可怀疑，它们也实行最重的惩罚。4月底，布劳恩总理在普鲁士邦议会指出，莱茵河左岸老占领区有4000多人被驱逐，新占领区有800多人被驱逐，其中绝大部分是公职人员。有250人被逮捕，军事法庭判处的有期徒刑超过八十七年。

最严重的流血事件于3月31日发生在埃森克虏伯工厂。工人和法国部队之间发生争执，后者突然用机枪向人群开火，13名工人被打死。更令人激愤的是，韦尔登的法国军事法庭竟判处克虏伯公司老板冯·波伦-哈尔巴赫有期徒刑十五年，判处他的八名重要官员十至二十年有期徒刑。全德国没有一个人不同意艾伯特的话："一个嘲弄任何人性的暴力行动。"人们必定会想起《浮士德》中宰相的话：

> 作奸犯科者受到宽容放纵，
> 良民反而"有罪"，活天冤枉。*

德国报纸和德国议会完全有理由对这一切提出激烈指责。但这在政治上又有什么用？虽然特别是在盎格鲁-撒克逊国家里有许多人对这种暴力统治抱有像德国人一样的想法并且有一部分人也说出他们的想法，但这离政治干预还差得远。当时的情况就和十年后德国纳粹政权的暴行使所有文明民族思想正派的人感到愤慨一样。没有一国政府动用本国的力量去反对不公正。当时美国虽然从莱茵兰撤走了它的部队，以表示对法国政策的反对，可实际上这是弊大于利。法国人干脆占领了美国人撤离的地区，幸好英国人没有追随美国人的榜样。这样至少使他们占领的地区仍然是扫荡其他占领区的风暴中一块宁静的绿洲。

在德国未被占领的地区也发生了风暴。正当德国人民比任何时候都需要而且——谁都会以为——理所当然地保持团结一致的时候，几乎完全是极右派挑起的、激烈的党派斗争使这种团结一致受到动摇。开始时希特勒提出的战斗号召"先反对十一月罪犯"没有得到多少人的响应，他的民社党在普鲁士、巴登、萨克森和其他邦根据共和国保护法遭到禁止，而且最高法院于3月14日做出决定，确认了这一禁令，理由是该党对国家有危害，该党领袖希特勒公然无视政府法令。尽管如此，巴伐利亚政府仍不为所动，听任希特勒去进行越来越放肆的鼓动。为了填补巴伐利亚以外德国其他

---

* 译文引自郭沫若译《浮士德》，1978年版，下册，第13页。——中译者

地区的缺口，他的党徒在从德意志民族人民党退出的极端分子的帮助下成立了一个"德意志人民自由党"，这个党在"百人团"或"体操协会"的名义下组织暴力团队伺机起事。

但普鲁士警察保持警惕，3月22日泽韦林根据共和国保护法下令也禁止和解散"德意志人民自由党"。接着在普鲁士邦议会爆发了一场风暴。但是德意志民族人民党议员施兰格-舍宁根的一次怒气冲冲的讲话只是使他在议会遭到一次沉重的失败。尽管如此，四周后在讨论内政部预算时他以更加激烈的方式重新攻击泽韦林。他竟然喊道，"任何对祖国感情的呼吁都在"泽韦林的"由于党派政治而紧闭的心扉上碰壁"，大多数议员对这种严重的侮辱感到十分气愤，迫使他不得不中断讲话。能说明德国公众生活病态的混乱状况的是这些话出自这样一个人之口，此人如后来表明的那样能学习，后来也认识到民族社会主义运动的全部危害性并且竭尽全力去反对它。

像占领鲁尔这样的事件使一个民族内心深受触动，不仅释放出它的健康成分，而且也释放出它的不健康成分，这完全是可以理解的。鲁尔区居民以令人敬佩的坚定团结进行了消极抵抗，由于工人在那里是最重要的和人数最多的成分，他们对这种赞誉完全受之无愧。他们这样做是出于自动还是仅仅响应政府的号召，这还可以争论，但无论如何他们的态度说明他们是全心全意地去做的。但是有些人，特别是在未被占领的地区，他们的感情或政策并不以此为满足。他们从事破坏活动，攻击法国岗哨，炸毁桥梁，等等。

这种突袭活动尽管能满足广大人民的激愤心情，但在政治上不仅毫无意义，而且简直是很危险的。只有政治上不成熟的人才会相信它会对法国和比利时的政策产生任何影响。唯一的后果只能是占领区不幸居民遭受更加严重的痛苦，即逮捕、驱逐出境和死刑。例如对杜伊斯堡莱茵河大桥的一次爆炸使一节比利时火车车厢中有九人丧生，美因茨的法国军事法庭以判处七人死刑来回答。因此，泽韦林和普鲁士警察力所能及地制止这种玩火行为，这只是履行他们明确的职责，可是他们却受到种族主义者及其帮凶的激烈攻击和诬蔑。而中央政府，特别是总理却没有一条明确的方针。它对普法尔茨的爆炸事件半官方地明确声明"它不赞成这种形式的活动"，而古诺后来在回答教皇使节帕切利的抗议时说，这些突然袭击应理解为一个受到折磨的民族的愤怒反应。当法国和比利时的外交代表谴责德国政府由于向破坏分子表示同情而对积极抵抗也负有责任时，外交部长冯·罗森贝格竟无言以对。

一个名叫阿尔贝特·列奥·施拉格特的人的事件引起了极大的轰动。此人于4月7日至8日夜里在埃森一家旅馆里被法国刑事警察逮捕，5月10日被杜塞尔多夫一个法国军事法庭以间谍和破坏罪判处死刑，两周后被枪决。[5]他犯了被指控的罪行，看来是毫无疑问的。可惜同样无可怀疑，任何一个其他的军事法庭，特别是德国军事法庭在类似情况下也会做出和执行同样的判决；因此，只有在相反的情况下会表现出同样愤慨的人才有资格表示愤慨。尽管如此，还是可以理解为什么许多德国人把施拉格特当作爱国献身精神的烈士来称颂，虽然他这个人看来并不值得有这种荣誉。最有趣的是，在向他献月桂花环的人们中也有俄国共产党人拉狄克。他于7月20日称施拉格特是"反革命的一名优秀士兵，像一个可尊敬的男子汉一样值得受到共产党人——革命的士兵——的赞赏；共产党人的任务就是使像他这样的人将不在无意义中漫游，而是进入全人类更美好的未来"。这发生在共产党人在德国许多地方如布雷斯劳和格莱维茨组织骚乱和抢劫而且也引起流血的时候。右翼激进分子却大肆进行煽动，胡说什么是普鲁士警察和泽韦林本人帮助逮捕施拉格特并破坏了使他获得释放的尝试。这一指责自然是错误的，却故意广为传布，使泽韦林不得不求助于法院保护。埃北尔伯费尔德刑事法庭也确认向他提出的指责是不正确的，却宣告诽谤者——一家右派报纸的编辑——无罪。[6]人们再也不能指控德国法院会像从前那样维护当局的权威，即使在最困难的情况下也不会这样。

在这种动荡的时代，普鲁士警察总是必须进行两条战线的斗争。因为共产党人如果在这种紧张局势下无所事事，那就会背离他们所有的传统。民族主义者和共产党人习以为常和义愤填膺地声称他们只想对付来自另一方的进攻，双方同样习以为常地都指责普鲁士政府包庇另一方。困难——特别是对内政部长来说——越来越大。普鲁士地区没有发生较大的、真正有威胁性的动乱，这既可以证明泽韦林沉着冷静，也可以证明他不偏不倚。

可是，德国国防军的情况又如何呢？冯·泽克特将军当然是位经验丰富的专家，不可能会考虑对法国人进行军事抵抗。但可以理解，具有像他这种传统和地位的人很难不考虑是否在某种情况下也许有可能开战的问题。他的传记作者声称："泽克特无疑原来不想进行消极抵抗，而是想进行积极抵抗；积极抵抗是他的最终目的，消极抵抗是暂时状态。"[7]这话不能全信，不应忘记这是在

1940年写的。但泽克特在1923年2月谈到德国有可能被迫进行防卫。"他在准备这种防卫。这……得到中央政府的同意才能进行,在其他情况下对鲁尔区事态的发展不能进行积极的干预。"

如果说中央政府同意组织"防御",这只可能指东部边界。事实上它当时正担心波兰的袭击。上西里西亚的经验表明,如果不是波兰政府,那么波兰义勇军也会越界进击,并且人们相信普恩加来也会从东部发起这样的进攻,如果他能借此更快地达到自己目的的话。如果真的发生这种危险,政府,特别是格斯勒担心国防军会应付不了这种危险。人们普遍认为,凡尔赛和约规定的10万兵力对于像1923年确实存在的那种危急形势来说是完全不够用的。此外,国防部长对部队,特别是新入伍的新兵的军事素质和可靠程度抱有强烈的怀疑。通货膨胀的破坏性作用也在这里显示出来。如不少人参加国防军,因为军饷对他们有吸引力。但随着马克的日益贬值,部队的军饷跟不上收入高的工业工人的工资。

在这种情况下格斯勒认为有理由通过雇用"临时志愿兵"增加兵力超过凡尔赛和约规定的数字。这样做的先决条件是存在的,因为国际军事管制委员会自从鲁尔进军以来实际上已停止活动。德国政府声明不允许法国或比利时军官进行监督活动,英国军官从伦敦接到了暂时停止其监督活动的命令。[8]这样泽克特就从这方面腾出手来。他本来情愿完全公开地扩充军备和扩大军队,[9]但德国政府不想如此放肆地向协约国挑战,于是招收被禁止的新兵活动就秘密地进行,产生了所谓"黑色国防军"。但是对任何这种秘密活动都适用歌德的这句话:"谎言没有好下场。"一次不诚实行为必然会导致下一次,而这又会连锁反应,产生更多的坏事。原来只想对——从前的——敌人保守秘密,如今也得不让本国同胞知道。如果不能完全隐瞒,就会引起忧虑、怀疑和谣言。这些谣言也许是言过其实,但只要没有人知道确切的消息,谣言就会越传越大。更糟糕的是,那些暗中搞非法活动的人觉得自己处处都受到"叛徒"的威胁,便采取越来越残酷无情的手段去防备他们。这样,这种暗中进行的非法扩军给本来就已分裂和激动的德国人民带来新的争吵材料和新的紧张。作为新兵参加黑色国防军的人来自那些曾组成志愿兵团的人士。有许多人是出于真正的爱国主义前来参加的,因为他们相信祖国在召唤他们。还有许多人具有雇佣兵的思想和道德,而卡普暴动已表明他们能干出什么事。鉴于这种经验,可以理解为什么许多共和派人士怀疑黑色国防军的目的并不是抵御外来敌人——不管是法国人还是波兰人——的进攻。

由于国防军军官掌握着军队,是否就可以无视这种忧虑呢?甚至总统一定也对此有怀疑,他在一次内阁会议上曾对冯·泽克特先生喊道:"现在我真想知道,国防军究竟持什么态度?"拉本瑙报道说:"泽克特十分冷静地回答:'国防军支持我。'"[10]这个回答既厚颜无耻又不令人满意,虽然泽克特在另一场合对内阁着重指出:"在德国,除了我没有人能搞政变,而我向你们声明,我不搞政变。"如果总统或某位部长想起华伦斯坦,是不足为奇的。华伦斯坦在他统率的军队支持他的时候也想制订自己的政策,人们说他:"谁也不知道他相信谁。"在柏林以外的地方,人们看到国防军许多团队同右派组织保持密切联系,反正是会感到不安的。

不管怎么说,胜利者过分削减德国军队力量所造成的始料不及的后果是许多退伍军官选择了政治作为施展自己力量的替代场地：他们被剥夺了习以为常的活动场地，无法忍受强制的无所事事。他们通常对政治一窍不通，这一点并不使他们和使用他们的那些人感到畏惧。所需要的一切就是如同这些人所理解的"民族思想"，而这种思想对他们来说是不言自喻的。他们特别乐意为那些以无害的名义暗地从事军备活动的右派团体效力。他们在那里可以学以致用，以他们所熟悉的方式开展活动。这些团体的政治后台特别看重他们，也是因为他们同国防军有着良好的关系。那些现役军官自然对"老战友"怀有特别友好的感情。普鲁士警察对这一点最清楚，因为他们也得特别注意隐藏在各地的秘密武器库。凡尔赛和约关于交出全部武器的规定当然没有百分之百地执行。即使已经交出或被协约国管制委员会查出许多武器，在数量巨大的备战物资中仍留下足以配备成千上万名士兵的物资。这是违反和约的，但德国没有一个人为此伤脑筋。

更使负责部门伤脑筋的问题是这些隐藏的武器落在谁的手中。只要国防军掌握这批武器，普鲁士警察也就可以让国防军和中央政府去同协约国进行争论。但只要它们落入私人手中，普鲁士警察就得严密注意以防滥用。格斯勒于1923年2月声明他反对国防军和所谓"自卫组织"之间的任何联系并同普鲁士内政部长泽韦林就贯彻这一原则达成一致意见。但在1923年这动荡的数月中泽韦林不得不看到，国防军许多部门并不遵守其部长的声明。它们训练临时志愿兵使用武器，在兵营中和练兵场上对他们进行军事操练。

但最糟糕的是，同国防军保持联系的右派团体所追求的目标更多在德国国内政治方面，而不是在对外政策方面。1923年5月，

第八章 鲁尔被占领和分离主义

警察在阿尔托纳和汉堡搜查某些住宅时不仅发现了武器库,而且还发现了既使这些团体也使国防军名声扫地的文件。冯·施莱歇尔少校试图威吓泽韦林部长而向他提出愤怒的抗议,可以表明国防军对此的感受。但这个抗议并未达到预期的效果。这种怒火三丈的表现也许同下列事实有很大关系,即有关的护乡团领导人是前将军赫尔弗利茨。从被查获的他的文件中可以看出,所谓的自卫组织——正如泽韦林于6月14日写给格斯勒的信中所述的那样——"由于配备经费和武器正在成为国中之国,只想根据自己的判断和意愿为自己的政治目的动用其权力手段"。赫尔弗利茨用干巴巴的语言说什么要在本国"粉碎敌视祖国的反抗",并声称他的雇佣兵有权在被召唤之前自行采取行动。[11]

普鲁士警察当然不能容忍这种危险勾当。格斯勒也为泽韦林言之有据的控诉所动,认识到有必要"把事情弄清楚"。结果是两人在6月30日达成一项十分明智的书面协议,规定要制止对法定以外部队的最危险的滥用。如果国防军普遍接受这一协议,肯定会取得良好的效果。这个协议的性质是秘密的,没有正式公布,但报纸上发表了有关消息,而格斯勒和泽韦林达成协议的事实就足以使德意志民族主义者和种族主义者的报纸指责格斯勒屈服于社会民主党人警察部长的恐怖,并使共产党人斥责泽韦林是出卖工人阶级事业的叛徒。[12]这就是他们的手法。这造成了更为严重的后果。

但是,比一切政治问题更使德国人民操心的是高出一切的经济问题:德国货币一落千丈。1月中旬,在向鲁尔进军的那一天,1美元约等于1万马克。1月底1美元就达到将近5万马克。不过在以后数周内，美元这一过高的比价有所下降，因为国家银行进行干预，在柏林和外国交易所收进马克，从而使美元汇率于2月中旬降到20 000马克。这一汇率一直保持到4月中旬。之后这一措施就崩溃了。4月19日，经济部长贝克尔博士在国会承认前几天马克又暴跌，这有各种不同的原因，部分是经济情况造成的，部分是投机的原因。按照达伯农勋爵的说法，胡戈·施廷内斯当时要求93 000英镑外汇以支付德国铁路为英国运输煤炭的汇票。[13]不管怎样，反正国家银行确信无法继续干预。它已牺牲了一大部分黄金储备和更大一部分外汇，如果继续人为地支撑马克，不久就会把它的储备全部耗尽，因为鲁尔斗争的结束遥遥无期。这不仅意味着鲁尔区人民从国家获得资助，而且迄今该区向德国供应的原料，特别是煤现在必须用外汇向外国购买。干涉开始时的巨大心理效果已消失，因为时间愈长，公众就愈不相信干涉会取得成功。此外财界还知道，1922年国家银行曾担保向比利时支付四张总数超过两亿金马克的赔款期票，这些期票在3月至6月间到期，必须用国家银行的黄金储备支付。

因此，此时有识之士已认识到，光是由于财政原因就必须尽快结束鲁尔斗争，否则斗争就会以彻底崩溃而告终。有识之士也知道，这意味着德国或多或少做出让步。但是那些无见识的人极力反对做出让步。他们提出，普恩加来的蛮干至今并未给法国带来多少物质利益。这话不错，但认为他因此会准备让步就大错特错了。对普恩加来的思想方法来说，这只会促使他坚持下去，一直到取得成功。因为他也可以料到，德国的抵抗力量总有一天会完结。就在国家银行支撑措施崩溃的那些日子里，普恩加来在敦刻尔克一座纪念碑的揭幕典礼上声称:"德国想要期望我们即使是动摇一分钟也是枉费心机……法国将坚持到底。"没有理由可以认为他说这话并不认真或法国人民会拒不追随他"坚持到底"。

德国政府一筹莫展地面临这种走投无路的形势。尽管冯·罗森贝格部长在国会多多少少成功地驳斥了普恩加来的讲话,但这丝毫没有使斗争结束来得快些。在国会这次辩论中采取比较现实态度的是施特雷泽曼,他明确反对右派报纸提出的"我们不愿付款"的口号。4月17日他说:"没有什么会比那些用这种议论授敌以柄来反对我们的人更使我们争取鲁尔自由的斗争遭到损害了。"

威廉街的人们希望英国政府会不满足于在理论上不赞成普恩加来的政策,而且至少会通过一项调停建议(依靠这一建议也许能摆脱走投无路的局面)来反对他。英国外交政策的领导人寇松勋爵是个经验丰富、能力非凡的人,但性格不够刚强,不能坚定不移地坚持既定方针。他并不是普恩加来的朋友,他们两人在去年10月曾因土耳其问题发生过一次十分激烈的个人冲突。寇松希望尽快结束鲁尔冒险,他从经济和政治观点出发认为这场冒险是危险的。4月20日,他在英国上议院发表讲话,试图指明一条出路。他奉劝德国提出新的建议,表明愿意和打算支付赔款,但在赔款总数上服从一个"专门负责此事的"不偏不倚的权威机构的决定,同时为支付提供严格担保。这与美国国务卿休斯在1922年底提出的建议相似。值得重视的是前外交大臣格雷勋爵在这次辩论中发表的讲话。他说,不应孤立地看赔款问题。法国也要获得将来不受德国侵犯的保证。目前德国虽然一筹莫展,但他预言:"像德意志人民这样一个为数如此众多、增长如此迅速、如此能干的民族,十年至二十年后法国安全问题就是一个十分现实的问题,而且肯定如此。"[14]

寇松的讲话被德国政府当作一线希望而受到欢迎,使它有勇气向协约国提出一个新的建议。但达伯农勋爵很快就发现,这一建议很不符合英国的期望。4月26日,他写道:"古诺和罗森贝格给自己编造了一种说法,这大概会使谅解的希望遭到破灭。他们说,德国不会提出自己没有把握能够实现的建议。在今天动荡不定的形势下,没有人能说德国能支付什么……但他们坚持这一句话,以为这能显示他们在道义上的优势。"[15]这位大使的担心是有道理的。

5月2日,德国向协约国政府提出了关于赔款问题的建议。德国的建议不仅遭到法国和比利时两国的断然拒绝,连寇松也在5月13日的复照中遗憾地指出,德国的建议无论从形式或内容来看都不符合他根据自己的劝告完全有理由抱有的期望。德国照会没有接受由国际权威机构确定赔款总额,而是把它确定为300亿,同时又带有降低其价值的附加条款和条件。只有这些附加条款中的一条提到这个国际权威机构,而且规定它只能降低德国所提出的总数。所建议的保证不像寇松所要求那样具体,而是笼统模糊。照会的语调也不适应实际形势。特别不当的是照会威胁要继续进行消极抵抗,"一直到撤离超出凡尔赛和约规定的被占领地区和恢复莱茵地区条约规定的状况"。这就使普恩加来不仅有机会施展他的机敏的律师才能,强调这种消极抵抗所谓的自发性和政府有能力宣布停止或继续这种消极抵抗之间的矛盾。更为重要的是,德国政府使普恩加来能声称他决不对德国的建议进行谈判,除非

第八章　鲁尔被占领和分离主义

在此之前停止消极抵抗。对他来说,这是求之不得的对他的立场的加强;这使他可以轻而易举地避开一切也许难以讨论的调停建议,除非德国人采取一个——他十分清楚——在政治上和道义上极难作出的步骤。

德国政府这一严重的极其不幸的挫折主要又有着国内政治上的原因。由于害怕民族主义反对派,它不敢说出它已认识到的不可避免的事情。不仅罗森贝格对英国大使相当明确地承认这一点,贝格曼也称德国照会"几乎每句话都是外在的必要性和内在的顾虑的折中"。[16]尽管如此,政府自然没有逃脱右派报纸的攻击。而马克又进一步下跌!在英国递交复照的第二天,1美元兑换4.6万马克,5月底7万马克,6月底15万马克。

其实这时古诺政府已寿终正寝。它已表明不能使德国走出事实上已陷进去的死胡同。外交部长冯·罗森贝格也认识到这一点,在收到寇松的批评照会后暗地里建议总理宣布内阁辞职。[17]但古诺认为他有责任坚持下去。政府试图亡羊补牢,于6月7日向协约国递交一份备忘录,在重要的问题上大大前进了,特别是接受了寇松的建议:由一个不偏不倚的国际机构来决定赔款的数额和支付方式。它也对要提供的保证做出更加具体的说明。据说寇松愿意召开一次国际会议讨论德国的建议。但普恩加来提出异议,特别强调德国人至今尚未谈到放弃消极抵抗。

6月和7月就在这种交换照会中过去了,德国的形势每况愈下。7月底,1美元的价格超过了100万马克。换句话说,德国货币已不起作用。虽然政府要求征收新税而国会也予批准,但从中央、邦到地方已谈不上有什么正常的预算。纸币流通量已上升到

44万亿马克。所有经济情况都陷入最严重的混乱状态，一个勤劳节俭的民族几十年来所积累的全部积蓄全都化为乌有。受打击最重的是曾经殷实的中产阶级，这个阶级被视为一个健全的民族的支柱。他们面临这场灾难束手无策。谁要是想体验那个时代的情绪，可以读施蒂芳·茨韦格的精彩小说《看不见的珍藏》。至少某些部门的工人多少还能使他们的工资与货币贬值相适应。但工会的金库已空空如也。工业虽然还拥有其设备的实际价值，部分还可以出口创汇，但它现在也不得不从幻想中醒来，惊恐地看着结局的到来。

绝望情绪在蔓延，引起动荡，部分地区发生暴力行动，这是不足为怪的，尤其是因为共产党人觉察到有机可乘，把世界革命向前推进一步。国家的权力手段受到限制，部分变得不可靠。政治上的怀疑简直盛行一时。由于一些邦建立了过激派的中心（巴伐利亚的右派激进分子，萨克森和图林根的左派激进分子），这种局面就变得特别危险了。

巴伐利亚人一直确信自己有责任把德国从"马克思主义"下解放出来，虽然他们无法指出有哪一个国家法律是"马克思主义"的。但巴伐利亚的气氛如此强烈，甚至使驻在巴伐利亚的那一部分国防军也受到感染。泽克特在1922年秋用了九牛二虎之力才至少对外保持军队的一致。他一再前往慕尼黑，在那里同巴伐利亚驻军首脑冯·洛索夫将军进行会谈。1923年4月，洛索夫在柏林访问泽克特时告诉他——如拉本瑙所述那样[18]——"颇为惊人的事实，即巴伐利亚无疑大批存在的爱国团体是不可缺少的，因为至少有51％的武器掌握在它们手中"。尽管——或者因为——巴伐利

第八章　鲁尔被占领和分离主义

亚政府顽固保持的紧急状态，备受颂扬的"秩序细胞"却原来是这样的。泽克特不能不对洛索夫说，作为军人，他不能从属于一个政党，更不能从属于武装团体。但中央政府太软弱，无力对此采取断然措施。

在同国防军保持这种可疑关系的政党中，最重要的是民族社会主义工人党。该党在阿道夫·希特勒孜孜不倦的鼓动的吸引和影响下吸收了越来越多的巴伐利亚居民参加。自从斐迪南·拉萨尔以来，德国没有一个煽动者能如此善于使听众神魂颠倒。拉萨尔喜欢谈他受到群众热烈鼓掌欢迎，但他的听众往往只有数百人，而希特勒的听众却有成千上万。拉萨尔的铅印讲话由于其典型的文体和丰富思想有数十年之久给后来几代的读者留下深刻印象，而希特勒的演说却随着它所依据的时间和形势而一起消失。但谁也不能怀疑，希特勒善于用他那强烈的激情来利用当时的形势。他首先认识到，在困难时期没有什么比对别人进行猛烈攻击甚或破口大骂更能对听众产生巨大迷人的效果，特别是那些人——确实或似乎——生活得好些的话。莎士比亚笔下的杰克·凯德[*]就已知道这一点。在像德意志这样一个民族那里，这一定会产生极大的效果；老侯爵克洛特维希·霍恩洛厄[**]曾经说过，德意志民族的劣根性就是妒忌。希特勒反犹太主义鼓动取得巨大效果，其原因大部分也在于此。因为大多数德国人坚信，犹太人有不受其他

---

[*] 杰克·凯德（Jack Cade），是莎士比亚历史剧《亨利六世》中的人物。——中译者
[**] 克洛特维希·霍恩洛厄侯爵（Fürst Chlodwig Hohenlohe, 1819—1901），德国外交官、政治家，1894—1901年任德国首相。——中译者

人民遭受的经济困境所困扰的诀窍。事实上最多只有极少数财界人士是这样的,而他们之中不少人生活作风确实引起激烈的批评。人数多得多的中产阶级成员,即医生、律师、商人和职员,当然像他们的同行一样被通货膨胀剥夺了其一生辛劳的成果,而人们却看不到这一点。希特勒的反犹太主义是奥地利舍纳勒尔[*]运动的继续,这个运动煽动德意志民族主义,矛头不仅针对捷克人和匈牙利人,而且特别针对犹太人,而一个外国政治思潮的这一产物先在巴伐利亚,后来又在整个德国找到了极其肥沃的土壤。

在民族社会主义运动的早期,巴伐利亚政府可以轻而易举地把奥地利人希特勒作为"不受欢迎的外国人"驱逐出境,给这个运动以致命打击;中央政府在这件事情上不能做什么,因为外事治安属于各州职权范围。德国行政法把"对国家的内部或外部安宁、安全和秩序构成危险"的人视为"不受欢迎的"外国人。[19] 俾斯麦及其后任曾对参加社会民主党集会的俄国贫穷大学生动用过这一规定,因此巴伐利亚政府对一个把自己的追随者引上街头、武装他们并和他们一起用暴力冲散对立者集会的煽动者完全用不着有什么法律上的顾虑;这人甚至显得如此危险,以致内政部长明确警告他不要搞暴动,而且不认为他用名誉担保的诺言是十分可靠的。

1923年5月1日,希特勒集合了5000人进行"野外演习",他们使用的武器都是从国防军军营中取来的。政府不得不出动国防军和武装警察去解除他们的武装和防止发生流血事件。没有一个

---

[*] 舍纳勒尔(Schönerer,1842—1921),奥地利政治家,鼓吹反犹太主义和反教权主义,发起"脱离罗马"运动,对希特勒有很大影响。——中译者

意识到自己的责任和权利的政府对把一个如此危险的外国团伙首领和国家治安破坏者驱逐出境会犹豫不决。巴伐利亚政府没有这样做，肯定也并非出于法律上的考虑，也不是因为希特勒的诞生地只离德国国界几公里而温情脉脉、顾虑重重。它的动机倒不如说是它把希特勒看作是一个"民族主义者"，可以很好地用来反对"马克思主义者"、特别是柏林的社会民主党人。既然泽韦林禁止民社党在普鲁士州范围内活动，那么这对慕尼黑政府来说又是一个理由，应当在巴伐利亚州给予希特勒尽量大的活动余地。这个运动最后威胁到巴伐利亚天主教联邦主义者和分离主义者所关切的一切，这一点人们没有看到或者不想看到，虽然施威耶尔部长在州议会声称，民族社会主义的纲领"从巴伐利亚观点来看政治上是很成问题的"。再加上希特勒同慕尼黑国防军有联系，他的朋友和党羽罗姆上尉在军内担任要职。克尼林政府由于被对社会民主主义和中央集权主义的仇恨所蒙蔽，扶植了一个蛊惑人心的运动，铸成历史大错。这个运动比社会民主主义要危险得多，它的中央集权主义大大超过魏玛宪法。这个运动不会增强德国在鲁尔危机中的抵抗力，这是视野不广的慕尼黑人认识不到的。

同巴伐利亚州政府恰恰相反的是萨克森州政府，特别是在司法部长蔡格纳被州议会以勉强过半数选为总理以后。律师蔡格纳是在革命后参加社会民主党的。他不是一个庸碌无能的人，但爱激动，不坚定，气壮如牛，掩盖着内心的虚弱；[20]此外，正如1924年一件对他来说进行得十分不幸的刑事诉讼案所表明的那样，他当时正落在一个勒索者手中，在此人的逼迫下犯下严重罪行。不过蔡格纳的政策的出发点并非没有道理。1922年底，萨克森政府就已发现右派团体弄到秘密武器的舞弊行为,时间越长就越有理由抱怨国防军没有支持它而是阻碍它对此进行斗争。它对"黑色国防军"持怀疑态度,这是可以理解的。但蔡格纳不断地采用错误的斗争武器,以致连泽韦林也不得不对此提出抱怨。蔡格纳在言词激烈的讲话中把他同中央政府和国防军的分歧公诸于众,越来越靠近共产党人。早在5月,萨克森社会民主党领导人就决定与共产党组成无产阶级联合防御组织。一个类似的运动也在图林根酝酿中。

不同派别的德国州政府的这些反抗不仅破坏了德国内部的统一,而且还由于与此同时有一个绝非无足轻重的分离主义运动在西部被占领地区展开活动而变得更加危险。莱茵分离主义在帝国崩溃后的几个月中就已抬头。它的领袖是前检察官、威斯巴登的多尔滕博士。他是一个富有的赛马饲养场场主,野心勃勃,认为莱茵地区从普鲁士分离出去的有利时机已到。至少多尔滕创办的"莱茵人民联合会"就是这样描述它的纲领性目标的。根据这一主张,计划成立的"莱茵共和国"只不过是德国内部的一个新的联邦州。但人们普遍怀疑,这个目标只是骗人的,多尔滕的真正目标是在德国之外的一个莱茵共和国,也就是说能满足许多法国人,尤其是福煦和普恩加来热望的那个中立的缓冲国。

当法国人不得不在凡尔赛和约中放弃他们的莱茵计划时,分离主义运动也遭到了挫折。但鲁尔被占领给了它新的推动,[21]产生了一些新的分离主义政党和社团,如以一个名叫斯梅茨的人为首的"莱茵共和人民党"和以马特斯为首的"莱茵独立联盟"。毫无疑问,这一运动始终只获得少数莱茵居民的支持。这个地区的所有政党，从德意志民族人民党到共产党，都不支持它。但这些政党受到占领当局的强大压力，特别是随时有被驱逐出境的危险。如民主党国会议员科雷尔牧师被驱逐出他的莱茵黑森故乡，因为他在国会发表了一个反对法国政策的讲话。相反，占领当局却听任分离主义者武装他们的追随者并利用他们对居民采取恐怖手段。如分离主义者可以举行大规模集会，并以骗人的方式冒充莱茵地区的代表。虽然莱茵共和国将要在7月14日法国国庆日成立的预言并未实现，但危险依然存在。经济情况越糟，分离主义者就越嚣张：他们的真正目的是从这个必然会在沉重负担和内部斗争下崩溃的德国分离出来。

亲法的分离主义同民族主义者和君主主义者暴动主义的独特联系在慕尼黑表现出来。人民法庭根据自以为握有的权限，1923年6月在慕尼黑审理富克斯教授及其一伙叛国案。[22] 富克斯是个五十来岁的音乐评论家，过去在民族自由党的《慕尼黑最新消息报》工作。他搞政治甚至领导颠覆活动毫不合适，犹如驴子不会走钢丝一样。他是无数把巴伐利亚视为健康的源泉、把柏林视为疾病发源地的人中的一个，自以为有责任使巴伐利亚脱离柏林。但他为此接受了一名法国特务提供的经费，他被此人说服，认为法国会支持一个独立的巴伐利亚。他被判处长期徒刑是罪有应得，而且并不令人感到奇怪。法庭把对他的判决变成对法国和普恩加来的出色控告。

但是真正值得注意的是产生这一政治冒险的环境。那就是那些武装自卫团体：奥伯兰德、奥伯兰德-特洛埃、布吕歇尔等。所有这些忠于德国的爱国者都随时准备对"马克思主义的、犹太人的柏林"发起武装进攻。要了解这些国家救星的政治"思想"水平低得令人难以置信,就应当读一读这次审判的记录——它像是卡尔·迈*和埃德加·华莱士**的混合体。他们似乎根本没有意识到自己的所作所为是叛国活动。法庭也不去费心指出这一点。法庭的政治智慧表现在它表示确信:"德国赤化的严重危险由来已久,目前存在而且将会继续存在,直至德国和各邦的权威在联邦主义的基础上大大地巩固时为止。"也许最有趣的是,福克斯既同国防军慕尼黑司令部有联系,也同慕尼黑警察局有联系。他的联系人是弗里克和珀纳,这两人都是希特勒的帮手。审讯揭示的全部情况证实了泽韦林对当时巴伐利亚状况所作的判断:"在巴伐利亚的政府工作中笼罩着……混乱,任何冒险家都能轻而易举地在蓝白色界桩内为所欲为。"在这些冒险家中有一个是在卡普暴动中著名的埃尔哈特,他是从莱比锡拘留所中逃出来的,如今在巴伐利亚州警察的帮助下对奥伯兰义勇军团进行武装和训练,准备向北德进军。

8月初国会在柏林举行会议时,德国的形势就是这样。共产党人提出总罢工的口号,企图使形势更大大地激化。事实上许多地方也发生了动乱。在柏林,警察联合深思熟虑的工会领袖几天以后恢复了平静,没有发生流血事件。其他地方如汉诺威和盖尔森基兴有人死亡和受伤,但数日后也都恢复了正常。整个运动毫无意义。虽然形势极其严重,各地的气氛也是如此,但人们并不指

---

* 卡尔·迈(Karl May,1842—1912),德国通俗小说作家。——中译者
** 埃德加·华莱士(Edgar Wallace,1875—1932),英国侦探小说家。——中译者

望能通过罢工和动乱得到任何一种改进。

更重要的是,国会将会如何对待古诺政府。尽管政府所建议的税收全都获得批准,但政府的继续存在却取决于人们是否相信它能把德国这艘船领进港口。连政府本身都缺乏这种信心。一度曾神经完全崩溃的古诺向每个愿意听的人表示他不留恋他的职位。罗森贝格对英国大使诉苦说,混乱是无法避免的,局面无法维持下去。[23]国会的讨论(8月8日至10日)也没有指出摆脱这种状况的出路。给人以最好印象的是施特雷泽曼的讲话,表明他从1919年的那些日子以来已有了多么大的变化,那时他曾反对过魏玛宪法。现在他承认这部宪法对巩固德国的社会状况作出了巨大贡献。"如果没有右的和左的暴乱,没有那些秘密团体,我们还会巩固得多。"民主党的发言人同意他的意见并且要求有一位"强有力的,甚至不得人心的"领导人,这可以被理解为要求施特雷泽曼自己成为这一领导人。8月11日,社会民主党国会党团以绝大多数通过决议,表示对古诺政府不再信任,这就给了它致命打击。古诺和他的整个内阁立即辞职。舆论称施特雷泽曼是适时的人,于是总统授命他组织新政府。

施特雷泽曼接受这项委托时有一点始终是很清楚的。他必须使他的政府立足于尽可能广泛的议会基础上,因此要在政府中联合所有真心诚意愿共同解决空前的困难而不是在每个枝节问题上坚持己见的政党。正如他在事先对本党议会党团所说的那样,他看到有三种可能:一个维尔特少数派内阁、一个社会主义工人政府或从德意志人民党到社会民主党的大联合。第三种可能是施特雷泽曼的主张。争取社会民主党参加并不容易。该党的激进派宁愿同人民党的经济政策专家就未来的税收政策和经济政策展开没完没了的争论。但施特雷泽曼表明，当时的紧急形势不允许这种拖延。他的意见得到泽韦林的支持。人事问题也出现困难。社会民主党要求把格斯勒排除在外，而其他政党以及艾伯特却坚持要他留任。最后社会民主党人也放弃了这一要求。仅仅过了两天，施特雷泽曼就组成了他的内阁。

除了总理职务，他自己还保留了外交部长的职务。今后不久在外交政策上将要做出最重要的决定，施特雷泽曼有理由相信自己能比迄今远离政治生活和议会生活的外交官更胜任这一任务。财政部长也面临同样迫切而且也许更为困难的任务；因为人人都看到，旧货币已不能再用，必须发行新货币。总理任命了一位社会民主党人担任此职，此人由于其财政学的著作而享有盛名。他就是鲁道夫·希法亭博士。他是奥地利人，从前在维也纳当过儿科医生，后来研究社会科学。他成为普鲁士公民后起先参加了独立社会民主党，担任该党柏林报纸《自由报》编辑。两个社会主义政党的合并使他有了更大的活动范围和更广阔的生涯。他是犹太人，因此身为部长备受恶意攻讦，但曾在他手下工作而绝不赞同其政治观点的施威林-克罗西克却证明他"在个人生活中是个善良、公正和风趣的人"[24]。问题在于，他除了学识和才干外是否还具备德国财政部长在这一危难时刻无疑极其需要的魄力和果断。

在德国历史上，施特雷泽曼是第一个被任命为总理领导这个国家的自由主义政治家。[25] 人们可能想起首相霍恩洛厄侯爵，但他的自由主义色彩已十分淡薄，德国以外的任何别的国家都会称他为开明保守派。施特雷泽曼的自由主义也不带有任何激进主义。

第八章 鲁尔被占领和分离主义

1917年巴塞曼去世后由他领导的民族自由党始终推行一种政策，说得好听些人们称之为"弹性"政策，说得难听些人们称之为"妥协"政策。对施特雷泽曼在战前推行的政策也可以这样说，虽然他开始时在自己党内要求更加强调自由主义。后来在战时他的民族主义热情使其他一切黯然失色，战争失败后他起初觉得茫无头绪。无法理解在完全改变的形势下自由主义的任务。但他从未失去他的自由主义基本观点，特别是他始终意识到这种观点同德国精神生活中的伟大古典传统的内在联系。他毕生在这一传统中找到力量和安慰，特别是歌德成为他热爱和从未放弃的研究对象。与此同时，他还长时期地研究拿破仑，这表明他的精神视野不受民族主义偏见所限制。

他在1919年后逐渐克服自己的偏见，这也可以说是他的自由主义思想的结果。在外交政策上他从民族主义激进派演变为实事求是而不是单凭主观愿望的清醒的现实政治家。他并不否认他对君主政体的偏爱，但他也认识到，至少在目前是不可能复辟君主政体的，共和国的首要任务是唤醒公民和政治家的个人政治责任感。他对社会民主党的态度第三次发生变化：他看到号召"摆脱赤色桎梏"是不够的，相反，社会民主党内有着对重建德国既不可缺少又愿意为之献身的力量。虽然他与艾伯特的个人关系从来就不很友好，但他不能不深深地感到艾伯特的求实作风和朴素的爱国感情对任何一个没有成见的人造成的印象。因此，施特雷泽曼把实现大联合、谋求他自己的党和社会民主党的合作看作是他的首要任务。但他也没有忽视，他在这样做的时候，在本党党员那里将会遇到何等巨大的困难。1924年7月，他在一篇纪念他的前任巴塞曼的文章中写道:"民族自由党领袖承受的痛苦更多的是由于自己队伍的攻击而产生的精神上的折磨而不是由于向其他党进行斗争,看来这是他们的命运。"施特雷泽曼充分尝到了这种苦头。

8月14日国会进行信任投票时他就受到了第一次考验。人民党有13名党员拒不参加投票。尽管如此,政府仍获得可观的多数,以240票对德意志民族党、人民党和共产党的76票。右翼政党在辩论中表示反对政府,因为它受社会民主党的影响。巴伐利亚人民党弃权。

这样,施特雷泽曼就有了足够的议会基础,可以着手处理解决或停止鲁尔斗争的问题。正是在政府更迭的日子里从伦敦传来一线希望。那儿不久前也更换了政府。病入膏肓的博纳·劳在5月底辞职。国王任命过去很少出头露面但后来领导保守党几乎达十五年之久的财政大臣鲍尔温继任首相。毕生的抱负由于这一决定而最终受挫的寇松勋爵还是担任外交大臣一职,他想通过反对普恩加来的鲁尔政策至少在这个岗位上创造历史。在他未能说服协约国对德国6月7日的建议共同做出友好的答复之后,他于8月11日发出一份非常详尽、包括不少于55节、措辞尖锐的照会,对他很不喜欢的法国总理进行攻击。[26]照会中最引起轰动的部分是断然否认法国-比利时占领鲁尔在国际法上有正当理由,并明确支持德国的法律观点。"英国最高司法权威告诉政府,德国的意见是有道理的;政府从不隐讳,占领鲁尔并不是能以凡尔赛和约作根据的制裁。"这份照会当然在德国受到热烈欢呼;政府尽量使附有德文译文的英文原文照会得到传播。法国感到的愤怒也一样强烈。但普恩加来很快就表明他在这方面是打不倒的。在一周之内,他

第八章　鲁尔被占领和分离主义

提出一份措辞同样尖锐的复照，逐点驳斥了英国的论点。[27]反对他的政策的人也不得不承认他在这场笔墨官司中并没有被打败；他特别向寇松指出，英国政府不该提出占领鲁尔不符合凡尔赛和约的论点，因为它从前在言行中采取的是相反的立场。普恩加来否认他想要毁灭德国的说法，说他只想避免法国的毁灭。"为了避免德国的毁灭，用不着牺牲法国及其盟国来成全它，使它得以过于容易、过于迅猛地复兴，其结果将会是在贸易和工业方面掌握霸权。它曾在战场上争夺这种霸权而未能得逞。"这些话当时听起来像是冷嘲热讽。今天人们定会有不同的想法。

但是，这场外交斗争给德国带来什么好处呢？不久就表明：什么也没有。普恩加来坚持对他事实上十分有利的立场，因此在德国放弃消极抵抗之前，他决不同意进行谈判。英国手中没有掌握什么压力手段可以迫使他放弃这一立场。于是施特雷泽曼就面临这一痛苦的抉择：要么继续这场斗争，尽管无疑已无希望成功；要么屈服，无条件放弃消极抵抗。他竭尽全力，运用他的全部才智来避免这一抉择。他结束了前政府对法国大使实行的毫无意义的抵制社交活动的做法，同德马尔热里大使进行了深入的交谈。他在交谈中向大使明确表示他自己并不根本反对普恩加来极力主张的"生产抵押品"，只要先就归还鲁尔达成一致。大使看来也具有达成和解的愿望，但他不得不服从他的总理发出的绝对拒绝的指示。施特雷泽曼也表明了他的现实政治判断力，承认德国必须超过它所提出的最高数目。[28]

9月20日，鲍尔温和普恩加来在巴黎举行会谈的正式公报发表后消除了德国对英国援助的最后幻想。公报把会谈结果归纳为这一句话:"在任何一个问题上对目标都不存在不同看法,也不存在能损害……两国合作的原则分歧。"寇松勋爵反对普恩加来政策的企图就这样被他自己的首相公开放弃了。正如《法兰克福日报》恰当地指出的那样,这是警告德国不要期望英国会对法国施加影响以使鲁尔冲突获得一个有利的可以忍受的解决。

最不幸的是,已没有时间进行谈判了。形势十分危急,迫切需要在明后天而不是在两三个月内解决。1923年9月7日,施特雷泽曼写道:"消极抵抗的费用目前每天为4000万金马克……这一需要向国库提出如此巨大的要求,长此以往即使通过没收性质的税收措施也已无法弥补。"纸马克的贬值已达到没有人再想使用的荒诞地步。8月中旬美元的比价在300万和400万马克之间,到月底超过1000万,在9月期间就上升到2000万、5000万、1亿、1亿6000万。

国家银行早就放弃了进行干预的任何想法。国家银行总裁哈温施坦博士是一个普鲁士老派的正直的官员,战时曾为发行公债立下汗马功劳,但面临这个乱世的种种问题,他感到束手无策。他把这一切不幸都归之于德国贸易逆差,以为日复一日增印钞票就尽到了自己的责任。1923年8月,他在参议院把国家银行现在每天能发行460亿新纸币看作是自己的功劳。对财政问题略知一二的达伯农勋爵愤慨地写道,参议院竟无人对这种疯狂政策说一句批评话,并惊呼:"看来几乎不能指望能出现这种事的国家会恢复元气。"他在私下谈话中用下面这句话表示震惊,即:在一个对货币存在着正常观点的国家里,人们早就会把这样一个人送上断头台。[29]施特雷泽曼不是货币和财政专家,但他早就认识到哈温施坦

第八章 鲁尔被占领和分离主义

不能胜任其任务,现在强烈示意他辞职。但国家银行在协约国的坚决要求下已完全不从属于政府,因此总理无权迫使国家银行总裁辞职,而哈温施坦又不愿辞职。

在此期间,希法亭面临制订新货币来代替完全信誉扫地的马克货币并能担保稳定的任务。因为正如他在国会主要委员会所说,没有稳定的货币,既谈不上对外政策,也不可能有国家预算或有条理的行政,也不可能有正常的经济生活。应当担心农民会拒不出售新收获的产品去换取那种不管数目印得多大但实际上只是废纸一张的钞票。

新货币问题既十分简单又十分复杂。就事论事,只要正式宣布那些被称为钞票但实际上毫无价值的纸片作废并使之退出流通领域,使以疯狂的速度运转的印币机最终彻底停转,坚定不移地确定将要发行的新币钞票数额必须符合国库和经济被压缩到最低限度的合法需要,那么这时通货膨胀就告结束。至于国库,这当然同时意味着国家预算——中央、州和地方——保持真正平衡,换句话说,它们的需要今后不是通过向发行银行借款,而是按照健全的财政政策原则通过税收和关税来筹措。

但是,这一改革的成功必须要有心理上的先决条件:恢复人民对德国货币的信任。这种信任由于过去痛苦的和令人愤慨的经验而被破坏无遗。怎样才能使人民相信新货币不会使他们重蹈覆辙?古典的货币学说只有一个好办法:实行金本位。黄金是稳定的价值标准,因此人们信任它。但是德国没有足够数量的黄金。必须设法寻求能支撑新发行的钞票的另一坚实基础。为这个问题找到答案的功劳归于卡尔·黑尔费里希。在党派热情没有使他失去理智的情况下,他在财政金融方面一直还是个第一流的专家。他建议成立一个地产抵押银行,这个银行一方面用德国全部工农业地产充当付息的地产债,另一方发行生息的地产抵押银行债券,由上述地产债担保。这种地产债比所有其他地产债权优越之处在于它不用在地籍簿上登记。因此,它可以被看作"像黄金一样牢靠"。但黑尔费里希不想让这种新货币与黄金挂钩,而是与黑麦的价值挂钩。他所建议的"黑麦马克"等于一磅黑麦的价格。他在这里的想法是:黑麦是德国农业的主要产品,与黑麦挂钩的货币会立即博得德国农民的信任,从而可以保证德国人民的岌岌可危的粮食供应。

黑尔费里希的计划不是向财政部提出的唯一计划。要由希法亭来决定。不幸的是,现在的情况表明,希法亭更善于作批评而不善于做出建设性的决定。他很聪明,精通理论,能找出每个建议中的不足之处并做出尖锐的分析。可时间已来不及了,必须立即做出决定。使他的同事感到绝望的是,希法亭竟不能当机立断。也许可以说,他对这件事情懂得过多,这是他的不幸。9月底,议员们的不满在人民党议会党团主席朔尔茨博士同社会民主党议会党团主席赫尔曼·米勒的一次会谈中爆发出来了。朔尔茨对米勒说,他的朋友们认为希法亭不能胜任他的职务,他相信社会民主党议会党团有三分之二的人都持有这种看法。米勒答道,"您说得对",并提出他对人民党经济部长冯·劳默尔博士的意见,他认为,他本党多数也持有这些意见。10月3日内阁改组,希法亭和劳默尔都不得不让位。继任财政部长的是迄今的粮食和农业部长路德博士,此人作为理论家和专家虽然无法与希法亭相比,但在意志力和决断力方面却大大超过他。正如我们将会看到的那样,路德做到了他的前任所未能做到的事情。

外交政策问题和货币问题绝不是施特雷泽曼政府需要努力解决的唯一问题。党派政治继续在极力尽可能给它设置障碍。吸收社会民主党人参加政府受到直至人民党的右派的激烈反对。当人们知道施特雷泽曼想要结束鲁尔斗争或如德国国会和普鲁士州议会中的德意志民族人民党党团所说那样谋求"不惜任何代价同满腔仇恨、势不两立的法国和解"时,这种反对就变本加厉,达到无以复加的程度。9月23日,议员、前部长赫尔格特——此人被认为是该党最明智的有识之士之一——在德意志民族党代表大会上高呼:"我们相信强权政治的解决办法。这并非意味着我们想和法国打仗。我们认为,如果法国企图在德国继续推进,对它来说就会是可怕的风险。应当让法国最终经受这种风险!"这说明了混乱、不负责任和蛊惑民心的宣传在这个队伍中已蔓延到了何种地步。这种强权政治除了可称为不负责任的蛊惑人心的宣传外还能称为什么? 与此同时,从鲁尔区来的警告越来越响亮:抵抗力快要完蛋。大工业家奥托·沃尔夫8月21日私下里对施特雷泽曼说,莱茵兰的士气越来越低落,形势混乱不堪。杜伊斯堡市长雅雷斯——他是一个具有强烈民族思想的右翼人民党人——对总理说,9月底以后就不能再指望鲁尔能维持下去。施廷内斯也在他的报纸上公开要求和法国谈判,"以便拯救德国、欧洲和世界脱离否则就不可避免的灾难"。[30]

在这种情况下决心放弃鲁尔区消极斗争的政治家不仅需要有清醒的头脑,而且也需要有高度勇气。施特雷泽曼既有这种勇气又有这种头脑。9月26日,德国总统和政府发表公告,宣布结束消极抵抗。"为了保持民族和国家的生存,我们今天面临中止斗争这一令人痛苦的必要性。"这绝非夸张不实之词,而是令人震惊的实际情况的纯朴写照。由此而引起的一切愤怒的叫喊和一切叛乱性质的骚动都不能改变这一事实,即施特雷泽曼此刻表明自己是一位真正的政治家,他在最危急的时刻做得对,为此应当受到本国人民的纪念。向凯旋的胜利者欢呼和"颂歌不谈失败者"要容易一些,但超脱当前斗争和党派分裂的历史学家都知道,经受"人间最艰苦考验"并能克制自己的政治家是凤毛麟角。正因施特雷泽曼是个容易感情用事的人,如同战争年代所表明的那样,因此他作为负责的政治家做了必须做的事,他应该受到特别赞扬,尽管这事令人十分沮丧,甚至令人感到羞愧。因为他比任何人都更清楚,这样一来他就是承认普恩加来取得了自从1923年1月11日以来力图求得的胜利。不过令人宽慰的是,德国人民其实是赞赏施特雷泽曼在这方面所表现出来的政治家品质的,他们委托他担任外交政策的领导工作一直到他逝世,而法国人民在几个月后就不再信任胜利者普恩加来。

但此刻情况当然截然不同。宣布放弃消极抵抗,在德国像是向一切破坏力量发出的信号。施特雷泽曼通过同各州政府、各政党领导人和行业联合会代表的坦率会谈对他采取的这一步骤做了精心准备。他到处都能赢得大多数人的支持,但民族主义者仍然坚持反对,尽管他们对下一步怎么做的问题提不出明确的回答。黑尔费里希要求"用与法国决裂来取代"消极抵抗,这听起来虽然颇有英雄气概,但这是自杀者的英雄气概。当韦斯塔普伯爵在10

第八章 鲁尔被占领和分离主义

月8日国会辩论中谴责放弃抵抗是"一种不相信没有社会民主党能够进行统治的政策的结果"时，总理可以马上回答他："您自己曾说过，您不愿继续消极抵抗！一个纯粹资产阶级的内阁也不会不这样做。"这种流行的非难即使在议会辩论中受到驳斥，在群情激奋的人民中仍可继续起作用。

首先火上浇油的又是巴伐利亚人。巴伐利亚总理冯·克尼林在参议院承认有必要中断鲁尔斗争。但在9月25日至26日的夜里，也即在发表公告之前，中央政府通过柏林报纸编辑部的通知获悉，巴伐利亚政府没有同它联系便宣布实行紧急状态，任命政府主席冯·卡尔为"国务总办"并授予他以执行权。中央政府立即召开紧急会议，不得不在当天夜里宣布全国进入紧急状态。但执行权没有授予参加会议的冯·泽克特将军，而是授予国防部长格斯勒。这使那些曾希望泽克特在天下大乱时期建立军事独裁的军国主义和民族主义人士感到失望。

克尼林一定感到巴伐利亚政府通过背着中央政府突然行动违背了最起码的效忠义务；他于9月27日打电话给施特雷泽曼，企图在事后为这一做法辩护。他说，巴伐利亚群情激动，人们不得不担心"某一方面会做蠢事"。根据巴伐利亚的情况来看，这一"方面"只可能是纳粹分子或其他极右团体。因为社会民主党人肯定是不会反抗他们在中央政府内的本党同志所做出的决定的，而共产党人在巴伐利亚则几乎没有。在这种情况下人们不得不问，巴伐利亚政府为什么恰恰把执行权转交给像卡尔这样一个声名狼藉的同右派组织关系密切的人？还在施特雷泽曼能够提出这一问题之前，克尼林就以下列论点回答了它，即正因为如此卡尔更能对这些组织施加影响。他向总理保证卡尔将会以完全忠诚的方式履行他的职责。[31]不久,冯·卡尔先生的这种"忠诚"就已真相大白。

施特雷泽曼在这次电话谈话中还使克尼林注意到,巴伐利亚的志同道合者在纽伦堡吹嘘巴伐利亚的拳头要在柏林建立秩序之后,"卡尔独裁"会对北德的极右派产生何种刺激作用。数日后,即10月1日,报纸就刊登了下列既令人惊恐又叫人摸不着头脑的消息:"民族共产主义团伙今晨企图袭击科斯特林,侵入不设防的老城。科斯特林驻军司令逮捕了他们的领导人。驻军得到邻近地区部队的增援,受命采取一切手段完全恢复秩序。"

奇怪,非常奇怪!什么是"民族共产党人"?他们是什么人?德国有形形色色、大大小小的政党团体,可这一特产还没有人听说过。这个"团伙"的无名领导人——他们被堡垒司令捕获,尽管如此官方报道对他的名字亲切地闭口不提——又是谁?他叫布赫鲁克尔,是"普鲁士王国退役少校",在科斯特林指挥"劳动突击队",也就是黑色国防军。[32]

布赫鲁克尔从1922年起就在第三军区管辖范围即勃兰登堡省组织"劳动突击队"。他本人对队员们作了如下刻画:他们正式的名称是文职职工,却身穿国防军制服,住在国防军军营里,并持有注明他们军衔的国防军证明。布赫鲁克尔本人也从1923年初起通过文职人员雇用合同得到军区的雇用。军区也即国防军组织心中有数,但涉及与上面的命令不太严重违背的事情时便闭眼不见。最危险的是,国防军并不是插手此事的唯一单位。所谓祖国协会,也就是右翼政党的军事团体,至少也同样举足轻重。它们不仅提供一大部分军官,而且还提供必需的经费,而这是更重要的。

第八章 鲁尔被占领和分离主义

由于通货膨胀,这些协会可以轻而易举地筹集到任何一笔所要求的款项。所有这些部门当然都注意只吸收那些政治上也绝对可靠的人参加"劳动突击队"。人们向他们灌输说,"建立这一体系的国防军不久就要把德国从外国桎梏下解放出来"。因此可以想象,在这支部队内流行的是什么精神。只要向外国出击的口令还没有发出,它就把普鲁士警察视为最首要的敌人。谁要是被怀疑同普鲁士警察保持联系,就被认为是叛徒,而"叛徒不得好死",也就是说,他们会被残忍地杀害。

布赫鲁克尔有这样一伙亡命徒听命于他,觉得自己适合于自行其事地搞政治。他想在科斯特林和施潘道堡垒内及附近集结他的士兵,率领他们向柏林进军,在那儿——这些都是他自己的话——"迫使中央领导实行已着手准备的扩军",而他认为"国防军是赞同他的打算的"。9月29日星期六晚上至9月30日星期日凌晨是士兵们集会的时间。但国防军对这种儿戏行为并不赞同。国防部下令逮捕正在柏林军区大楼内的布赫鲁克尔。总参谋部一名军官于9月30日友好地向布赫鲁克尔通风报信,于是他"乘下一班火车前往科斯特林"。他声称现在已确信所策划的行动没有成功希望,对解散他的反叛部队也无能为力,因此他便策划了一个"假战斗",目的是以尽快缴械投降来结束。的确,当堡垒司令表明认真对待此事的时候,他很快就缴械投降了,布赫鲁克尔和他的某些军官被捕。科特布斯特别法庭——遗憾的是它关起门来进行审讯——于1923年10月27日因实行叛变而判处他十年堡垒监禁。他只需要服刑一小部分刑期。当政治形势看来又安定下来的时候,他被兴登堡赦免了。

布赫鲁克尔没有能得逞的愚蠢行为产生的一个良好后果是：黑色国防军此时被解散了。但德国人民对黑色国防军有数年之久一直记忆犹新，因为对私刑杀人案的审判至少使这支部队成员的暴行的一部分公之于世。[33]这些案件大多是不公开进行审判的，这对司法和公众法制观念是不利的。结果是这些案件没有取得在其他情况下也许会产生的启迪和安定人心的效果。科斯特林叛乱另一方面加强了批评国防军的人对它的不信任，这是不言而喻的。这不久便在萨克森和图林根的事态发展中表现出来。

起初中央政府发生了一次危机。内阁虽然认识到必须向国会要求通过一项特别的"授权法"，以便能及早实行对缩短危机时间，特别是对健全德国财政和货币政策来说必不可少的措施。但在讨论这个纲领时，人民党和社会民主党部长之间对工业企业工作时间问题产生了严重分歧。在革命的日子里，人民代表通过1918年11月23日的法令确定了八小时工作日，这样就实现了社会民主党最古老、在实践上最重要的要求之一。广大工人把这视为革命最重要的成果。现在企业家们声称，为了整顿受到破坏的经济，必须延长工作时间。人民党的部长们接受了这一要求。这就使社会民主党的部长们处于极端困难的处境，他们在这样一个根本性问题上不愿与他们的选民作对。他们的议会党团拒绝通过授权法来处理社会政治问题，尽管只是以微弱的多数。结果，政府于10月3日辞职。但艾伯特委托施特雷泽曼重新组阁。在人们为工作时间问题幸运地找到一个妥协性措辞之后，新内阁在三天内组成。最重要的变动如上所述是希法亭和劳默尔的退出以及路德出任财政部长。接着是在国会为授权法展开剧烈的斗争。德意志民族党人当然对大联合重新组成深感失望,现在竭尽全力推翻内阁,而总统不得不表示,如果议会不以三分之二的多数——这是一项修改宪法的法律所必需的——通过授权法,他将解散议会。尽管如此,德意志民族人民党人和共产党人仍然企图通过在最后表决之前离开会场以防止出现宪法第 76 条所规定的必须有法定议员人数三分之二在场来阻止授权法的通过。但这一手法失败了。10 月 13 日,授权法被通过,赞成票为 316 票,反对票为 24 票,弃权 7 票。人民党又有多名议员弃权,其中有大工业家伏格勒博士。这项法律的有效期受到限制。随着由目前这些政党组成的德国政府的变更,至 1924 年 3 月,这项法律就失效了。

政府立即使用这一授权来解决货币改革这一最迫切的任务。10 月 15 日,一项法令宣告了德国地产抵押银行和地产抵押马克的诞生。地产抵押银行基本上实现了黑尔费里希的纲领,但有一项重大变化:他原来计划中的"黑麦马克"被取消了。新的地产抵押马克以及用来对它担保的德国土地的地产债都改为以黄金计值,规定地产抵押马克票随时可以兑换有利息的黄金地产证券。这种地产马克票没有被宣布为法定支付手段,这样它的临时性一开始就得到明确。地产抵押马克还不是新货币,但它是重新树立对德国钱的信任的第一步。主要的事情当然是保护公众,使地产抵押马克不得任意增加。这一点做到了,因为法令明确规定要发行的地产抵押马克票以及向中央政府提供的贷款的最高数额,尤其是中央政府从发行地产抵押马克开始不得用发行债券来向国家银行换取新的纸马克。

预定 1923 年 11 月 15 日作为银行开张的日期。在这个日期的前几天，达姆施塔特国民银行老板雅尔马·沙赫特博士被任命为中央政府货币专员。路德明白，创造和维持新货币这一任务是他无法完成的，因为他身为财政部长已经担负极其困难和迫切的事务。本来这是国家银行总裁的任务，但哈温施坦已完全失去中央政府和内行公众的信任，因此不得已设立一个专门的货币专员。大家都认为，沙赫特具有必要的业务知识和魄力，而作为民主党的创始人之一，他被公认为新国家的可靠支持者。[34]

在法令公布至地产抵押银行开业和第一批地产抵押马克票发行这四周中还发生了一些事件，使德意志国家濒于灭亡边缘，下文马上就会谈到。但是，尽管如此，预定的日期仍得到遵守。11月15日确实有了地产抵押马克票，企业界和公众当然都迫不及待地抢购。当时关键的问题是地产抵押马克与纸马克的比价是多少。由于地产抵押马克同美元的比价同过去具有充分价值的马克一样，也就是1：4.2，因此柏林的美元汇价就具有决定性的意义。11月14日美元的汇价为1.26万亿，这个汇价飞快上升，到11月20日达到4.2万亿。这就产生了一地产抵押马克兑换1万亿纸马克的比价。这就是使地产抵押马克得到稳定的汇价。这一高得惊人的汇价意味着对那些还拥有纸马克的人的彻底剥夺。这是很悲惨的，但无法改变，如果要达到稳定货币和清除洪水般的兆亿纸马克的话。这一十分痛苦的手术自然加剧了人民的激动和不安。

在政局动荡不安的策源地即巴伐利亚、萨克森-图林根和被占领区，自从停止消极抵抗以来，随时都有爆发骚动的可能。卡尔很快就表明，克尼林想要用来安慰施特雷泽曼的那些话是多么不属实。10月29日，他宣布共和国保卫法巴伐利亚执行条例失效，这

第八章 鲁尔被占领和分离主义

意味着受到巴伐利亚秩序卫士和武装团体切齿痛恨的这项法律在蓝白色的境界内不再能运用。从国家法来看,这是对中央政府的背叛,这并不因为卡尔数日后公开表示支持君主制而有所改善。"它不是宣告成立的,而是在成长,自然到来的。"这位身材高大的国务活动家10月1日对慕尼黑记者说。

当然这引起了萨克森和图林根的左派激进政府的极大不安。企业代表会号召进行公开斗争和总罢工。共产党人相信他们的时机已到,于10月5日声称愿参加萨克森和图林根政府,以"团结工人群众抵御法西斯危险"。10月10日,蔡格纳做出后果严重的一步,吸收两名共产党人参加他的内阁,以"消除迫在眉睫的大资本军事独裁的危险",如同他对州议会声称的那样。数日后图林根效法这一榜样。接着巴伐利亚断绝了与萨克森的外交关系。这些和平破坏者中的每一个人都激昂慷慨地矢言自己要"忠贞不贰地"捍卫国家的统一,但他们中的每一个人都以自己的方式进行反对国防军及其部长格斯勒——掌握执行权的人——的斗争。

冲突首先在巴伐利亚公开爆发。这是希特勒引起的。他的机关报《人民观察家报》用下流的语言辱骂中央政府和泽克特将军,以致格斯勒指示驻扎在巴伐利亚的第七师师长冯·洛索夫将军取缔这家报纸。洛索夫是被格斯勒由于紧急状态任命为巴伐利亚军事司令的,因此他应该无条件地执行这一命令。但他没有这样做,而是去征询卡尔的意见,问他是否同意这项禁令。这一征询是不能允许的,卡尔指示洛索夫不服从命令同样是不能允许的和非法的。但还不仅如此,卡尔的指示不仅公然破坏了克尼林向共和国总理许下的诺言,它也是卡尔政治上完全无能的证明。只要他有一丝一毫政治头脑,他就会极其高兴地欢迎共和国政府对一个抱着与他截然相反的目的,而且显然将要摆脱他的控制的运动做出有力的打击。但是这个想要充当大人物的小人物是特别危险的一类。他的头脑里只存在"反对柏林"的思想,他梦想要到那儿去建立他所谓的"秩序"。

洛索夫不忠于职守,拒不执行柏林向他发出的命令,而且借口取缔《人民观察家报》会激起"优秀爱国人士"的义愤。[35] 于是格斯勒就解除他的指挥权,任命克莱斯·冯·克莱森施坦继任他的职位。此时卡尔和巴伐利亚政府转向公开反叛。卡尔企图把第七师拉出国防军,任命洛索夫为巴伐利亚州军队司令,迫使全师向巴伐利亚政府"效忠"。正如泽克特于同一天向国防军发布的命令中所说的那样,这是"违宪地干预军事指挥权"。这是德国历史上从来不曾有过的一个邦的最厚颜无耻的背叛,而卡尔用来掩饰这种背叛的爱国词藻只使它变得更加令人作呕而已。

巴伐利亚做法的违法性质是毫无疑义的,特别如勇敢的慕尼黑国家法教师卡尔·洛滕比歇尔教授无可辩驳地指出的那样。[36] 安许茨也在他对德国宪法的评论中直截了当地称巴伐利亚政府使国防军驻巴伐利亚部队向自己"效忠"为"露骨的违宪行为"。南德其他各邦政府也都站在中央政府一边。但中央政府又能干什么呢?根据宪法第48条第1款,中央政府对巴伐利亚进行讨伐的前提已经具备,但这样做肯定会遇到武装抵抗,也就是会发生内战,而且在这种情况下存在着北德如波美拉尼亚自卫团与他们的巴伐利亚志同道合者携手合作的危险。谁也无法预言,德国国内这样一种自相残杀会在国外产生何种影响。莱茵兰和莱茵-法尔茨的分离主义者肯定会从中渔利。

萨克森和图林根社会民主党和共产党联盟的漫无节制和笨拙,使中央政府摆脱了这一绝望处境。当蔡格纳发表反对国防军的激动讲话的时候,共产党部长们公然号召采取暴力行动反抗国防军。格斯勒认为必须立即对萨克森进行干预,因为国防军在那儿的处境变得无法忍受;他也愿个人承担作为掌握执行权的人在政治上和法律上所负有的责任。[37]国防军部队进驻萨克森和图林根,在军事上改善了中央政府对巴伐利亚的地位。巴伐利亚的救国志士如果知道在越过边界时遇到的不是"无产阶级百人团"而是正规部队,他们就会觉得进军柏林并非那么吸引人。

在10月27日的内阁会议上,施特雷泽曼支持格斯勒的计划,理由是这一行动将大大增强中央政府对巴伐利亚的地位。社会民主党部长主张说服蔡格纳自愿辞职。人们达成一致,委托总理草拟致蔡格纳的相应的信。施特雷泽曼在当天就发出的这封信要求蔡格纳"实行萨克森州政府的辞职,因为共产党员的参加……与宪法规定的状况不相容"。如果不在10月28日之内做到这一点,就要任命一名中央特派员"接管行政管理直至重建符合宪法的状况"。

正如意料之中那样,蔡格纳没有接受这一要求。10月29日,艾伯特根据宪法第48条发布命令,将必要的权力授予总理。总理任命他的议会党团朋友、前部长海因策为中央特派员。海因策坚决地——也许坚决过了头——着手工作。特别使人反感的是国防军奏着军乐在萨克森各部前面走过,以强调特派员向部长提出的辞职要求。但危机在三日之内就结束了。10月31日,州议会选举社会民主党人费利施为总理。民主党也投了赞成票。费利施组成了由清一色社会民主党人组成的政府。11月1日，艾伯特已能重新取消10月29日的命令。不久在图林根也发生了类似情况。

中央政府的做法引起共和派人士的激烈批评。他们感到极为不满的是，政府虽然对萨克森和图林根的左派激进主义采取了强硬措施，但是对同样危险的巴伐利亚右派激进主义却只满足于书面抗议。提出这种批评的不仅有社会民主党人——共产党人就更不在话下了——而且也包括一部分民主党和新闻界人士。中央政府内的社会民主党成员陷于十分困难的处境。尽管他们谴责蔡格纳及其肆无忌惮的策略，但他们又怎么能为用武力解除一位社会民主党总理职务一事负责，如果冯·卡尔先生安全无恙地留在他的宝座上的话？他们虽然在10月27日的内阁会议上同意施特雷泽曼给蔡格纳的信，[38]司法部长拉德布鲁赫也与希法亭和明智的萨克森驻柏林代表格拉德瑙尔博士一起前往德累斯顿，徒劳地劝说蔡格纳按照总理信的精神自愿辞职，但是对于从上述步骤中必然产生的下一步骤，他们却不愿一起干，这样做的前提是他们得争取社会民主党国会党团同意。而这出于可以理解的原因是不可能的。相反地，10月31日，国会党团在少数人反对下决定退出政府联盟，如果三项明确的条件得不到满足的话。最重要的一条是立即对违背宪法的巴伐利亚采取行动；另一条是把军事紧急状态改为非军事紧急状态。这两条都遭到施特雷泽曼和格斯勒的拒绝。对巴伐利亚只有两条路：和解或决裂。但中央政府简直无力使用武力阻止巴伐利亚的政策。于是，三名社会民主党部长拉德布鲁赫、佐尔曼和罗伯特·施密特于11月2日辞职。施特雷泽曼只剩下一个残缺不全的内阁。民主党人仍然站在他一边,这归功于汉堡的卡尔·梅尔希奥博士的影响。根据伦敦的情报,梅尔希奥博士声称伦敦希望施特雷泽曼留任:无疑这是达伯农勋爵的主张。

但社会民主党的退出不仅意味着政府已失去1923年10月13日授权法授予它的特别权力,也使它在议会中变成少数。只有德意志民族人民党人参加才有可能组成新的多数。但该党并不想接受施特雷泽曼当总理;倾向于这样做的该党议会党团主席赫尔格特意味深长地说:"我无权,事件超越了我。"[39]更值得注意的是,施特雷泽曼本人的议会党团内现在爆发了一场反对他的造反。最起劲儿地进行煽动的是前公使参赞冯·勒尔斯纳和马列茨基这两名议员;他们企图以这一说法来吓唬议会党团,即泽克特已声明国防军不再信任施特雷泽曼。[40]

实际情况如下。9月底泽克特将军在一次也有国防部长参加的谈话中向总统指出,国防军无力进行既反右和又反左的两条战线斗争,因此他认为政府必须同一个方面达成停战。艾伯特立即明白了他的意思,问他这是否意味着要同右派达成和解,也即接受他们的条件。他立即补充说,他不会这样做;如果国防军无力在敌人面前捍卫国家,他就要"离开家"。这并不是泽克特所希望的。他含着眼泪表明了这一点,但又说,同施特雷泽曼无法这样做;对他的不信任太大了。艾伯特问道,他是否愿意亲自去对总理这样说。泽克特表示愿意,于是总统就打电话告诉施特雷泽曼,两位先生要去见他。泽克特确实不加掩饰地向施特雷泽曼说明了他的意向。施特雷泽曼十分激动地问道:"您这就是向我宣布国防军不再服从?"格斯勒立即插言道:"总理先生,只有我可以这样做!"接着泽克特便一言不发,局势暂时得到挽回。[41]

不能肯定,泽克特是否是在右派政治家的影响下做出这一行动的。但令人深思的是,施特雷泽曼的党内右翼同志——他们本来就已使他不得安宁——很快就获悉此事并利用它来反对他。他们的消息来源只可能是泽克特或他的心腹朋友。

虽然施特雷泽曼的个人干预一再争取到议会党团和党的支持,但是,身负领导重任的政治家在国家危急存亡之秋不得不花费宝贵时间和精力挫败自己党内的反叛,而不是得到本党的全力支持。这究竟是怎样的一幅议会政治漫画呢?

尽管施特雷泽曼对社会民主党人的退出深感遗憾,但他仍希望这样一来现在会缓和同巴伐利亚的紧张关系。巴伐利亚流行的煽动口号之一就变得无的放矢了,因为在中央政府内已没有"马克思主义者"可以使"巴伐利亚群情"激愤。巴伐利亚天主教会最高领导人、慕尼黑大主教福尔哈贝尔红衣主教于11月6日在写给总理的一封富有见解的信中表示,困难的时候需要相互谅解,而不是仇恨和内战:"如果不是所有的道义力量不分教派、阶层和政党同舟共济的话,我们又怎能克服如此巨大的经济困难和随着失业而来的今年冬天的苦难?我们又怎么能消除那种提不出具体过失证明,盲目地不分青红皂白地针对我们的犹太同胞或其他民族集团的仇恨?我们怎么能防止将会制造不可估量的新的破坏、由于自相残杀而使我们可怜的人民贫困化的内战?"

毋庸置疑,红衣主教在他的信中讲这些话时想到的是希特勒在慕尼黑和巴伐利亚地区疯狂地进行的煽动。如果局势平定下来、巴伐利亚政府谋求与中央政府和解,这无论如何是完全不符合希特勒的心意的。卡尔于11月8日晚在贝格勃劳凯勒啤酒馆召集一次会议，想向慕尼黑的头面人物谈他的纲领，也许是打算谋求和解的。人们无法知道这一点，因为这次讲话被一声枪响打断了。

自从巴伐利亚和中央政府的冲突公开爆发以来，希特勒的行动欲望就达到高峰。现在必须进行他梦寐以求的革命打击。[42]9月底，武装的"战斗团"把整个运动的政治领导交给了他。这些队伍是不问什么法律和公理的；受到通缉的卡普暴动分子埃尔哈特上尉在这里起着领导作用——巴伐利亚"爱好秩序"的政府丧尽天良地对他伸出庇护之手。有几团人数并配备重型武装的队伍在图林根边界整装待命进军。这一切卡尔一定都知道。难道希特勒能怀疑他认真对待这件事吗？他自己陶醉——至少在言语中——在现在一定会流的鲜血中。"在这场斗争中人头会落地，"他向掌声雷鸣的信徒们高呼，"要么是我们的，要么是别人的。"希特勒虽然知道卡尔的目标与他不同，即复辟君主制，尤其是维特尔斯巴赫王朝，但他完全准备首先也唱起这个调子，在同前巴伐利亚王储鲁普雷希特的追随者的谈话中称这位前王储为"国王陛下"。当然这只应保持到他说服卡尔同他一起发动武装行动为止。之后是谁说了算，对此他是片刻也毫无疑问的。

再者，现在他相信有了一位盟友，此人对他比对巴伐利亚分离主义者更接近，并且特别是对国防军肯定具有决定性的意义。他就是鲁登道夫。这位将军几年来住在慕尼黑，在那儿对柏林和中央政府——这个政府不管其组成如何对他都体现着那个在1918年把他打入冷宫的因素——心怀不满，他被迫无所事事愈久，这种不满情绪就愈强烈。卡普暴动后，他勉强逃脱了刑事制裁。但这并没有使他变得聪明或温和一些,正如世界上没有什么东西能使他摆脱这一幻想一样,即他懂得政治而且还要发挥政治作用。希特勒和鲁登道夫在这几周中一再举行会谈,但很难说他们在什么问题上取得了一致。鲁登道夫很难得知,希特勒对洛索夫的一名合作者说过,他不会让将军干预政治;他需要他去争取国防军,他只让他担任军事任务。"领袖"谈到自己时已经大言不惭地不仅把自己与墨索里尼相比,而且也与甘必大和拿破仑相比:否则就无法理解他为什么叫嚷,拿破仑身边也都只是些微不足道的人物。但他既未从卡尔也未从洛索夫那里得到他所渴望的许诺。相反,卡尔向武装团体的领导人声明,他禁止任何一次不是由他本人准备的政变,这方面的命令将由他独自发出。

希特勒丝毫也不愿等待这一天。他准备在 11 月 10 日至 11 月 11 日夜里举行一次"慕尼黑夜间大演习",以他的团伙的进驻和武力夺权作结束。但这时他认为卡尔于 11 月 8 日晚召集的会议是一次更好的机会。他带着一些迅速集结的"冲锋队"闯进会场,当时那位国务总办先生正在鼓其政治家的三寸不烂之舌。希特勒发疯似的跳上一把椅子,朝天花板开了一枪。卡尔中断了讲话。与会者鸦雀无声。希特勒宣布:"民族革命爆发了。"他谎称国防军和州警察的营房已被占领,国防军和警察正在卍字旗下开来。他强迫卡尔和坐在他身旁的冯·洛索夫将军和警察总监赛塞尔在他的雇佣兵的护送下跟随他到旁边的一间屋子去。在那儿他敦促他们接受他的纲领。这个纲领要不是在十年后部分成为现实的话,就得被称之为一个自大狂患者的纲领。"巴伐利亚政府已被废除。珀纳成为具有独裁权力的总理,卡尔为邦长官,中央政府首脑为希特勒,国民军首脑为鲁登道夫,赛塞尔为警察部长。"这三人并没有马上表示同意,于是他就把手枪对准自己的太阳穴喊道:"明天下午我不成功便成仁。"这三人迅速秘密地达成默契,"演喜剧",但他们并不愿参加这次胡闹。

但希特勒却无视这一点。他奔回大厅,向会场里的人慷慨陈词,谴责"今天使德国沦亡的罪犯",宣布他的纲领,引起一种错觉,好像那三个巴伐利亚人已经赞同了他。这次演说取得了巨大的效果。这在多大的程度上归功于他那娓娓动听的口才,在多大的程度上得力于他的欺骗手法,就不得而知了。

现在希特勒似乎也战胜了卡尔及其同党。这时,在希特勒的一个帮手的带领下,鲁登道夫也来了;他一定是在等待这次召唤。那三个人屈服了。卡尔还提出异议,说他是个君主主义者。但希特勒并不为这种鸡毛蒜皮的小事所动。他说,他正是想要纠正十一月罪犯对王权,特别是对"已故国王陛下"做出的不公正行为。

于是这五人——表面上似乎精诚团结——走向欢呼的会场。希特勒誓言"决不罢休,直至把十一月罪犯打翻在地,在今天灾难深重的德国的废墟上重新建立一个伟大、强盛、自由、光辉的德国"。同这种豪言壮语相比,卡尔慎重的讲话显得很奇怪,但当时只有不抱偏见和细心的听者才觉察到。他称自己为"君主国的总督",声称自己"怀着沉重的心情"参与其事。对希特勒所安排的官职分配肯定感到不快的鲁登道夫在简短的一句话中表示他虽然一起干,但不会听命于他人,即使是民族社会主义者的领袖的命令。他根据自己的权利,"在这伟大时刻的感召下意想不到地"为德国国民政府效力。

这样，希特勒的政变是否已取得成功？他自己——即使只是在慕尼黑——是否成为"德国国民政府"的领导？这只是一场梦，在短短几个小时内就破灭了。卡尔刚刚重获自由——巴伐利亚部长们还在被希特勒团伙囚禁中——就撕毁了自己在手枪逼迫下做出的承诺，在慕尼黑的街道上张贴告示，向"野心分子的欺骗和背信弃义"展开反攻，宣布解散民社党和其他战斗团体。国防军站在他一边。国防军的高级军官想到一个外来的鼓动家、区区一个二等兵想要向他们发号施令就怒火中烧。如同德国上层社会的大多数成员——俾斯麦对狡诈的洛基*和盲目的希杜尔**之类的"演说家"的抨击对他们仍在发生影响——一样，他们当时对一个街头鼓动家只是嗤之以鼻，也不管他自称具有民族思想或其他什么。由于自己不服从公务命令大概心情不快的洛索夫只有一个愿望，即洗掉希特勒强加于他的耻辱。再加上从柏林传来消息，整个德国的执行权已移交给统帅部首脑冯·泽克特将军。

对慕尼黑暴动完全感到意外的总理当天晚上还召集由总统主持的内阁会议。普鲁士内政部长也参加了会议。由于形势危急，大家认为将全部执行权集中于军方之手是不可避免的，于是11月8日总统下令由泽克特将军代替格斯勒接管全部执行权。尽管这也许是不可避免的，但这并不能使现行制度的坚决支持者放心。泽韦林问将军说，如果巴伐利亚师团确实向柏林推进，柏林国防军

---

* 洛基，日耳曼民间传说中的火神、狡诈的捣乱者，曾唆使希杜尔杀死其兄光神巴尔杜尔。——中译者

** 希杜尔，光神巴尔杜尔的盲弟。——中译者

将会如何动作。经过短时沉默之后,泽克特如同在卡普暴动的日子里一样又做出那个不幸的回答:"国防军不向国防军开火。"泽韦林站起来,对总统说:"那我就不该待在这儿了。"说罢就离开会场,去动员柏林警察,出动强大部队据守政府区。[43]他可以信赖警察力量。他也认为应提醒泽克特,如果国防军不起作用,共和国还拥有准备战斗的武装力量。鉴于这位将军难以捉摸的性格和模糊不清的政治意图,很难断定这样做是否必要。不管怎样,他履行自己的义务,在一份立即发表的号召中说:"我领导下的国防军将坚决击退对国家和各州秩序的擅自侵犯,不管来自何方。"

在卡尔和洛索夫转变态度之后,暴动已毫无成功希望。但是,只要还没有流血,像希特勒这样一个暴躁的人是不会放弃它的,而鲁登道夫对自己估计过高,他现在不会拒绝合作。这样,11月9日上午就发生了那次穿越慕尼黑的荒唐和流血的集团游行,这个游行在奥第昂广场元帅会堂前悲惨地瓦解了。那儿部署了一支警察部队,人数比希特勒和鲁登道夫率领的武装人员要少得多。但他们的纪律胜利了。在警察发出第一枪之后,进攻者就匍匐在地或逃之夭夭。希特勒也是扑倒在地或被人撞倒。枪声过去后,他乘一辆事先准备好的汽车逃往他朋友汉夫施滕格尔——人称普齐——的别墅,两天后他在那儿被捕。鲁登道夫意识到没有人敢向"世界大战的统帅"开枪而继续前进,走进警察的行列,他也被逮捕。14名希特勒党徒死在马路上,有三名他的最著名的追随者。其中有一人是一名邦高级法院法官,这表明民族社会主义狂热也在那些由于职业和教育理应最不受其他影响的阶层中取得多么大的进展。同样令人深思的是,慕尼黑步兵学校的学生即国防军成员也参加了这次叛国游行；他们受到冒险家洛斯巴赫的煽动。

希特勒自以为权力在手的短短几个小时就足以说明，民族社会主义的暴力统治是个什么样子。"犹太人的私人住宅受到洗劫，有二十多人被当作人质扣留，这些人的名字是随意从电话本上找来的，只因为听上去像是犹太人。"[44] 一支武装队伍闯进慕尼黑市政府会议厅，抓走了市政府中的社会民主党成员。他们受到辱骂、吐唾沫，推撞和枪决的威胁，正如他们中的一人在法庭宣誓说明的那样。幸而这种美妙事情很快就垮台了，因此被捕的人得以生还，尽管失去了他们的衣服。这种事情本应使任何一个有头脑的人睁开眼睛。但慕尼黑人仍然热烈支持希特勒。

不过这不能改变这一事实，即胜利者并不是他，而是国务总办卡尔先生。但是，如果希特勒同鲁登道夫一起在慕尼黑取得胜利，情况又会怎样呢？在这种情况下在军事上事态又会怎样进一步演变？也许很难估计；不过可以认为，进驻图林根和萨克森的国防军会使进军柏林比那些激昂慷慨的巴伐利亚救国志士在他们的大啤酒杯后面所想象的要困难一些。事实上那会是共和国的末日。希特勒日后取得的所有成就都不能抹杀这一事实，即他当时会给德国马上带来一场他完全无法对付的灾难。不仅法国人会一天也不会容忍他的"国民政府"，别的盟国也会支持法国人。普恩加来的暴力政策就会在全世界面前证明是正确的，西部的分离主义就会导致莱茵兰的实际分离。巴伐利亚的法尔茨在前社会民主党总理霍夫曼的领导下产生了分离运动，这个运动只是因为社会民主党声明反对它才失败。如果希特勒在慕尼黑建立暴力统治，社会民主党难道会保持这种态度？只要想一想无比困难的经济问题，特

第八章　鲁尔被占领和分离主义

别是正在起步的货币改革，就会认识到慕尼黑的政变尝试在政治上是一次荒谬的、毫无希望的愚蠢行为。但可悲的是，当时在德国，只要掌握必要数量的"爱国"辞藻和民族主义热情，就不会因为干蠢事而使自己丢丑。

既然那些以自己的民族思想而自吹自擂的人肆无忌惮地利用国家的困境，不惜牺牲国家利益来达到自己的目的，那么假如分离主义者放过对他们特别有利的形势，不试图利用武力来实现他们的愿望，就会是真正的奇迹了。停止消极抵抗向他们表明，德国的力量在占领区已下降到最低点。普恩加来一如既往坚持的强硬态度以及对退让的德国寸步不让使他们确信，只要他们能制造既成事实，他就会成为他们的坚强保护人。于是武装暴动一个接着一个。1923年9月30日星期日，分离主义者在杜塞尔多夫举行武装示威，结果死伤多人；绝大多数居民坚决反对分离主义的叛国行为，而法国占领当局的倾向性也同样鲜明，他们解除了忠于职守保护居民打击分离主义团伙的普鲁士警察的武装并将他们逮捕。他们在这里遭受了道义上的严重失败，但这并未阻止分离主义者犯下新的罪行。他们先是企图在比利时占领区推进，10月21日他们在亚琛宣布成立一个"莱茵兰共和国"并冲击市政厅。与此同时在法占区发生下列暴动：在协约国莱茵兰委员会驻地科布伦茨（10月21日至26日），波恩（也在那几天），威斯巴登和特里尔（10月22日），美因茨（10月23日）。10月25日，分离主义者领袖马特斯在科布伦茨宣布成立"莱茵兰共和国"及其一开始就已存在的政府。10月29日，马特斯和多尔滕声称这个所谓政府已授予他们以无限全权，但这并不能阻止他们很快就发生激烈争吵。

比利时占领当局经过一番动摇后又重新采取正确的中立态度，而法国占领当局在许多地方有偏袒分离主义者的嫌疑。这一点在巴伐利亚的法尔茨表现得最为明显，那儿担任法军司令的是德梅茨将军。他不仅强使法尔茨县议会宣布成立一个独立于巴伐利亚的自治国家（10月24日），而且直截了当地向巴伐利亚政府驻占领当局代表声明，"巴伐利亚政府在法尔茨的执行权已不复存在"。他拿巴伐利亚政府同中央政府的冲突作为理由，巴伐利亚政府由于这一冲突使自己置身于德国宪法之外并破坏了宪法。不管德国政府抗议这位法国将军干涉德国内部争端是多么有理，但另一方面这位将军显而易见充分利用了卡尔和巴伐利亚政府的失职行为而给予他的王牌，巴伐利亚的政策——至少其结果如此——有利于德国的敌人，希特勒如取得成功，既会危害德国也会危害巴伐利亚邦的生存。

德国政府向巴黎发出措辞尖锐的照会，抗议法国占领当局违背和约的做法。普恩加来以同样措辞尖锐的回答否认法国占领当局在什么地方超越了维持安定和秩序的合法任务。但是，谁要是怀着不偏不倚地判断的意愿阅读这些互换的照会，就一定会得出结论：德国的指责基本上是有道理的。如果像普恩加来这样一个杰出的律师最后没有其他办法，只好中断互换照会，说他没有理由同德国政府讨论分离主义运动，那么这正是从他口中公开承认失败。而且不仅仅是德国人深信普恩加来至少想要试探一下是否有可能借助分离主义运动达到他那在和谈期间就谋求的割取莱茵河左岸的目标。克列蒙梭相当明确地谈到这一点[45]，这也许和他对

第八章　鲁尔被占领和分离主义

普恩加来的恼恨并非毫无关系。但英国舆论也持同样立场，正如汤因比教授的《1924年国际事务概述》一书中所指出的那样。我们还会看到，外交大臣寇松勋爵也持有这一观点。

毫无疑问，普恩加来一点也不遵循那句古老的格言：要为被战胜的敌人搭金桥。随着放弃消极抵抗，施特雷泽曼实现了普恩加来对恢复实事求是的谈判提出的条件。但当德国政府现在想要就整顿占领区经济生活的途径进行谈判的时候，他却断然加以拒绝。本来占领国当然应像德国一样对此有巨大兴趣，因为它们得与如经济生活进一步停滞就必不可免的混乱作斗争。但法国总理指望鲁尔区的工业家非常关心重新振兴自己的企业，不会听之任之，而他可以向他们提出条件。

这个打算也没有落空。10月8日，以奥托·沃尔夫为首的凤凰集团接受了国际管制厂矿委员会向它提出的条件。它恢复向协约国供应煤并且也保证向它们缴纳煤炭税，以换得发还被没收的金属制品和批准出口许可。这对德国政府是一个严重的打击；施特雷泽曼向沃尔夫指出，他的做法严重损害了政府的威信。[46]但这又有何用？困难重重，德国政府不得不听任事态发展，最多只能做到在工业家和国际管制厂矿委员会进行谈判时不要完全无视德国的切身利益。这并不容易。如果说最后争取到国际管制厂矿委员会作出让步，把根据协定提供的数量超出部分纳入德国的赔款名下，那么这是进行了艰苦斗争，为此差一点导致谈判失败。1923年11月23日，重工业代表和国际管制厂矿委员会签订了有效期至1924年4月15日的协定。这个协定使工业承担极其沉重的供应义务。它得把约30%潜在的煤开采量交给协约国和占领当局。

此外还要为以前的煤税和今后要出售的煤缴付沉重的税金。这样，普恩加来终于得到了他早就要求的生产抵押品。

协定无疑是很苛刻的。它的苛刻性直接针对工业，但最终也间接针对德国。国家保证对工业承受的负担进行补偿，只要这些负担被纳入赔款名下。11月1日和21日总理的信确定国家财政得到整顿的时候作为进行补偿的期限。鲁尔工业家们说，他们完全不可能把这个苛刻的协定坚持到规定的最后期限即1924年4月中旬，所有的专家都毫不迟疑地同意他们的意见。但是他们错了。事实上这个协定包括一些修正一直存在和生效至最终接受道威斯计划，也即1924年10月初。[47]根据这一令人感到意外的结果，必然会得出这一结论：国际管制厂矿委员会比鲁尔工业自己更正确地估计了它的生产能力。当然这一结果之所以有可能，只是因为德国货币改革获得了成功，而有许多专家是不相信它能成功的。

在评论法国态度时不应忽视，施特雷泽曼自己也重新引起不抱任何成见的法国人的怀疑：他允许前德国皇太子返回德国。威廉在国外——不仅是法国——许多人的心目中是民族主义和复仇思想的明显代表，他本人对此并非毫无责任。不管谁认为不可能永远拒绝他返回自己的祖国，但都会怀疑选择正当民族主义热情极其高涨的时刻是否合适。这也是皇太子代表求见泽韦林时后者所持的立场。但一再与皇太子个人接触的施特雷泽曼似乎正是热衷于促成他归国。他甚至说服他内阁中的社会民主党部长和普鲁士政府代表赞成此事。他认为皇太子在政治上没有危害性。他对英国大使达伯农说，皇太子主要对女人和马感兴趣，并不受民族主义者爱戴。达伯农猜测，施特雷泽曼把他当作是受到欢迎的平衡力量，用以对付巴伐利亚人的维特尔斯巴赫家族的宣传。或许这也有道理。

当然，威廉必须保证不参加任何政治活动，看来起初他也打算遵守这一承诺。从长远来说，他当然无法抵挡这种诱惑，但他个人已无足轻重，也不孚众望，不至于成为一种危险。皇太子归国所引起的外交上的危险很快也就烟消云散了。法国人企图劝说协约国采取行动；因为威廉毕竟一直还名列战犯名单，对战犯采取行动的权利在理论上依然存在。但情况再次表明，1920年的情绪已经消失。既不存在进一步对战犯采取行动的倾向，也不存在重新巩固战争年代的联盟的意愿。特别是英国坚决反对法国人，大使会议仅限于通过一项决议，这个决议——归档保存。[48]

在大使会议做出这一决议的那一天(1923年11月21日)，德国国会在柏林开会，决定施特雷泽曼政府的命运。自从社会民主党人于11月2日退出以后，它就只还是一个残缺不全的政府，在空缺的位置中，只有内政部长一职由杜伊斯堡市长、人民党右翼人士雅雷斯接任。根据议会的组成情况，内阁的命运掌握在社会民主党和德意志民族人民党手中。如果两党之中没有一个来支持它，它就得垮台。德意志民族人民党坚决拒绝向中止消极抵抗的总理提供援助，提出了不信任动议；该党发言人赫尔格特甚至对"维持秩序的巴伐利亚邦"表示赞赏。这样，责任首先就落到社会民主党人身上。社会民主党处境十分困难。鉴于该党群众的情绪和共产党人的威胁态度，它不得不在议会里对政府反对萨克森和图林根的做法及其表面上对巴伐利亚的宽容态度展开最猛烈的抨击。另一方面，至少比较明智的议会党团领导人认识到在施特雷泽曼政府之后肯定不会有更好的政府了。他们试图用一个不信任案来逃避这一进退两难处境，这个不信任案明确以对萨克森的做法为理由，致使右派不得不投票反对。这样社会民主党人也许就有可能投票反对德意志民族人民党的不信任案。但施特雷泽曼拒绝"根据一种由于这种政治算术而做出的决定处理国家事务"。他要求进行一次明确的信任投票，于是政府联盟各党就提出了这一动议。

如今社会民主党人不得不无条件地表态，他们投了反对票。这样他们就推翻了他们心里很想保留的施特雷泽曼政府并有数年之久阻碍自己回到政府中去。对这一点看得最清楚的是来自该党的总统。艾伯特责备他的朋友们说："促使你们推翻总理的理由六周之后就会被人遗忘，但是你们的愚蠢行为的后果在今后十年中你们还会觉察到。"[49]这是一位政治家的判断。历史证明他是正确的。社会民主党推翻了总理，而他的外交政策是该党所希望的，同时他对从内部增强共和国的力量比任何另一位总理都做出更大的贡献。这是该党历史总结中的一次严重失误。在1923年11月提出社会民主党对施特雷泽曼政府的不信任案的赫尔曼·米勒，于1928年6月又作为总理恳请议员施特雷泽曼参加他的政府出任外交部长。

不过不应忽视，做出这个决定对社会民主党人是多么困难。因为施特雷泽曼—格斯勒—冯·泽克特一方面对萨克森和图林根的政策和另一方面对巴伐利亚的政策看来是不一致的和不公正的。事后认识到这些政策的全部意义，认清它们是正确的，也许拯救了德国,这要容易得多。国防军也不需要开进巴伐利亚,只是陈兵图林根和萨克森边界就有效地阻挡了巴伐利亚叛国者前往柏林的道路,这并没有引起流血(也许可以说,没有第二个朗根萨尔察*),肯定是幸事。根据后来人们与共产党政府和统一社会党打交道时期的经验,德国中央政府在危难时刻不能容忍德国心脏地区有受共产党影响的政府存在,对此人们也比当时想得更现实一些。

11月23日国会以231票对156票拒绝了信任案后,施特雷泽曼立即去见总统递交他和内阁的辞呈。艾伯特拒绝解散国会,因为只要大片国土还被占领,就不可能举行新的选举;施特雷泽曼同意他的意见。总理完全认识到这种情况,他是有意让自己下台的,因为他只有在议会多数支持自己时(这种多数是他可以信赖的,能使他对内对外都享有必要的权威),才想保持对德国政治的领导。使他感到自豪的是,他是在公开的议会斗争中失败的,在所有的当事人中他是最没有理由为这个结果感到羞愧的。他下台后全国只有一种情绪:悔恨。11月25日达伯农勋爵称政界混乱情况无法形容,在国会的长廊里人们自我解嘲说,总理应当问记者为什么他被推翻,因为议员们都不知道。[50]甚至德意志民族人民党人也对他们又把一位履行政治家赶下台的胜利只高兴了一阵,因为他们很快就发现他们并未向自己的目标接近一步。

---

* 朗根萨尔察战役(1866年6月27日至29日,靠近爱尔福特)是普奥战争中的一次重要战役。普鲁士军队成功地截击并俘虏了正在向南方推进去增援巴伐利亚盟友的汉诺威军队。——英译者

施特雷泽曼只当了三个月德国总理。但这三个月不仅充满激动人心的重大事件，这些事件也足以使古斯塔夫·施特雷泽曼在德国历史上占有一席之地并跻于欧洲政治家行列。他用为德国复兴做准备的精神领导这个国家度过最严重的失败。中断已毫无希望的鲁尔斗争，当时使他受到人们切齿痛恨，今天是他无可争辩的光荣业绩，而且正是他的政府使"地产抵押马克奇迹"成为可能。只要把他同当时批评他的德意志民族人民党人黑尔费里希、赫尔格特、韦斯塔普相比，就不难看出一个有责任感的政治家和党派政治鼓动家有多么大的区别，而那些人甚至还不如社会民主党人，因为后者还可以为自己辩解，他们是在注定永远充当反对派的情况下学会政治艺术的。试问如果像德意志民族人民党人向总统要求的那样由他们上台执政，德国会变成什么样子：他们要么是把德国导向新的灾难，要么是不得不焚毁自己迄今所顶礼膜拜的一切。

幸而总统和国会多数都不准备做这种危及生存的试验。当危机烟消云散后，一切情况基本上都还是照旧，新政府在前政府不得不放下线头的地方将它捡起继续编织。施特雷泽曼虽已不是总理，但他仍担任外交部长。这就足以使国内外放心。出任总理的是中央党议会党团主席威廉·马克思博士，此人不是一个出类拔萃的人士，却是个可靠而易于调和的人。他是莱茵地区的老法官，正式官衔是柏林高等法院审判委员会主席。施特雷泽曼下台后，他立即代表中央党对他公而忘私忠于职守表示感谢并希望他也参加新政府担任外交部长。格斯勒、路德、雅雷斯保留了他们迄今的部。从党派政治上来看，唯一具有重要意义的变化是巴伐利亚人民党党员埃明格参加政府担任司法部长。从这一点可以看出该党希望摆脱巴伐利亚政策使其陷入的纯粹消极的地位。

即使如此,从党派政治观点来看,新政府只是一个少数派政府;鉴于右派的反对,它只有在社会民主党的支持下才能站住脚。它得到了这一支持。社会民主党甚至走得更远。它赞成通过一项授权法,授权马克思政府在1924年2月15日之前不需根据宪法规定事先征求国会同意,采取"鉴于人民和国家的困难它认为必要而急迫的措施"。这是一项范围很广的特别权力,只有国会和参议院才有权加以限制,事后撤销了这些措施。这样做是由于当时形势危急,没有进行通常议会讨论和做出决定所要求的时间。在社会民主党的提议下,至少成立了一个由15人组成的议会委员会,内阁在做出决定前须秘密地听取其意见。授权法涉及修改宪法,因此需要三分之二的多数票。在社会民主党——它甚至采取了党团纪律措施——的帮助下做到了这一点(313票对18票)。德意志民族人民党人没有参加投票。

按照其结果的规模来判断一项授权法,对1923年12月8日的法律就会做出非常良好的判断。根据这一法律发布的法令不少于66项,大部分是在1924年2月才公布的,也就是在它失效前的最后几天内公布的。对于某些这种法令,当然可以怀疑根据旨在消除"人民和国家的困难"的精神是否确有必要,如同人们做出决议通过这一法律时所想象的那样。因为国家官僚机构领导人热衷于抓住这一良机去实施自己心爱的计划,在正常情况下这些计划由国会通过时会遇到无法克服的困难。特别是司法部很久以来积压了一些法律草案,如今它们的作者运用其全部影响使其作为授权法令获得通过。柏林大学刑法教师科尔劳施教授把这种做法称之为"枢密顾问墨索里尼主义"。

事实上授权法被利用来对法院组织法、刑事诉讼和民事诉讼进行彻底的修改,名义上是为了降低司法管理部门确实很高的费用。民事诉讼的修改带有技术性质,不能在此进行探讨。但在刑事诉讼方面通过法律途径清除了一个具有高度政治意义的机构:刑事陪审法庭。只由外行组成、根据审判长的法律观点自己负责做出有罪或无罪判决的陪审团消失了。代替它的是所谓陪审法庭,这种法庭由外行和受过专业训练的职业法官组成,共同进行讨论和决定。对这两种法庭诚然可以举出种种赞成和反对的重要理由,但政治上最引人注目的是,德国人民竟然无动于衷地接受把刑事陪审法庭这样一个无论从理论上和历史上都具有重要意义的机构一笔勾销。在英国历史上一再强调这一信念,即只有当一个人是否有罪取决于同等地位公民的判决(judicium parium),由他们自己负责调查和确定的时候,这个民族才是真正自由的。德国成为共和国,但德国人民却缺乏对自己独立负责的尊严的认识。这一点在这里表现在一个同党派政治无关的问题上。

授权法的合法活动范围当然是经济政策,特别是货币和税收政策。施特雷泽曼政府倒台时货币改革的成功还不能保证,虽然它已于11月15日按照自己的诺言开始发行地产抵押马克票。从这一天起,政府已不能通过向国家银行贷款的方便途径筹措必要的钱;地产抵押银行只向它提供三亿地产抵押马克作为预算之用,还有三亿地产抵押马克用以清偿它欠国家银行的债务。这对财政部长来说是关键性的日子,他不得不一再动用授权法去开辟新的税源或更快征税。但同时他也被迫在这条道路上面临一个与货币改革密切有关的新问题:升值问题。在这里,最高法院裁决的突然转变迫使他仓促行事。

通货膨胀必然有利于债务人而不利于债权人。债务人可以拿贬值的钱清偿他全值接受的债务,这样就从价值差异中得到了好处,而他的债权人则从价值差异中蒙受了损失。随着通货膨胀的发展,这一点变得越来越令人难以忍受,例如一个债务人借钱盖了一幢房子,而他归还的钱还不够债权人买一双鞋子。尽管这是难以忍受的,但司法部门却难以找出补救办法。以马克为名的国家银行钞票和国家证券都是法定支付手段,任何债权人都得按其票面价值接受。这个原则产生于纸币随时可以兑回黄金的时代;战争开始时取消了这种兑付义务,但这个原则并未有所更改。1914年8月4日的法律明确地规定了这一点。司法部门坚持"马克就是马克"的原则,只是在认真地执行法律。这是1923年11月28日之前最高法院的立场。在这一天,也就是新的稳定的货币已实行以后,最高法院突然发现"马克就是马克"这句话不可靠不可信,因此允许债权人援引民法典第242条要求将自己的债权"升值";不过判决并没有为计算这种升值提供明确的方针,正如判决的理由根本没有解决这一大串问题一样。[51]

这一判决自然获得所有那些由于通货膨胀而抱怨失去财产的人的热烈支持,而这些人不仅数目众多,而且绝大部分也很值得重视。但这个判决所引起的是一场所有人对所有人的诉讼战争。如果每一个债权人都可以向法庭控告每一个债务人,按照法庭的主观决定得到或高或低的升值,后果就不堪设想。因此,立法者的职责就是至少通过为某些典型的债务关系规定一种固定的升值率来使这种咄咄逼人的诉讼战争有所限制。不久以后,人们也获悉财政部长正在根据授权法制订这样的规定。这时发生了前所未有的事情:法官们起来反对立法者。1924年1月,最高法院法官联合会理事会做出决定并立即向公众披露。就像他们是政府和议会的上级一样,这些先生们向政府发出威胁,希望它不要"用立法者的命令推翻"最高法院的观点。他们不仅声称最高法院"惊讶地"获悉计划中的立法措施的消息,甚至竟然指出"严重的危险",说得更明确一些就是威胁说,最高法院将会宣布预期的法律是不道德的,因而是无效的。

凡是了解德国法学家传统的人都明白这一步骤的鲜明革命性。一百多年来,他们都被培养成要绝对服从"成文法"的法官。没有什么比一个法官把个人的是非观念置于法律之上更受唾弃了。他必须执行法律,不管他是否喜欢。普鲁士宪法甚至明确禁止法官审查"合法颁布的国王法令"的合法性(第106条第2款)。现在甚至引用自然法来反对法律,不仅违背义务,而且在所有真正的法学家眼中简直荒唐可笑;因为从萨维尼*以来自然法已被公认消失而不复存在。但现在自然法作为增值的开路先锋的旗帜突然又出现了。正是德国大学教授居然说出甚或鼓吹这句被唾弃的话:"神圣的不是法律,神圣的只是公道。"只要德国存在君主政体,这一切就从来不曾发生过;一个法官联合会反抗国王政府,对任何

---

* 弗里德里希·卡尔·冯·萨维尼(Friedrich Karl von Savigny,1779—1861),德国法学家。1810—1842年在柏林任民法教授,1842—1848年任普鲁士司法部长。历史法学派的创建者。——中译者

一个德国法官或教授来说简直是不可思议的。但对共和国政府却敢这样做,而且也毫不顾忌法官们——他们也属于受到通货膨胀严重损害的人——会蒙受嫌疑,在这种引起轰动的反抗中不仅仅是维护公众的利益。他们更不考虑政府此时必须同极大的困难作斗争,任何一个爱国人士都会慎重考虑是否应再随意添加困难。在德国,共和制国家竟不能信赖自己的机构!

没有一个政府,不管其政治方向如何,会向法官们的这种威胁低头。没有一个政府能回避在某种程度上给增值至少画定界限的必要性,因为在所有得益于通货膨胀的债务人中得益最大的就是国家自己,它的战争公债高达1440亿。也没有一个政府能无视法官们的做法会对任何立法工作造成极其有害的作用。最优秀的专家之一写道:"由于最高法院的表态,政府部门面临着千百万计被最高法院以极其有力的方式称为不可回避的合法要求。可能只是一种公平合理的捐赠,却成了'剥夺'。没有什么比这更能使老百姓感到气愤的了。"[52]

因此,毫不奇怪,政府根据授权法于1924年2月14日颁布的试图解决增值问题的第三个税收法令引起了一阵愤怒的浪潮。一些法院甚至公然无视这一法令,声称它没有法律效力。这个法令规定增值率为15%。这是否合适,当然可以争论;事实上后来在1925年7月16日增值法中改为25%。但不能不看到,增值狂热的心理因素之一是许多德国人盲目相信,只要涉及他们的利益,必须全都恢复战前的情况,或者换句话说,可以无视战争和失败的破坏作用,好像它们从来不曾有过。这种幻想破灭了,于是在这些人的心目中责任在于现政府或共和国,而不在于1914年至1918年的那些不幸事件，人们根本不愿回想这些事件。可以说明德国人政治意识薄弱和他们不幸地追求利益政治的是，成立了一个专门的"增值党"，担任该党领导的是最高法院的一名前首席法官。

这里还要提到另一个与通货膨胀有关的问题，即城市地产问题。通货膨胀对房产主有利，只要他们是地产抵押债务人，特别是可以用贬值的钱赎回其抵押的时候。但如果他们依靠自己房子的房租收入为生，就会由于通货膨胀而遭到严重损失。前面曾经提到，立法通过所谓租户保障强行规定房租不得超过战前水平。这并非德国的特点，而是符合各交战国立法的普遍趋势。在货币不断贬值的情况下被允许的房租提高，不能跟上通货膨胀和支出增加的普遍速度，因此许多房主完全或部分依靠其收入为生的房屋变成了不断亏损的资本，一有可能便想脱手卖掉。但他们在出售时遇到一个严重的障碍：市政当局要征收增值税。这种出售其实谈不上什么增值，因为折算成金马克，出售价格通常大大低于和平时期的购买价格。但市政当局也根据在这种情况下对它们有利的"马克就是马克"的观点，计算出售者得到完全虚构的利润，向他们征税。不可避免的后果便是买卖双方写在购房合同上的购买价格低于实际价格，差额部分由买主"秘密地"付给卖主。卖方对这种欺骗手法十分满意，因为这对他们有利。但是后来在币制稳定和可以把折合成金马克的已到手的购买价格的价值同如今又得到巩固的地产价值相比以后，他们当然就对卖房感到后悔。于是，他们就利用当时使他们受惠的这种欺骗手法为理由来推翻合同，收回地产。在以后几年中提出的秘密买房案件有成千上万件：它们的受害者往往是外国人，他们更好的货币在通货膨胀时期受到德国房产主的欢迎。这里涉及的法律问题不能在此加以探讨。但这些案件——起诉人以自己的欺骗手法作为根据——肯定无助于加强人们的法制观念。

我们现在从稳定货币的这些后果回到稳定货币本身和使之成为可能的事件上来。对这些事件的经过具有重要意义的是，由于哈温施坦于1923年11月20日也就是施特雷泽曼政府的最后几天中去世使国家银行总裁的职位空了出来。此时终于有可能任命一个胜任当前问题的人担任这一职位了。任命形式上掌握在总统手中，但要由参议院向总统提出建议，由国家银行理事会作出鉴定。国家银行理事会提出的人选是黑尔费里希，根据各种迹象，哈温施坦也希望由他做继任者。对黑尔费里希的业务能力固然没有什么好说的，但政治上却完全不可能把一个对整个经济政策具有如此重要意义的职务交给一个不仅对当前的政府而且也对整个国家制度采取极端鲜明敌视态度的人。

他的竞选对手是中央货币专员沙赫特博士。他的业务能力同样无可争辩，任命他为发行银行总裁无疑定会有助于他执行稳定货币的任务。根据到那时为止对他的了解，不能怀疑他是共和国的真诚支持者和可信赖的民主主义者。这句话今天听起来很奇怪，因为人们知道他后来的演变和他为希特勒效劳之事。但沙赫特以往的历史没有什么能使观察者料想到会有这种转变。人们也许可以认为，他对他自己还不了解。他通过同左派政治家，特别是社会民主党人增进关系来争取得到这项任命。奥托·布劳恩和泽韦林异口同声地谈到他们出乎意料地被沙赫特的一位朋友邀请去参加一次宴会,这次宴会使沙赫特有机会向同桌就餐的客人阐明自己的原则和纲领。如果不是沙赫特在1948年竟敢大言不惭地说,"偏偏是一个社会民主党政府"来向他"这个被公认为自由经济观点的代表"求援,[53]那就用不着再谈这方面的事。在当时执政的马克思内阁中其实没有一个社会民主党人,至于普鲁士政府中的社会民主党人——他们的票对参议院的建议具有举足轻重的意义——则是沙赫特自己去向他们求援,并且成功了。由于参议院和中央政府都赞成沙赫特,艾伯特于1923年12月22日任命他为国家银行总裁。

人们寄希望于沙赫特能成功地推行货币改革。这一点实现了。他既精通业务,又能大刀阔斧地在以后关键的几个月中坚持推行这一改革。他既成功地对付了起初威胁这一改革的投机活动,又制止了经济界为应付一切可能发生的情况而囤积足够外汇储备这种虽可理解但十分有害的努力,还制止了工业界在被占领地区建立一个莱茵-威斯特法伦发行银行的倾向。他从一开始就争取到英国财界的同情,这对他的成功很有帮助。他就任前前往伦敦,特别是与英格兰银行总裁蒙塔古·诺曼建立联系。诺曼在伦敦商业中心区具有非常强大的影响,那儿的舆论对德国经济的恢复和重建十分有利,坚决反对法国使用武力追索赔款的政策。沙赫特声明他坚定地打算恢复金本位,得到蒙塔古·诺曼和与他会谈的其他英国银行家的全力支持。他们也不仅仅在精神上表示支持,而是表示在原则上同意向德国国家银行提供贷款,帮助它克服过渡时期的困难。这一许诺具有极其重大的价值。

当然,这一许诺的先决条件是妥善解决赔款问题,使德国和世

第八章　鲁尔被占领和分离主义　　333

界经济近年来一再遭受的危机成为不可能。现在为此采取了第一个重大的决定性步骤,即召集一个美国代表也参加的国际专家委员会。

最早倡议成立这个委员会的是美国。共和党总统哈丁的国务卿查尔斯·休斯认识到,破坏了威尔逊的和平计划的美国政治家以为可以对欧洲采取鸵鸟政策,背过身去就可以不问欧洲战后问题,那是一种不切实际的幻想。"我们不能称这些问题为欧洲问题而消除这些问题,因为它们是世界问题,如果不能解决,我们将深受其害。"1922年12月29日休斯在对美国历史协会的讲话中这样说并提出重要建议:全世界金融界最优秀人士联合起来回答政治家们所未能解决的问题:德国能支付什么?这种支付如何进行?当时也就是鲁尔行动开始前夕,时机还不成熟,只要消极抵抗还在持续,特别是法国不准备参加任何谈判。但一俟施特雷泽曼放弃了消极抵抗,当时正召集英帝国代表开会的英国政府认为时机已经到来,便重新提出这一倡议,想以此找出一条摆脱混乱形势的出路。它在1923年10月12日的照会中问美国政府,如果它能与盟国就进行这种调查取得一致,美国是否同意合作?美国的答复是同意。现在就看法国也就是普恩加来了。此时普恩加来本有机会获得一个伟大政治家的荣誉。他在鲁尔斗争中彻底战胜了德国人,就像他所能希望的那样。由于国际管制厂矿委员会条约,他牢牢地控制了谋求已久的"生产抵押品"。他在法国的声望达到顶峰。的确,此时他本可以表现宽容大度,向全世界证明他并不渴望报复,而是关心本国正当利益和巩固和平。但他此时表明自己与其说是一位政治家,倒不如说是一个法学家,缺乏一些个人品质,而没有这些品质,即使具有最敏锐的头脑和最坚强的干劲也是不完整的人。他很聪明,没有说不,但他又太渺小,不能对此高兴地说是。他制造一些形式上的障碍,纠缠于凡尔赛和约的条文,以赔款委员会先驱自居。这样他迫使英国人做出一些形式上的修正。赔款委员会必须介入新的做法,但委员会的成员们在一个几乎无法解决的问题的严酷事实中已纠缠很长时期,无法消除政治偏见,不能向任何一个实事求是的前进步骤表示欢迎。于是他们在11月30日一致决定(也就是法国也同意),成立两个专家委员会。一个委员会研究如何使德国预算得到平衡和使德国货币得到稳定。委员会被明确指示要在做出鉴定前听取德国代表的意见。但更重要的是请求美国专家参加委员会的工作。

从形式上看这与原来的计划有所不同。但是,连普恩加来也不会视而不见,要对平衡德国预算做出鉴定的专家们将会审查赔款问题的所有方面。尽管如此,现在他还是同意了。还不到年底,委员会的成员(包括美国成员)已全部任命。美国人被任命为在政治上具有决定性意义的第一个委员会的主席,这表明人们多么重视美国的合作。担任这一任务的是芝加哥的查尔斯·道威斯,他虽然拥有"将军"的头衔,在平民生活中却是一个托拉斯公司的总裁,既有理论又富有实践经验。尽管他并不特别富有建设性主意,但他具有十分健全的政治见解和在所有方面获得信任的能力,这对他的任务具有不可估量的意义。副主席欧文·扬格来自纽约,具有比作为财政政策专家高得多的威望。他和两位英国代表斯坦普勋爵和罗伯特·金德斯莱爵士一起在委员会中发挥最大的影响。领导研究德国资金外流问题的第二个委员会的是位一流英国专家、前财政大臣雷金纳德·麦肯纳，如今是英国最大的私人银行的总裁。

1月中旬，专家们开始工作。这时普恩加来的制裁政策在另一个地方受挫。在大多数地方已垮台的分离主义运动1923年年底仍在巴伐利亚的法尔茨活动，那里的所谓"法尔茨自治政府"受到法国德梅茨将军的特别保护。法国甚至不顾英国反对，使协约国莱茵兰委员会把这个政府的一项法令正式注册，从而承认它是合法的。但是一次惊人的谋杀严重地动摇了法国所谓分离主义者确实代表民意的说法。1月9日，自治政府数名成员，其中有政府主席、奥尔比斯地主海因茨，在施佩耶尔被无名作案者暗杀。即使是毫不同情这种暴行的人也不能不从占领当局尽管悬赏5万法郎也未能找到暗杀者这一事实中得出结论，他们的行为一定得到老百姓的支持。

但是给予法国政策以致命打击的是寇松勋爵，他委派英国驻慕尼黑总领事克莱夫立即前往法尔茨，调查当地情况。法国占领当局不敢同英国政府发生公开冲突，对此毫无办法。克莱夫的报告立即在议会宣读，它确认绝大多数居民不想与"自治政府"打交道，这个政府完全依靠法国的庇护才得以存在。[54]这样就完全剥夺了普恩加来政策的根据。他别无他法，经过一番抗拒后只得让步。2月上半月，分离主义者的统治全部被清除，合法当局重新掌握权力。这是一个成功，德国人对此应感到满意。但是这时情况表明，德国方面有一些人在进行活动，他们能够败坏即使是最好的事情。在皮尔马森斯和迪克海姆，他们完全多此一举地采用暴力，不仅杀死了数十名分离主义分子，而且做出了以前在德国被认为不可能的残酷暴行。

未被占领的地区从通货膨胀结束以来逐渐出现安定局面。对此,1924年2月28日能取消军事紧急状态就是最明显的标志,尽管总统下令仍授予内政部长以一些非常权力以防止颠覆活动。这就结束了冯·泽克特将军的统治。这使许多人感到如释重负,使另外许多人十分失望。因为民族主义者和军国主义者曾希望泽克特不再交出已授予他的执行权,而是使自己成为独裁者或甚至对霍亨索伦王朝扮演蒙克将军的角色*。他本人对这种想法也并非完全没有想过。在被授予保卫国家和宪法的非常权力数日后,他写信给他的妹妹说:"除某种独裁统治外,我看不到有什么其他的通向自由之路。如果有人这样做,我会表示欢迎。我并不想谋求自己统治,但想要达到这一目标。"[55]

不管这话是否真诚,泽克特反正很聪明,很快就认识到作为独裁者,他将承担自己无法胜任的任务。尽管他私下里对施特雷泽曼的履行政策进行挖苦讽刺,但他了如指掌:宣布实行军事独裁会使各大国联合起来反对德国并使最小的和解机会也遭到破灭。即使他政变成功,他也会面临不可避免的破产。同时他还考虑,等到1925年艾伯特任期期满之后自己也许有可能成为他的接班人。为此他对外至少得维持自己忠于宪法的外表。当然他企图尽量扩

---

* 乔治·蒙克(George Monck,1608—1670),英国将军,保王党人,在英国资产阶级革命中一度加入革命队伍,但在1660年与反动势力勾结复辟斯图亚特王朝。——中译者

大他的职权范围,但受到总统的反对,他不得不服从。1923年11月25日,他禁止共产党人、民族社会主义者和种族主义者的一切组织机构,这是符合他的职责的。在他手下的将军们中却有不少人——如明斯特驻军司令冯·洛斯贝格将军——滥用职权,既表明他们藐视法律,又说明他们在政治上极端无能。洛斯贝格搞得如此过分,以致他受到泽克特的"一顿训斥",就像格斯勒对泽韦林所说的那样。但对泽克特将军个人,泽韦林证明他努力避免与民事部门发生任何摩擦。[56]

军事紧急状态取消后,中央政府相信,通过不久前即2月18日与巴伐利亚达成的和解便消除了动乱的最严重原因之一。巴伐利亚人必须取消使驻扎在那里的国防军部队对该邦"效忠"的企图。作为回报,对入伍宣誓的用语作了一些修改,并向巴伐利亚政府保证,国防军领导今后在调动州指挥员时将和它"协商"。冯·洛索夫被解除了职务;巴伐利亚政府曾为他向格斯勒求情,但没有成功。昂赫一时的国务总办冯·卡尔从舞台上消失了。他曾轻率粗鲁地戏弄共和国的利益,而共和国并没有妨碍他的不光彩离任。可是希特勒在十年后却杀害了这个老人。

1924年2月26日,希特勒不得不向慕尼黑人民法院自首。巴伐利亚在同中央政府达成的协议中也保证要撤销它的违法的人民法院,但要到1924年4月1日才执行。因此,它们可以在审判希特勒的盛大告别演出中向全世界表明,巴伐利亚司法是怎样使用自以为有的正义之剑来保护秩序和为祖国效力的。[57]

受到控告的除希特勒及其帮手如珀纳、弗里克和罗姆外,还有鲁登道夫将军。他是被当场逮捕和拘留的,因此难以逃避控告,但检察机关却感到为难，它的代表只提议判处他两年堡垒监禁（这已是不得已而为之），同时对他大唱赞歌，低头哈腰，给这一苦果裹上一层糖衣，使人们可以清楚地看到，如果宣告鲁登道夫无罪，它会感到多么高兴。后来鲁登道夫果然也被宣告无罪，其理由不仅会使任何一个法学家而且会使任何一个有正义感的人感到激愤。这些法官显然没有想到《浮士德》第二部中的话：

> 法官不能秉公执法，
> 终归于枉法贪赃。*

如果说，他们的判决在政治上没有立即造成巨大灾难，这得归功于鲁登道夫自己。他利用审判把自己政治上的极端无能公之于众。他喋喋不休地谈论关于"国际犹太民族"的胡说八道，这在当时的德国虽然没有使他受到严重损害，但他还大肆鼓吹他的反天主教思想，这连军国主义政客们也难以容忍。特别是他攻击梵蒂冈在战时的态度，直截了当地称之为"反德"，甚至促使德意志民族人民党人对他失去热情。[58]施特雷泽曼"最尖锐地"驳斥了鲁登道夫"在事实上毫无根据、在方式上伤害人的言论"，他这样做只是履行自己作为外交部长的职责。

希特勒的情况完全不同。他当然知道，他的叛国事实是不可动摇和毫无疑义的。他既不能否认他那为成百上千人亲眼目睹的叛国行为，也不能否认他曾向成千上万人宣扬过的叛国目标。于

---

* 译文引自郭沫若译《浮士德》第二部，1978年版，第13页。——中译者

是他就决定以守为攻,大声承认自己的所作所为,要求给他戴上桂冠作为感谢。他知道他在这里有着向全德国说话的大好机会——其前提是法庭允许他利用公堂作为讲坛。这个前提完全存在,于是希特勒能够尽情利用开庭审理的24天——因为到4月1日才判决——不仅对背弃他的卡尔等人,而且也对符合宪法的现存的国家、国家机关和为这个国家效力的人进行诋毁。他在充满激情的结束语中泄露了他的目的:

"我们创立的军队正在一天比一天、一小时比一小时地更快成长。正是在这些日子里,我引以为自豪地希望这一时刻总会到来:这些未经许可的队伍将变成营,营将变成团,团将变成师,旧帽章将被从垃圾中取出,旧军旗将重新在前面飘扬……"

这是慕尼黑人在啤酒桌上彼此津津乐道的话。因为他们完全清楚,旧军旗重新在前面飘扬的那场战斗指的是什么:复辟旧政权的复仇战争,战争的矛头特别针对法国,对法国的仇恨日益强烈。他们中的许多人还经历了这场梦寐以求的战争。他们还没有经历后来发生的可怕的醒悟,因此他们感到十分欢欣鼓舞。这种情绪充满了整个审判厅,也感染了法官席。如果说,职业法官不能不看到,如果他们不想破坏自己的法官誓言,那就必须对希特勒判罪,而陪审员们甚至反对处以法律规定的最低刑罚:五年堡垒监禁。只是在法官们向他们保证希特勒只会服很小一部分刑期并在判决书中写上他在六个月后有希望得到缓刑时,他们才同意。给一个尽量大声地宣称他为自己的叛国行为感到骄傲的叛国犯以缓刑!去掉一切拐弯抹角之词,这就意味着法庭认为六个月的堡垒监禁是对一次反对现存国家的叛国行为的足够惩罚,即使这一叛国行为死了许多人。可以把这个异常宽大的惩罚与同一个慕尼黑人民法庭拒不承认存在可使罪行减轻的情况判处25岁的费兴巴赫十一年有期徒刑作比较。费兴巴赫的罪行是发表了一个多年以前的电报，这个电报当时也许已不是秘密，无疑已没有什么重大意义和现实意义。但费兴巴赫是一个左派激进分子，而希特勒是一个右派激进分子！

396　　但是最可耻的是法院竟然无视一个被判处叛国罪的外国人必须被驱逐出德国的严格法律规定（共和国保护法第9条第2款），而其论点在其他任何情况下都会被希特勒称之为"犹太教法典式的诡辩"。

还在对希特勒的审讯可耻地结束以前，德国国会就解散了。2月26日开始了一场广泛的辩论，政府不得不为自己的政策和根据授权法颁布的紧急法令进行辩护。3月6日，外交政策成为黑尔费里希和施特雷泽曼口头交锋的内容。59 在这场辩论中，外交部长论据充分、冷静明智，而反对派的发言人则代表民族的激情。真正的争论点是政府试图通过希望国际专家委员会做出鉴定的方式与协约国达成谅解。黑尔费里希在这之前就已强烈反对这样做，但当民主党领袖科赫-韦塞尔插话问他主张对法国采取什么政策时，他竟无言以答。在科赫一再催促下，最后他才说他将"从法国不断违背条约中得出最后的结论"，这当然不能说是一个恰当的回答。

在辩论这些问题时，反对派只有少数人，因为拥有170人的强大的社会民主党议会党团支持政府。但正是这些社会民主党人迫使政府解散国会，因为他们坚持要修改紧急法令。此时对这些法令确实有许多指摘，整个政界恐怕没有一个人对所有法令都感到满意。但对这种批评,政府可以并必须理直气壮地回答说,它们是一个互相联系的整体,其理由在于克服一场无比严重的危机、保持货币稳定这个伟大目标;如果没有货币稳定,一切都将失去。在社会民主党人中肯定有不少人认识到这一点。但在议会党团中,由于同独立社会民主党人的联合,那些只看到工人当前直接利益,企图说服自己和工人在这个危急存亡之秋用不着例如在工作时间问题上做出牺牲的人占了上风。因此,他们坚持要求把紧急法令提交一个国会委员会,尽管马克思事先已向他们说明,为对付这一情况,他口袋中装着总统解散国会的命令。社会民主党议会党团的政策虽然赞成授权法,却以为"这样一来就摆脱了他们对那些不得人心的法令的责任",没有一个人比奥托·布劳恩在他的回忆录中对这种政策进行过更猛烈的批评了。[60]这是以社会民主党部长退出施特雷泽曼内阁开始的错误中的最大一个错误。

  国会于1924年3月13日解散。5月4日举行了新的选举。竞选活动受到国际专家委员会4月上半月向赔款委员会提出的鉴定和德国政府4月16日发表的愿同专家委员会携手合作的声明的强烈影响。右派反对派当然立即向这两个文件发起攻击,向黑尔费里希称之为"正式易名为解放政策的履行政策"发起攻击。威廉二世时期的这位前大臣悲天悯人地说,这是"对民族自卫精神的犯罪的报应",并向德国人民预言说,如果他们通过接受专家们的建议而"今天重新受到这种报应",他们就会"毫无救药地完蛋"。政府徒劳地保证它想要通过这一途径"解决赔款问题,解放莱茵和鲁尔的同胞手足",专家们的建议将会"用经济上明智的原则和要求"来取代"压制我们的军事暴力"。它徒劳地指出,它被迫做出的巨大牺牲已使德国免遭灭顶之灾。它徒劳地要求选民们表现出责任感。选举结果表明,德国男男女女的这种责任感是多么微弱。

右派反对派获得 750 万以上的选票,其中德意志民族人民党获得 570 万票,民族社会主义者(种族主义者)获得 190 万票。德意志民族人民党在国会中得到 96 席;由于他们加上总票数中的比例还可以分到十席*,他们现在是国会中最强大的议会党团并有权担任议长。因为社会民主党议员从 171 人下降到 100 人,这清楚地表明"选民们不赞成他们逃避责任和由此而来的模棱两可的政策",如同奥托·布劳恩所说的那样。不过他又说,失败的另一个原因估计是独立社会民主党从前的选民在该党与社会民主党议会党团联合时没有跟着走。这一估计可能是正确的;共产党的票数从 50 万增加到 370 万也可以说明这一点。该党现在拥有 62 名议员,只比中央党少 3 席。在自由主义中间派中,民主党失去 11 席,人民党失去 20 席。施特雷泽曼的党尽管他强有力地介入选举斗争,仍然遭到如此重大的损失,不仅表明他的威信还未达到顶峰,也是内部不和的结果。该党议会党团右翼——冯·勒尔斯纳、马列茨基、夸茨、大工业家克勒内和伏格勒——分裂出去组成"德国民族自由党",后来他们大多数参加了民族党。与施特雷泽曼产生尖锐对立的施廷内斯在竞选斗争中由于 1924 年 4 月 10 日去世而退出。施特雷泽曼发展成为现实政治家,该党一大部分成员显然跟不上这一发展。

---

* 德国当时实行比例选举制,即根据各政党在全国所得选票,按在总票数中的比例来分配各政党议员席位。——中译者

第八章 鲁尔被占领和分离主义

由此可见，1924年5月的选举更加强烈地显示了1920年6月选举就已显露的趋势：选民们脱离支撑国家的中间派，投向威胁国家的左右两个极端派。即使议会中的中间派由于德意志人民党参加大联合而一度有所加强，但选民们的相反运动却有过之而无不及，抵消了这一点。德意志民族人民党人的选举胜利促使他们要求彻底改组政府，由他们来领导。但是在选举前数日，一次可怕的不幸事故夺走了他们打算由他担负这一重任的人。4月23日，卡尔·黑尔费里希死于贝林佐纳的一次铁路事故，终年仅51岁。即使是他的敌人也愿意承认，德国政界失去了一位才能出众、学识丰富的人。至于他是否有意愿和能力不让民族党在胡根贝格领导下陷入毫无作用的纯粹消极的立场上去，那就是无人能确有把握回答的问题了。

选举结果促使人民党许多党员希望德意志民族人民党人参加政府。既然选民们，特别是人民党看来指望的选民们趋向于更喜欢反对党而不喜欢执政党，于是他们认为，只有使友邻政党也承担政府的责任才能防止本党的衰落。这也是施特雷泽曼的看法，尽管和德意志民族人民党人合作要求他个人做出巨大的克制。因为德意志民族人民党人在竞选中把矛头特别对准他个人，并且不惜进行最恶毒的攻击和诽谤。在这方面，有一位大学教授和法学教师特别出名，这很能说明当时德国的精神状态。[61]但施特雷泽曼作为外交部长不得不把外交政策置于首位，使同德意志民族人民党人合作依赖于保持迄今的方针。这方面首要的问题是对道威斯报告的态度；关于这个报告，下文马上就会谈到。此外，由于英法两国政府的更迭，国际形势现在有了很大的变化。这两国也都重新选举了议会；两国迄今的政府首脑鲍尔温和普恩加来都遭到了失败。

英国大选（1923年12月）不是因为外交政策问题而是因为首相试图实行保护关税而引起的。这使他的党损失了100个议席和议会多数。自由党又一次恢复壮大，但仍居工党之后。按照迄今议会规则应由工党负责组阁。但工党在下院并不占有多数，因此是否按照老规矩办事就取决于自由党了。自由党领袖阿斯奎斯同意由工党成立新政府，估计这对他自己的党极其不利，从此该党就不断衰落。这样，社会主义者拉姆齐·麦克唐纳就担负起新政府的领导，他的名字表明英国外交政策将会有新的方针。他属于曾在1914年反对英国参战的很小的少数派。尽管这事已成为历史，但人们知道他仍有和平主义倾向，谋求国际普遍和解，这既包括德国也包括俄国在内。他立即着手澄清阴暗的国际气氛，早在1月26日他便亲自写信给普恩加来，希望在坦率的、不怀有任何敌意的讨论中通过相互的良好愿望澄清和消除英法两国之间的分歧。普恩加来以同样的精神作了回答。两国政府首脑进一步交换信件导致实质性的接近，同意采用道威斯委员会的建议作为今后赔款政策的基础。

但在1924年5月11日法国选举中普恩加来遭到惨败。这诚然也有国内政治方面的原因，但无疑也表明一大部分法国选民已失去不久前还对总理的鲁尔政策所表现出的热情。的确，随着普恩加来的下台，结束了欧洲政治史上重要而后果严重的一章。

仅仅根据法国选民这次投票结果就得出结论说普恩加来的政策是完全错误的，那就会是肤浅的。这里先不谈占领鲁尔是否符合凡尔赛和约这个法律问题。法学家们的意见过去和现在都是有分歧的,没有一个部门能做出最后判决。但是,历史学家却得向自己提出占领鲁尔在政治上是正确或错误的问题。不能以占领当局由此而产生的费用比他们从债务人德国那里征收来的款项单纯从数目上看是多或少来判断这一政策是否成功。更重要得多的问题是,占领鲁尔是否促进赔款问题的解决?

事实上紧接其后的是在道威斯报告的基础上对赔款问题实行国际解决和至少包括四年的安定局面。如果普恩加来不采取这一极端高压手段,会不会出现这种局面呢? 前文提到的历史事实使我们没有理由对这个问题做出肯定的回答,相反地我们不得不得出结论:如果不是普恩加来进行粗暴的干涉,无论是德国货币改革还是赔款问题的实际解决都是不会实现的。德国民族主义对各届政府的压力十分巨大,不允许实现这样一种解决。

即使承认普恩加来占领鲁尔取得成功,但必须指出,占领鲁尔是一个政治错误,没有人比法国人民自己为这一错误付出更沉重的代价。它在德国人民中间唤起了怨恨情绪,[62]必然有利于那些煽动仇视"世仇"的人,而且这种怨恨最后证明胜过一切政治家努力在两国人民之间建筑谅解桥梁的本领。它毁灭了那些按照其精神和经济情况理应挺身反对好战的冒险政策的人。对德国有教养的中产阶级的悲惨剥夺,不仅是德国的沉重损失,也是欧洲的不幸。

通过选举取代普恩加来职位的那个人对鲁尔政策的这些阴暗面是深有感受的。他就是激进党领袖爱德华·赫里欧。他是一个具有自由和人道观点、受过良好教育的人和一个善良的欧洲人,也了解德国的精神生活。他真诚地希望帮助建设一个欧洲，使每个民族都得到有应有的权利，这是无可怀疑的。但是他像任何法国政治家一样必须争取使法国从德国得到赔款，他必须考虑本国的舆论。尽管选举表明发生了变化，但法国舆论仍然怀疑德国人履行和约的意愿并忧心忡忡地注视着将来德国在人口和经济上的优势。赫里欧现在也认为全面接受道威斯报告是摆脱当前困境和未来危险的最好出路。

第九章　道威斯报告与伦敦会议

以道威斯将军为主席的委员会干劲十足地投入工作。他们举行了无数次会议，并去柏林两周进行实地调查，搜集凡是能得到的一切情报。但最重要的是这个委员会具有勇气，能实事求是地理解自己的任务而不受特别是法国政府想要给它设置的政治障碍的束缚。赔款委员会在1923年11月30日的决议中只委托专家们"研究平衡德国预算的办法和稳定德国货币的措施"。但正如专家们所强调的那样，他们不是作为政治家，而是作为实际经济界人士去着手这一任务的，因此他们作为这种人从开始起就一清二楚，预算和货币完全取决于"凡尔赛和约强加于德国的义务"。于是他们就径直去处理赔款问题，寻求支付赔款的实际手段。他们对德国的义务是毫不怀疑的。他们在报告开头说："德国未遭严重破坏；首先它对遭受战争苦难的人负有道义上的义务。"任何建设性计划的成功的保证在于按各方的利益去认真执行。因此，他们便以杰出的专业知识和鲜明的正义感去寻找一条既考虑债权人利益又照顾到债务人利益的道路。[1]

他们严格区分两个问题，这样做极有成效。第一个问题是：德国根据其经济能力，通过税收、国有企业的盈余等能筹措多少款项？与此严加区分的第二个问题是：德国可以把这些国内筹措的款项中的多少交予其债权人而不使其通货和德国马克的汇率重新受到动摇？为此他们提出一条基本原则：德国政府把条约规定的金马克数目存入指定的德国中央银行"赔款代理人"账户才算全部履行了义务。向债权人转交这些款子不再由德国政府经手，而是由赔款代理人和协助他的国际委员会经管。这一安排大大减轻了德国政府的负担，也符合债权国应有的利益。

为了回答第一个问题，道威斯委员会极其详细地审查了德国迄今的财政情况。委员会在许多问题如国有铁路问题上提出的批评完全正确。根据专家们调查的结果，计算出德国在正常情况下一年生产能力为 25 亿金马克。但他们毫不认为目前的状况是正常的。因此，四年后才会达到应支付的全部年金，在这间歇时期建议支付数额较小但逐年有所增加的款项。另一方面，债权人要参与德国经济可能的更大发展，为此提出了经过深思熟虑的指数。这一应支付的年金也包括德国各种形式的支付，因此除年金外德国不再有和约规定的任何支付。这条原则也着眼于提高人们对经济和政治稳定的信心。专家们避而不谈德国赔款总额这个一直使债权人和债务人大伤脑筋的老大难问题，这是完全合乎情理的。

专家们提到德国支付这种赔偿的前提，这在当时鉴于法比占领鲁尔是具有决定性意义的。他们说："我们的建议以恢复德国税务和经济统一为出发点。"这就是说，道威斯报告如果生效，各占领国就得取消诸如占领区和非占领区之间的关税边界、篡夺鲁尔区铁路的经营管理等措施。尽管这是针对普恩加来的政策的，但他可以满意地指出，专家们接受了他曾坚持争取的一个要求：生产抵押品。在这些抵押品中最重要的是德国铁路。他们建议把铁路移交给一个拥有 260 亿金马克资金的公司，这个公司由一个由 18 名理事组成的理事会领导。理事半数由德国政府指派，半数由债权国受托人指定。理事全会选出总经理，总经理必须是德国人。公司将发行110亿债券，以其不动产作首位抵押担保，年息在正常情况下为百分之五。债券将用作赔款交给赔款委员会受托人。第二个抵押品是50亿工业债券，年息百分之五，每年偿还百分之一；它由工业利用的地产作首位抵押担保。德国政府自己在1923年6月7日的照会中曾提出过类似建议；正如报告所强调的那样，这种负担是无可非议的，因为从前以这些地产为依据的债务绝大部分已在通货膨胀时期以纸马克偿还了。最后是债权人可以对德国关税和烟草、食糖、啤酒和酒精的税收进行一定程度的监督，这些收入为12亿5000万金马克，用作赔款的担保。

为了说明这种"生产抵押品"的根据，专家们提出了一个普恩加来未曾提出过的论点，即他们建议外国首先是美国向德国提供八亿金马克贷款来帮助它克服初期困难。这笔贷款专门用于为中央银行建立必要的黄金储备；中央银行独家有权发行纸币，应当维持和捍卫德国货币的稳定。负责管理这家银行的是半数由德国人半数由外国人组成的"总理事会"；在这个机构中设一个"专员"负责监督发行纸币和银行储备金。

专家们希望这个计划能使赔款支付摆脱政治斗争的影响。他们认为对赔款支付的最好保证就是"德国政府和德国人民愿真心诚意地承受全世界深信不超过德国生产能力限度的负担，并尽快卸下沉重的和理应沉重的负担"。

这些话表明，专家们并未被对德国不幸的感情用事的同情心所左右，而是从严格的实事求是的经济考虑出发。但德国人民又能期望什么更好的待遇呢？正如世界历史上那么多其他的失败民族所遭遇的那样，德国人民必须承担打输了的战争的后果——只要其负担不超过经济上可承受的范围，不剥夺其继续生存以及以后达到新的繁荣的可能性。这种界限究竟在什么地方，当然是永远无法以数学的精确性加以确定的。但没有人能责备专家们把不堪忍受的重担强加于德国人民，只要他知道在希特勒统治的年代里为重整军备筹措了几十亿那么多的钱。*

马克思-施特雷泽曼政府认识到，接受道威斯报告是使德国再次走出由于鲁尔被占领、消极抵抗和通货膨胀而陷入的绝境的出路，国际谅解是维持新货币的必要前提。因此，它如上文所述在4月16日的照会中表示同意参加执行专家们的计划。为此，在国会选举后，现在施特雷泽曼以及尤其是艾伯特特别重视新成立的政府——不管由什么政党组成——也要保证执行这个计划。特别是德意志民族人民党人面临这个问题。他们要求在新政府中起领导作用并建议由新当选的议员、海军元帅冯·蒂尔皮茨担任总理。正当德国迫切需要外国同情之时恰恰提名尤其是在英国被视为战争主要发动者之一的威廉二世前海军大臣，这表明德意志民族人

---

* 希特勒的财政部长施威林-克罗西克在其《德国发生的事情》一书第188页中列出了有关希特勒军备支出情况的数字如下：

	1934	1935	1936	1937	1938	1939（至8月31日）	总计
预算和公债	20亿	28亿	58亿	83亿	172亿	119亿	480亿
梅福票	21亿	27亿	45亿	27亿	——	——	120亿
总支出	41亿	55亿	103亿	110亿	172亿	119亿	600亿

——作者

民党人特别缺乏政治敏感。《泰晤士报》正确地称提名蒂尔皮茨是轻率和不能理解英国人性格的证明。

但是联合并非在人选而是在实质性问题上遭到失败的。在竞选中大肆攻击赔款和道威斯报告的德意志民族人民党人现在没有勇气接受这个报告。与此相反,不仅是迄今的执政党——人民党、中央党、民主党——而且还有社会民主党和巴伐利亚人民党都赞同施特雷泽曼的观点。因此谈判终告失败。在长达数周的谈判中,特别是人民党为争取德意志民族人民党做出了最大的努力,施特雷泽曼甚至愿意让出自己在内阁中的职位。最后一切仍是老样子,5月26日辞职的马克思内阁于6月2日又上台了,基本上原班人马未动。能说明问题的是,施特雷泽曼仍出任外交部长。但这几周的事件促使艾伯特惊呼:"像施特雷泽曼这样的人受到他自己的党这样的对待,真叫人心寒。"

马克思内阁新组成后国会的辩论情况表明,这个内阁在赔款问题上采取的积极政策能指望在国会中得到多数的支持。德意志民族人民党提出的不信任案于6月6日以239票对194票遭到否决,要求回到执政党所提出的议事日程的动议以类似的多数票获得通过。如今政府可以准备与协约国进行谈判。人们是从这一点出发的,即道威斯计划将会成为一次国际会议的议题。召开这样一次会议暂时还存在巨大困难,因为两个主要的盟国英国和法国对这样一次会议的议程分歧很大。法国公众舆论极力主张会议只讨论道威斯计划而不讨论其他问题,特别是不讨论德国自然最关心的撤离鲁尔区问题。两国总理进行了多次会晤,最后于7月9日在麦克唐纳访问巴黎时达成协议,决定会议于7月16日在伦敦召开并为此提出共同的议程。这个议程是符合法国要求的,因为它只谈道威斯计划并特别强调坚持凡尔赛和约。但比所有这些问题更重要的是保证美国参加会议。

至于德国参加会议一事,虽然在法英协议中没有明确提到,但这是合乎情理的。因为如果想要像协议所强调的那样开始一个信任的时代,就不能再使用最后通牒的武器,而必须和德国通过自由谈判就实行道威斯计划所需采取的步骤达成一致。在同德国进行这种谈判之前协约国之间必须先进行谈判,这是理所当然的。债权人在面对债务人之前先要在政策、程序和解释等许多问题上取得一致意见。但是,会议的这一部分就已表明,会议是在和解和谅解的意愿的标志下进行的。这一点特别表现在由于关于允许占领鲁尔的争论而变得迫切的一个问题上:如果德国违背和约义务,一个债权国是否有权单独进行制裁?在长时间的讨论中法国坚决捍卫了自己的立场。最后达成妥协,规定成立一个由三个中立国组成的仲裁法庭,由美国人担任主席。由于道威斯报告已提到采取制裁措施之前必须先肯定德国"显而易见"违约,因此德国方面也可以把这一规定看作是令人满意的。关于恢复德国经济和财政统一即结束对鲁尔区的经济和财政利用的决议也表明协约国努力照顾德国要求。

8月2日向德国发出了邀请。8月5日,德国代表抵达伦敦。率领代表团的是总理马克思博士、外交部长施特雷泽曼博士和财政部长路德博士。

施特雷泽曼利用这一段时间一方面争取德国人民接受道威斯计划,另一方面向协约国说明,为了得到德国的同意,它们必须向

第九章 道威斯报告与伦敦会议

德国公众舆论做出若干让步。最重要的让步就是答应尽快从鲁尔区撤军。这个问题虽然没有列入会议正式议程，但施特雷泽曼希望同欧洲重要政治家的会晤使他仍有机会对这个问题进行讨论，尤其是他可以有把握得到麦克唐纳的友好支持。

德国代表在伦敦受到的接待几乎引人注目地表明，发号施令的时代已经过去，正如麦克唐纳在他的欢迎词中所说的那样，人们希望进行使各方都能畅所欲言的讨论。但开始时发生了一件意外事故，差一点造成严重后果。在递交德国对协约国决议的备忘录时，总理顾及德国民意认为有必要用几句话指出尽快从鲁尔区撤军的必要性。因为他讲德语，因此他的讲话需要翻译。德国代表团带了一名一流的语言学家作为译员，此人是米夏埃利斯博士，精通七种语言，算得上是一名真正的翻译艺术大师。不幸的是，他也有名家的虚荣心，现在他在这个历史性时刻登上外交舞台，以为能最好地扮演自己的角色的办法就是把总理有意平心静气地讲的那些话用十分强调、慷慨激昂的语调粗暴地向协约国抛去，以致好像是宣战似的。结果当然引起协约国，特别是赫里欧的愤怒和德国人的极大沮丧。会议主席麦克唐纳机智地消除了这个令人难堪的意外事件的后果，德国代表团赶紧用一个严格遵守自己本职任务、个性不这么鲜明的译员换下了感情用事的译员；他是保罗·施密特博士，后来一直到希特勒时期不断充当"外交舞台上的小卒"。[3]

这里不是介绍旷日持久、艰难曲折的谈判细节的地方。德国人在许多细节问题上还争取到进一步的让步，美国银行家向他们提供了宝贵的援助。他们答应提供贷款并尽力排除政治争端对经济生活的一切干扰。作为任何制裁的前提——"显而易见的违约"

的概念按照德国的要求作了更精确的规定。双方在大赦问题上互相妥协。大赦按最广泛的意义适用于所有德国人和占领国的所有成员。这样，正如协定所说，"尽可能忘却过去"；只有那些有人命案的罪犯不在其内。

但是，最困难、最棘手的问题仍然是在会上不得讨论的那个问题：法比两国军队撤出鲁尔区。在这里，德法两国意见尖锐对立，两国代表知道他们的人民和议会正是在这个问题上密切注视着他们。赫里欧曾对议会明确表态，他不会在伦敦谈判中同意撤离。尽管如此，英国首相仍说服赫里欧与施特雷泽曼进行一次私下的秘密会谈。这不仅表明麦克唐纳的毅力与和平愿望，而且也表明整个会议的和解精神。这次会见必须极其严格保密，以便不使报界——全世界报界代表自然云集伦敦，注视和倾听与会政治家的任何言行——过早泄密而引起民族感情的爆发。赫里欧有一切理由小心谨慎，因为他不得不记住正在戛纳举行会议期间被议会推翻的白里安的命运。也难于责备他鉴于德国声势浩大、妄自尊大的民族主义运动不能完全相信德国人民声称的和解愿望。还有自从占领鲁尔以来还未恢复的军事管制方面的困难。

尽管这一切，赫里欧还是允诺在一年之内把军队撤出鲁尔区和立即撤离多特蒙德。这是施特雷泽曼完全有理由感到自豪的巨大胜利。但真正的功劳属于做出让步的那个人；而赫里欧此外不仅避免了白里安的命运，而且还争取到议会两院的支持，而参议院甚至是在普恩加来发表长篇大论的反对演说之后表示支持他的。赫里欧在作这样努力的时候甚至直言不讳，不能压迫一个民族，并警告人们不要重蹈拿破仑的可怕覆辙，而拿破仑就是因为不认识这一点而失败的。"如果说,旧的好战的德国必须灭亡,那么我们共和党人希望新德国能建立。"无论如何,这是那些认真对待共和国和与各国人民和解的德国人不得不同意的观点。

但是这些德国人能在多大的程度上不受民族主义者鼓动的影响,沿着自己的道路前进呢?在会议闭幕会上险些发生意外,因为德国代表想要满足右派的一个要求。对会议主席麦克唐纳的措辞十分友好的结束语,马克思以德国代表团的名义本着同样的精神作了回答。但他想在讲话中再次对所谓的"战争责任谎言"提出抗议。讲话内容总理事先和施特雷泽曼商量过。[4] 幸而他们达成协议,马克思在发表这一声明之前要同麦克唐纳取得谅解。后来由于最后几天事务繁忙抽不出空进行会面,总理明智地没有在讲话中提出这一抗议。无疑这对事业是有利的,因为这样的抗议不会有什么结果。它会使全体协约国联合起来一致反对德国,如果这样,会议结束时的不和谐气氛会使会议如此成功地促进的和解精神一下子就被重新摧毁。

施特雷泽曼不接受马克思这种具有政治家风度的克制态度,主要出于国内政治上的原因。德国代表团从伦敦归国后受到民族主义者通常的愤怒吼叫的欢迎。"祖国协会"做出决议,以不负责任者的漂亮风凉话把伦敦协定谴责为"奴役德国"。德意志民族人民党国会党团重复在会议前提出的七项要求,他们认为协定没有满足这些要求。虽然这只有一小部分是合适的,但是"立即……从军事上撤离入侵和制裁地区"事实上没有完全达到;然而不抱成见的人都明白,由于麦克唐纳的帮助和赫里欧的迁就,德国取得的东西已超过有理由期望得到的东西。德意志民族人民党人的最后一个要求是:"正式撤销不真实的战争责任指控。"

在某些外交场合,反对派向对方提出的要求超过政府,并没有什么害处;指出这一点可以加强谈判者的地位。但是,谈判既然已经结束,认真对待自己责任的政治家就得仔细权衡协定的利弊,据此做出决定。伦敦协定的利远大于弊,这一点当时就已很清楚,而且后来的情况无疑也证明了这一点。在赔款问题上得以平静几年,这是德国不幸中之大幸。通过撤销法比两国在鲁尔区的强制措施立即恢复了国家的统一,一部分制裁性占领被取消,被驱逐者可以重返家园,这不仅从经济观点而且从道义观点来看也是巨大的进展。给军事上撤离鲁尔区规定了固定日期和期限,尽管这一期限在一个民族的生活中并不起很大作用,这也是一个巨大的胜利。反对派装出不相信法国履行这一允诺的样子,这样做部分是违心的,但肯定是毫无政治头脑的,因为他们这样就怀疑和吓退了那些谋求和解并为此做出具体证明的外国政治家。

在国际上提出战争责任问题必定会产生同样的效果,而这是可以预期的唯一效果。德国政府或任何其他国家的政府声称战争是怎么产生的,谁或什么应对它负责,对这件事本身当然是无足轻重的。这最多只有通过客观的科学研究才能得到澄清;在这方面德国已经前进了一大步,开放了它的外交部档案室,并出版了《欧洲内阁的大政方针》这样一本史无前例的书,在这本书中公布了外交档案资料供全世界学术界参考。[5] 汉斯·德尔布吕克、马克斯·蒙特格拉斯伯爵和保罗·罗尔巴赫在一篇联合声明中指出了这一点。无论是德国的还是从前敌国的学术界当然都不关心德国政府被迫在凡尔赛和约第231条中所承认的东西,至于麦克唐纳和赫里欧，不妨可以说他们并不认为强迫被战胜的敌人白纸黑字承认事实上自己矢口否认的东西是政治明智的顶峰。但如要求他们正式讨论一个问题，而在这个问题上战胜国舆论几乎一致持有对德国不利的观点，那情况就完全不同了。看到正是那些在 1914 年以前忘乎所以地谈论德国称霸世界和"轻松愉快的战争"的德国人现在装出好像德国是别国发动的战争的无辜受害者的样子。那些把第 231 条说成是奇耻大辱的人在电影院里看到弗里德里希二世对玛丽亚·特蕾西亚发动突然袭击的命令时便欢声雷动，这些国家的舆论只会感到更加气愤。幸而当时公众并不知道，在外国被认为是罪魁祸首的威廉二世如今在胡说什么战争的真正祸首是法国和意大利的犹太共济会分会。

不管对"战争责任问题"的抗议是怎么考虑的，反正不提这个抗议不成为拒绝伦敦协定的理由，如果这个协定给德国带来巨大好处的话。这就是德国国会如今面临的问题。正如已明确商定的那样，只有当国会"以赔款委员会同意的方式通过为使其发挥作用而必要的法律"时，道威斯计划才生效。会议结束后德国政府立即向立法机关提出这些法律的草案。它们特别涉及国家银行、国有铁路、500 亿工业债券和清理地产抵押银行票据。所有这些草案一起相当于德国人民为实施道威斯计划和规定的赔款所要承受的负担。它们同时也包括承认债权人的管制权，这特别明显表现在国家银行和国有铁路上。这些负担是沉重的，但在一次失败的战争后是不可避免的，即使管制权大大有损于民族自尊心，但不仅客观情况需要如此，而且它也适合于防止过去几年对德国不利的政治争端。

赞成这些法案的有执政党和社会民主党人,还有新建的经济党和巴伐利亚人民党。反对的有德意志民族人民党人、民社党人和共产党人。因此,政府可以有把握获得简单多数。德意志民族人民党人就像在讨论凡尔赛和约时一样处于有利的地位。他们可以投反对票而不会影响其通过,也就是说可以捞取民族主义坚定卫士的荣誉而不冒什么风险。他们比以前更加肆无忌惮地利用了反对派可以不承担责任的策略上的好处。但坚定而毫无顾忌地反对这种蛊惑人心的政策的人此时本来也有一次大好机会给它以致命打击。

如果德国政府当时解散国会,呼吁人民做出决断,它就不仅会使右派遭到沉重失败,而且也会教育德国人民认识民主意味着责任。面临接受道威斯计划还是承受一次像不久前的灾难那样的新灾难的问题,德国选民不可能不做出肯定的回答并选举那些表示要投赞成票的议员。甚至大经济协会的理事会也以压倒多数表示赞成通过道威斯计划。其中也有强大的德意志全国工业联合会,右派政党的主要资助者都参加了这个联合会。整个内政外交形势通过新的选举会在上述预兆下得到澄清。但是,虽然有许多左派赞成这样做,政府却不赞成。反对的首先是德意志人民党及其领袖施特雷泽曼。人民党越来越顽强地争取德意志民族人民党人参加政府,从而使其承担责任。在一次新的选举中社会民主党预计会得到壮大,而这对政府是无济于事的。

这样就错过了对德国人民进行政治教育的大好机会。相反,德意志民族人民党的煽动却获得一次可笑的自我暴露的机会。原来他们的打算有个漏洞。国家法专家们确切地指出,建议的法案中有一个关于国有铁路公司的法案包含有对宪法有关国有铁路条款的修改。由于需要修改宪法,这项法律必须以三分之二的多数通过(宪法第76条)。如果德意志民族人民党人一致投反对票,就不可能达到三分之二的多数。8月27日,在国有铁路法的二读中赞成票为248票,反对票为174票(德意志民族人民党、德意志人民党和共产党投了反对票)。这就意味着没有通过。如果维持这个结果,整个道威斯计划就被否决了,因为如上所述,这个计划以通过全部法律作为其先决条件。

当天政府发布公告,声明艾伯特总统决定解散国会,如果道威斯计划不能完全通过的话。此时德意志民族党人本有机会在选举箱前显示自己的威风。可是,看哪!他们胆战心惊地避开这次机会。三读后清点票数时表明,只有52名德意志民族党人坚持投反对票。德意志民族人民党国会党团中有48名正直的男女投了赞成票,从而使国有铁路法获得三分之二的多数(311票对127票),使道威斯计划得以执行。鲁登道夫徒劳地喊道:"这是德国的耻辱。十年前我打赢了坦能堡之战。今天他们在这里打赢了犹太人的坦能堡之战。"对德意志民族人民党人来说,主要的是避免在道威斯计划的标志下举行新的选举。为此可以忍受鲁登道夫的一些粗鲁的辱骂。在这次表决数小时后,泽克特写给他妻子的信使我们了解到一些内幕。他在信中不仅对避免举行左派所希望的新选举感到十分高兴,而且把这件事主要归功于他的亲密助手冯·施莱歇尔将军,说"他今天从9点到4点半在国会坚守岗位"。更能说明问题的是这一句话:"归根到底,这是两个不在台上的人之间的斗争:一个是艾伯特,另一个是幸亏报上还未谈到的人。"当然他指的是他自己。[6]

最可悲的是这一不光彩的手腕大部分得逞了。德意志民族人民党人避免了一次必然会使选民们意识到他们对自己命运的责任的选举。在几个月以后举行的选举中，那时道威斯计划已经生效，而选民们可以放心，自己的投票不会带来新的灾难，于是德意志民族人民党人又可以成功地标榜自己是民族荣誉的坚定卫士和国际社会民主主义、国际资本——以及当然还有国际犹太人——的敌人。该党的工业界资助者——道威斯计划的失败意味着他们的破产——在这一危险幸运地消失后重又掏钱资助这个党，他们可以指望依靠该党对付工会和社会民主党。最糟的是，其友党在德意志民族人民党政治责任心的这次考验以后仍然坚持把它拉进政府。带头的又是人民党。根据上文提到的泽克特的信，施特雷泽曼在国会投票之日"获得本党在国内政治问题上的支持"。因此，当人民党国会党团9月声明希望德意志民族人民党参加政府时，他一定也曾参与其事。这个声明使用了骗人而好听的字眼："只有吸收600万德意志民族人民党选民参加人民共同体和确保他们的合作，才能把不可避免的党派政治斗争限于可以容忍的程度并建立为任何成功所必需的共同外交阵线。"

在国会投票之前，总理答应让德意志民族人民党人参加内阁，如果他们接受道威斯计划。在国会党团一分为二之后，这一先决条件是否已履行，是数学家和雄辩家可以争论好多天的一个问题。归根结底，起决定性作用的应当是德意志民族人民党选择什么方向，而毫无疑义的是，否定的方向取得了胜利。该党主席赫尔格特被指责应对投拯救性的赞成票负责，不得不辞职。施特雷泽曼自己于9月8日写信给一位党内朋友说："赫尔格特和韦斯塔普在玩弄完全错误的游戏。他们自己曾和我们谈判为了道威斯计划获得通过德意志民族人民党人参加内阁的问题，另一方面现在却让人们把他们当作投反对票者加以欢呼。"[7]尽管如此，他和马克思还是被德意志民族人民党人牵着鼻子走，发表了为这些人所强烈要求的关于战争责任问题的声明。他们不仅声明不承认凡尔赛和约的提法——这在以前已多次说过——而且要求使德国人民"摆脱这一错误指控的负担"，否则就不可能出现"各国人民之间真正的谅解和和解"。

这一声明发表于伦敦协定正式签署前一天（8月30日），也许并非外交上明智的做法。但只要它只登在德国报纸上，外国政府就可以视而不见，即使外国报纸程度不等地激烈批评德国人的奇怪做法。可是这个声明在最后保证，政府将把它通知协约国政府。施特雷泽曼这样说显然也是完全当真的；对德友好的外国政治家向他提出的警告也不能使他放弃这一打算。麦克唐纳转告他，如果关于战争责任的照会确实递交的话，迄今所做的旨在使德国处境更加有利的一切都将付之东流。[8]幸好施特雷泽曼在国会辩论结束后便离开柏林去休息，委托国务秘书冯·马尔藏主持外交部工作。马尔藏十分清楚，德国政府正在犯一个具有不可估量的后果的严重错误。施特雷泽曼的国内政治动机对他是不起作用的。达伯农勋爵认为可以确信，施特雷泽曼在向右转，而他的国务秘书在向左转。马尔藏决心这一次对他的上级进行消极抵抗。他在得到英国大使的支持后，根本就没有发出照会。施特雷泽曼回来后当然怒不可遏，但他毕竟无法反对马尔藏和达伯农提出的良好理由。

他能有理由为用这样一个空洞的示威来使即将发行的、对德国关系重大的八亿贷款受到危害进行辩护吗？于是发照会就被无限期地推迟了。但马尔藏在威廉街的日子已屈指可数。[9]当年年底，他被调任驻华盛顿大使。施特雷泽曼用迄今的司长冯·舒伯特接替他的位置，他觉得自己和舒伯特更加协调一致。马尔藏的生涯和生命由于一次飞机事故而过早终止（1927年9月23日）。

毋庸置疑，施特雷泽曼在这个问题上的态度主要出于国内政治原因，更确切地说是他需要争取德国右派群众对他的外交政策的支持。因为他一定认识到，同协约国就战争责任问题展开激烈争论不会有任何实际结果，而只会给所有悬而未决的问题增加困难，特别是和约规定的德国裁军问题就是如此。协约国军事管制委员会希望恢复自从鲁尔被占领以来实际上就已停顿的工作。这是协约国大使会议和德国外交部从1923年底开始并延续许多月的互换照会的内容。施特雷泽曼施展种种雄辩本领，一方面提到德国的荣誉，另一方面提到所谋求的和解，企图阻止或至少推迟恢复管制工作。协约国却认为更不能放弃管制，因为1923年的事件如布赫鲁克尔暴动和巴伐利亚的动乱清楚表明，武器和武装人员的实际数目大大超过和约规定的界限，"民族主义和军国主义组织"在鲁尔斗争中止后仍在展开"不停的、有增无已的活动"。麦克唐纳和赫里欧6月22日从伦敦郊外英国首相乡间别墅写给德国总理马克思博士的一封联名信指出了这一点。根据自己的经验了解德国裁军情况的专家们都一致认为，德国没有完全履行裁军。管制委员会一位英国成员在《每季评论》（1924年10月）上发表的一篇文章就谈到这一点。作者是J.H.摩根准将，他是个知名的法学家,熟悉德国和德国文学,根本谈不上有什么反德偏见。他详尽地描述了德国军事当局如何处处阻碍管制委员会接触事情的核心,并得出结论:冯·泽克特将军——他认为泽克特是这种反抗的组织者——至少拥有50万在1921年后受过训练的士兵。德国报纸当时几乎一致地谴责这篇文章严重歪曲事实,[10]但后来在希特勒统治时期,德国军人不加拘束地夸耀摩根在他的文章中所声称的那些手法。泽克特传记的作者说,"泽克特当然知道这一事实",军队的人数慢慢地超过应有人数。"这里开始了一个过程,"他继续写道,"这个过程到十年之后才结出果实,但在1924年泽克特决心不惜任何代价使它不受敌人的干扰。"[11]摩根在文章结尾预言,如果完全取消军事管制,欧洲和平只能再维持一年时间,这虽然言过其实,但言过其实只是指维持和平的时间而言;遗憾的是就问题实质而言,摩根却完全言之有理。

互换照会主要涉及协约国要求进行一次"普遍视察",它们认为在长期停顿以后有必要调查解除武装在此期间的进展或后退情况。不言而喻,泽克特竭力加以反对,因为他有足够多的东西无论如何不能让协约国知道。他甚至以辞职相威胁,如果政府接受这个要求的话。[12]施特雷泽曼只要有可能肯定是和他同心协力的。但最后到了伦敦会议前夕,他别无选择,只得屈服,同意进行普遍视察(1924年6月30日)。虽然他装作好像一致同意这次普遍视察将会使整个管制自动结束,以此来掩饰自己的退却。但协约国却挫败了这一手法,在7月9日的照会中指出,管制委员会的撤销不仅取决于调查结果,而且也取决于它们过去提出过并在照会中不断重申的五点指控的解决。这样就进行了泽克特拼命反对的普遍视察，但他并未因此而辞职。这次视察一直进行到年底。视察结果并未证实德国官方提出的解除武装已经执行的说法。[13]德国人民在1925年初获悉协约国根据这一点拒绝撤离莱茵兰所谓科隆地区，这是具有重大政治意义的。这一点在下文即将谈到。

接受道威斯计划法令后还有另一个具有重大意义的外交政策问题开始受到重视：德国参加国际联盟。在这个问题上，德国国内外的看法都发生了引人注目的变化。开始时反对德国参加的协约国大国现在真心诚意地希望德国参加；1924年9月在日内瓦举行的国联第五次大会上，麦克唐纳几乎热情地表达了这一愿望。赫里欧赞成他的意见，尽管措辞要审慎一些。在德国，只有一个人数很少却很活跃的群体一开始就主张德国为了本国利益和世界和平的利益应在日内瓦占有席位；只有在那儿才可以例如有效地为国外的德意志少数民族说话。特别是前驻华盛顿大使、现为民主党国会议员的伯恩斯多夫伯爵和他领导的"争取国际联盟同盟"持有这一观点。但它起初只是少数人，其中除坚定的和平主义者以外主要还有一些民主党、社会民主党和中央党人士。德国民意原先都反对参加国联，认为它是维持凡尔赛和约的工具。这当然特别是从开始就反对任何国际组织的民族主义者的观点。但除了他们，舆论逐渐有了变化，德国政府，尤其是施特雷泽曼认为参加国联是采取接受道威斯计划和伦敦会议协议的政策的合乎逻辑的结果。但意味深长的是，施特雷泽曼对待这个问题非常慎重并带有许多保留。他的公开言论主要反对那些企图敦促他马上参加的人，他在谈到这个问题时也再次强调战争责任问题并在9月29日的德国备忘录中提出保留：参加国联不应被曲解为仿佛德国政府承认凡尔赛和约关于战争责任问题的提法是正确的。他这样做首先照顾到德意志民族人民党人。协约国当然根本就没有这个想法,可以心安理得地答复,它们不会作这样的解释。

另一方面,德国政府事先要求答应让德国参加后不久就在国联理事会获得常任理事席位,这是完全合乎情理的;德国有权这样要求,因为即使在失败后它仍然是一个一等大国。备忘录被送交国联理事会的所有十个理事国,它们全都表示同意。这里还隐藏着另一个问题,这个问题等到后来德国正式提出申请加入国联时才显现出来。更使人伤脑筋的是德国提出的另一个条件:由于德国已被解除武装,应免除国联章程第 16 条所规定的义务。这一条规定会员国应对任何违背章程进行侵略战争的国家采取制裁;这种制裁不仅具有经济性质——中断贸易和财务关系——而且也可以是参与国联的军事行动。德国这样一个被解除武装的国家在这里可以而且必须需要特别对待是显而易见的,但它是否因此而能被免除参加所有任何方式的制裁活动,则是立即被法国人否定的另一个问题。

这里提到当前的外交政策问题表明,施特雷泽曼可以在大得多的程度上指望得到左派而不是右派的支持。他和德意志民族人民党人的关系愈紧密,就使自己的任务变得愈复杂。尽管如此,他和他的党仍坚持吸收他们参加政府。他在这方面得到总理和中央党国会党团绝大部分成员的支持。执政党内的反对来自多数民主党人,特别是他们的领袖、国会议员科赫-韦塞尔(原名科赫-卡塞尔)。科赫接替了已当选为汉堡市长的卡尔·佩特森,科赫虽然不具备一位政党领袖应有的高超人品,却是一个有敏锐理解能力、经验丰富、知识渊博的聪明人。他对德意志民族人民党人原则上反对现存国家和反对谋求和解的对外政策这一点并不抱什么幻想，认为吸收他们参加政府是错误的。无论如何，他深信民主党如果同德意志民族人民党组成联合就等于否定自己。国会党团中有少数人如前部长欧根·席弗尔不同意这种态度。这导致这一翼不久分裂出去。

　　关于改组政府的谈判占用了9月和10月的绝大部分时间。谈判不仅朝着向右方向扩展，而且也通过接纳社会民主党人向左扩展。在各政党之间无论是朝哪一个方向都没有达成协议。社会民主党人发现，艾伯特责备他们推翻施特雷泽曼政府是后果严重的愚蠢行为是多么正确。不能责怪施特雷泽曼在美因河畔法兰克福的一次讲话中提到并强调说，他们这样做正是打击了德意志人民党内"做出巨大牺牲，不仅为中央政府而且也为各州的大联合而努力的力量"。当然他指的是普鲁士，那里的政府建立在大联合基础之上。

　　10月20日，马克思认识到他的努力是徒劳无功的，便在整个内阁的同意下向总统提出解散国会的要求。艾伯特接受这一要求，解散了国会。新的选举定于12月7日举行。普鲁士州议会的选举也在同一天举行。

　　曾希望国会选举会为成立新政府提供明确而稳定的基础的人失望了。情况虽然有所变化，但并不十分明朗，无法得出德国人民究竟想要什么样政府的结论。清楚的只是，他们背离了右和左这两个极端。民族社会主义者和共产党人都失去了100万张选票，席位分别减少到14席和45席。这至少有助于组成政府，因为坚决不断唱反调的人数减少了。但另一方面,德意志民族人民党人和社会民主党人的席位都增加了,分别提高到103席和131席。中间党派——中央党、人民党、民主党——的议席均有所增加,但不足以使它们获得议会多数。因此,问题依然如旧:要么向右扩展,要么向左扩展。

马克思于1925年1月放弃组阁的努力后,艾伯特委托迄今的财政部长路德博士组阁。路德实行向右转,吸收了四名德意志民族人民党人参加政府。诚然他向他们提出了特别是中央党所坚持的重要条件:他们必须保证郑重地承认共和国及其黑红金三色国旗并奉行迄今的对外政策即施特雷泽曼的路线。虽然这几乎与他们用以吸引选民选票的政策相反,但他们也认为值得一试。该党领袖席勒得到政治上十分重要的内政部,其他两名德意志民族人民党人获得了经济部和粮食部。财政部长冯·施利本虽然作为公务员——他曾担任财政部司长——不介入党派政治,但也可以算作是德意志民族人民党人。中央党参加政府有两人担任部长,巴伐利亚人民党有一人担任部长。格斯勒作为"专业部长"留在国防部,施特雷泽曼作为外交部长确保迄今的外交政策的连续性。相反,民主党由于格斯勒的留任而认为自己并不受新政府的约束。

新总理是无党派人士,但观点接近德意志人民党。他同这个时期的许多部长一样来自城市管理部门,年轻时就享有在行政和经济方面精通业务的专家的声誉。担任部长,特别是财政部长的工作更加提高了他的这种声誉。他从来没有当过议员;如果说他对议员和常常相当复杂的议会活动不感兴趣,那并不冤枉他。对于一个毕生研究行政和立法的业务问题的人来说，这种态度并非不可理解；但如果让这样一个人领导政治，就可能造成严重后果。

普鲁士——上次邦议会选举几乎已过去四年——新的选举结果表明向右转。德意志民族人民党的议员人数增加到109人，几乎和议席减少到114席的社会民主党的力量相等。尽管如此，迄今的联合政府仍然还占有尽管是微弱的多数。如果不是德意志人民党拆台的话，迄今的政府还能继续存在下去。虽然德意志人民党的部长同其他政党——也包括社会民主党——的部长合作得令人满意，他们个人也无意退出，但他们于1925年1月6日由于本党议会党团的表决被迫退出政府。该党议会党团向右转，宁可同德意志民族人民党人而不愿同社会民主党人联合。这就导致历时数月的危机。但在危机中不久就表明，只有在魏玛联盟的基础上才有可能组成政府。社会民主党人愿意让中央党领导政府，于是马克思被任命为总理。但在2月20日州议会的表决中，执政党的信任投票以218票对221票被否决，这出乎大家的意料。这次失败的原因是弗兰茨·冯·巴本和中央党另外一些想对抗议会党团的决议、推翻魏玛联盟、因而不参加表决的右翼党员的密谋。这是巴本第一次在国内政治舞台上亮相。正如他后来的活动一样，这次他取得了成功，最后结果是新成立一个以社会民主党人奥托·布劳恩为首的魏玛联合政府。不过这并不妨碍巴本在他的回忆录中炫耀他的上述英雄业绩。直至4月3日布劳恩当选为总理，才结束了这次危机。除他以外，只还有一名社会民主党人即内政部长泽韦林参加内阁。中央党参加内阁的有司法部长安姆·策恩霍夫以及希特席弗和施泰格,民主党有财政部长赫普克-阿肖夫和商业部长施赖贝尔。文化部长、前国务秘书贝克尔也靠近民主党。

历时良久才组成这届政府;它也比任何一届政府寿命更长,一直存在到1932年,包括一些人员变动。一直到那一年,当上国家总理的弗兰茨·冯·巴本滥用总统的非常权力才把它清除。这时总统当然已不是艾伯特,而是冯·兴登堡了。

第十章　艾伯特去世与兴登堡当选

伦敦协议于1924年8月30日签署以后，它的规定得到执行，成立了所商定的各种组织。9月3日，美国人帕克·吉尔伯特被任命为赔款代理人。随后就撤销了把占领区和非占领区分开的法比关税边界。10月10日订立了八亿金马克的道威斯贷款合同，其中绝大部分由美国银行家承担。公众很快就超额认购，这证明西方在德国重又有了稳定的货币并具备和平发展的前提后对德国经济力量和能力的信任。10月28日，国际管制厂矿委员会解散；10月29日，赔款委员会正式确认德国经济和财政统一已经恢复。被驱逐者绝大部分于当年年内返回故里，政治犯获得自由。法国政府在这方面努力通过对大赦的宽松解释表明它现在奉行一种"politique d'apaisement"（抚慰政策）。10月20日法比占领军撤离多特蒙德；在其他地区，法比占领军人数有所削减，并尽量做到"使人看不见"。

德国关于道威斯计划的法令也迅速得到执行。9月27日，德国国有铁路公司成立。公司管理委员会主席是伟大的发明家维尔纳·冯·西门子的后代卡尔·弗里特里希·冯·西门子，总经理是交通部长厄塞尔。两人都是民主党党员。西门子依法放弃他作为柏林地区国会议员的委任；在协定规定期限四周前，法比当局把迄今由它们管理的铁路移交给德国国有铁路公司。德国工业债券银行于9月30日成立。10月4日,国家银行实行改组,迄今的理事会改选,沙赫特仍任总裁。

正当这一切在顺利进行,德国对外关系按照道威斯计划取得更加友好、更加和平的色彩期间,德国人民遇到一件不愉快的意想不到的事:1925年1月5日,占领国声明,它们将不在1月10日撤离所谓的科隆地区。凡尔赛和约规定逐步取消对莱茵河左岸和桥头堡的占领,科隆桥头堡及其所属地区应于和约生效五年后撤离。由于这个和约是在1920年1月11日生效的,因此到1925年1月10日就期满了。但规定这一点的第429条开始时提出一个条件:"如果德国忠实地履行本和约的条件。"此时协约国声称这一前提没有履行。当然这指的是执行和约的解除武装条款。施特雷泽曼立即提出抗议,接着而来的是详尽交换照会,一直延续到11月。在交换照会的过程中,巴黎报纸发表了管制委员会关于普遍视察结果的报告摘要。报告列举了大量违约行为,特别是涉及自1923年起就在讨论的所谓"五点"指控。这些说法都是符合实际情况的,今天大概已不会有人否认。但鉴于导致洛迦诺公约的外交活动的发展,讨论逐渐失去尖锐性。停止管制委员会的活动便是这个公约的结果之一。

对撤出科隆地区的争执是政治地平线上的一朵乌云。但总的来说,伦敦会议决议的执行大大地增强了世界对和平发展的信心,使德国经济生活获得新的有力的振兴。不仅恢复了自信,而且也恢复了外国经济界的信任。道威斯贷款的巨大成功就已证明了这一点;如今外国银行,特别是美国银行愿向德国工业企业提供贷款,在以后的几年中持久地证明了这一点。他们了解德国人民的工作热情和经济才能,毫不怀疑这个民族将会在短短几年内从通货膨胀和自己的军事和政治失败所造成的不幸境况中挣脱出来。

但是,从通货膨胀阶段过渡到货币稳定和银根紧缩阶段也带来许多难题。许多过去习惯于享受没有限制的贷款和负债不重的企业家和商人必须改变自己的思想方式和方法才能适应新的形势,但并不是每个人都能做到这一点。在通货膨胀时期不顾一切地扩展的康采恩看到自己生存的前提迅速消失,不得不出让它们的一部分企业。如果它们不及时下此决心,就会遇到极大的困难。最典型的例子就是一度被人惊叹的施廷内斯康采恩的命运。胡戈·施廷内斯本人没有活到新时代;他死于1924年春。他的继承人起初继续推行老的扩张政策,但遭到严重亏损,到了1925年6月就已面临大规模清理他们过于庞大的产业的必要性;甚至有一段时间看来好像是这个家庭丧失了它曾经占有过的一切,正如施特雷泽曼当时在日记中所写的那样。

同样的原因导致另一家康采恩的垮台。这家康采恩的经济意义不能和施廷内斯的康采恩相比,但它的命运由于党派政治原因引起公众更大的关注。它就是巴尔马特康采恩。巴尔马特是个俄国犹太人,1907年就已移居荷兰,同德国社会民主党许多领导人关系密切。他在战时和战后年代曾向德国供应大批粮食。他在做这些买卖时得到那些在军事崩溃后负责德国人民粮食供应的政治家的支持,他们可以用本国人民需要进口粮食为此辩护。但当停止进口粮食,巴尔马特改做其他生意以后,这种关系仍继续存在。他寻求在通货膨胀时期习以为常的方式通过贷款来给这些生意筹资。这些贷款有好几百万,是普鲁士国家银行(海上贸易商行)提供，后来是德国邮政系统用邮政储金向他提供的。直至1924年秋，巴尔马特都能履行自己的义务。后来就出现困难，他越来越难以应付。贷方拒绝延长贷款期限。公众开始注意此事。检察机关进行了调查，于1924年12月31日逮捕了巴尔马特以及康采恩的其他领导人。这个康采恩随即破产，负债约一千万。

反对派从1924年秋以来就利用这件事进行政治鼓动，硬说巴尔马特是通过行贿和政界朋友替他施加压力才获得这些贷款的。属于中央党的邮政部长赫夫莱博士名誉扫地，他对草率地动用邮政资金负责。他不仅不得不辞职，而且还受到待审前的拘留。他于1925年4月20日死在狱中。他死时的情况非常离奇，以致普鲁士州议会任命一个特别委员会进行调查。委员会的审查结果使检察机关的做法给人留下不好的印象。在社会民主党人中鲍威尔和里希特的名誉特别受损。曾担任总理的鲍威尔因"把政治和生意纠缠在一起"被社会民主党强迫辞去国会议员的职务。里希特是五金工人出身，被任命为柏林警察总监并且完全称职，还是被泽韦林解除了职务，因为他在同巴尔马特的交往中缺乏"认清应有的界限的目光"。[1]

就此而言，无论如何不能责备社会民主党缺乏对廉洁国家生活的感情。但它的敌人却以为在这里找到一个斩尽杀绝的机会。他们成功地促使普鲁士州议会任命一个调查委员会去弄清巴尔马特事件。这种调查委员会是通过学习英国这种做法的魏玛宪法被引进德国国家法的。但英国议会委员会的成员通常都从弄清事实的需要出发，而德国一大部分议员却把这种委员会当作进行政治鼓动的工具，把委员会的公开审理当作是在议员豁免权的保护下散布对自己政敌的怀疑并在舆论中贬低他们的方便工具。

在巴尔马特调查委员会中，德意志民族党成员最主要的攻击目标是社会民主党州议会党团主席恩斯特·海尔曼。海尔曼是个聪明人和富于辩才的能打动人的演说家，但他喜欢采用一种挑衅的、狂妄的语调，使他的对手十分恼怒，尤其是他作为犹太人就已被他们痛恨。顺便提一下，他是一个勇敢的人，敢于承担自己的行动后果。当希特勒统治开始时，他拒绝撤到安全的地方，后来被种族主义好汉们在集中营里残忍地拷打致死。海尔曼同巴尔马特很熟，也对他的商业事务提供咨询并通过劝告支持过他。这在左派人士中也引起了反感。但不能证明而且也不大可能，他从这种关系中得到个人的好处。因此，他得以顶住对他的冲击。

但德意志民族人民党的鼓动家们还有一个大得多的目标即总统个人。他们试图从下面事情中捞取好处：艾伯特曾于1919年建议给巴尔马特去德国的永久签证。由于他当时参加向德国供应粮食，总统肯定有良好的实际理由提出这种建议。反正这件事或整个粮食生意同指责巴尔马特所犯的罪行毫无关系。但德意志民族党的委员会成员不断企图用捏造的说法和吹毛求疵式的提问引起对总统的怀疑。这是有计划的煽动的组成部分，这种煽动下文马上就会谈到。

整个巴尔马特事件在一次在德国司法编年史上几乎独一无二的刑事案件中告一段落。柏林中区陪审员法庭进行的公开审理持续了一年多。在一位既聪明又实事求是的法官的领导下对康采恩的所有纷繁复杂的事务进行了详细调查并尽量加以查明。一直到1928年3月30日才做出判决。判决书共有545页对开印刷页，

第十章　艾伯特去世与兴登堡当选

论点清楚细致，可以说是对通货膨胀和过渡时期经济史的一个宝贵贡献。刑事裁判结果与案件开始时民众的激动很不相称。主犯尤利乌斯·巴尔马特因两次行贿而被判处有期徒刑 11 个月，其中一半已被待审前的拘留抵消；除此以外，他被宣告无罪。这个结果当然不能看作是他在道义上被恢复名誉。相反，法庭毫不掩饰他的业务活动在许多情况下是该受指责的。但巴尔马特一伙在判决书中并不像多少年来被说成的那样是重大罪犯。[2]

在巴尔马特丑闻中起过作用的反对艾伯特的煽动在 1924 年年底达到高潮。总统不得不因为污辱诽谤而提出将近 150 次刑事起诉，这一事实说明了这种煽动的范围和强度。他极不愿提出这些起诉，与俾斯麦相反，后者夸耀自己"提出这种刑事起诉很得心应手"[3]，并为此随时准备好石印起诉表格。对俾斯麦来说，这种刑事起诉是"恐吓"政敌的一种工具，甚至用来对付像特奥多尔·蒙森*这样的人；对艾伯特来说，它们是对付那些完全有意识地在舆论中丑化总统的肆无忌惮的煽动者和好争讼的记者的正当自卫手段。

属于这一类人的有一个甘塞尔博士，此人当艾伯特于 1922 年访问慕尼黑时在车站广场上当面辱骂他是"卖国贼"。对付这样一个家伙，艾伯特除了提出起诉外还能有其他什么办法？在慕尼黑地方法院审理此案过程中，被告指出艾伯特曾参加 1918 年 1 月柏林罢工，以此为自己的粗野无礼进行辩护。这次罢工是过激分子

---

* 特奥多尔·蒙森（Theodor Mommsen, 1817—1903），德国著名历史学家，著有《罗马史》等，1902 年获诺贝尔文学奖。——中译者

策动的，社会民主党并不赞成。不得不参加罢工的社会民主党工人请求该党领导人参加罢工领导。社会民主党工人强调这样做符合国防利益，因为只有这样才能使罢工早日结束。艾伯特经过较长时间反对之后终于接受了这一要求。后来艾伯特也是本着这一精神在罢工领导中开展工作的。这一切在审理过程中都已得到确认。但如今慕尼黑陪审员法庭却要求——而且还以惩罚相威胁——总统亲自出庭，在大庭广众之中接受法庭审讯和甘塞尔的律师——一名狂热的民族社会主义者——的诘问。这种有损于总统尊严的做法是否合法，当时是有争论的。不久就有法律规定，总统应在他的官邸接受审讯。总统法律顾问沃尔夫冈·海涅从慕尼黑法院的态度中得出结论，艾伯特在那儿将会成为污辱攻击的对象，得不到他个人和他的职务所应有的保护，这是完全言之有理的。但他因此劝告艾伯特撤回起诉，这样做是否对，就是另外一个问题了。这样一来，甘塞尔气焰更加嚣张，发表了一封更加放肆的致总统的《公开信》，指责他忍受卖国的责备，并要求他辞职。当因此重又向他提出起诉的时候，甘塞尔逃往国外。不久以后，1924年5月，巴伐利亚民族社会主义者把他们这位英勇的同志选入国会，这时他可以在议员豁免权的保护下返回德国了。

甘塞尔的胜利使一个名叫罗特哈特的人坐立不安。此人在施塔斯富特（萨克森省）负责一家种族主义者的小报《中德新闻》的编辑工作。他不仅用《弗利茨·艾伯特的一丸苦丸》为题全文刊登甘塞尔的《公开信》，而且随之还加上符合他自己智力水平的评语，如："艾伯特先生，请您证明您不是卖国贼。"于是总统不得不又提出起诉，这一次审理此案的是马格德堡陪审员法庭。[4]

第十章 艾伯特去世与兴登堡当选

审讯从1924年12月9日进行到23日。对1918年1月的罢工和艾伯特在罢工期间以及对保卫国家问题的态度进行了大量取证。人们不怀偏见地估价就只能得出结论：艾伯特的说法完全得到证实。法庭也没有否认这一点，判决罗特哈特徒刑三个月。但法庭还说，根据刑法，艾伯特由于参加罢工而犯有叛国罪，尽管它也同时指出，从政治、历史或道义观点出发可以对他的态度做出不同的判断。

从法律上讲，这个判决是荒谬的。在德国最优秀的法学家对此做出全盘否定的批评之后，再要来详细证明这一点纯属多此一举。把刑法的评价同政治和道义评价割裂开来，这整个方式是最糟糕、最脱离实际的概念法学，对被伊赫林*嘲笑的"法律家概念天堂"也许是合适的，但不能用来判决一宗政治案件。被告写的并非是一篇法学论文，而是旨在道义上毁灭总统的政治檄文。负责审理此案的法官是否抱有政治偏见，先不去谈它。他丝毫也不能胜任自己的任务，是毫无疑问的。按照德国法律，这类案件由随便哪一个法官审理，而这些法官只有很少例外才具备这样一个任务所要求的人品和渊博见识，这是令人感到遗憾的缺陷。一个人即使是法官考试成绩十分优异，也不能保证就具备这种特殊品质。

艾伯特不是"卖国贼"，他在战争中失去两个儿子，完全履行了对祖国的义务，这是任何一个严肃的人——不管其政治色彩如何——都一刻也不能否认的，只要他还有一丝一毫的责任感。但马格德堡地方法庭的法官说艾伯特是个卖国贼，于是任何丧尽天良的民族主义演说者和记者都可以不受惩罚地重复这一辱骂。当

---

* 伊赫林(Ihering, 1818—1892)，德国法学教授。——中译者

选为国会第一副议长的德意志民族人民党议员格雷夫-图林根竟以马格德堡判决为理由拒不参加国会主席团对总统的例行访问。

相反，当然也有类似正派人联合战线的行动。12月24日即判决次日，德国内阁采取不平常的做法，到艾伯特处去向他递交一份声明，所有部长不分党派都郑重地表示深信他的活动始终是为德意志祖国的幸福服务的。许多邦和市的政府也做出同样的表示。海德堡发表了一个由第一流学者如威廉·卡尔、海因里希·赫尔克纳、格哈德·安许茨、弗里德里希·迈纳克等人签名的声明。汉斯·德尔布吕克和他的友人如瓦尔特·格茨、特奥多尔·豪斯、赫伦纳·兰格等联名写信给艾伯特，对他们能有他这个"在祖国灾难深重时期做出巨大贡献的人物领导国家"感到满意。

出类拔萃的德国人的这种声援可以减轻艾伯特所受到和感受的打击。尽管如此，他仍感到非常痛苦。他日夜因自己所遭受的不白之冤感到痛苦。当然他对马格德堡陪审员法庭的判决立即提出上诉。但等到第二审做出判决尚需数月时间。在此期间，巴尔马特调查委员会中的攻击和诘问仍在进行。诺斯克写道："弗里德里希·艾伯特千真万确是被极端卑鄙的报纸直到他死以前几天一直在进行的可耻煽动逼死的。"[5] "由于他在为自己的名誉而斗争，艾伯特没有及时听从医生让他住院治疗的迫切劝告。由于他每天都在巴尔马特委员会里受到新的诽谤，他在任职期间一直受到痛苦的折磨。"

当艾伯特于2月中旬终于服从医生的命令进行手术时，已为时太晚了。盲肠炎和腹膜炎已发展到不可收拾的地步。在手术治

第十章 艾伯特去世与兴登堡当选

疗数日以后,死神结束了他的生命,终年仅 54 岁。

魏玛共和国第一任总统就这样死去。他领导这个国家度过外交上受威胁压迫、内政上自相残杀的痛苦的六年。虽然不能把他算作历史将永远记起他的伟大政治家,但可以证明他在力所能及的范围内很好地履行了自己的职责。他肩负重新建立一个在最严重的失败下崩溃的国家,领导一个由于五年战争和数月国内斗争而受到损伤和四分五裂的民族恢复和平和秩序,反对追求私利的离心势力的破坏和保卫国家统一的重任。在 1918 年冬的革命性事件以后,这一任务只能落在一个社会民主党人的身上;全体德国人民本该额手称庆,这个社会民主党人并未背叛自己青年时代的理想,在职期间始终只追求这一个目标:为全德国和全体德国人民服务。但德国人民却离这种感觉有多么远!标榜民族主义的新闻记者对这个从前的"制鞍工"或"酒店店主"进行愚蠢的嘲讽;许多资产阶级人士在克服对革命的最初恐惧后对这种无聊的玩笑感到高兴,而不是因为从人民的普通阶层中产生了一个具有如此敏锐的政治洞察力、成熟的智慧和道德纯洁的人而感到自豪。他们在艾伯特的举止的纯朴威严中看不到皇帝时代的熠熠光彩,而不想一想这种光彩使德国人民付出了多少代价,也不想一想必须是一个伟大而坚强得多的人才能领导一个放弃一切胜利希望,最多只能满足于防止或缓解严重屈辱的国家。

但绝不仅仅是资产阶级人士对艾伯特的低微出身和淳朴作风感到不快,在工人中间也有这种情绪。这里指的不是痛恨艾伯特这个"社会爱国者"甚或"本阶级的叛徒"的工人中的激进派。连许多普通工人都不敬重这个来自他们自己队伍的人。当施廷内斯把他建造的一艘船以老工会领袖的名字"卡尔·列金"命名,艾伯特前往威廉港参加命名典礼时,泽韦林不得不痛心地发现造船厂工人并未夹道热烈欢迎总统,而是冷淡地看他走过。施特雷泽曼在同达伯农勋爵的谈话中也许正确地判断了这种冷淡的原因,他说:"老百姓不喜欢他,而知识分子拥护他。如果我在知识分子中间提到他的名字,他会博得热烈的掌声……实际情况是,德国人民不愿要一个戴大礼帽的总统……他得有一套军服和一大堆勋章。如果老百姓看到他们面前的一个人头戴礼帽、相貌平常,那人人都会想:我也能做到。"[6]具有真正民主精神的人在德意志共和国毕竟是凤毛麟角。

一个身高还够不上当卫兵的平民,拥有德国国防军的最高指挥权,当然更不合国防军军官们的心意。但这里要指出的是,那些同总统有更密切接触的军官都不由自主地尊敬他。特别是没有多少人能经受其傲慢批评的冯·泽克特将军。

这样一个人被他的一部分同胞当作有计划的攻击对象,不仅是可悲的,也是令人气愤的。这种攻击旨在丑化他的品格,剥夺同胞对他的尊敬。这种攻击有一个显而易见的目的:使他不可能再当选总统。因此它企图造成这种假象,好像艾伯特恋栈,想要避免宪法所规定的直接选举。事实上正是艾伯特一再敦促公布选举日期,而各政党完全出于正当的原因通过法律把他的任期延长到1925年7月1日,但他并没有能活到那一天。这一推迟无疑使他重新当选的机会受到影响,而从前他的当选机会还是很好的。也可以认为,艾伯特已不指望重新当选。估计他在这以后会致力于社会民主党的内部改组和领导工作,教育该党从迁就当前的流行思潮转向一种目标明确的现实主义政策。死神从他手中夺去这一任务,这不仅是他的党而且也是全德国的损失。

艾伯特去世后,德国人民的很大一部分立即感到德国遭受了严重损失。共和国总理路德、普鲁士总理马克思和国会议长勒贝在追悼会上发表了中肯的讲话。这些追悼会给所有没有被政治偏见蒙蔽的人都留下深刻印象。他的遗体被安葬在他的故乡海德堡;巴登邦主席黑尔帕赫博士在墓前演说中预言,任何一个偏离艾伯特路线的继任者都不会有好下场。

现在德国人民面临的任务是使德意志共和国第一任总统不是最后一个同新国家心心相印的总统,因为根据宪法,他们要通过直接、普遍、平等的选举选出他们的总统。在选出总统以前,由最高法院院长、前外交部长瓦尔特·西蒙斯代理总统职务。

那些主张直接选举总统的人如马克斯·韦贝尔,曾以为名声远远超过一个政党的范围、在全国都赫赫有名的一流人物会出来效力。但当现在要用实例来检验的时候,却表明德国国家生活非常缺少这种规格的人物。无论是社会主义者还是所谓资产阶级政党都是如此。有几天之久,人们考虑由几个资产阶级政党联名提名格斯勒做候选人。这位国防部长可以指望右派的支持,因为他很好地维护了国防军的利益。另一方面,他是民主党党员,尽管他受到本党党内的某些攻击,但对他真诚地献身于现存国家是无可怀疑的。中央党同意他,因为他是天主教徒。自由主义者同意他,因为他持有自由主义观点。而且他还具备一些能使他成为一个好的候选人的个人品质,特别是善于争取人和吸引人的能力。但他的候选由于施特雷泽曼的顾虑而失败。[7]他向中央党议员费伦巴赫指出，德国驻巴黎大使赫施认为，法国对国防部长甚至会比对一位右派政治家更加反感。这种不利是否真像施特雷泽曼所说的那样严重，后来的事件使人不得不对此发生怀疑。但他的疑虑收效了，格斯勒的候选因而作罢。

于是各政党只得提名自己的候选人。社会民主党提出奥托·布劳恩，中央党提出马克思，右派政党提名曾在施特雷泽曼和马克思两届政府中担任内政部长的人民党党员、杜伊斯堡市长雅雷斯博士。但就是这一联合竞选其实也仅仅局限于人民党和德意志民族人民党，因为巴伐利亚人民党提名黑尔德总理，民族社会主义者提名鲁登道夫为他们的候选人。民主党提出巴登邦主席黑尔帕赫博士，他是一个非常出色的演说家，善于鼓动群众，同时又能满足文化程度高的人的要求。但是除此之外，如同他的回忆录所表明的那样，他缺乏这样重要的职位所必需的许多品质。最后共产党提出的候选人是国会议员台尔曼。这样，德国人民就要在七名候选人中选择。正如根据这一情况所预料的那样，在第一轮选举中没有一个候选人能获得当选所必需的多数。布劳恩获得 780 万张选票，马克思获得将近 400 万，黑尔帕赫 150 万，而雅雷斯得票 1070 万。共产党获得 180 万张选票，黑尔德将近 100 万，鲁登道夫只得到 20 万票。因此必须举行第二轮投票。

（1920 年 5 月 4 日的）总统选举法对第二轮投票有两条——搬用法国选举法的——规定：谁获得选票最多谁就当选，也就是说，即使他得不到所投票数的多数；竞选不限于第一轮选举的候选人。由此可见，第二轮选举绝不是过去的国会选举法所规定的第

第十章　艾伯特去世与兴登堡当选

二次投票选举*。这些规定迫使集中。共和派政党适应强制性的形势要求，撤回布劳恩和黑尔帕赫的提名，一致推举马克思做"人民联盟"的唯一候选人。如果能把所有投给这三个候选人的选票都集中到马克思身上，他就有把握当选。右翼政党认识到提名雅雷斯来与之对抗是没有希望取胜的，因为无人能说这位杜伊斯堡市长是一位全国性重要人物。

在寻找这样一个人物的过程中，右派领袖想到此时已退休居住在汉诺威的陆军元帅冯·兴登堡。虽然他已快有78岁高龄，虽然他从未关心过政治，并不比任何其他一名退役军官对政治懂得更多一些，虽然他的思想属于一个已一去不复返的世界，虽然他认为自己完全不适合总统职务，但他名声显赫，他的名字同世界大战最光辉的回忆联结在一起。这就是提名他竞选的"策划者"的唯一考虑。他们的最主要代言人是海军上将冯·蒂尔皮茨。他成功地打消了兴登堡最初的反对，在4月7日的谈话中说服他同意竞选。

外交部长对此有何意见？难道他对提名格斯勒的顾虑不是更适用于对兴登堡的提名吗？如果领导德国的不是共和派的国防部长，而是在全世界被看作是普鲁士军国主义代表人物的拥护君主制度的将军，难道他不担心他谋求与法国和解的努力会遇到大得多的困难吗？从施特雷泽曼的文件中可以看出他对兴登堡的提名竞选绝不感到高兴。他的大使们如实向他报告，提名兴登堡竞选在国外造成了"灾难性的"印象，特别使他感到不安的是马尔藏从

---

* 第二次投票选举（Stichwahl），指候选人在第一轮选举中均未获得所要求的过半数的选票，对两个得票最多的候选人进行第二次投票选举。——中译者

华盛顿发回的一份"令人十分忧虑的"电报。他显然满意地写道，资产阶级重要成员对这一提名反应十分冷淡，如果不是说反对的话。[8]但要他出面，动用他的职务的全部权威，以对外关系会恶化为理由推翻这一提名，他可做不到。他在自己的报纸上发表的一篇文章中小心翼翼地企图证明，总统选举既不决定国家政体，又不决定外交政策，从字面上讲这当然也不错。但是，选举兴登堡难道不意味着对那些既不要共和国又不要国际谅解政策的人的鼓舞和怂恿吗？

兴登堡确实于1925年4月26日当选。他获得1460万票，马克思获得1370万票，台尔曼获得190万票。由此可见，兴登堡并未能获得绝对多数，但按照法律规定，这并不起作用。尽管如此，说共产党人用他们毫无希望的测试性竞选帮助兴登堡上台，当然是对的。只要有半数共产党人投马克思的票，兴登堡就会落选。也许共产党的辩证法有一种说法，否认一名共和派法官和一名拥护君主制的将军之间有任何区别。但历史发展一清二楚地表明，即使只是从工人阶级利益的局部观点来看，这种区别也是巨大的。

能部分说明出人意料的选举结果的另一原因是新教徒对一名天主教教权主义中央党人的偏见。在德国某些地方，有许多新教选民虽然在政治上在其他情况下观点左倾，但绝不想看到一个鲜明的天主教徒领导国家。这是在一次全民直接选举中反对各党联合提名的民情暗流之一。与此相反的是虔诚的巴伐利亚天主教选民，他们虽然在所有文化问题上和教友马克思意见一致，但绝不想选一个和可恨的柏林社会民主党人联合的人。披着中央党人外衣、同样害怕社会主义者的反动分子弗兰茨·冯·巴本也在他的

第十章　艾伯特去世与兴登堡当选

回忆录中大言不惭地自夸说，他违背了本党的方针，却没有放弃本党向他提供的州议会席位。

但这些都是细节。这次选举的重要结果是，人们发现共和派在德意志共和国只是少数。让一个相信新国家的人领导这个国家，对它来说显然是生死攸关的问题。但德国选民的多数却把一个丝毫也不和这个新国家心连心、相反总是以自己是国王的忠实仆人而自豪的人推上这个位置。此人对已消失的王朝恋恋不舍，如果有朝一日能把他的职务交回到霍亨索伦王室的一个新君主手中，他将会把这一天视为他一生中最幸福的日子。因为他内心藏有痛苦，只有很少人知道。他曾于1918年11月9日劝告他的皇帝和国王逃往荷兰，无论是真正的普鲁士保皇派还是威廉二世本人都不能原谅他的这一劝告。因此，他竭尽全力给他在这个决定命运的重大日子的态度蒙上一层厚厚的面纱，不让德国人民知道。忠心耿耿的格勒纳愿意自己承担一切责任。但兴登堡内心却不能忘却。如果相信绍尔布鲁赫教授的话，那么他在临终前最后几天仍内心不安地念念不忘那个时刻。

这一切当然并不是说他愿意滥用他的职权来实现复辟王朝的目的。他作为总统对宪法宣过誓，作为虔敬的人觉得自己绝对受誓言的约束，对誓言的敬畏就使他不能那样做。尽管如此，国家元首通过一切政治的、社会的和感情上的纽带同共和国的死对头联系在一起并把它的国旗当作是对个人的污辱，这必定给共和国带来严重损害。一个新的政体需要时间和精心扶植才能在人民的思想感情中生根。如果这个政体是在失败中产生的，许多年之久不得不放弃取得荣誉，那它就更加需要精心扶植。如果领导它的人不相信它，它又怎么会得到这种扶植呢？

当然没有理由认为，凡是投兴登堡的票的男男女女都想以此来表示支持君主政体反对共和政体。使皇帝从前的这位陆军元帅得益不浅的是无数人向往回到一个他们曾感到幸福并且不想承认已一去不复返的时代。今天是多么不好，而往日的和平、安全感、物质富裕在回顾时显得比当时的实际情况更加光辉灿烂和富有吸引力。他们用投票选举那个完全属于这个美好的过去的人来表达这种思念。这是一种感情，胜过一切可以进行反驳的合乎逻辑的论点。就此而言，这次德国总统选举和1848年12月10日法国的总统选举完全相似。在法国的那次选举中，使所有那些曾相信一个民族会理智行事的人感到吃惊和震惊的是，路易·波拿巴取得了胜利。

另一方面不应忽视，在政治著作方面出现了一种活跃而强有力的倒退运动并在读书的德国公众中获得强烈反响。奥斯瓦尔德·施本格勒可以说是这一运动最杰出的代表。他在《西方的没落》——第1卷在德国失败的那一年即1918年出版[9]——一书中做出宏伟的尝试，想写出一本囊括整个世界历史的文化形态学来。由于他的出色文才和惊人大胆的观点，他取得了巨大成功，尽管专家学者能指出他有许多错误和不确切之处。这本书的书名就对这一成功起了很大作用；虽然书名在战前就已产生，但它完全符合崩溃后笼罩在德国许多人心头的心情。但施本格勒不仅是个文化哲学家，而且也是政治家。他以那种特性所赢得的巨大名声对他的政治著作的效果颇有好处，尽管这些著作如恩斯特·特勒尔奇当时就指出的那样清楚地表明了"副刊评论文的危险"。[10]这些作品事实上充满了强词夺理的论断、离奇的构思和轻率的结论，但正因为如此给信息不灵的读者留下特别深刻的印象；他们喜欢这种倾向。如果像施本格勒这样一个人在他1919年撰写的《普鲁士精神与社会主义》一书中把1918年革命贬为"释放的囚徒、文人、逃兵大声鼓噪和行窃……到处乱窜，打倒，掌权，斗殴，舞文弄墨"，如果他称它是"世界历史上最愚蠢、最怯懦、最不光彩和最无主意的革命"，那这样至少给那些对新当权派不满的德国人留下印象；而他们更听得进去的是他对普鲁士精神的热烈歌颂，他把它说成是唯一的建设性力量，是真正的社会主义。这样一种理论会为普鲁士精神的象征兴登堡起到何种推波助澜的作用！

但施本格勒只是后来人们概括为"保守革命"卫道士的许许多多人中的一个。[11]此外还应提到阿图尔·默勒·范·登·布鲁克，他1923年发表的《第三帝国》一书的书名成了一个流行词语。所有这些著作都是批评多于建设性意见。但在当时的情况下，批评是有作用的和富于成效的。

但是总统选举也是复活的军国主义的胜利。兴登堡不仅是世界大战的陆军元帅，也是德国军队不可战胜和它背后被捅一刀的神话的发明者和第一个有效的宣传者。这个神话由于他的当选而成为德国人民的正式信仰。他的千百万选民想要以此来为德国军队恢复名誉，表示对自己一度背离古老的理想感到悔恨。这就是许多人投他票的原因，不是不管而是因为世界把他看作是"身穿闪闪发光的盔甲"大声疾呼反抗其他国家的旧德国的象征。如果法国人把这看作是一次未来的复仇战争的预告，那么兴登堡的许多选民就会说，德国人就像法国人在他们的1870年失败以后那样，有理由这样想。

但兴登堡不也是 1918 年德国失败的象征吗？他不是与鲁登道夫一起在 9 月 29 日要求立即签订停战协定，升起了白旗吗？但在贡比涅停战协定上签字的并不是他，而是埃茨贝格尔，而德国民族主义者杀害了埃茨贝格尔。人们用不着再去过问，兴登堡曾在 1918 年 11 月 10 日打电报给埃茨贝格尔，电报的最后一句话是："如果做不到这几点，那就只好接受停战协定。"谁又知道，这位陆军元帅当时在斯帕含着眼泪请求埃茨贝格尔为了祖国承担贡比涅之行！[12]

如今那些德国人的渴望实现了，他们想要——用施特雷泽曼的话来说——"一个身穿军服……胸前挂满勋章的人"领导国家，而且还是一个具有像"不来梅市政厅前的罗兰巨人"一样的身材的人，他的木制雕像战时在柏林科尼希广场曾被无数崇拜者用铁钉钉满全身，形成装甲，他的脸部表情似乎喜怒无动于衷，他的深沉的声音使人想起瓦格纳歌剧中的英雄。国防军现在——也许并不使冯·泽克特将军高兴——有了一个他们可以把他视为自己人的统帅。如果说总统完全不熟悉他必须处理的非军事的政治问题，正如施特雷泽曼不久就发现的那样，他年事已高，行动不便，不能去熟悉这些问题，这又有什么关系呢？这些事情可以让议员们去搞。而兴登堡的选民对议员们是评价不高的，如果不是把他们说成是巴尔马特兄弟的走卒的话。德国民族主义和种族主义煽动者掀起的浊浪达到了目的。

不管兴登堡不久之后将会如何行事，他当选德国总统是民族主义和军国主义的胜利，是共和国和议会制度的严重失败。

德国历届政府情况

(1919—1925)

1. 谢德曼(社会民主党),1919年2月13日至6月21日。
   社会民主党:兰茨贝格、鲍威尔、诺斯克、达维德等。
   中央党:埃茨贝格尔、吉斯贝茨、贝尔。
   民主党:普罗伊斯、席弗尔、戈泰恩、德恩堡。
   此外:冯·勃洛克道夫-兰曹(外交)。
2. 鲍威尔(社会民主党),至1920年3月27日。
   社会民主党:赫·米勒、达维德、诺斯克等。
   中央党:埃茨贝格尔(财政)、吉斯贝茨、贝尔、马耶尔-考夫伯伦。
   民主党:自1919年11月2日起:科赫(内政)、席弗尔(司法)、格斯勒(重建)。
3. 赫尔曼·米勒(社会民主党),至1920年6月21日。
   社会民主党:达维德、罗伯特·施密特、施立克、鲍威尔、克斯特(外交)。
   中央党:维尔特(财政)、吉斯贝茨、贝尔、赫尔梅斯。
   民主党:科赫、格斯勒(国防)、勃隆克。
4. 费伦巴赫(中央党),至1921年5月10日。
   中央党:维尔特、吉斯贝茨、赫尔梅斯。
   民主党:科赫、格斯勒。
   人民党:海因策、朔尔茨、冯·劳默尔。
   此外:西蒙斯(外交)、格勒纳(交通)。
5. 维尔特(中央党),第一届内阁至1921年10月26日。
   中央党:布劳恩斯、吉斯贝茨、赫尔梅斯。
   社会民主党:鲍威尔、格拉特瑙尔(内政)、罗·施密特。
   民主党:席弗尔、格斯勒、拉特瑙(建设)。

此外:罗森(外交)、格勒纳。

6. 维尔特(中央党),第二届内阁至1922年11月22日。
中央党:布劳恩斯、吉斯贝茨、赫尔梅斯。
社会民主党:鲍威尔、克斯特(内政)、拉德布鲁赫(司法)、罗·施密特。
民主党:格斯勒(1922年1月31日至6月24日)、拉特瑙(外交)。
此外:格勒纳。

7. 古诺,至1923年8月13日。
中央党:赫尔梅斯、布劳恩斯。
民主党:厄塞尔(内政)、格斯勒。
人民党:贝克尔(经济)、海因策。
巴伐利亚人民党:斯廷格尔。
此外:格勒纳、路德(粮食)、阿尔贝特、罗森贝格(外交)。

8. 施特雷泽曼(人民党),第一届内阁至1923年10月6日。
人民党:冯·劳默尔(经济)。
中央党:布劳恩斯、赫夫莱、富克斯。
社会民主党:罗·施密特、索尔曼(内政)、希法亭(财政)、拉德布鲁赫。
民主党:厄塞尔、格斯勒。
此外:路德。

9. 施特雷泽曼(人民党),第二届内阁至1923年11月30日。
人民党:雅雷斯(内政,自11月11日起)。
社会民主党:罗·施密特、索尔曼、拉鲁布鲁赫(至11月3日)。
中央党:布劳恩斯、赫夫莱、富克斯。
民主党:厄塞尔、格斯勒。
此外:路德(财政)、克特、冯·坎尼茨。

10. 马克思(中央党),第一届内阁至1924年6月3日。
中央党:布劳恩斯、赫夫莱。
人民党:施特雷泽曼(外交)、雅雷斯。
民主党:厄塞尔、格斯勒、哈姆(经济)。
巴伐利亚人民党:埃明格(司法)。
此外:路德(财政)、冯·坎尼茨。

11. 马克思(中央党),第二届内阁至 1925 年 1 月 15 日。

中央党:布劳恩斯、赫夫莱(至 1925 年 1 月 9 日)。

人民党:施特雷泽曼、雅雷斯。

民主党:厄塞尔、格斯勒、哈姆。

此外:路德、冯·坎尼茨。

12. 路德,第一届内阁至 1926 年 1 月 20 日。

德意志民族党:席勒(内政)、冯·施利本(财政)、诺伊豪斯(至 1925 年 10 月 20 日)。

人民党:施特雷泽曼、克龙内。

中央党:布劳恩斯、弗伦肯(司法,至 1925 年 11 月 21 日)。

巴伐利亚人民党:斯廷格尔。

民主党:格斯勒。

此外:冯·坎尼茨。

参 考 书 目

伦敦曼彻斯特广场 19 号维也纳图书馆目录提供了有关这一段时期历史的文献的最好介绍:《从魏玛到希特勒,1918—1933 年的德国》(*From Weimar to Hitler*, *Germany 1918—1933*)。该图书馆每季度出版的公报上的文献概况刊登书目补充。我愿利用这一机会对阿尔弗雷德·维纳尔博士和他的同事们经常提供的协助表示感谢。

有关这个时期的概论有以下数种:

F. 弗里登斯堡:《魏玛共和国》(F. Friedensburg, *Die Weimarer Republik*),1946 年。

A. 罗森贝格:《德意志共和国史》(A. Rosenberg, *Geschichte der Deutschen Republik*),1935 年。

F. 施坦普弗:《德意志第一共和国的十四年》(F. Stampfer, *Die Vierzehn Jahre der ersten Deutschen Republik*),1936 年。

P. 梅克尔:《德国——存在或不存在?》(P. Merker, *Deutschland—Sein oder Nicht Sein?*),1944 年。

S. W. 赫尔佩林:《德国试行民主》(S. W. Halperin, *Germany tried Democracy*),1946 年。

G. 席莱:《魏玛共和国》(G. Scheele, *The Weimar Republic*),1945 年。

卡尔·密施:《群众时代的德国史》(Carl Misch, *Deutsche Geschichte im Zeitalter der Massen*),1952 年,第六章至第八章。

K. 霍肯巴赫(K. Horkenbach)的《从 1918 年至今的德国》(*Das Deutsche Reich von 1918 bis heute*)(1930 年)提供了丰富的材料;附有 1931 年和 1932 年的补遗。

注　释

第一章　君主政体的崩溃

1. B. 施威特费格:《瓦伦丁尼》(1931年),第226页。
2. E. 席弗尔:《为自由主义奋斗终生》(1951年),第129页。
3. 《1918年德国崩溃的原因》。《1919年至1926年德国国会调查委员会丛书》,第四组,引自:《德国崩溃的原因》,Ⅱ,Ⅰ,第105页(Hobohm)。
4. 同上书,第107页,注1。
5. E. 艾克:《俾斯麦》,Ⅰ,第369页。
6. 维冈特,法兰克福日报,1926年11月14日。
7. 施威特费格:《瓦伦丁尼》,第245页。
8. 贝特曼-霍尔维格:《关于世界大战的思考》,第二卷,第128页。戈泰恩:《德国崩溃的原因》,7,Ⅱ,第313页。
9. 《国民议会调查委员会丛书》第二组,附册3,第186页。
10. 捷尔宁:《在世界大战中》(1919年),第163页。
11. 第二调查组(见注9),213页。
12. 同上书,214页。
13. 贝特曼-霍尔维格:《关于世界大战的思考》,第二卷,第131页。
14. F. 迈纳克:《1901—1919年的回忆》(1949年),第247页。
15. 《德国崩溃的原因》,7,Ⅰ,第233页。
16. 贝特曼-霍尔维格:《关于世界大战的思考》,第二卷,第191页。
17. 《德国崩溃的原因》,6,第232页。
18. K. 黑尔费里希:《世界大战》,第三卷,Ⅲ,埃茨贝格尔案件,第703页。
19. R. V. 屈尔曼:《回忆录》(1948年),第492页。《德国崩溃的原因》,7,Ⅱ,

第92页。

20.《德国崩溃的原因》,7,Ⅰ,第384页;Ⅱ,第167页。

21. C.豪斯曼:《要闻》(1924年),第102页。

22.《埃茨贝格尔案件》,第727页。

23. 同上书,第712页。

24. 贝特曼-霍尔维格:《关于世界大战的思考》,第二卷,第226页。

25. 鲍威尔:《战场和家乡的伟大战争》(1921年),第184页。

26.《德国崩溃的原因》,Ⅰ,第153页。

27. E.鲁登道夫:《战争回忆录》(1919年),第363页。《德国崩溃的原因》,2,第31页。

28. 屈尔曼:《回忆录》,第502页。

29. 豪斯曼:《要闻》,第129页。

30.《德国崩溃的原因》,7,Ⅱ,第390页。

31. F.迈纳克:《屈尔曼和1917年教皇的和平行动》。普鲁士科学院,1928年,XVII。

32. 屈尔曼:《回忆录》,第475页。

33.《德国崩溃的原因》,4,Ⅱ,第125页。

34. 鲁登道夫:《最高统帅部文献》(1920年),第428页。

35. 同上书,第434页。《德国崩溃的原因》,8,第139页(Bredt)。

36.《最高统帅部文献》,第140页。

37.《德国崩溃的原因》,4,Ⅱ,第131页。屈尔曼:《回忆录》,第483页。

38.《德国崩溃的原因》,7,Ⅱ,第28、94页。

39. 同上书,8,第135页。《最高统帅部文献》,第425页。

40.《德国崩溃的原因》,8,第76页。

41. 同上书,7,Ⅱ,第127、129页。

42. 惠勒-贝内特:《布列斯特-立托夫斯克》(1938年)第37页。

43.《德国崩溃的原因》,Ⅱ,第46、70页。

44. 施威特费格:《瓦伦丁尼》,第185、187、190页。

45. 屈尔曼:《回忆录》,第516页。

46. 豪斯曼:《要闻》,第184、185页。

47.《德国崩溃的原因》,Ⅱ,第 136 页。
48.同上书,第 92 页。
49.同上书,第 142 页。
50.同上书,第 337 页。
51.同上书,第 184 页。
52. M.霍夫曼将军:《笔记》,第二卷,第 226 页。《德国崩溃的原因》,3,第 309 页(Delbrück)。
53.《德国崩溃的原因》,Ⅱ,第 191 页。
54.同上书,第 339 页。
55.同上书,第 387 页。
56.劳合-乔治:《战争回忆录》,第 6 卷,第 3382、3423 页。
57.《德国崩溃的原因》,Ⅱ,第 223 页。
58.同上书,第 225 页。
59.同上书,第 390 页。
60.同上书,第 8、285 页。
61.赫特林:《首相府一年》(1919 年),第 176 页。帕耶尔:《从贝特曼到艾伯特》(1923 年),第 82 页。
62.《德国崩溃的原因》,Ⅱ,第 400、405 页。
63.马克斯·冯·巴登:《回忆与文献》(1927 年),第 331、336 页。
64.同上书,第 338、346 页。
65.《有关停战情况的官方文献》(1919 年),第 194、199 页。
66.马克斯·冯·巴登:《回忆录》,第 500 页。
67.《有关停战情况的官方文献》,第 137、147 页。
68.同上书,第 196 页。
69.《德国崩溃的原因》,11,第 1 章和第 2 章。
70.马克斯·冯·巴登:《回忆录》,第 499 页。
71.同上书,第 518 页。
72.同上书,第 573 页及以后数页。
73.《德国崩溃的原因》,6,第 247 页。
74.马克斯·冯·巴登:《回忆录》,第 592 页。

75. 豪斯曼:《要闻》,第 267 页。
76. 马克斯·冯·巴登:《回忆录》,第 619、626 页。
77.《有关停战情况的官方文献》,第 263 页。

第二章 从革命到国民议会的召开

1. A. J. 伯劳:《1914—1921 年的德国社会民主党》(纽约,1949 年)。
2. F. 施坦普弗:《德意志第一共和国的十四年》(1936 年),第 61 页。
3. 迈纳克:《革命的原因和事实》,《德国国家法手册》(1930 年),第 1 卷,第 113 页。诺斯克:《一个民主政体的兴衰的亲身经历》(1947 年),第 81 页。
4. G. 诺斯克:《一个民主政体兴衰的亲身经历》(1947 年);《从基尔到卡普》(1920 年)。门德尔松-巴托尔迪:《战争和德国社会》(1937 年),第 165 页。
5. 诺斯克:《从基尔到卡普》,第 68 页。
6. 丘吉尔:《余波》(1929 年),第 200 页。
7. 诺斯克:《从基尔到卡普》,第 72 页。
8. H. 普罗伊斯:《国家、法律和自由》(Th. 豪斯编,1926 年)。W. 西蒙斯:《胡戈·普罗伊斯》(1930 年)。C. 施密特:《胡戈·普罗伊斯》(1930 年)。艾克:《纪念胡戈·普罗伊斯》,《援助》(1926 年),第 430 页。
9.《德国 1919 年历史日历》,第 259—261 页。
10. L. 勃伦塔诺:《我的一生》(1931 年),第 332 页。
11. 艾克:《俾斯麦》,II,第 423 页。
12. P. 迪尔:《关于战争爆发的巴伐利亚文献》(1922 年)。《战争责任谎言受审》,《南德月刊》,1922 年 5 月。
13.《德意志共和国十年》,埃尔克伦茨编(1928 年),第 25 页及以后数页。

第三章 魏玛宪法

1.《第八委员会关于德国宪法草案的报告和记录》(柏林,国民议会报告第 21 号)。引自:VA(宪法委员会)。
2. VA. 第 275 页。
3. 豪斯曼:《要闻》,第 292 页。

注　释

4. VA. 第 242 页。
5. C. 泽韦林:《我的生活道路》(1950 年),第 2 卷,第 374 页。
6. VA. 第 242 页。
7.《自由的日子》,1928 年 7 月 1 日,第 21 页。
8. M. 韦贝尔:《政治作品集》(1921 年),第 485 页。雅斯贝尔斯:《马克斯·韦贝尔》(1932 年),第 30 页。
9. 巴姆贝格尔:《回忆录》(1899 年),第 147 页。
10. W. 阿佩尔特:《魏玛宪法史》(1946 年),第 377 页。
11. VA. 第 369 页。
12. 阿佩尔特:《魏玛宪法史》,第 381、408 页。
13. VA. 第 298 页。
14. 阿佩尔特:《魏玛宪法史》,第 298 页。
15. VA. 第 402 页(Kahl)。
16. J. 霍夫米勒:《革命日记》(1938 年)。

第四章　凡尔赛和约

1. 所有有关和会的文件已由美国国务院在 1942 年至 1947 年出版的《美国对外关系文件》中发表,标题为:《1919 年巴黎会议》,下面引用时简称 PC。此外可参阅:H. W. H. 坦普莱受伦敦皇家国际事务研究所委托编写的《巴黎和会史》(六卷,1920—1924 年)。安德烈·塔迪厄:《和约》(巴黎,1921 年)。R. B. 麦卡伦:《民意与最近的和约》(牛津,1944 年)。T. E. 杰索普:《凡尔赛条约是否公正?》(1942 年)。A. 科班:《民族自决》(1945 年)。G. M. 加桑-哈迪:《1920—1939 年国际关系简史》(牛津,1950 年),第 17 页及以后数页。

2. 雷·S. 贝克:《伍德罗·威尔逊和世界和解》(三卷,1923 年)。Th. A. 贝利:《威尔逊和调解人》(两卷,1947 年)。

3. G. 苏亚雷斯:《克列孟梭》(巴黎,1932 年)。

4. 劳合-乔治:《和约真相》(两卷,1938 年)。劳合-乔治:《赔款和战争债务真相》(1932 年)。Th. 琼斯:《劳合-乔治》(1951 年)。A. 萨尔特:《政界名人》

(1947年),第38页。

5. St. 邦萨尔:《未完成的事》(1944年),第27页及以后数页。

6. 班和卢茨:《停战后对德国的封锁》(1942年)。凯恩斯:《梅尔希奥博士》,《两个回记录》(1949年)。范西塔特:《我一生的教训》(1943年),第39页。

7. 施特恩-鲁巴特:《勃洛克道夫-兰曹伯爵,两个世界之间的漫游者》(1929年)。勃洛克道夫-兰曹:《关于凡尔赛的文件和思考》(1925年)。H. 霍布恩:《魏玛共和国早期的外交家和外交》,载于克雷格和吉尔伯特合编的《外交家》(1953年),第132页。欧根·席弗尔:《为自由主义奋斗终生》(1951年),第222页。J.M. 布恩:《流浪学考》(1948年),第228页。

8. 勃洛克道夫-兰曹:《关于凡尔赛的文件和思考》,第31页。

9. 维佩特·冯·布吕歇尔:《通往拉巴洛之路》(1951年),第43页。

10. A.M. 卢考:《巴黎和会上的德国代表团》(纽约,1941年),第115页。

11. 特赖奇克:《德意志史》,第1卷,第621页。

12. 卢考:《巴黎和会上的德国代表团》,第119页。

13. 里德尔勋爵:《和会秘密日记》(1934年),第76页。

14. 贝克(见注2),第2卷,第506页。

15. 加桑-哈迪(见注1),第32页。

16. 埃茨贝格尔:《世界大战经历》(1920年),第369页。

17. 劳合-乔治:《和约真相》,第1卷,第408页。

18. 贝克(见注2),第3卷,第458、466页。

19. 同上书,第509页。

20. 劳合-乔治:《和约真相》,第1卷,第711、717页。

21. 谢德曼:《一个社会民主党人的回忆》(两卷,1928年),第2卷,第371页。

22. 埃茨贝格尔(见注16),第371页。霍布恩(见注7),第146页。

23. 谢德曼(见注21),第371页。

24. 帕耶尔:《从贝特曼到艾伯特》(1923年),第229页。埃茨贝格尔(见注16),第375页。《埃茨贝格尔案件》,第743页。凯恩斯(见注6)的《两个回忆录》第69页引错了。

25. Th. 豪斯:《瑙曼》(1937年),第694页。

26. PC.(见注1),第6卷,第605、613页。

27. 埃茨贝格尔(见注 16),第 380 页。帕耶尔(见注 24),第 300 页。
28. R. 菲尔普斯:《格勒纳文件摘编》,《德意志评论》,1950 年 7 月,第 539 页。
    G. A. 克雷格:《格勒纳的政策》,《政治学季刊》(1948 年 6 月)。
29. 布吕宁:《德意志评论》(1947 年 7 月)。
30. 诺斯克(见第 2 章注 4),第 107 页。
31. 拉本瑙:《泽克特》(1940 年),第 185 页。
32. 埃茨贝格尔(见注 16),第 382 页。
33. 帕耶尔(见注 24),第 303 页。
34. 劳合-乔治(见注 20),第 1 卷,第 690 页。
35. B. W. 冯·比洛:《凡尔赛国际联盟》(1923 年),第 431 页。
36. 劳合-乔治(见注 20),第 1 卷,第 705 页。
37. 同上书,第 542、521、515 页。
38. 同上书,第 514 页。
39. Ph. M. 伯内特:《巴黎和会上的赔款问题》(两卷,1940 年)。
40. 塔迪厄:《和约》,第 319 页。
41. 同上书,第 309 页。
42. Et. 芒图:《迦太基和平或凯恩斯先生的经济结论》(1946 年),第 105 页。
43. 1919 年 6 月 2 日《十字报》。
44. 塔迪厄:《和约》,第 323 页。
45. 劳合-乔治(见注 20),第 1 卷,第 496 页。
46. 贝克(见注 2),第 2 卷,第 494 页。
47. PC.(见注 1),第 5 卷,第 27 页。
48. A. 努斯鲍姆:《结算方法》(1923 年)。
49. 冯·比洛(见注 35)。
50. 艾克:《俾斯麦》,第 1 卷,第 276 页。
51. 《舒尔特海斯欧洲历史年表》(1919 年),Ⅰ,第 239 页。
52. 凯恩斯:《和平的经济结论》(1919 年)。凯恩斯:《和约的修订》(1922 年)。R. F. 哈罗德:《凯恩斯传》(1951 年)。Et. 芒图(见注 42)。麦卡伦(见注 1)。Th. 琼斯:《劳合-乔治》,第 177 页。A. 萨尔特:《高明的经济学家凯恩斯》,载于《政界名人》,第 144 页。

53. 凯恩斯:《和平的经济结论》,第59页。芒图(见注42),第102页。

54. 丘吉尔:《世界危机》,第4卷,第156页。

55. 哈罗德:《凯恩斯传》,第259页。

56. 贝利(见注2),第2卷。

57. J.T.肖特韦尔:《在巴黎和会上》(1937年),第26页。

58. 劳合-乔治:《赔款和战争债务真相》(1932年),第26页。

第五章　从和约至卡普暴动

1. W.普利昂:《德国财政》,《政治手册》,第4卷,第4页。

2. 黑尔费里希:《德国大众福利》(1914年),第99、141页。

3. R.列运宗:《欧洲财富的改组》(1925年),第10页。

4. 《德国国家法手册》,Ⅰ,第324页。

5. 诺斯克:《从基尔到卡普》,第192页。

6. 《调查委员会公开审理的速记记录》,第二组(1919年)。

7. 赫尔格特在雅戈案件中的证词,见K.布拉梅尔:《宪法基础和叛国罪》(1922年),第20页。

8. 伍德沃德和巴特勒合编:《1919—1939年英国外交政策文件》,第1辑,第3卷,第5章(1949年)。引自:DBFP。

9. J.毕肖夫:《最后的战线》(1935年)。

10. 同注8,第245、256页。

11. 布吕歇尔:《通往拉巴洛之路》(1951年),第81页。

12. 同注8,第213、230、231、253、254、255页。

13. 《日报》传单,1919年。

14. 埃茨贝格尔案件(见第一章注18)。S.勒文施泰因:《埃茨贝格尔-黑尔费里希诉讼法律鉴定》(1921年)。

15. 参阅Th.比特在《阿里斯托芬,从荷马到苏格拉底》文中对埃茨贝格尔的评论(1929年),第365页。

16. 布拉梅尔(见注7),第75页。

17. 伯努瓦-梅香:《德国军队史》,第2卷(1938年),第80—122页。

18. 诺斯克:《从基尔到卡普》,第 207 页。
19. 拉本瑙:《泽克特》,第 222 页。
20. 布拉梅尔(见注 7),第 78 页。
21. 同上书,第 62 页。
22. 拉本瑙(见第四章注 31),第 219 页,注 3。
23. 泽韦林(见第三章注 5),第 1 卷,第 258 页。
94. 摩根:《武器的审判》,第 74 页。
25. W.法兰克:《里特尔·冯·埃普》(1934 年)。
26. 冯·吕特维茨:《在反对德国十一月革命的斗争中》(1934 年)。
27. 泽韦林(见第 3 章注 5),第 1 卷,第 280 页。
28. A.维宁:《东普鲁士 400 天》(1927 年),第 78 页。
29. 泽韦林(见第 3 章注 5),第 1 卷,第 260、269 页。摩根:《武器的审判》,第 149 页。
30. 汤因比:《1920—1923 年国际事务概述》(1925 年),第 91 页。
31. 泽韦林(见第 3 章注 5),第 256 页。
32. 拉本瑙:《泽克特》(1940 年)。
33. 泽韦林(见第 3 章注 5),第 262 页。
34. 布拉梅尔(见注 7),第 84 页。
35. L.谢曼:《卡普和 1920 年 3 月行动》(1937 年)。

第六章　内部削弱与外来威胁

1. 泽韦林(见第一章注 5),Ⅰ,第 293 页。
2. 汤因比(见第五章注 30),第 13、104 页。
3. C.贝格曼:《赔款的道路》(1926 年),第 62 页。
4. 达伯农勋爵:《和平使者》(1929 年),Ⅰ,第 64 页。
5. 布恩:《流浪学者》(1948 年),第 255 页。
6. 泽韦林(见第一章注 5),Ⅰ,第 301 页。拉本瑙:《泽克特》,第 249 页。
7. 拉本瑙:《泽克特》,第 252 页。
8. 贝格曼:《通往拉巴洛之路》,第 57 页。

9. G. 鲍尔斯基:《世界最大的骗局,德国赔款故事》(1942年),第48页。

10. 泽韦林(见第一章注5),Ⅰ,第295页。

11. 达伯农(见注4),Ⅰ,第128页。

12. 贝格曼(见注3),第89页。

13. 达伯农(见注4),第132页。

14. 泽韦林(见第一章注5),Ⅰ,第322页。

15. F. W. 沃尔特斯:《国际联盟史》(1952年),Ⅰ,第153页。

16. 伯努瓦-梅香(见第5章注17),Ⅱ,第182页。

17. 拉本瑙:《泽克特》,第300页。

18. 贝格曼(见注3),第104页。

19. 达伯农(见注4),Ⅰ,第164、169页。

20. 同上书,Ⅱ,第39页。

21. 哈里·克斯勒伯爵:《瓦尔特·拉特瑙》(1928年)。A. 克尔:《瓦尔特·拉特瑙。一个友人的回忆》(1935年)。埃塔·费德恩-科尔哈斯:《瓦尔特·拉特瑙》(1927年)。盖哈特·豪普特曼:《瓦尔特·拉特瑙》,《福斯日报》,1927年9月30日。欧根·费舍尔-巴林:《瓦尔特·拉特瑙,上帝的试验》(1952年)。门德尔松-巴托尔迪:《战争和德国社会》(1937年),第223页。拉特瑙:《讲演集》(1924年)。

22. 克斯勒:《瓦尔特·拉特瑙》,第310页。

23. 古斯塔夫·拉德布鲁赫:《内在之路》(1951年),第159页。

24. 贝格曼(见注3),第122页。凯恩斯:《和约的修订》,第85页。

25. 汤因比(见第五章注30),第98页。摩根:《武器的审判》,第139页。《美国国际法》杂志,XIV(1920年),第95页;XVI(1922年),第268、674页。C. 马林:《莱比锡审判》(1921年)。

26. 《埃茨贝格尔谋杀案。人性和政治败坏的文献》(1921年),第44页。

27. 《舒尔特海斯欧洲历史年表》(1921年),Ⅰ,第273页。

28. 沃尔特斯(见注15),Ⅰ,第153页。

29. 席弗尔:《为自由主义奋斗终生》,第232页。

30. 达伯农(见注4),Ⅰ,第216页。

31. G. 凯肯贝克:《上西里西亚的国际试验。1922—1937年上西里西亚解决办法执行情况探讨》(牛津,1942年)。

32. 泽韦林(见第三章注5),Ⅰ,第333页。

33. 同上书,第336页。

第七章 拉特瑙遇害与维尔特下台

1. 贝格曼(见第6章注3),第112页。达伯农(见第6章注4),Ⅰ,第226页。
2. 劳合-乔治:《赔款问题真相》,第65页及以下数页。J. 夏特内:《普恩加来》(1948年)。A. 勒布伦:《普恩加来》,《人和世界评论》,第42期(1950年1月)。A. 萨尔特:《政界名人》(1947年),第193页及以下数页。
3. H. 克斯勒:《瓦尔特·拉特瑙》,第323页。
4. 拉特瑙:《讲演集》,第377页。琼斯:《劳合-乔治》,第184页。
5. 达伯农:《和平使者》,Ⅰ,第279页。
6. 拉本瑙:《泽克特》,第316页。
7. E. H. 卡尔:《两次世界大战之间的德苏关系》(巴尔的摩,1951年),第18、40、55页。
8. 拉本瑙:《泽克特》,第308页。
9. 同上书,第309页。
10. 冯·布吕歇尔:《通往拉巴洛之路》,第149页。

10a. 布恩:《流浪学者》,第265页。

11. 同上书,第161页。
12. 布恩:《流浪学者》,第269页。马克斯·瓦尔堡收藏的梅尔希奥信件:《我的笔记》(1952年),第105页。
13. 冯·布吕歇尔:《通往拉巴洛之路》,第164页注。
14. 卡尔(见注7),第60页。
15. 冯·布吕歇尔:《通往拉巴洛之路》,第159页。
16. 拉本瑙:《泽克特》,第312—313页。
17. 马克斯·瓦尔堡:《我的笔记》,第100页。
18. 贝格曼:《通往拉巴洛之路》,第164页。
19. 拉特瑙:《讲演集》,第423—437页。

20. 克斯勒:《拉特瑙》,第362页。
21. 达伯农:《和平使者》,Ⅱ,第46页。克斯勒:《拉特瑙》,第363页。
22. 布拉梅尔:《拉特瑙案件的政治结果》(1922年)。
23. 拉德布鲁赫:《内在之路》,第161页。
24. 希尔施贝格:《费申巴赫事件》(1922年)。"政治司法八年"专题报告》(1927年),第193页。
25. 埃贝马耶尔:《为法律服务五十年》(1930年),第177页。
26. 《最高法院民事案件判例》,CXIII,113、138(1926年4月20日)。
27. 冯·布吕歇尔:《通往拉巴洛之路》,第168页。
99. 《月报》(慕尼黑),1948年11月。
29. 列运宗:《欧洲财富的改组》(1925年),第99页。
30. 贝格曼:《赔款的道路》,第195页。达伯农:《和平使者》,Ⅱ,第127页。汤因比(见第五章注30),第185页。
31. 拉德布鲁赫:《内在之路》,第168页。

第八章　鲁尔被占领和分离主义

1. 泽韦林:《我的生活道路》,Ⅰ,第377页。J.费夏特:《新人》(1925年),第116页。
2. K.海登:《民族社会主义史》(1933年),第108页。
3. 贝格曼:《赔款的道路》,第206页。
4. 海登(见注2),第113页。
5. 泽韦林:《我的生活道路》,Ⅰ,第402页。
6. 同上书,第408页。
7. 拉本瑙:《泽克特》,第324页。
8. 摩根:《武器的审判》,第213页。
9. 拉本瑙:《泽克特》,第324页。
10. 同上书,第342页。
11. 泽韦林:《我的生活道路》,Ⅱ,第117页。
12. 同上书,第130页。P.梅克尔:《从魏玛到希特勒》(墨西哥,1944年),第

79页。

13. 达伯农:《和平使者》,Ⅱ,第 305 页。塞杜克斯:《从凡尔赛到扬格计划》(1932 年),第 122 页。
14. 英国上院辩论。53、804。H. 尼科尔森:《寇松》(1934 年),第 363 页。
15. 达伯农:《和平使者》,Ⅱ,第 203 页。
16. 贝格曼:《赔款的道路》,第 240 页。
17. 达伯农:《和平使者》,Ⅱ,第 219 页。
18. 拉本瑙:《泽克特》,第 348 页。
19. 《德国国家法手册》,Ⅰ,第 280 页。
20. 拉德布鲁赫:《内在之路》,第 171 页。泽韦林:《我的生活道路》,Ⅰ,第 430 页。
21. M. 施普林格:《1918—1924 年莱茵河畔的分离活动》(1924 年)。《被占领区的分离主义阴谋活动。德法两国政府间的互换照会》(1924 年)。《关于分裂莱茵兰的阴谋活动的文献》,德国被占领地区部编(1924 年)。
22. 《巴伐利亚-德意志还是巴伐利亚-法兰西? 富克斯一伙叛国案》(1923 年)。
23. 达伯农:《和平使者》,Ⅱ,第 227 页。
24. 施威林-克罗西克:《德国发生的事情》(1951 年),第 80 页。
25. 施特雷泽曼:《遗书。遗著》(三卷,1932 年),H. 贝恩哈德、W. 戈茨、P. 维格勒合编。引自:施特雷泽曼。R. 奥尔登:《施特雷泽曼》(1929 年)。A. 瓦伦丁:《施特雷泽曼》(1948 年)。F. G. 希尔施:《从历史角度看施特雷泽曼》,《政治评论》(1953 年 7 月)。
26. 《英国议会文件集。同盟国政府关于德国支付赔款的来往信函》(1923 年)。Misc. 5. Cmd. 1943。
27. 法国政府答复 1923 年 8 月 11 日英国政府来函的黄皮书(1923 年 8 月 20 日)。
28. 施特雷泽曼:《遗书》,Ⅰ,第 101、112 页。
29. 达伯农:《和平使者》,Ⅱ,第 240 页;Ⅲ,第 110 页。
30. 施特雷泽曼:《遗书》,Ⅰ,第 95、115、116 页。
31. 同上书,第 132 页。
32. B. 布赫鲁克尔:《在泽克特的阴影下。"黑色国防军"历史》(1928 年)。
33. C. 梅尔滕斯:《阴谋家和政治谋杀者》(1926 年)。

34. H.沙赫特:《马克的稳定》(1927年)。
35. 施特雷译曼:《遗书》,I,第169页。
36. 《公法档案》,新系列7(1924年),第11页。
37. 施特雷泽曼:《遗书》,I,第184、185页。
38. 同上书,第187页。拉德布鲁赫:《内在之路》,第171页。
39. 施特雷泽曼:《遗书》,I,第195页。
40. 同上书,第200页。
41. 格斯勒的通报。
42. 海登(见注2),第5章。A.布洛克:《希特勒暴政研究》(1952年),第90页及以下数页。
43. 泽韦林:《我的生活道路》,I,第447页。
44. R.佩歇尔:《德国的现代》(1952年),第235页。
45. 克列孟梭:《胜利的伟大和苦恼》(1930年),第190页。
46. 施特雷泽曼:《遗书》,I,第159、161页。
47. 贝格曼:《赔款的道路》,第266页。
48. 施特雷泽曼:《遗书》,I,第266页。达伯农:《和平使者》,II,第269、277页。泽韦林:《我的生活道路》,I,第434页。汤因比(见第5章注30),第400页。
49. 施特雷泽曼:《遗书》,I,第244—245页。施坦普弗:《德意志第一共和国的十四年》,第354页。
50. 达伯农:《和平使者》,II,第275页。施特雷泽曼:《遗书》,I,第245页。
51. 《最高法院民事案件判例》,CVII,第76页。
52. A.努斯鲍姆:《升值理论总结》(1929年),第14页。艾克:《德国司法危机》(1926年),第4页。
53. 沙赫特:《对希特勒的清算》(1948年),第2页。
54. H.尼科尔森:《寇松》,第375页。汤因比(见第5章注30),第313页。
55. 拉本瑙:《泽克特》,第384页。
56. 泽韦林:《我的生活道路》,II,第3页。
57. R.布罗尔:《希特勒-鲁登道夫案件》(柏林,1924年)。《希特勒案件,审讯报道摘录》(慕尼黑,1924年)。

58. 黑尔费里希:《国会讲演集》(两卷,1922—1925年),Ⅱ,第221页。

59. 同上书,第218页。施特雷泽曼:《遗书》,Ⅰ,第338页。

60. 奥托·布劳恩:《从魏玛到希特勒》,第147页。

61. 施特雷泽曼:《遗书》,Ⅰ,第324、408页。

62. 参看P.冯·施瓦巴赫:《我的档案》(1927年),第429页,致E.克罗韦的信。

第九章 道威斯报告与伦敦会议

1. 专家报告。道威斯和麦肯纳报告。根据原文(法兰克福,1924年)。贝格曼:《赔款的道路》,第275页及以下数页。

2. 德国白皮书。《1924年7月—8月伦敦会议》。国会1924年第263号印刷品。

3. P.施密特:《1923—1945年外交舞台上的小卒》(波恩,1949年)。

4. 施特雷泽曼:《遗书》,Ⅰ,第499、564页。

5. 关于"大政方针"编著者心目中政治考虑的重要性,参看发表在1953年8月、9月和10月《时代文学副刊》上的通信,特别是伊莎贝拉·马茜小姐(9月11日和10月16日)和詹姆斯·乔尔(9月25日)的信。

6. 拉本瑙:《泽克特》,第405页。

7. 施特雷泽曼:《遗书》,Ⅰ,第559页。

8. 同上书,第562页。

9. A.瓦伦丁:《施特雷泽曼》,第150页。

10. 摩根:《武器的审判》,第266页。

11. 拉本瑙:《泽克特》,第401页。

12. 同上书,第452页。

13. 伯努瓦-梅香:《德国军队史》,Ⅱ,第346页。

第十章 艾伯特去世与兴登堡当选

1. 泽韦林:《我的生活道路》,Ⅱ,第50页。

2. 《柏林中区陪审法庭在对巴尔马特及其同事的刑事诉讼的判决》(柏林,1929年)。考夫霍尔德:《巴尔马特泥沼》(柏林,1925年)。

3. 艾克:《俾斯麦》,Ⅳ,第188页。
4. K.布拉梅尔:《总统案件》(柏林,1925年)。
5. 艾伯特:《斗争和目标》(1927年),第376页。
6. 达伯农:《和平使者》,Ⅱ,第115页。
7. 施特雷泽曼:《遗书》,Ⅱ,第44页。
8. 英国公共档案馆。施特雷泽曼遗著(1925年)。序号7129H。1925年4月15日、16日和18日。7135H.4月7日给马尔藏的信。
9. 特勒尔奇:《历史杂志》(1919年),第383及以下数页。H.希尔比克:《德国人道主义精神和历史(两卷,1950—1951年)》,Ⅱ,第318页。R.德利尔:《施本格勒里亚娜》,《哲学角落》(1923年),第37页。
10. 特勒尔奇:《历史主义及其问题》(1922年),第507页注。
11. A.莫勒:《1918—1932年德国的保守革命》(斯图加特,1950年)。
12. 惠勒-贝内特:《权力的报应》(1953年),第23页。

人名索引

（索引中的页码为原书页码，即本书边码）

D'Abernon, Lord（1857—1941）（达伯农勋爵）英驻柏林大使（1920—1926） 228,241,242,248,250,261,277,303,328,344,377,420

Alsberg, Dr. Max（1877—1933）（马克斯·阿尔斯贝格博士） 198,201

Anschütz, Gerhard（1867—1948）（格哈德·安许茨） 358,439

Asquith, H. H.（1852—1928）（赫·阿斯奎斯） 115,400

Auer, Erhard（1874— ）（艾哈德·奥埃尔）巴伐利亚内阁成员 83,109

Baldwin, Stanley（1867—1947）（斯坦莱·鲍尔温勋爵）英国首相（1023 1924;1924—1929;1935—1937） 341,343,400

Balfour, Arthur（1848—1930）（阿瑟·贝尔福勋爵） 308

Barmat, Julius（1889— ）（尤利乌斯·巴尔马特） 433,436

Barth, Emil（1879— ）（埃米尔·巴尔特） 73

Barthou, Louis（1862—1934）（路易·巴尔图）法国政治家 274,302,310

Bauer, Gustav（1870—1944）（古斯塔夫·鲍威尔）德国总理（1919—1920） 142,183,434

Bauer, Max（1869—1929）（马克斯·鲍威尔）陆军上校 31,204

Becker, Dr. Carl（1876—1933）（卡尔·贝克尔博士）文化部长（1921;1925—1930） 325,429

Bell, Dr. Hans（1868—1949）（汉斯·贝尔博士）中央党国会议员，多次担任部长 93,146

Benedikt XV（1854—1922）（贝纳第克特十五世）教皇（1914—1922）37

Berg（贝格） 36

Bergmann, Karl （卡尔·贝格曼）国务秘书 227,232,233,235,241,247,272,284,311,329

Bermondt, gen. Fürst Bermondt-Avaloff（贝尔蒙，又名贝尔蒙 阿瓦洛夫侯爵） 193,194

Bernstein, Eduard（1850—1932）（爱德华·伯恩施坦） 社会民主党国会议员 71

Bernstorff, Graf Johann-Heinrich（1862—1939）（约翰·伯恩斯多夫伯爵）大使、民主党国会议员 21,128,191,423

Bethmann Hollweg, Theobald von（1856—1921）（特奥巴尔德·冯·贝特曼-霍尔维格） 德国首相（1909—1917） 13,22,180,199

Bischoff （比朔夫）少校 193

Bismarck, Otto Fürst von（1815—1898）

（奥托·冯·俾斯麦侯爵） 17,33,81,103,122,133,151,159,170,174,200,228,240,248,274,275,332,366,436

Boelitz, Dr. Otto(1876—) （奥托·伯利茨博士）人民党国会议员、文化部长(1921—1925) 264

Bohlen-Halbach(见 Krupp) 316

Bonn, Julius M. (1873—) （尤利乌斯·波恩）教授 229,274

Bourgeois, Léon(1851—1925) （莱翁·布尔乔亚） 118

Brand, Lord(1878—) （布伦德勋爵） 302

Braun, Otto(1872—) （奥托·布劳恩）普鲁士总理(1920—1932) 179,218,264,315,386,397,428,443

Breitscheid, Dr. Rudolf （1874—1944）（鲁道夫·布赖特沙伊德博士）独立社会民主党人，后为社会民主党国会议员(1920—1933) 62,331

Briand, Aristide(1862—1932) （阿里斯蒂德·白里安）法国总理和外长（1925—1935） 235,259,261,267,268,412

Brockdorff-Rantzau, Graf Ulrich von(1869—1928) （乌尔里希·冯·勃洛克道夫-兰曹伯爵）外长(1919)、驻莫斯科大使(1922—1928) 125,129,139,299

Buchrucker （布赫鲁克尔）少校 351

Bülow, Fürst Bernhard von(1849—1929) （伯恩哈德·冯·比洛侯爵）德国首相(1900—1909) 26,29,34

Bülow, B. W. v.(1885—1936)(伯·冯·比洛)最后担任外交部国务秘书 168

Calonder, Felix(1863—1952) （费利克斯·卡隆德博士） 瑞士联邦主席(1918) 261,262

Capelle, Ed. v.(1855—1931) （爱·冯·卡佩勒）海军部国务秘书（1916—1918） 26

Cassel, Gustav(1866—1945) （古斯塔夫·卡塞尔） 302

Chelius, General von （冯·克利乌斯将军） 62

Churchill, Sir Winston （1874—1965） （温斯顿·丘吉尔爵士） 76,172

Class, Heinrich(1868—) （海因里希·克拉斯）司法顾问、泛德意志协会主席（自 1908 年起） 196

Clemenceau, Georges （1841—1929）（若尔日·克列孟梭）法国总理(1906—1909；1917—1920) 17,115,123,129,132,138,143,174,233,235

Clive （克莱夫）英国驻慕尼黑总领事 391

Cohen-Reuß, Max(1876—) （马克斯·科亨-劳埃斯）社会民主党国会议员(1912—1918) 75

Cohn, Dr. Oskar. (1869—) （奥斯卡·科恩博士）社会民主党国会议员（自 1912 年起） 186,187

Cuno, Dr. Wilhelm （1876—1933）（威廉·古诺博士）德国总理（1922—1923） 305,313,318,328,329,337

Curzon, Lord(1859—1925) （寇松勋爵）英外交大臣(1919—1924) 327,328,341,391

Czernin, Graf Ottokar （1872—1932） （奥托卡尔·捷尔宁伯爵）奥匈帝国外交大臣(1916—1918) 21,27,44

David, Dr. Eduard(1863—1930) （爱德华·达维德）社会民主党国会议员（自 1903 年起）、部长(1919—1920) 28,

人 名 索 引

32,78,140
Dawes,Charles(1865—1951) （查尔斯·道威斯） 美国副总统(1925—1929)、驻伦敦大使(1929—1932) 390
Delbrück, Clemens v. （1856—1921）（克莱门斯·德尔布吕克）国务秘书(1906—1916)、国会议员（自 1919 年起） 93
Delbrück,Dr. Hans（1848—1929） （汉斯·德尔布吕克博士）教授 33,133,414,439
Deschanel,Paul(1856—1922) （保罗·德夏内尔）法兰西共和国总统(1920) 223
Dittmann,Wilhelm(1874—) （威廉·迪特曼）社会民主党或独立社会民主党国会议员(自 1912 年起) 73,297
Dorten （多尔滕） 334,370
Drews,Dr. Bill A.(1870—) （比尔·德莱夫斯博士） 普鲁士内政大臣(1917—1918)、高级行政法院院长（自 1921 年起） 42
Düringer, Dr. Adalbert（1855—1924）（阿达尔贝特·迪林格博士）最高法院推事、巴登部长，先是国意志民族党国会议员，后为人民党国会议员（自 1919 年起） 294

Ebermayer, Dr. Ludwig（1858—1933）（路德维希·埃贝迈尔）最高检察官 288,291,296
Ebert,Friedrich(1871—1925) （弗里德里希·艾伯特）社会民主党国会议员(1912—1918)、社会民主党主席、总统(1919—1925) 28,57,65,66,68,73,74,80,91,126,142,144,204,210,214,217,282,296,303,322,338,353,359,361,376,377,392,407,408,417,418,426,429,435,436,440

Ehrhardt,Kapitän （埃尔哈特）上尉 205,258,259,337,363
Eisner,Kurt(1867—1919) （库特·艾斯纳)柏林《前进报》编辑(1899—1905) 83,90,108
Emminger,Erich（1880—1951）（埃里希·埃明格)国会议员(自 1913 年起)、司法部长(1923—1924) 378
Erzberger,Matthias （1875—1921)（马蒂亚斯·埃茨贝格尔)国会议员（自 1903 年起)、部长(1919—1920) 25,28,32,66,93,126,136,140,141,142,169,182,197,255
Escherich, Georg（1870—1951） （格奥尔格·埃舍里希） 225,240
Esdorff,General von （冯·埃斯多夫将军） 195

Faulhaber,Kardinal(1869—1952) （福尔哈贝尔)红衣主教 362
Fechenbach,Felix(1894—) （费利克斯·费申巴赫) 295,395
Fellisch （费利施)萨克森部长 359
Fehrenbach, Konstantin（1852—1926）（康斯坦丁·费伦巴赫)国会议员（自 1908 年起)、国会议长(1918)、总理(1920—1921) 28,223,229,245,443
Foch,Ferdinand(1851—1929) （斐迪南·福煦)元帅 69,118,123,136,229
Frick,Dr. Wilhelm（1877—1946） （威廉·弗里克博士)图林根部长(1930)、中央部长(1933) 208,336,393
Friedberg, Dr. Robert（1851—1920）（罗伯特·弗里德贝格博士） 42
Fuchs,Georg （格奥尔格·富克斯)作家 336

Gareis （加雷斯)巴伐利亚议员 257

Gansser,Dr.Emil(1874—) （埃米尔·甘塞尔博士） 436

Geβler,Dr.Otto(1875—) （奥托·格斯勒博士）纽伦堡市长(1914—1919)、中央部长(1919—1928) 183,217,226,249,261,321,324,338,349,356,357,358,362,367,378,393,427,443

Giesberts,Johann(1865—) （约翰·吉斯贝茨）国会议员（自1919年起） 93,126

Gilbert,Parker （帕克·吉尔伯特） 430

Goetz,Dr.Walter(1867—) （瓦尔特·格茨博士）教授、民主党国会议员（自1920年起） 439

Goltz,General von der （冯·德·戈尔茨）将军 192

Gothein,Georg(1857—) （格奥尔格·戈泰恩）国会议员（自1902年起）、中央部长(1919) 45,93,140,187

Gradnauer,Dr.Georg(1866—) （格奥尔格·格拉德瑙尔博士）社会民主党国会议员（自1898年起） 360

Gräf(Thüringen),Walther(1873—) （瓦尔特·格雷夫-图林根） 439

Gröber,Adolf(1854—1919) （阿道夫·格勒贝尔）中央党国会议员（自1887年起） 85

Gröner,Wilhelm(1867—1939) （威廉·格勒纳）将军、中央部长(1920—1923;1928—1932) 65,67,76,144,145,223,306,447

Guttmann,Bernhard(1869— ） （伯恩哈特·古特曼） 135

Haase,Hugo(1863—1919) （胡戈·哈泽）国会议员（自1897年起） 70,73,74,136,143

Haeften,Oberst von （冯·黑夫滕）上校 48

Hahn,Dr.Kurt （库特·哈恩博士）萨勒姆学校校长,1933年后住在苏格兰戈得斯镇 46

Harding,Warren(1865—1923) （沃伦·哈丁)美国总统(1921—1923) 244

Haußmann,Conrad(1857—1922) （康拉德·豪斯曼)国会议员(自1890年起） 28,35,44,45,52,59,95,186,231

Havenstein,Rudolf(1857—1923) （鲁道夫·哈温施坦）国家银行总裁（自1908年起） 344,355,386

Heilmann,Ernst(1881—1934) （恩斯特·海尔曼）普鲁士邦议会议员(1919—1933) 434

Heine,Wolfgang(1861— ） （沃尔夫冈·海涅）国会议员(自1898年起)、普鲁士内政部长 (1919—1920) 97,143,218,437

Heinz-Orbig （海因茨-奥尔比希） 390

Heinze,Dr.Kudolf(1865—1928) （鲁道夫·海因策博士)(1865—1928)国会议员（自1907年起） 145,223,243,359

Held,Dr.Heinrich(1868—1938) （海因里希·黑尔德博士）巴伐利亚总理(1924—1933) 444

Helfferich,Dr.Carl(1872—1924) （卡尔·黑尔费里希博士）国务秘书(1915—1917) 21,30,160,163,180,186,197,266,285,288,290,298,345,349,354,386,396,397,399

Hellpach,Dr.Willy (1877—)（维利·黑尔帕赫博士）巴登邦主席(1924—1925) 442,444

Hergt,Oskar(1869— ） （奥斯卡·赫

尔格特)普鲁士财政大臣(1917—1918) 204,258,347,361,375,419

Herkner, Dr. Heinrich (1863—1932)(海因里希·赫克纳博士)教授 439

Hermes, Dr. Andreas(1878—)(安德烈亚斯·赫尔梅斯博士)中央部长(1920—1923) 293

Herriot, Edouard(1872—)(爱德华·赫里欧)法国总理(1924—1925;1932) 411,412,413,415,421,423

Hertling, Graf Georg(1843—1919) (格奥尔格·赫特林伯爵)巴伐利亚总理(1912—1918)、德国首相(1917—1918) 36,41,51

Heuβ, Dr. Theodor(1884—)(特奥多尔·豪斯博士)国会议员(自 1924 年起)、联邦德国总统(自 1949 年起) 439

Heydebrand, Ernst von(1851—1924)(恩斯特·冯·海德布兰德) 24,86

Hilferding, Dr. Rudolf (1877—1941)(鲁道夫·希法亭博士)中央财政部长(1923;1928—1929) 339,344,346,353,360

Hindenburg, Paul von Benecken-dorff u. H.(1847—1934) (保罗·冯·本尼肯道夫和冯·兴登堡)陆军元帅(1915)、总统(自 1925 年起) 18,30,51,52,56,67,69,141,144,150,161,169,188,217,256,429,445

Hintze, Paul von(1864—) (保罗·冯·欣策)国务秘书(1918) 49,51

Hirsch, Paul(1868—) (保罗·希施)普鲁士总理(1918—1920) 218

Hirschfeld v. (冯·希尔施费尔特) 198

Hirtsiefer, Heinrich(1876—) (海因里希·希特席弗)普鲁士福利部长

(1921—1933) 429

Hitler, Adolf(1889—1945) (阿道夫·希特勒) 209,307,313,317,336,357,363,368,393

Hobohm, Dr. Martin(1883—) (马丁·霍伯姆博士) 60

Hoefer, General (赫费尔)将军 259

Höfle, Dr. Anton(1882—1925) (安东·赫夫莱博士)国会议员(自 1920 年起)、中央部长(1923—1925) 433

Hölz, Max (马克斯·赫尔茨) 225

Hoepker-Aschoff, Dr. Hermann(1883—1954) (赫尔曼·赫普克-阿肖夫博士)普鲁士财政部长(1925—1931) 429

Hoesch, Dr. Leopold v.(1881—1936)(利奥波德·冯·赫施博士)驻巴黎大使(1924—1933),其后驻伦敦大使 443

Hoetzsch, Dr. Otto(1876—1946) (奥托·赫奇博士)历史教授,国会议员(自 1920 年起),先是德意志民族党国会议员,后为保守人民党国会议员 229

Hoffmann, Johannes(1867—1930) (约翰内斯·霍夫曼)巴伐利亚总理(1919—1920) 109,369

Hoffmann, Max(1869—1927) (马克斯·霍夫曼)将军 27,208

Holtzendorff, Henning von(1853—1919)(亨宁·冯·霍尔岑道夫) 21

Houghton, A. B. (豪顿)美国驻柏林大使(1922—1925) 286

Hughes, Charles E.(1862—1948) (查尔斯·休斯)美国国务卿(1921—1925)、最高法官(1930—1941) 327,388

Hughes, W. M.(1864—1953) (休斯)

澳大利亚总理 156

Jakoby, Dr. Johann (1805—1877) （约翰·雅可比博士） 173

Jagow, Dr. Traugott v. (1865—) （特劳戈特·冯·雅戈博士）柏林警察局长（1909—1916） 219

Jarres, Dr. Karl (1874—1951) （卡尔·雅雷斯博士）中央部长（1923—1925） 347, 375, 378, 443

Junck, Dr. Joh （约·荣克博士） 28

Kaeckenbeck, Georges （乔治·卡埃肯贝克） 262

Kahl, Dr. Wilhelm (1849—1932) （威廉·卡尔博士）法学教授、国会议员（自1919年起） 93, 262, 439

Kahr, Dr. Gustav v. (1862—1934) （古斯塔夫·冯·卡尔博士）巴伐利亚总理（1920—1921）、国务总办（1923—1924） 209, 239, 258, 294, 349, 356, 357, 363, 369, 393

Kapp, Dr. Wolfgang (1858—1922) （沃尔夫冈·卡普博士） 202, 219

Kardorff, Siegfried v. (1873—) （西格弗里德·冯·卡尔多夫）国会议员（自1909年起） 294

Kastl, Geheimrat (1878—) （卡斯特尔枢密顾问） 303

Kautsky, Karl (1854—1938) （卡尔·考茨基） 78

Kerr, Philipp (1883—1941) （菲利普·克尔, 后为洛锡安勋爵）英国驻华盛顿大使（自1939年起） 134, 242

Keynes, John Maynard (1883—1946) （约翰·梅纳德·凯恩斯）勋爵（1942） 123, 171, 302

Klönne, Dr. Moritz (1878—) （莫里茨·克勒内博士） 398

Klotz, Louis (1868—1930) （路易·克洛茨）法国政治家 123

Knilling, Dr. v. (1865—1927) （冯·克尼林博士）巴伐利亚总理（1922—1924） 307, 349, 356

Koch-(Kassel, sp. Weser), Erich (1875—1945) （埃里希·科赫-卡塞尔(后为韦塞尔)）国会议员（1919—1930）、中央部长（1919—1921；1928—1929） 93, 106, 183, 195, 225, 240, 396, 425

Kohlrausch, Dr. Eduard (1874—1948) （爱德华·科尔劳施博士） 379

Korell, Adolf (1872—) （阿道夫·科雷尔）国会议员（1920—1928）、黑森部长（1928—1931） 335

Korfanty, A. W. (1873—) （科尔凡蒂）国会议员（1903—1918） 246, 259

Kreß v. Kressenstein, Friedrich (1870—) （弗里德里希·克莱斯·冯·克莱森施坦） 357

Krupp von Bohlen-Halbach (1870—) （克虏伯·冯·博伦-哈尔巴赫） 316

Kühlmann, Dr. Richard von (1873—1948) （里夏德·冯·屈尔曼博士）外交部国务秘书（1917—1918） 36, 37, 39, 48

Landauer, Gustav (1870—1919) （古斯塔夫·兰道尔） 110

Landsberg, Dr. Otto (1869—) （奥托·兰茨贝格博士）国会议员（自1912年起） 73, 93, 126, 142, 143

Lange, Helene (1848—1930) （赫伦纳·兰格） 439

Lansing, Robert (1864—1928) （罗伯特·兰辛） 133

Law, Bonar (1858—1923) （劳·博纳）

人 名 索 引

英国首相（1922—1923） 301,308, 311,341
Legien,Carl(1861—1920) （卡尔·列金）国会议员（自1893年起） 214
Leinert,Robert(1873— ） （罗伯特·莱纳特）国会议员（自1908年起） 127
Leipart （莱帕尔特） 167
Lerchenfeld,Hugo,Graf v.(1870—1944) （胡戈·冯·莱兴费尔德伯爵）巴伐利亚总理（1921—1922）、驻维也纳公使（1926—1931） 258,296,307
Lersner,Kurt v.(1883—1953) （库特·冯·勒尔斯纳） 361,398
Levi,Dr.Paul(1883—1930) （保罗·列维博士）共产党人,后为社会民主党人 222
Liebknecht,Karl(1871—1919) （卡尔·李卜克内西）国会议员（自1908年起） 71,75,77
Lloyd George,David(1863—1945) （大卫·劳合-乔治）英国首相（1916—1922） 115,123,130,131,132,137, 143,148,155,174,223,226,235,241, 245,259,266,268,270,272,273,281, 283,301
Lodge,H.Cabot(1850—1924) （卡博特·洛奇） 175
Loebe （勒贝） 442
Lossow,General v. （冯·洛索夫将军） 331,357,365,366,393
Loucheur,Louis(1872— ） （路易·卢舍尔） 253
Lubersac,Marquis （吕贝尔萨克侯爵） 302
Ludendorff,Erich,General(1865—1937) （埃里希·鲁登道夫将军）国会议员（1924—1928） 18,25,30,34,38,51, 56,141,161,188,193,203,206,216,

364,365,368,393,418,444
Ludwig Ⅲ(1845—1921) （路德维希三世）巴伐利亚国王（1913—1918） 83
Luther,Dr.Hans(1879— ） （汉斯·路德博士）埃森市长（1922—1925）、部长（1922—1925）、总理（1925—1926）、国家银行总裁（1930—1933） 306, 353,355,378,410,425,427,442
Lüttwitz,Walther v.(1859—1942) （瓦尔特·冯·吕特维茨） 203,204,210
Luxemburg,Rosa(1875—1919) （罗莎·卢森堡） 71,75,77

Mac Donald,Ramsay(1866—1937) （拉姆齐·麦克唐纳）英国首相（1924；1929—1935） 400,408,410,411, 413,415,420,421,423
Märker,Georg v.(1865— ） （格奥尔格·冯·梅克尔） 144,210
Maltzan,Ago v.(1875—1927) （阿戈·冯·马尔藏） 231,273,277,278, 313,420,445
Maretzki,Dr.Oscar(1881— ）（奥斯卡·马列茨基博士）先是人民党,后是德意志民族党国会议员 361,398
Margerie,B.Z.de （德马尔热里）法国驻柏林大使（1922—1931） 343
Marx,Dr.Wilhelm(1863—1946) （威廉·马克思博士）国会议员（自1899年起）、总理（1923—1925；1926—1928） 378, 397,408,410,413,419,421,427,428, 442,443
Max, Prinz von Baden (1867—1929) （巴登亲王马克斯）首相（1918） 45, 52,59,66
Matthes （马特斯） 335,370
Meinecke, Dr. Friedrich (1862—1954) （弗里德里希·迈纳克博士） 76,99,

439

Melchior, Dr. Carl(1871—1933) （卡尔·梅尔希奥博士） 124,127,134,232,360

Mendelssohn-Bartholdy, Dr. Albrecht (1874—1935) （阿尔布雷希特·门德尔松-巴托尔迪博士）教授 133

Metz, de, General （德梅茨）将军 371,390

Michaelis, Dr. Georg(1857—1936) （格奥尔格·米夏埃利斯博士）首相(1917) 34,38,40

Michaelis, Dr. （米夏埃利斯博士）翻译 410

Millerand, Alex(1859—1943) （亚历克斯·密尔朗) 213,224

Möller van den Bruck, Arthur(1876—1925) （阿图尔·默勒·范·登·布鲁克) 449

Monash, Sir John(1865—1931) （约翰·莫纳什爵士) 49

Montgelas, Graf Max （马克斯·蒙特格拉斯伯爵）将军 133,414

Müller, Hermann(1876—1931) （赫尔曼·米勒）总理(1920；1928—1930) 142,146,217,220,346,376

Mussolini, Benito(1883—1945) （贝尼托·墨索里尼) 302,307

Naumann, Dr. Friedrich(1860—1919) （弗里德里希·瑙曼博士）国会议员(自1907年起) 15,28,45,76,98,221

Norman, Montagu, （蒙塔古·诺曼）英格兰银行总裁(1920—1944) 387

Noske, Gustav(1868—1946) （古斯塔夫·诺斯克)国会议员(1906—1920)、汉诺威主席(1920—1933) 58,76,93,140,141,144,153,184,194,204,210,213

Oeser, Rudolf(1858—1926) （鲁道夫·厄塞尔）普鲁士中央部长(1919—1923) 103,207,430

Pacelli, Eugenio(1876—) （埃乌杰尼奥·帕切利)教皇大使(1918—1930)、教皇庇护十二世(自1939年起) 27,39,318

Papen, Franz v. (1879—) （弗兰茨·冯·巴本）总理(1932) 428,429,446

Payer, Friedrich von(1847—1931) （弗里德里希·冯·帕耶尔）国会议员(自1877年起)、副首相(1917—1918) 28,32,41,49,55,143,146,221

Petersen, Dr. Carl(1868—1933) （卡尔·佩特森博士）国会议员(1919—1924)、汉堡市长(1924—1933) 15,306,425

Philipp （菲利普） 210

Plumer （普卢默）将军 123

Pöhner, Ernst(1870—1925) （恩斯特·珀纳) 208,258,336,393

Poincaré, Raymond(1860—1934) （雷蒙·普恩加来）法国总理(1922—1924；1926—1929) 268,270,272,274,281,298,301,308,321,326,329,342,348,371,388,400,401,412

Posadowsky, Graf Arthur(1845—1932) （阿图尔·波萨多夫斯基伯爵）国务秘书(1897—1907) 142

Preuβ, Dr. Hugo(1860—1925) （胡戈·普罗伊斯博士） 79,89,93,127,140,178,183

Quaatz, Dr. R. G. (1876—) （夸茨博士） 398

Rabenau, Friedrich v. （弗里德里希·

人 名 索 引

冯·拉本瑙)将军　289
Radbruch, Dr. Gustav (1878—1949)
　(古斯塔夫·拉德布鲁赫博士)司法部
　长(1921—1922;1923)　219,252,
　291,292,296,304,360
Radek, Karl(1885—　)(卡尔·拉狄
　克)　275,282,288,319
Rathenau, Dr. Walther (1867—1922)
　(瓦尔特·拉特瑙博士)　250,261,
　267,270,272,273,275,276,283,287
Raumer　(劳默尔)　346,353
Reinhardt, Walther (1872—1930)　(瓦
　尔特·赖因哈特)将军　204,205,215
Richter　(里希特)柏林警察局长　434
Richter, Dr. Ernst von(1862—　)(恩
　斯特·冯·里希特博士)普鲁士财政
　部长(1921—1925)　215,264
Richthofen, Hartmann v.(1878—1953)
　(哈特曼·冯·里希特霍芬)　28
Röhm, Ernst(1887—1934)　(恩斯特·
　罗姆)　333,393
Rohrbach, Dr. Paul(1869—　)(保罗·
　罗尔巴赫博士)　414
Roosevelt, Franklin Delano(1882—1945)
　(富兰克林·罗斯福)美国总统(自
　1933年起)　169
Rosen, Dr. Friedrich　(弗里德里希·罗
　森博士)　261
Rosenberg, F. H. v.(1874—　)(冯·
　罗森贝格)　306,313,319,326,328,
　329,337
Rothardt　(罗特哈特)　437
Rothenbücher, Dr. Karl (1880—1932)
　(卡尔·洛滕比歇尔博士)　358
Ruprecht, Kronprinz V. Bayern
　(1869—　)(巴伐利亚王储鲁普雷
　希特)　47,294
Schacht, Dr. Hjalmar(1877—　)(雅尔

马·沙赫特博士)国家银行总裁
　(1923—1930;1933—1939)　86,355,
　386,431
Scheer, Reinhard(1863—1928)　(赖因
　哈特·舍尔)　63
Scheidmann, Philipp(1865—1939)　(菲
　利普·谢德曼)国会议员(自1903年
　起)、总理(1919年2月—6月)　28,
　57,66,68,73,93,125,136,139,141,
　143,214,288,301
Schiele, Dr. Georg Wilhelm(1868—　)
　(格奥尔格·威廉·席勒博士)　160
Schiele, Dr. Martin　(马丁·席勒博士)
　国会议员(1914—1930)、部长(1925;
　1927—1928;1930—1932)　427
Schiffer, Eugen(1860—　)(欧根·席
　弗尔)先是民族自由党,后是民主党国
　会议员,部长(1919;1921)　28,93,
　183,205,208,215,217,249,261,262,
　426
Schlageter, A. L.(1894—1923)　(施拉
　格特)　319
Schlange-Schoeningen, Dr. Hans
　(1886—　)(汉斯·施兰格-舍宁根
　博士)先是德意志民族党,后是农村人
　民党国会议员,1931—1932年参加布
　吕宁政府　317
Schleicher, Kurt v.(1882—1934)　(库
　特·冯·施莱歇尔)　276,324,418
Schlieben, Otto v.　(奥托·冯·施利
　本)　427
Schmidt, Robert　(罗伯特·施密特)
　360
Schmidt, Dr. Paul　(保罗·施密特博
　士)翻译　411
Scholz, Dr. Ernst(1874—1932)　(恩斯
　特·朔尔茨博士)部长(1920—1921)、
　德意志人民党议会党团主席　346

Schreiber, Dr. Walther(1884—)（瓦尔特·施赖贝尔）普鲁士商业部长(1925—1933) 429

Schubert （舒伯特） 421

Schücking, Dr. Walter（1875—1935）（瓦尔特·许金博士）国会议员(1919—1928)、海牙国际法院成员 127

Schwerin-Krosigk, Graf Lutz(1887—)（卢茨·施威林-克罗西克伯爵） 339,407

Schweyer, Franz(1868—)（弗兰茨·施威耶尔）巴伐利亚部长(1921—1924) 307,333

Seeckt, Hans von(1866—1936)（汉斯·冯·泽克特）统帅部首脑(1920—1926) 145,205,210,215,226,231,242,247,275,276,282,283,288,298,320,322,331,349,357,361,367,391,418,422,423,441,450

Seiβer （赛塞尔） 365

Severing, Carl(1875—1952) （卡尔·泽韦林）国会议员（自1907年起）、部长(1928—1930)、普鲁士部长(1920—1926；1930—1933) 97,212,215,218,225,240,243,263,264,307,317,319,324,333,338,367,374,386,429,434,441

Seydoux （塞杜克斯） 233

Siemens, Dr. Carl Fr. v.（1872— ）（卡尔·弗·冯·西门子博士）国会议员(1920—1924) 430

Simons, Dr. Walter(1861—1937)（瓦尔特·西蒙斯博士)部长(1920—1921)、最高法院院长(1922—1929) 127,130,131,223,227,228,229,231,235,236,242,244,245,276,443

Sinowjew, Georgy(1883—1936) （格里戈里·季诺维也夫） 243

Sinzheimer, Dr. Hugo（1875—1946）（胡戈·辛茨海默尔博士） 186

Smeets （斯梅茨） 335

Smuts, Jan(1870—1950) （扬·斯穆茨） 156,164,171

Solf, Dr. Wilhelm(1862—1936) （威廉·佐尔夫博士）殖民部国务秘书(1911—1918)、外交部国务秘书(1918)、驻东京大使(1920—1928) 58,78,125

Sollmann, Wilhelm（1881—1951） （威廉·佐尔曼）部长(1923) 360

Spahn, Dr. Peter(1846—1925)（彼得·施潘博士）国会议员（自1884年起）、普鲁士司法部长(1917—1918) 28

Spengler, Oswald（1880—1936）（奥斯瓦尔德·施本格勒） 448

Stegerwald （施特格瓦德） 264

Steiger, Dr. （施泰格博士）普鲁士农业部长 429

Stinnes, Hugo(1870—1924)（胡戈·施廷内斯） 227,233,286,302,325,347,398,432,441

Stresemann, Dr. Gustav（1878—1929）（古斯塔夫·施特雷泽曼博士）国会议员（自1907年起）、总理(1923年8月—11月)、后任外长 28,29,32,42,87,229,248,263,294,303,327,337,338,348,353,359,361,372,374,375,377,378,392,394,396,399,407,408,410—413,417,419—422,424—427,431,441,443,445

Südekum, Dr. Albert(1871—) （阿尔贝特·休特古姆博士）国会议员（自1900年起） 64

Techow （特肖夫） 287

Thälmann （台尔曼） 444,446

人名索引

Tirpitz, Alfred von(1849—1930) （阿尔弗雷德·冯·蒂尔皮茨）海军部国务秘书(1897—1916)、德意志民族党国会议员(1924—1928) 20,407,445

Toller, Ernst （恩斯特·托勒尔） 110

Traub, Dr. Gottfried(1869—) （戈特弗里德·特劳普博士）教士, 进步党人, 后为德意志民族党人 86

Trebitsch-Lincoln （特莱比奇-林科尔姆） 206

Troeltsch, Dr. Ernst(1865—1923) （恩斯特·特勒尔奇博士） 251,449

Tschitscherin, G. W.(1872—1936) （契切林） 274,276,278,281,282

Tschunke(琼克) 300

Turner(特纳) 195

Valentini, Rudolf von(1855—1925) （鲁道夫·瓦伦丁尼）威廉二世秘密文官内阁首脑(1908—1918) 13,36

Vögler, Albert(1877—) （阿尔贝特·伏格勒）国会议员(1919—1924) 354,398

Wahnschaffe, Arnold(1865—) （阿诺尔德·瓦恩沙费) 25

Wallenberg, Markus （马尔库斯·瓦伦贝格） 281

Wangenheim, Konrad v. （康拉德·冯·万根海姆） 219

Warburg, Max(1867—1946) （马克斯·瓦尔堡） 284

Watter （瓦特尔）将军 212

Weber, Dr. Alfred(1868—) （阿尔弗雷德·韦贝尔博士） 46,86

Weber, Dr. Max(1864—1920) （马克斯·韦贝尔博士） 74,89,101,133,443

Weismann, Dr. Robert （罗伯特·魏斯曼博士） 258

Weiβ, Dr. Bernhard （伯恩哈德·魏斯博士）287

Westarp, Graf Kuno(1864—1945) （库诺·韦斯塔普伯爵） 349,419

Weygand, Maxime(1867—) （马克西姆·魏刚）法国将军 231

Wilhelm Ⅱ.(1859—1941) （威廉二世）德皇(1888—1918) 19,24,32,49,59,66,140,145

Wilhelm(1882—1951) （威廉）皇太子 30,32,374

Wilson, Woodrow(1856—1924) （伍德罗·威尔逊）美国总统(1912—1920) 53,55,113,131,138,143,156,160,164,174,175,244

Winnig, August(1878—) （奥古斯特·温尼希） 195,210

Wirth, Dr. Joseph(1879—) （约瑟夫·维尔特博士）总理(1921—1922) 223,249,257,261,270,272,273,276,278,282,283,291,298,300

Wolff, Theodor(1868—1943) （特奥多尔·沃尔夫）柏林日报主编 86

Wolff, Otto(1881—1939) （奥托·沃尔夫）大工业家 347,372

Young, Owen （欧文·扬格） 390

am Zehnhoff, Dr. Hugo（1851—1930） （胡戈·安姆·策恩霍夫） 429

Zeigner, Erich(1886—) （埃里希·蔡格纳） 334,356,358

Zetkin, Clara(1857—1934) （克拉拉·蔡特金） 222

图书在版编目(CIP)数据

魏玛共和国史.上卷/(瑞士)埃里希·艾克著;高年生,高荣生译.—北京:商务印书馆,2021(2022.6重印)
(汉译世界学术名著丛书)
ISBN 978-7-100-19843-1

Ⅰ.①魏⋯ Ⅱ.①埃⋯ ②高⋯ ③高⋯ Ⅲ.①魏玛共和国—历史 Ⅳ.①K516.43

中国版本图书馆 CIP 数据核字(2021)第 066041 号

权利保留,侵权必究。

汉译世界学术名著丛书
魏玛共和国史
上 卷
从帝制崩溃到兴登堡当选
(1918—1925)
〔瑞士〕埃里希·艾克 著
高年生 高荣生 译
陆世澄 校

商 务 印 书 馆 出 版
(北京王府井大街36号 邮政编码100710)
商 务 印 书 馆 发 行
北京新华印刷有限公司印刷
ISBN 978-7-100-19843-1

2021年9月第1版　　开本 850×1168 1/32
2022年6月北京第2次印刷　印张 13¾
定价:54.00元